ANTROPOLOGIA

HOJE

A CIDADE DO SKATE

Sobre os desafios da citadinidade

Giancarlo Marques Carraro Machado

A CIDADE DO SKATE

Sobre os desafios da citadinidade

HUCITEC EDITORA
2022

Rua Dona Inácia Uchoa, 209, 04110-020 – São Paulo, SP
Telefone (55 11 3892-7772)
hucitecEditora.com.br

Depósito Legal efetuado.

Direção editorial: Mariana Nada
Produção editorial: Kátia Reis
Assessoria editorial: Mariana Terra
Circulação: Elvio Tezza

Skatista da foto da capa: Murilo Romão
Fotógrafo: Moisés da Silva

O presente trabalho foi realizado com apoio da Coordenação de Aperfeiçoamento de Pessoal de Nível Superior - Brasil (CAPES) - Código de Financiamento 001. Programa de Apoio à Pós-Graduação (PROAP), auxílio 0928/2020, processo 88881.593009/2020-01.

CIP-Brasil. Catalogação na Publicação
Sindicato Nacional dos Editores de Livros, RJ

M131c

Machado, Giancarlo Marques Carraro.
A cidade do skate: sobre os desafios da citadinidade / Giancarlo Marques Carraro Machado. - 1. ed. - São Paulo : Hucitec, 2022.
329 p. ; 23 cm. (Antropologia hoje ; 2)

Inclui índice.
ISBN 978-85-8404-290-6

1. Antropologia urbana - Brasil. 2. Skate (Esporte). 3. Política pública. 4. Espaços públicos. 5. Espaços urbanos. I. Título. II. Série.

22-78804 CDD: 307.76
CDU: 572.028

Gabriela Faray Ferreira Lopes - Bibliotecária - CRB-7/6643

Para Naná, parceira de todos os rolês

AGRADECIMENTOS

Este livro é derivado da tese de doutorado intitulada "A cidade dos *picos*: a prática do skate e os desafios da citadinidade", defendida em setembro de 2017 no âmbito do Programa de Pós-Graduação em Antropologia Social da Universidade de São Paulo (PPGAS/USP) sob a orientação do Prof. Dr. José Guilherme Cantor Magnani. As análises também incorporam reflexões recentes realizadas a partir da minha atuação como professor permanente do Programa de Pós-Graduação em Desenvolvimento Social da Universidade Estadual de Montes Claros (PPGDS/Unimontes).

A presente publicação foi concretizada a partir de financiamento da Coordenação de Aperfeiçoamento de Pessoal de Nível Superior - Brasil (CAPES) - Código de Financiamento 001 -, por meio do Programa de Apoio à Pós-Graduação (PROAP), auxílio 0928/2020, processo 88881.593009/2020-01. Sou grato ao apoio desta agência de fomento.

Agradeço, também, à Fundação de Amparo à Pesquisa do Estado de São Paulo (FAPESP) pela bolsa de doutorado concedida entre março de

2013 e fevereiro de 2016 (processo 2012/23331-0) e por prover as condições necessárias para a realização da tese. As opiniões, hipóteses e conclusões ou recomendações expressas neste material são de responsabilidade do autor e não necessariamente refletem a visão da FAPESP.

De maneira muito especial agradeço ao Prof. Dr. José Guilherme Cantor Magnani, pela parceria consolidada ao longo da produção da pesquisa e por todas as oportunidades. As suas generosas contribuições foram fundamentais para a minha formação.

Ao Prof. Dr. Heitor Frúgoli Jr. (USP) e ao Prof. Dr. Luiz Henrique de Toledo (UFSCar) pela interlocução desde o mestrado e pelos valiosos apontamentos, leituras críticas e sugestões. Ao Prof. Dr. Alexandre Barbosa Pereira (UNIFESP) e ao Prof. Dr. Cleber Augusto Gonçalves Dias (UFMG) pela participação na defesa do doutorado.

Aos professores do Programa de Pós-Graduação em Antropologia Social da USP, que deixaram importantes marcas em minha trajetória acadêmica. Aos amigos e colegas do Núcleo de Antropologia Urbana (NAU/USP) pelos debates efusivos ocorridos a cada reunião.

Aos docentes e discentes do Programa de Pós-Graduação em Desenvolvimento Social da Universidade Estadual de Montes Claros (PPGDS/Unimontes), pela acolhida e pela parceria efetiva. Agradeço de modo especial ao colegiado do Programa pela confiança em prol desta publicação. Aos professores do Departamento de Ciências Sociais, atuais colegas de trabalho, com quem divido os desafios do ensino, da pesquisa e da extensão.

Ao núcleo Citadino, pelas trocas de saberes e sociabilidades.

À Coleção Antropologia Hoje, na pessoa do Prof. Dr. Luis Felipe Kojima Hirano, pela oportunidade de publicação deste livro.

Às importantes amizades que transbordam o universo acadêmico. Agradeço, em especial, a Enrico Spaggiari, Rosenilton Oliveira, Lucas Moraes, Giedson Lima, Cleto Abreu e Gustavo Dias.

Às novas amizades que o sertão norte-mineiro me proporcionou.

Ao historiador Prof. Dr. Leonardo Brandão, pelo intenso compartilhamento de ideias sobre o universo do skate.

Sou muito grato aos skatistas e demais agentes vinculados ao universo do *street skate*. Este trabalho foi realizado com a contribuição de Alexandre Cotinz, Alexandre Vianna, Antonio Juneka, Carlos Pretto, Coletivo Love CT (Anderson Lucas, Daniel Feitosa, Dênis Silva, Elton Melonio e Marcelo Martins), Daniel Marques, Dárcio França, Didi Wanks, Diogmes Kermanny, Ed Scander (CBSk), Everton Maninho, Fabio Castilho,

Felipe Silva, Filipe Maia, Gabriel Campello, Guilherme Trakinas, Guilherme Guimarães, João Yumoto (RuaAtiva), Jorge Costa, Klaus Bohms, Léo Fagundes, Leonardo Spanghero, Luiz Apelão, Luiz Chicago, Marcelo Formiga, Marcelo Garcia, Marcelo Viegas, Marcio Tanabe, Marcos de Souza, Marcos Hiroshi, Mário Hermani, Otavio Neto, Paulo Anshowinhas, Plínio Higuti, Ragueb Rogerio, Raynan Sanchez, Renan Zazula, Renato Custódio, Roberto Maçaneiro (FPS), Rodrigo Kbça, Rui Muleque, Shin Shikuma, Sidney Arakaki, Thiago Lobo, Tiago Garcia, Tiago Moraes, Toninho Cesar (Switch), Vitor Zequinha, William Damascena e Wilton Souza. Agradeço ainda aos skatistas de Lisboa (André Costa, Fernando Klewys e Pedro Raimundo) e à *Banca do Brasa* (Alex Cardoso, Alexandre Nicolau, Aron Marcel, Caio Guilherme, Fabio Galo Cego, Felipe Pancainha, Gabriel Siqueira, Gabriel Moreto, Guilherme Terra, Henner Figueiredo, Léo Xingu, Luiz Henrique, Marco Savino e Wesley Cardoso) pelas *vivências* em Barcelona.

Ao flanante Murilo Romão, pelas mobilizações e *rolês* em busca dos *picos*. Ao arquiteto e urbanista Rafael Murolo, pela interlocução e inspiração. Ao fotográfo Moisés da Silva, por viabilizar a imagem da capa deste livro.

A realização desta pesquisa não teria sido possível sem as contribuições da minha companheira, Nayara Alvim. Naná, muito obrigado pela ternura, pela inspiração cotidiana e por fazer a vida valer a pena!

Às minhas irmãs, Giovana e Gisele, pelo carinho inestimável.

Dedico este livro aos meus pais, Márcia e Pedro, pelo estímulo efetivo e suporte incondicional. A serenidade e a confiança de cada um foram fundamentais para me manter firme diante todos os percalços.

Obrigado a todos e a todas que me acompanharam neste *rolê*! *Yeah*!

SUMÁRIO

LISTA DE ABREVIATURAS E SIGLAS

ABS - Associação Brasileira de Skate
AFSk - Associação Feminina de Skate
AVC - Associação Viva o Centro
CBER - Confederação Brasileira de Esportes Radicais
CBSk - Confederação Brasileira de Skate
CDL Itaquera - Câmara de Dirigentes Lojistas de Itaquera
CET - Companhia de Engenharia de Trafego
CEU - Centro Educacional Unificado
COI - Comitê Olímpico Internacional
COHAB - Companhia Metropolitana de Habitação de São Paulo
CT - Cidade Tiradentes
DEM - Democratas
DIY - *Do It Yourself*
DP - Delegacia de Polícia
EMURB - Empresa Municipal de Urbanização
FIFA - Federação Internacional de Futebol Associado
FPS - Federação Paulista de Skate
GCM - Guarda Civil Metropolitana

GEAC - Grupo de Estudos de Antropologia da Cidade
IASC - International Association of Skateboard Companies
ISF - International Skateboarding Federation
LUDENS - Núcleo Interdisciplinar de Estudos sobre Futebol e Modalidades Lúdicas
MACBA - Museu de Arte Contemporânea de Barcelona
MASP - Museu de Arte de São Paulo Assis Chateaubriand
MPL - Movimento Passe Livre
NAU - Núcleo de Antropologia Urbana
ONG - Organização Não-Governamental
PCC - Primeiro Comando da Capital
PDS - Partido Democrático Social
PL - Projeto de Lei
PMDB - Partido do Movimento Democrático Brasileiro
PP - Partido Progressista
PPB - Partido do Povo Brasileiro
PPGAS - Programa de Pós-Graduação em Antropologia Social
PSD - Partido Social Democrático
PSDB - Partido da Social Democracia Brasileira
PT - Partido dos Trabalhadores
PTB - Partido Trabalhista Brasileiro
SEME - Secretaria Municipal de Esportes, Lazer e Recreação
SMSU - Secretaria Municipal de Segurança Urbana
SPTuris - São Paulo Turismo
UBS - União Brasileira de Skate
USE - União dos Skatistas e Empresários
USP - Universidade de São Paulo
VAI - Programa para a Valorização de Iniciativas Culturais
WCS - World Cup Skateboarding
ZL - Zona Leste

PREFÁCIO

Giancarlo Machado vem pesquisando a prática do skate há mais de uma década: um trabalho de conclusão de curso em Ciências Sociais pela Universidade Estadual de Montes Claros (UNIMONTES/MG) finalizado em 2008; em seguida mestrado no Programa de Pós-Graduação em Antropologia Social da Universidade de São Paulo (USP), de 2009 a 2011; e, finalmente, o doutorado, concluído em 2017, também nesta universidade — o que denota não apenas a continuidade dessa prática, mas, sobretudo, o interesse e empenho do pesquisador com o tema.

Com base nos clássicos da Antropologia Urbana, além de uma extensa e pertinente bibliografia sobre cidade, esporte, lazer, mas também munido do atento olhar etnográfico, em especial da postura "de perto e de dentro" que caracteriza muitos das etnografias realizadas no âmbito do Laboratório do Núcleo de Antropologia Urbana (LabNAU) da USP, Giancarlo não se restringe às fronteiras do recorte empírico, como essa perspectiva pode sugerir: sua tese, agora disponibilizada neste livro, vai além da descrição e análise das manobras, trajetos, espaço, usos, sociabilidade dos praticantes e conflitos com o poder público. Tais aspectos já foram devidamente tratados em textos anteriores, notadamente em "*De carrinho pela cidade: a prática do skate em São Paulo*" (Intermeios/FAPESP, 2014), publicação em livro derivada de seu mestrado. Claro, sempre volta aos mesmos pontos: pistas, *picos*, *banks*, *bowls* e a uma infinidade de peripécias de um sugestivo repertório, mas que, a cada giro, abrem novas questões.

Agora, porém, é o lado mais político, condensado na expressão "citadinidade" que atravessa todo o livro: "maneira de fazer criativa, transgressora e astuciosa", apropriando-se de distintas maneiras de atuação na rua, em especial na modalidade *street skate*. Há um aspecto, aí, de ativismo: não sem razão Giancarlo traz à baila, logo no início deste trabalho, uma referência às manifestações denominadas "Jornadas de Junho", no ano 2013, contexto de uma série de protestos.

Insurgências, mas também apropriações inovadoras da cidade, como comprovam, entre outras, os flagras de skatistas de pá na mão, construindo obstáculos e reconstruindo bancos para suas manobras, muitas vezes em espaços degradados: "com a mão na massa", disse um transeunte ao vê-los nessa ação.

Também são tratadas, neste livro, outras modalidades de institucionalização do skate (torneios, festivais e interesses mercadológicos com venda de equipamentos e acessórios necessários à sua prática), no entanto, o núcleo do presente trabalho é a "lógica citadina", como um apelo ao direito à cidade, na sugestiva fórmula "criativa, transgressora e astuciosa" já mencionada.

E se nos trabalhos anteriores uma das "manchas" privilegiadas para a prática do skate era a praça Roosevelt, em São Paulo, a apropriação de novos espaços da cidade não para: por ocasião de uma caminhada etnográfica realizado recentemente por integrantes de uma equipe do LabNAU, um skatista ali entrevistado nos afirmou: "O *pico* agora é o Anhangabaú", espaço central em São Paulo em processo de gentrificação, atual objeto de estudo no pós-doutorado de Giancarlo, que também não para...

Prof. Dr. José Guilherme Cantor Magnani

Professor aposentado sênior do Departamento de Antropologia da USP
Coordenador do Laboratório do Núcleo de Antropologia Urbana da USP

INTRODUÇÃO

A CITADINIDADE COMO QUESTÃO[1]

São Paulo, junho de 2013. Uma série de protestos culminou em desdobramentos difusos. Tudo começou quando jovens oriundos de todas as partes da metrópole aglomeraram-se em sua região central para se posicionar contra o aumento do preço da tarifa do transporte público (ônibus e metrô), a qual se elevou de R$ 3,00 para R$ 3,20. A primeira etapa da insurgência se deu ao longo de alguns dias distintos (em 6, 10, 11 e 13 de junho, respectivamente) a partir de uma convocação feita pelas redes sociais virtuais, por meio de uma mobilização capitaneada pelo Movimento Passe Livre (MPL), tendo atraído alguns poucos milhares de participantes que percorreram e obstruíram importantes vias públicas da cidade — como a Avenida Paulista e demais ruas e avenidas da Zona Oeste — a fim de chamar a atenção para a pauta em questão.

Ao final de cada ato, o que se viu foram truculentas batalhas campais entre manifestantes e policiais. As tantas violências e usos descabidos da

1 Citadinidade é um neologismo derivado do termo francês *citadinité* para fazer um contraponto à ideia de cidadania. No decorrer dos capítulos serão feitas as devidas contextualizações dessa perspectiva que guia as análises da presente publicação.

força potencializaram, como consequência, uma maior adesão popular a este movimento que ganhara a alcunha de Jornadas de Junho. É o que foi constatado na segunda etapa dos atos, a qual se dera ao longo de dias sucessivos — em 17, 18, 19 e 20 de junho —, ocasião que reuniu um contingente mais expressivo de pessoas. Ao término desse período a prefeitura de São Paulo e o governo estadual sentiram-se pressionados, logo, anunciaram a tão esperada revogação do aumento da tarifa.

As comemorações que se seguiram em virtude do atendimento da principal reivindicação colocada pelo MPL não implicaram, contudo, no cessar das manifestações. Desde então o que se viu foi uma nova etapa de protestos, cujo início se dera no dia 21 de junho e se estendera até o final do mês. Toda a articulação inicialmente centrada em torno da questão da mobilidade urbana se fragmentou em outras mobilizações com pautas ainda mais dissonantes. Com efeito, em decorrência dessa desagregação, as manifestações foram apropriadas por uma heterogeneidade de tendências ideológicas. Já as ruas, por sua vez, serviram de palco para toda sorte de citadinos, fossem eles de classe média ou parte do proletariado, que as ocuparam de maneira espontânea com vistas a externar as suas tantas indignações.

Não é a minha intenção discutir os desdobramentos políticos das chamadas Jornadas de Junho,[2] entretanto, algo que considero fundamental não perder de vista é o fato de que as manifestações tiveram como estopim algo tão caro à presente publicação: a questão urbana e os enquadramentos da citadinidade. Aquilo que começou como uma reivindicação ao direito à mobilidade rapidamente tomou forma como uma afirmação pelo direito à cidade. É que foi propalado, dentre tantos exemplos, por um manifesto assinado pelo MPL em que consta um posicionamento crítico frente ao bloqueio a uma circulação livre e irrestrita, o qual é sintomático da implementação de catracas:

> A cidade é usada como arma para sua própria retomada: sabendo que o bloqueio de um mero cruzamento compromete toda a circulação, a população lança contra si mesma o sistema de transporte caótico das metrópoles, que prioriza o transporte individual e as deixa à beira de um colapso. Nesse processo, as pessoas assumem coleti-

2 Para reflexões mais detidas sobre as Jornadas de Junho, ver Singer (2013), Harvey et al. (2013) e Gohn (2016).

vamente as rédeas da organização de seu próprio cotidiano (citado em Rolnik, 2013).[3]

Raquel Rolnik (2013) observa que a exigência ao direito à mobilidade logo se entrelaçou com outras agendas inerentes à questão urbana, como as discussões sobre os impactos da gentrificação e limpeza social bem como sobre as apropriações que as pessoas fazem da cidade. É possível considerar, à vista disso, que o aumento das tarifas do transporte público e a realização de megaeventos esportivos no país em 2013 e 2014 (notadamente Copa das Confederações FIFA e Copa do Mundo FIFA) fomentaram o florescimento de intensos debates e ativismos a partir dos quais passaram a ser problematizadas as condições do exercício da citadinidade em vários contextos.

Um desses ativismos observados diz respeito à prática do skate de rua, também chamada de *street skate*, a qual se constitui como foco da pesquisa aqui apresentada. Ainda em junho de 2013, no entremeio dos atos convocados pelo MPL, alguns skatistas resolveram intimar os demais via Facebook para participarem do *Go Skateboarding Day*,[4] ação espontânea em comemoração ao Dia Mundial do Skate, que consiste na reunião de um número máximo de praticantes para coletivamente circular pelas vias urbanas de distintas cidades.[5] O Dia Mundial do Skate é comemorado em 21 de junho de cada ano, todavia, os skatistas paulistanos resolveram que a sua ocorrência se daria no dia 23 do mesmo mês, visto que tal data cairia num domingo e possivelmente teria uma maior adesão de participantes.

Tive a oportunidade de participar deste que foi o maior e mais expressivo *rolê*[6] de skate do ano. Os participantes combinaram virtualmente que o ponto de encontro seria o vão do MASP (Museu de Arte de São Paulo), situado na Avenida Paulista, a partir das 9 horas. Cheguei pouco antes do

---

3 Também disponível em https://raquelrolnik.wordpress.com/2013/08/06/cidades-rebeldes/. Acesso em 13-6-2017.

4 O *Go Skateboarding Day* surgiu em 2004 a partir de uma mobilização da International Association of Skateboard Companies (IASC) com vistas a propagar e tornar visível a prática do skate em diversas cidades do mundo. A iniciativa, no decorrer de suas edições seguintes, foi apropriada por diversas empresas especializadas em produtos para skate, bem como pelos próprios skatistas, que remodelaram seus sentidos conforme uma gama de interesses. Para mais, ver: http://theiasc.org/go-skateboarding-day/.

5 A edição de 2013 do *Go Skateboarding Day* realizado em São Paulo não contou com o apoio de nenhuma empresa. Foi, portanto, uma iniciativa espontânea capitaneada pelos próprios skatistas.

6 Os termos e expressões nativas no decorrer desta publicação serão apresentados em itálico. Para mais detalhes sobre os seus sentidos, ver Glossário.

horário combinado, e, mesmo assim, já havia centenas de skatistas no local. Fiquei surpreso com a considerável quantidade de jovens reunidos num mesmo espaço com seus respectivos skates. Com o passar do tempo, chegaram ainda mais participantes. A aglomeração era tamanha de modo que uma pista da avenida fora completamente obstruída pelos presentes. Agentes da Companhia de Engenharia de Tráfego (CET) logo tiveram que entrar em ação para desviar o trânsito de automóveis para as ruas adjacentes.

Pouco após o horário marcado foi possível constatar a presença de milhares de participantes. Com tantos deles reunidos, não tardou para que alguém pegasse um megafone e convocasse os demais para o início do *Go Skateboarding Day*. Skatistas de todas as idades, tanto homens quanto mulheres, tomaram conta de uma das principais avenidas do país. Gritando "skate!" sucessivas vezes e soltando fogos de artifícios, percorreram um trecho da Avenida Paulista em direção à Rua da Consolação. Muitas pessoas que se deparavam com a manifestação ficavam assustadas com o barulho e com o ímpeto daqueles que se locomoviam em cima de uma prancha de madeira sobre rodas. Mas também havia aqueles que a encaravam com empatia, fazendo, inclusive, imagens do ocorrido com seus celulares.

Imagem 1: Skatistas na Avenida Paulista durante a realização do *Go Skateboarding Day* 2013 (foto por Giancarlo Machado)

Após descer a ladeira da Rua da Consolação, todos os participantes pararam por um breve instante na Praça Roosevelt. Ali novamente se aglutinaram para dar prosseguimento ao *rolê* rumo a outros espaços do centro da cidade. A próxima parada foi no Theatro Municipal. Os skatistas amontoaram-se em suas escadas externas para, com os skates em punho, fazer muito barulho. Dali percorreram algumas ruas do centro histórico, e chegaram, então, à Catedral da Sé, onde mantiveram-se gritando. O trajeto foi finalizado com o retorno para a Praça Roosevelt, o principal espaço de sociabilidade reconhecido pelos skatistas paulistanos, a qual havia sido motivo de polêmicas em virtude de alguns conflitos ocorridos entre jovens praticantes e guardas metropolitanos.[7] A multidão novamente entoou em coro várias frases de efeito, como "a Praça Roosevelt é do skate!", "a rua é nóis!" ou "meu skate não polui!".

O *Go Skateboarding Day* é um importante momento para skatistas de várias partes do mundo, pois, em tal circunstância, eles se aglomeram, se articulam de maneira horizontal, subvertem os usos esperados para as ruas e ganham visibilidade para reivindicar o direito de circular pela cidade e de se apropriar dos espaços urbanos a partir de suas lógicas citadinas. A mobilização ocorrida em 2013 coadunou-se a algumas pautas que permeavam os atos que vinham ocorrendo por efeito das Jornadas de Junho. Assim sendo, como bem percebeu Vera Telles (2015, p. 19) ao analisar o contexto paulistano, houve uma onda de insurgências por todos os lados que culminou em um extenso repertório de ações coletivas que passaram a ser cada vez mais recorrentes tanto nos centros quanto nas periferias da cidade.[8] O *Go Skateboarding Day* pode ser considerado apenas uma delas. Desta forma, o direito à cidade, algo tão discutido desde Lefebvre (2008 [1968]), foi apropriado, ainda segundo a autora supracitada, como slogan e bandeira de distintos movimentos e articulações políticas para reivindicar a cidade para as pessoas e para colocar em xeque os impactos de certas estratégicas pretensões político-urbanísticas.

---

7 Mais detalhes sobre este conflito serão apresentados no capítulo 1.

8 Conforme elencado por Telles (2015, p. 19), São Paulo foi palco de múltiplas manifestações motivadas por questões urbanas: "queima de ônibus por razões as mais diversas — um verdadeiro repertório de ações coletivas, que não é recente, mas cada vez mais recorrente nas periferias urbanas; resistências e enfrentamentos, por vezes, violentos, nas regiões de ocupação de terras urbanas e também de edifícios no centro da cidade; lutas contra remoções forçadas e as chamadas reintegrações de posse; protestos em torno de temas diversos e muito frequentemente contra a violência policial nas regiões periféricas da cidade, e também contra a intervenção policial militar nas chamadas 'regiões de risco' habitadas por moradores de rua, usuários de crack e outros tantos tipos urbanos que circulam nesses lugares. Ao lado de movimentos por moradia, um verdadeiro mosaico de coletivos e associações atuantes em torno das mais diversas questões, com notável predominância da questão da violência policial".

Imagem 2: Skatistas em frente ao Theatro Municipal durante o *Go Skateboarding Day* 2013 (foto por Giancarlo Machado)

Imagem 3: Skatistas em frente à Igreja da Sé durante o *Go Skateboarding Day* 2013 (foto por Giancarlo Machado)

Em relação ao skate de rua, concordo com Teresa Caldeira (2012, p. 35) quando, ao analisar a inserção dos skatistas em São Paulo em momento anterior a tais jornadas, aventa que:

> São os jovens protagonistas das novas práticas urbanas que engendram novas condições de visibilidade para as camadas subalternas. Aqueles mesmos jovens, que supostamente deveriam circular por outros locais, passam agora de maneira transgressora e agressiva a ocupar o espaço público, a imprimir nele suas marcas, a reivindicar direitos sobre ele e a transformá-lo em local de lazer. Ao fazerem isso, trazem à luz as desigualdades. [...] A presença deles na cidade e as contradições daí advindas não podem ser, portanto, ignoradas.

Ao partir das mobilizações aqui brevemente apresentadas e ao considerar que a "interferência no espaço público e circulação pela cidade estão reconfigurando o espaço público e afirmando a presença ativa desses grupos de jovens na São Paulo contemporânea" (Caldeira, 2012, p. 63), a presente publicação se propõe a responder o seguinte questionamento: como a citadinidade — considerada aqui como o fazer-cidade (Agier, 2011) a partir de lógicas citadinas que envolvem maneiras criativas e astuciosas (Certeau, 2009) de se relacionar com os espaços urbanos — tem sido levada a cabo numa metrópole, São Paulo, cujos espaços urbanos são marcados por demasiadas disputas, assimetrias, exclusões e segregações?

Para responder tal questionamento, dentre inúmeras práticas citadinas passíveis de análises, elejo a realização do skate de rua como mote para uma investigação mais detida a fim de revelá-lo não apenas como uma prática multifacetada que transcorre *no* urbano, mas, outrossim, como sendo uma própria prática *do* urbano permeada por transgressões, resistências, conflitos e negociações, enfim, por agenciamentos díspares frente aos gerenciamentos e governanças que são feitas dos espaços públicos e privados da cidade de São Paulo. É o que será detalhado a seguir.

O UNIVERSO DO SKATE E SUAS AMBIVALÊNCIAS

O skate não é o mesmo de anos atrás. De uma atividade marginalizada, exclusiva de jovens, na década de 80, passou por um *boom*

> no final dos anos 90 e hoje se solidificou como esporte milionário e prática saudável dos mais diversos nichos da sociedade. Seu crescimento refletiu no bolso daqueles que se arriscaram nesse mundo. ("Skate: de radical a esporte milionário". Disponível em: <http://br.esporteinterativo.yahoo.com/noticias/skate-radical-esporte-milion-rio-191100405.html>. Acesso em 29-5-2015)

Diversas reportagens já foram veiculadas em jornais, *sites* e revistas com o intuito de apresentar aos leitores uma prática que tem atraído a atenção não só de crianças, jovens e adultos em busca de prazer e adrenalina, mas também de empresários dispostos a investir em algo que se difundiu por várias partes do mundo. Em tais reportagens geralmente é enfatizada uma transmutação de sentidos que permeiam o universo do skate. Essa constatação fica clara desde o título: "Antes 'vagabundos', esportes radicais viram aposta segura no mercado esportivo", revelou uma manchete no portal UOL;[9] ou ainda "Skate: de marginal a queridinho", noticiou a revista *Competir*.[10] Desse modo é possível perceber, segundo a perspectiva de algumas dessas fontes jornalísticas consultadas, que aquilo que era considerado "marginal", uma prática indesejável muitas vezes associada ao "ócio", à "rebeldia" e ao "vandalismo", vem se tornando "um esporte milionário", uma "atividade saudável" ou até mesmo um "trabalho" e uma "fonte de renda" para muitos de seus adeptos.[11]

A popularidade do skate é patente em tempos atuais. Um dos caminhos encontrados por diversos agentes a fim de propagá-lo e torná-lo atrativo para um público mais amplo foi através da promoção de grandes campeonatos, os quais são produzidos nos moldes de um espetáculo esportivo. Realizados em pistas com diversos tipos de rampas (espaços considerados adequados para o uso do skate), tais campeonatos geralmente são formatados com base em uma série de regras criadas por entidades que regulamentam a prática, como a Confederação Brasileira de Skate (CBSk), em âmbito nacional, ou a World Skate, em nível mundial. E quando não organizados por essas entidades que batalham em prol de sua institucionalização esportiva, as disputas ocasionalmente são promovidas por canais de televisão, grandes corporações, marcas ou revistas especia-

9 Disponível em: <http://esporte.uol.com.br/skate/ultimas-noticias/2012/02/10/antes-vagabundos-esportes-radicais-viram-aposta-segura-no-mercado-esportivo.jhtm>. Acesso em 2-1-2015.
10 Revista *Competir Sports Marketing*, São Paulo, n.º 1, junho de 2010.
11 Para uma abordagem mais específica sobre este aspecto, ver Brandão (2008).

lizadas, as quais formatam as regras conforme as suas próprias pretensões. Dentre tantos exemplos de espetáculos é válido destacar a realização dos X Games, jogos promovidos pelo canal ESPN desde 1995 com foco nos esportes classificados como *extremos* ou *radicais*; Maloof Money Cup, competição que já distribuiu milhares de dólares aos skatistas mais bem colocados no decorrer de suas várias edições; Street League, liga de skate que reúne os melhores competidores do mundo da modalidade *street skate*; além de outros eventos apoiados por corporações diversas, como é o caso da Nescau Mega Rampa e do Oi Skate Total Urbe, campeonatos realizados no Brasil nos últimos anos que foram patrocinados, respectivamente, por uma marca de achocolatado e por uma empresa de telefonia celular. Cabe afirmar ainda que a repercussão do skate é tamanha de modo que ele foi anunciado como a mais nova atração olímpica. O anúncio de sua inclusão nas Olimpíadas se deu no decorrer da edição do megaevento realizado na cidade do Rio de Janeiro, em 2016, ocasião em que o Comitê Olímpico Internacional (COI), durante congresso da entidade, divulgou o programa olímpico referente aos Jogos de Tóquio 2020.

Em função do espetáculo proporcionado por essas e por outras competições, os eventos contam com o apoio de variados investidores dos mais diversos segmentos — marcas de bebidas, roupas, calçados, automóveis, alimentos etc. — que direcionam consideráveis cifras a um tipo de ação voltada para um público composto sobretudo por jovens, obtendo, em contrapartida, não só lucros exorbitantes, como também a promoção de seus produtos.[12] O skate, portanto, passou a ser visto com bons olhos pelo mercado. A cidade de São Paulo, por exemplo, somente em 2013, sediou duas importantes feiras de negócios que tiveram o skate como uma de suas principais atrações.[13] Soma-se a isso o crescente anseio de corporações multinacionais esportivas em criar divisões específicas para atender a demanda dos praticantes por diversos produtos. É o caso da Nike Skateboarding, divisão de skate da Nike, que tem aplicado altas quantias em eventos e na profissionalização de alguns skatistas. Outras mais, como Adidas e New Balance, também têm feito investimentos parecidos. De modo geral, segundo uma matéria publicada no portal UOL, o mercado mundial do skate gira em torno de 3 bilhões de dólares ao ano, sendo o Brasil um dos principais países responsáveis pelo alcance dessa

12 Em minha dissertação de mestrado (Machado, 2011), também abordei alguns aspectos em torno da popularização do skate.

13 A saber, Urb Trade Show e Adventure Sports Fair.

marca.[14] Assim sendo, conforme pontuado por Brandão (2012), o skate foi cooptado por certas lógicas de mercado que primam pelo espetáculo, pela competitividade, pela defesa de sua esportivização, pela prática em locais específicos e pela técnica fundamentada no treinamento, redimensionando para o negócio as mais diferentes formas de experiência com o corpo e com os espaços urbanos.

Todo o fomento ao universo do skate também tem implicado no considerável crescimento do número de adeptos de sua prática. O Instituto Datafolha publicou em 2016 os resultados de uma pesquisa encomendada pela CBSk a fim de medir e atualizar em números o perfil de praticantes de skate nos lares brasileiros. Conforme os dados da pesquisa, há, no país, em torno de 8,5 milhões de praticantes de skate, número bem superior ao divulgado pela mesma pesquisa quando de sua realização em 2009 (na época foram contabilizados aproximadamente 3,8 milhões de praticantes). Desse contingente 81% são do sexo masculino e 19% do feminino, ao passo que a maioria é jovem (26% até 10 anos de idade; 36% entre 11 e 15 anos de idade; e 21% de 16 a 20 anos de idade) e pertencente à classe C (47%).[15]

O crescimento e a visibilidade do skate são inegáveis, porém, isso não significa que todos os princípios de sua prática sejam bem aceitos e compreendidos pela população. Isso se deve ao fato de seu universo ser transpassado por sentidos ambivalentes, porém coexistentes, que oscilam entre ao menos duas dimensões possíveis: a esportiva e a citadina. Dessa forma, conforme detectado empiricamente, as implicações em torno de tais dimensões envolvem diversas associações, habilidades técnicas, saberes qualificados e uma vasta rede de agentes e instituições que ora negociam, ora disputam certa legitimidade quanto aos rumos do skate, cujos impactos se dão em vários níveis de sua prática, desde a cotidiana até a profissional.

A dimensão esportiva do skate tem sido alvo de demasiados investimentos, como inicialmente já apresentado neste tópico, sendo, por isso, mais assimilável por políticas públicas e demandas de mercado e também mais apreciada por um grande público em razão dos enquadramentos que são feitos de sua prática. Já a dimensão citadina, por sua vez, a qual se expressa por meio de uma modalidade específica, a saber, o *street ska-*

---

14 Disponível em: <http://esporte.uol.com.br/skate/ultimas-noticias/2012/02/10/antes-vagabundos-esportes-radicais-viram-aposta-segura-no-mercado-esportivo.jhtm>. Acesso em 2-1-2015.

15 Detalhes da pesquisa realizada pelo Datafolha podem ser obtidos em: <http://triboskate.ativo.com/datafolha-atualiza-para-85-milhoes-o-numero-de-skatistas-no-brasil/>. Acesso em 12-6-2017.

te — ou skate de rua —, não raro é alvo de intensas querelas em razão das experiências decorrentes de sua realização. Por se passar no cotidiano das cidades, sobretudo em espaços que não foram planejados para a sua ocorrência, os skatistas que a praticam — os quais se reconhecem como *streeteiros* — geralmente são tratados por uma parcela da população como sujeitos indesejáveis por conta dos usos audaciosos e transgressivos que fazem de equipamentos dispostos nas paisagens urbanas. Denominados de *picos* (sendo esta uma categoria nativa), tais equipamentos (como bancos, corrimãos, hidrantes, quinas, bueiros, paredes, bordas de concreto, inclinações etc.) são avaliados pelos praticantes em função de suas texturas, inclinações e asperezas, as quais, a depender de certas condições materiais, permitem a realização de manobras, ou seja, de técnicas corporais realizadas com um skate.

O skate de rua, como será visto ao longo deste livro, ocasionalmente é considerado uma modalidade perturbadora e agressiva. Seus adeptos, pelos desafios que se propõem a travar nas cidades, são acusados de destruírem equipamentos, de atropelarem transeuntes nas calçadas (em especial idosos) e de constituírem uma ameaça ao fluir do trânsito de automóveis quando em circulação pelos asfaltos. As mesmas acusações não ocorrem, contudo, com outras modalidades do skate, sobretudo com aquelas realizadas em pistas (como *vertical*, *banks*, *bowl* etc.), as quais se concentram em espaços delimitados especialmente a prática. Nessas circunstâncias, a fim de mediar certos conflitos ocasionados pelos impactos e dissabores do skate de rua, várias estratégias político-urbanísticas de educação corporal e de contenção espacial têm sido feitas em distintas cidades do mundo, como em São Paulo, com vistas a reprimir ou disciplinar os comportamentos e as façanhas daqueles que utilizam as paisagens urbanas de maneiras inesperadas.

Uma estratégia propagada no intuito de fornecer uma alternativa à prática nas ruas é a construção de pistas de skate para a modalidade *street skate*, espaços onde constam obstáculos que simulam equipamentos urbanos. Tais pistas se proliferaram na capital paulista a partir do começo deste novo século, sendo a maioria delas construída pelo poder público municipal. Em minha dissertação de mestrado (Machado, 2011), pesquisa a partir da qual se desdobra a tese que dá origem a este livro, demonstrei, por meio de etnografias realizadas entre os anos 2009 e 2011, como elas podem ser consideradas dispositivos normativos e gestionários de certos usos citadinos que são feitos da cidade. Não obstante aventei, partindo dos pressupostos de Joseph (1999), que as intenções para as suas construções almejam fomentar a dimensão esportiva do skate, mas ao custo de ocasionar uma limitação sistêmica aos skatistas ao reterem suas circulações, comunicações e acessibilidades — condições básicas da urbanidade — e ainda uma limitação ritual ao aspirarem reduzir os dramas e as tramas que ocorrem nas paisagens urbanas e desvirtuar certas experiências que se passam no cotidiano das ruas. Apesar dessas intenções, como revelado etnograficamente na ocasião, os skatistas externam uma espécie de repulsa à prática e a formas de sociabilidade confinadas a espaços que dispõem de certas regras, como ocorre em muitas pistas públicas, em prol do seu alargamento por toda a cidade.

Sendo assim, a aspiração de retirá-los das ruas, de convertê-los em atletas e de confiná-los em espaços delimitados onde é necessário cumprir muitas normas precisas, sendo algumas delas morais, não detém os devires do universo do skate de rua. Os skatistas evidentemente se posicionam em prol de pistas e as frequentam quando lhes interessam,[16] entretanto, como anunciado de modo corriqueiro pelos interlocutores tanto da dissertação quanto da tese, "é nas ruas em que se anda de skate de verdade!".[17] É possível notar, com efeito, que eles evocam uma essencialização de suas experiências citadinas:

> Eu curto andar em lugar que não foi feito para skate. Eu até vou [às pistas]. Quando eu vou até ando, tento andar. Mas sei lá, prefiro a atmosfera da rua, coisa acontecendo sem ser skate. Acho legal isso. (Murilo Romão, skatista profissional, entrevista em 2014)

> Se me chamarem para *colar* na pista, eu *colo*. Mas não é algo que me desperta a vontade. A essência do *rolê* é outra quando eu estou na rua. Na rua você pode descobrir os *picos*, você anda onde não pode. É mais da hora. Não que eu tenha algo contra a pista. Quanto mais tiver, melhor. Mas eu prefiro andar na rua, a essência está na rua. (Caíque Rodrigues, skatista amador e publicitário, entrevista em 2015)

16 Os skatistas que frequentam e dominam ambos os espaços (pistas e ruas) e são adeptos de diferentes modalidades são chamados de *overall*.

17 Na perspectiva de Chiu (2007, p. 106), "A prática do skate de rua é considerada pelos skatistas como mais liberal e real, visto que requer coragem e criatividade adicionais. Já andar de skate em pistas é considerado menos real do que andar de skate nas ruas" (tradução minha).

> A construção de pistas estimula a prática, eleva o nível do skate, o moleque consegue melhorar imediato o nível dele na pista. Mas não é só isso. A cultura está muito além do esporte. Tem coisa vindo de dentro para fora e coisa vindo de fora para dentro. Vai somando as coisas. (Marcelo Martins, skatista amador e educador do coletivo *Love CT*, entrevista em 2016)

Muitas das mídias especializadas em skate também corroboram com essa perspectiva. Alexandre Vianna, ex-skatista profissional, quando de sua atuação como editor da revista *CemporcentoSkate*, afirmou, por exemplo, que ficar confinado apenas em pistas de skate pode se tornar um pesadelo para os skatistas:

> O que define o lugar para andar de skate? Se o mundo real oferece o mínimo de condições, é no campo da sua imaginação que os caminhos se desenham, absorve-se o impacto das imperfeições, criam-se condições para fazer a manobra acontecer. Exercite sua mente. Se você acorda todo dia pensando em granilite [tipo de piso característico de muitas pistas de skate], em breve o skate, pra você, será um pesadelo. (Vianna, 2009, p. 43)

Os skatistas revelam, diante disso, uma cidade marcada pela imbricação entre dispositivos técnicos e disposições sociais que se exprime por meio de "uma relação dialógica que se instaura entre um espaço urbano e aquele que o atravessa, o percorre ou o explora" (Joseph, 1999, p. 35). Assim sendo, como já observara Simmel (2005 [1903]) no começo do século passado, a metrópole, por meio de suas constantes transformações, está sempre criando e recriando a sensibilidade e as condições psicológicas de seus citadinos, as quais se manifestam, no caso do skate, por meio do olhar de seus praticantes e das apropriações que fazem dos *picos* encontrados nas paisagens urbanas. Como sujeitos de locomoção que não se fixam, isto é, em suas condições de citadinos (Joseph, 2005), eles desafiam uma gama de espaços por meio de usos vernaculares, o que contribui, no limite, para fortificar a dimensão pública da cidade ao expandir a sua acessibilidade.[18]

18 Contudo, é importante ponderar e reconhecer algumas estratégias político-urbanísticas que se valem da prática do skate de rua a fim de promover um combate contra certos citadinos ainda mais indesejáveis que os skatistas. No capítulo 4 abordarei com rigor tal questão.

É importante reconhecer que esta insurgência skatista é apenas uma dentre um vasto leque de experiências citadinas (sejam elas artísticas, culturais, educacionais, religiosas, esportivas etc.) que clamam pela apropriação da cidade de uma maneira peculiar. Destaco também iniciativas como *fluxos* de *funk*, batalhas de *rap*, saraus, grafite e pichação, bicicletadas, *rolezinhos*, dentre tantas mais, cujos participantes e coletivos que lhes representam adotam demasiadas táticas a fim de interpelar certos tipos de segregações que calham em São Paulo. Ademais, todas essas iniciativas mencionadas também são alvo, em maior ou menor medida, de estratégias institucionais promovidas pelas governanças urbanas que visam esmorecer alguns de seus sentidos citadinos considerados indesejáveis. Tais estratégias, contudo, nem sempre são efetivas, dado o distanciamento que promovem em relação àquilo que muitas vezes é mais apreciado pelo público-alvo das iniciativas. Como bem percebeu Leite (2010, p. 86):

> De tudo isso é possível apreender que algo parece não estar se encaixando muito bem: ou as práticas urbanísticas estão deletérias demais ao supor ser possível criar uma cidade sem levar em conta as diferenças entre as pessoas em suas rotinas cotidianas, ou a vida urbana é por definição fugidia a controles excessivos, posto que é o locus fundamental do dissenso que anima a vida pública.

No caso do skate, boa parte das pretensões político-urbanísticas, as quais há anos vêm sendo engendradas na cidade de São Paulo, releva apenas a sua dimensão esportiva em detrimento de outras mais. Todavia, apesar dos esforços feitos tendo em vista este enquadramento possível da prática, os skatistas que estão efetivamente nas ruas — ou seja, aqueles que em tese são os principais focos de tais pretensões — estão a ecoar que o skate não é permeado apenas pela ótica do esporte, mas também por lógicas citadinas que podem ora coadunar, ora resistir a esta última a depender dos seus interesses em jogo. Caíque Rodrigues, skatista amador interlocutor da presente pesquisa, chamou a atenção para aquilo que denominou como *fator rua*:

> Se você pensar, o skate pode ser classificado como esporte, pois é uma atividade física que exige muito. Inclusive eu tenho que alongar para andar, senão trava. Só que da mesma forma que eu acho que ele pode ser classificado como esporte, eu também acho que ele não

deve ser classificado como esporte justamente pelo *fator rua*. (Caíque Rodrigues, skatista amador e publicitário, entrevista em 2015)

Conforme percebido por Brandão (2014, p. 19), se "houve uma série de agentes que buscou conduzir o skate para o campo rentável, organizado e politicamente correto do esporte (inclusive associando o skatista à figura do atleta e/ou do campeão)", também existiu, por conseguinte, "um conjunto de outras ações, práticas e discursos que levaram (e ainda levam) muitos skatistas a não se reconhecerem neste ponto de atração que se tornou o esporte na contemporaneidade". Esse não reconhecimento — o qual é, diga-se de passagem, situacional, posto que os skatistas agenciam os vários sentidos do skate[19] — é sintomático de uma citadinidade propagada entre pares que considera a vivência de experiências urbanas (*rolês*, busca por *picos*, sociabilidades, conflitos, subversão dos usos dos espaços, exercício da alteridade etc.) como uma virtude a ser seguida.

Ao colocar em prática essas experiências, os skatistas reagem a uma arquitetura muitas vezes segregadora e explicitam, por consequência, não apenas as dificuldades de externalizar o exercício de uma prática citadina nas ruas paulistanas, mas também os preconceitos cotidianos que sofrem em decorrência de seus diferentes marcadores sociais, sejam eles de classe, raça/cor, idade/geração e/ou gênero. Malgrado todas as estratégias que tentam desvirtuar as suas citadinidades, eles ainda assim estabelecem, segundo Borden (2001), uma crítica performativa à forma como a cidade está consolidada. Não obstante, por meio de suas táticas, eles se organizam de maneira autônoma para agenciar reformas em espaços públicos já consolidados, contrariando, pois, eventuais retóricas que os acusam de serem poluidores ou destruidores.

Esta iniciativa, a reforma, vem se proliferando e ganhando considerável repercussão no skate brasileiro nos últimos anos, sendo eventualmente caracterizada pelos skatistas como parte de um princípio que recebe a alcunha de *do it yourself* (DIY) — ou *faça você mesmo*.[20] As expe-

19 Um mesmo skatista, a depender da situação, pode se posicionar tanto contrário quanto favorável ao reconhecimento do skate enquanto um esporte. Constatei a ambiguidade em diversas ocasiões do trabalho de campo. Em certas ocasiões, quando da negociação com empresas ou poder público, por exemplo, ele pode acionar uma gramática esportiva a fim de buscar legitimidade para as suas pretensões. Contudo, em outras circunstâncias, sobretudo nas relações cotidianas com outros skatistas, o mesmo sujeito pode rechaçar o viés esportivo em prol da valorização de outros tipos de experiências.

20 Considerações mais detalhadas sobre as possibilidades do princípio *do it yourself* podem ser

riências decorrentes desse princípio também são compartilhadas no âmbito de muitas outras práticas, mas, no que toca ao skate, elas se revelam, sobretudo, por meio de intervenções feitas de modo colaborativo em espaços ou equipamentos públicos que padecem pela falta de manutenção ou abandono. É o ato literal de colocar a *mão na massa*, expressão muito utilizada pelos interlocutores da pesquisa, a fim de remodelar a dimensão material do que já está constituído mesmo diante certas normatizações e dispositivos de controle encontrados em diferentes espaços.

A construção de *picos* DIY tem pululado em vários pontos de São Paulo: em marcos ou vazios que configuram "pórticos" (Magnani, 2012); em áreas degradadas e rejeitadas pela maioria da população; em espaços de encontros, lazer e sociabilidades; e até mesmo em certas "paisagens de poder" (Zukin, 2000) que compõem as centralidades paulistanas.[21] O projeto *Ruativa*[22] é sintomático desta constatação. A ação ganhou repercussão no universo do skate na medida em que diversos obstáculos surgiram em várias áreas da cidade a partir de iniciativas autogeridas por um coletivo de skatistas — dentre os participantes, João Yumoto, skatista amador que produz e vende camisetas a fim de reverter os lucros para fomentar essa forma de ativismo urbano.

O skatista profissional Otavio Neto é outro que se mobiliza por intervenções com vistas à criação de obstáculos. Ele relatou as seguintes experiências para uma revista especializada em skate:

> Nestes lugares parece que a energia de quem construiu fica impregnada no cimento, é um piso sagrado. Outro fato que mexe com a minha cabeça é a apropriação e a transformação do espaço que estava ocioso. *DIY é como um milagre, a gente dá vida para um entulho, para um bloco que seria lixo e esculpe um lugar para andar de skate, encontrar os amigos e se divertir.* Tudo foi sendo construído no "olhômetro", na hora das dúvidas ligava para os amigos perguntando sobre quantidade de cimento, tempo de secagem, acabamento etc. O processo de construção do *DIY* é lúdico. As formas vão sendo criadas junto com o espaço e o concreto que você tem em mãos. (In: "Faça-se o favor". Revista *Vista*, edição 62, 2015, p. 39. Grifos meus)

vistas em Vergote (2014).

21 A construção de *picos do it yourself* também se destaca no Rio de Janeiro. Para mais exemplos das intervenções construídas pelos skatistas locais, ver Diniz e Hermes da Silva (2014).

22 Ver https://www.facebook.com/ruativa/.

Otavio Neto, em companhia de alguns amigos, em certa situação criou um obstáculo numa praça e também deixou demais melhorias no local. A atitude teve um desdobramento que o deixou surpreendido. Conforme seu depoimento publicado na revista *Tribo Skate*:

> Alguns pedestres vieram conversar e nos parabenizar pela atitude de deixar a praça mais bonita. Chegaram a perguntar se era a prefeitura que estava patrocinando. Falamos que tudo era por nossa conta e que não pode ficar esperando nada dos outros. Antes mesmo de eu terminar, um senhor falou: "tem que colocar a mão na massa, né?". Risadas e fomos terminar a obra de arte. Além dos obstáculos, pintamos todo o chão e o corrimão. *O lugar virou um ponto de luz no meio da escuridão da praça abandonada.* ("Mão na massa". Revista *Tribo Skate*, edição 161, p. 75. Grifos meus)

Como enfatizado pelo skatista, as intervenções impulsionam diferentes apropriações e dinâmicas relacionais que contribuem para revigorar equipamentos ociosos, além de ampliar, propalar e qualificar a dimensão pública de certos espaços urbanos. Desta forma, é possível considerar que esse ativismo skatista vem forçando, até mesmo, novos enquadramentos sobre a prática do skate de rua. Apesar de muito combatida, nos últimos anos o que também se percebe são novas ações a ela destinadas: as governanças urbanas, bem como o mercado, pautadas em perspectivas neoliberais de gerenciamento urbano, agora vêm considerando as lógicas citadinas com vistas a promover uma estratégica renovação dos usos de determinados espaços da cidade.

Após esta breve contextualização é necessário atentar que, embora haja uma espetacularização esportiva do skate na contemporaneidade — a ponto de ser uma modalidade olímpica muito rentável —, há uma complexa e controversa dimensão citadina de sua prática que carece de maiores investigações. E é sobre ela que o presente livro pretende se debruçar.

AJUSTE DO FOCO

Conforme já adiantado no tópico anterior, a tese de doutorado que dá origem a este livro configura-se como um desdobramento de minha dissertação de mestrado. Defendida em 2011 no Programa de

Pós-Graduação em Antropologia Social da Universidade de São Paulo (PPGAS/USP), sob a orientação do Prof. Dr. Heitor Frúgoli Jr., a pesquisa precedente analisou como os skatistas relacionam suas práticas citadinas às práticas de cidadania a que estão sujeitos na cidade de São Paulo. Por meio da etnografia realizada, demonstrei que devido à valorização das ruas e dos equipamentos que nelas se encontram — os *picos* —, o fomento institucional a práticas de cidadania permeado por vieses esportivos (tal como tentado por meio de algumas iniciativas promovidas pelo poder público municipal) nem sempre logra êxito,[23] visto que, se para alguns agentes políticos a noção de cidadania se aproxima, de certo modo, de uma civilidade, para muitos skatistas — em especial para os praticantes da modalidade *street skate* — a condição de cidadão está mais relacionada a uma sociabilidade alargada (Agier, 1999)[24] e ao direito de se apropriarem da cidade a partir de suas próprias lógicas. Nesse sentido a investigação evidenciou não só aspectos em torno do exercício de uma prática esportiva (como os múltiplos sentidos de um circuito de campeonatos), mas, sobretudo, as implicações em virtude dos usos e das apropriações dos espaços urbanos por parte dos praticantes. Apresentei como a cidade pode ser lida e ordenada simbolicamente por meio daquilo que muitos interlocutores chamavam de *olhar skatista*, e, ao me aproximar das perspectivas de Joseph (1993), concluí, destarte, que a cidadania para os skatistas pode ser vista como uma questão de urbanidade.[25]

Ao fim do mestrado, como parte das sociabilidades alargadas entre os skatistas paulistanos, percebi que muitos dos interlocutores contatados estavam se programando para viajar para Barcelona, capital da Catalunha,

23 Dentre tais iniciativas destaca-se o Circuito Sampa Skate. Trata-se de uma série de campeonatos amadores realizados em São Paulo com a intenção de promover, grosso modo, noções de cidadania e uma inclusão social entre jovens skatistas oriundos das regiões periféricas da metrópole. O Circuito Sampa Skate foi analisado em Machado (2011).

24 Frúgoli Jr. (2007, p. 50-51) assevera que os domínios das "sociabilidades alargadas" (Agier, 1999), que se baseiam nas dinâmicas das redes, de uma forma ampliada levaria, em última instância e numa perspectiva totalizante, "à própria compreensão da cidade enquanto 'rede das redes' (como já aventara Hannerz), mesmo que isso se trate, admite o autor, de um horizonte metafórico, impossível de uma reconstituição antropológica".

25 Segundo Joseph (2002, p. 28), a urbanidade exprime o trabalho da sociedade urbana sobre si mesma, e não tanto o resultado de uma legislação ou de uma administração. Também concordo com as ponderações de Sierra e Mesquita (2009) que, ao interpretarem as ideias de tal sociólogo, consideram que a cidadania "é também uma questão de urbanidade que revela não uma relação dos cidadãos com o Estado, mas que envolve a participação dos cidadãos nos públicos, sendo estes não apenas os espaços das instituições do Estado, mas todo o conjunto de instituições e serviços urbanos. Nessas condições, a democracia é percebida para além das formas governamentais, incluindo, de um lado, a sociedade civil entendida como 'modo de vida concreto' e, de outro, o

apenas com o propósito de andar de skate nos inúmeros *picos* lá dispostos. Ao atentar para a centralidade que lhe era atribuída nos discursos proferidos por tais interlocutores, reparei que a cidade sempre era representada como o "paraíso do skate", como "um local perfeito para a prática do skate de rua", ou ainda como a "*Meca do skate*", sendo esta última expressão a mais propagada. Além dessas recorrentes características, ainda verifiquei que referências parecidas apareciam também de modo regular na mídia especializada em skate.[26]

Com base nos desdobramentos etnográficos que emergiram com a conclusão do mestrado, passei a acompanhar detidamente diversos tipos de situações que aludiam à conexão entre São Paulo e Barcelona. Em razão disso elaborei o projeto de pesquisa intitulado "Rumo à '*Meca do Skate*': análise etnográfica do circuito skatista São Paulo — Barcelona", tendo em vista a realização de uma tese de doutorado que ampliasse os contornos etnográficos desenvolvidos na pesquisa precedente. A tese, conforme as suas pretensões iniciais, teria como objetivo principal a análise dessa mobilidade entre ambas as cidades e das suas relações com certas dinâmicas inerentes ao universo esportivo do skate brasileiro.

O trabalho de campo iniciou-se no primeiro semestre de 2013 e, a partir de então, comecei a acompanhar uma série de eventos, campeonatos, festas, manifestações, viagens, além da prática do skate em pistas, ruas e demais espaços. Para delinear um possível "circuito" (Magnani, 2012)[27] entre São Paulo e Barcelona, considerei fundamental focar primeiramente a prática do skate na capital paulista, mas sem perder de vista a sua relação com dinâmicas esportivas mais amplas. Cogitei, portanto, que somente a partir disso seria possível averiguar etnograficamente os motivos pelos quais tantos skatistas estavam indo para a capital catalã e de lá para outros países da Europa.

Desencadeado o trabalho de campo em São Paulo, segui a indicação dos interlocutores da pesquisa e concentrei as observações preliminares na Praça Roosevelt, espaço público que fora reinaugurado no final de 2012 e que havia se tornado o principal ponto de encontro dos skatistas no centro metropolitano. No entanto, a etnografia na praça, bem como o

---

processo de criação continuada do público".

26 Para mais, ver capítulo 4.

27 De acordo com Magnani (2012, p. 97), o circuito "é uma categoria que descreve o exercício de uma prática ou a oferta de determinado serviço em estabelecimentos, equipamentos e espaços que não mantêm entre si uma relação de contiguidade espacial, sendo reconhecido em seu conjunto pelos usuários habituais".

acompanhamento de atividades e de demais eventos realizados em outros locais da cidade, incutiu novos questionamentos à tese que culminaram em um deslocamento de seu objetivo principal.[28] Através da experiência etnográfica (Magnani, 2009), percebi que atribuía uma proeminência exacerbada à relação entre São Paulo e Barcelona,[29] ao passo que obliterava outras questões sobre as potencialidades e os limites da prática do skate nas ruas que eram colocadas e debatidas efusivamente pelos interlocutores no cotidiano do trabalho de campo.

O meu exame de qualificação de doutorado, ocorrido em setembro de 2015, também foi relevante para ajustar a condução da pesquisa. Os professores que participaram da banca de avaliação (Prof. Dr. Luiz Henrique de Toledo e Prof. Dr. Heitor Frúgoli Jr.), bem como o meu orientador (Prof. Dr. José Guilherme C. Magnani),[30] trouxeram importantes sugestões que contribuíram para o reposicionamento dos propósitos teóricos e metodológicos vigentes, dentre elas, a de buscar uma articulação mais detida entre questões ligadas à Antropologia das Práticas Esportivas e Antropologia Urbana, mas com foco maior nesta última — e não na primeira, como até então fazia. Como frisado na ocasião pelo Prof. Dr. Luiz Henrique de Toledo a partir da leitura das minhas análises etnográficas sobre a Praça Roosevelt, o universo do skate revela uma intrínseca relação entre a técnica e o lugar que se expressa por meio das experiências dos skatistas que estão a reconfigurar os espaços urbanos ao imprimir neles, mesmo que de maneira transgressiva, certa dimensão pública sobre locais muitas vezes reificados pela prática cotidiana, pelas imposições das arquiteturas de poder ou pelas estratégias de urbanização. A sua perspectiva foi corroborada pelos demais membros da banca de qualificação que consideraram que tais aspectos, por permearem a etnografia realizada até aquele momento, poderiam ganhar maior saliência no âmbito da tese.

Somam-se a essas sugestões os apontamentos recebidos a partir da minha participação em eventos acadêmicos realizados no decorrer de 2013 a 2016 — como 29.ª Reunião Brasileira de Antropologia; VIII Congresso

28 O que não implica dizer, todavia, que a pretensão de análise do "circuito" entre São Paulo e Barcelona tenha sido descartada. No capítulo 4 apresentarei algumas considerações sobre a conexão etnográfica entre ambas as cidades.

29 Segundo Magnani (2009), a "experiência etnográfica" é imprevista, descontínua, no entanto, ela potencializa e é potencializada pela "prática etnográfica", a qual, por sua vez, é programada e contínua. Ambas se realimentam, são condições para o contato e inserção no campo e levam à escrita do texto.

30 Agradeço aos membros da banca pelas valiosas sugestões.

Português de Sociologia; Seminário São Paulo: a cidade e seus desafios; V Reunião Equatorial de Antropologia / XIV Reunião de Antropólogos do Norte e Nordeste; XI Reunião de Antropologia do MERCOSUL etc. —, além da interlocução com os membros dos grupos de pesquisa dos quais faço parte (Núcleo de Antropologia Urbana e Núcleo Interdisciplinar de Pesquisa sobre Futebol e Modalidades Lúdicas), com colegas de demais grupos de pesquisa (em especial do Grupo de Estudos de Antropologia da Cidade), com professores do Programa de Pós-Graduação em Antropologia Social, e do diálogo efetivo com o Prof. Dr. José Guilherme C. Magnani, orientador que contribuiu para o amadurecimento deste trabalho. Com efeito, por concordar com um conjunto de apontamentos recebidos no decorrer da construção da pesquisa, passei a encarar e a problematizar com rigor os usos dos espaços urbanos que são ampliados — e, porque não, radicalizados — a partir das experiências citadinas dos skatistas.[31]

Desse modo, é mister considerar que a análise da prática do skate de rua é uma via de acesso para a compreensão da citadinidade que transcorre numa das maiores metrópoles do mundo. Citadinidade esta que pode ser compreendida a partir de uma dupla relação, tal como proposta por Agier (2011, p. 91): a dos citadinos entre si e a deles com a cidade como contexto social e espacial. As investigações, então, enfrentam o desafio de desvendar a pluralidade de sentidos do urbano para uma multitude de skatistas paulistanos, revelando, igualmente, "configurações sociais orgânicas, pouco e nada solidificadas, submetidas a oscilações constantes [...]" (Delgado, 2008, p. 12), as quais são sintomáticas da porosidade e da instabilidade que permeiam espaços urbanos em que se sobrepõem diferentes sistemas de ação. A São Paulo do skate, desde já adianto, não é uma realidade que pode ser definida *a priori* como algo acabado e definido, mas sim em permanente construção em razão de seu caráter relacional e situacional (Joseph, 2005; Agier, 2011) e por ser notadamente marcada por distintos espaços, processos e um conjunto polifônico de representações e narrativas nativas (Frúgoli Jr., 2005).

Ao longo dos capítulos aqui apresentados, pretendo, ainda, problematizar os impactos das maneiras de fazer uma cidade transumante (Certeau, 2009) a partir das ações dos skatistas e de suas manobras diante eventuais enquadramentos e normatizações que são feitas da prática do skate de rua pelas governanças urbanas e por suas respectivas redes

31 Para uma abordagem crítica acerca da relação entre esporte e cidade ver Dias (2013).

sociotécnicas e jogos de poder. Para tanto a pesquisa dialoga com pesquisadores e temáticas vinculadas aos estudos urbanos desenvolvidos em São Paulo, em especial, José Guilherme C. Magnani (2000, 2012) e suas categorias socioespaciais; Teresa Caldeira (2000, 2012) e as análises das novas configurações do espaço público; Vera Telles (2010, 2015) e as problematizações das formas de controle e conflitos na cidade; e Heitor Frúgoli Jr. (2000) e as implicações em torno da constituição de centralidades na metrópole. A pesquisa também se vale da interlocução com outras investigações centradas em etnografias de toda sorte de práticas citadinas realizadas no contexto paulistano (Pereira, 2005, 2014a, 2014b; Aderaldo, 2013; Toledo, 2013; Spaggiari, 2015; etc.), e, não obstante, cabe frisar que muitas das análises doravante apresentadas baseiam-se em pesquisadores do urbano alhures, como Georg Simmel (2005 [1903]), Michel de Certeau (2009), Sharon Zukin (2000), Manuel Delgado (2008), Isaac Joseph (1999, 2005) e Michel Agier (2011), cujos principais pressupostos teóricos serão discutidos no decorrer dos capítulos a fim de articulá-los com os dados coletados por meio do trabalho de campo. Dessa maneira, a partir de um quadro teórico condizente à Antropologia Urbana, almeja-se dar visibilidade aos agenciamentos que configuram a intrínseca relação entre a prática do skate de rua e os aparatos sociotécnicos, formas de mobilidade e certas ações político-urbanísticas estratégicas esperadas para São Paulo.

A condução da pesquisa também se beneficiou do contato com uma ampla bibliografia que trata especificamente da prática do skate. Foi feita uma interlocução com pesquisas desenvolvidas tanto no Brasil (Bastos, 2006; Brandão, 2006, 2012; Olic, 2010; Diniz e Hermes da Silva, 2017) quanto em outros países — como Estados Unidos, Inglaterra, França, Austrália e Nova Zelândia — que enfrentaram, em seus respectivos contextos de análise, problemáticas parecidas com as levantadas por este trabalho. Além disso, a partir de tal bibliografia consultada foi possível perceber o skate como parte de um fenômeno esportivo abrangente que tem sido categorizado analiticamente de diversas maneiras, quais sejam, "sports californiens" (Pociello, 1981), "whiz sports" (Midol, 1993), "extreme sports" (Booth e Thorpe, 2007), "alternative sports" (Beal, 1995; Rinehart, 1996; Humphreys, 1997), "lifestyle sports" (Wheaton, 2004) etc. Cada categoria possui suas próprias particularidades e abrange um leque de práticas corporais popularizadas a partir da década de 1960, tais como skate, *surf*, patins, *snowboard* e windsurf. Ao longo deste livro, intenciono recorrer a certas perspectivas enfocadas por essas categorias; todavia, para fins metodológicos, considero oportuno não filiar as análises aqui desenvolvidas a nenhuma delas. O motivo para tanto é claro: embora elas reconheçam os múltiplos sentidos do skate, todas o situam nos limites de um "esporte". Já as análises que realizo procuram tratar com cautela tal enquadramento, visto que os próprios interlocutores muitas vezes o renunciam ou o remodelam. Nesse sentido concordo com o historiador Leonardo Brandão (2014, p. 204), quando pondera que classificar o skate apenas como um esporte sem uma reflexão apurada, é negar a existência "de outras formas de concepção dessa atividade, das tensões sociais que seu uso no espaço urbano gerou, dos processos de estigmatização e das muitas lutas que existiram em seu interior".

Assim sendo, ao considerar a perspectiva dos interlocutores contatados, vislumbro compreender o universo do skate em seus próprios termos e, para isso, apresento e problematizo as muitas contradições que o permeiam, sem restringi-lo, contudo, apenas a um domínio específico, como o já mencionado esportivo, ou a explicações apriorísticas que tentam estabilizar seus sentidos heterogêneos em categorias transcendentes. Com efeito, compartilho dos pressupostos de Toledo e Costa (2009, p. 16):

> O domínio das práticas, portanto, pode ser visto sob olhares deslocados a partir dos próprios agentes que esgarçam os significados da categoria esporte a ponto de subvertê-la. A tarefa da visada etnográfica é justamente correr atrás desses ajustes de significados, sem corrompê-los pelo formalismo ou pelas reificações de certas definições seguras.

Diante às incoerências que perpassam o skate, a partir da etnografia realizada planeja-se depreender determinadas temáticas que se coadunam aos objetivos da pesquisa, tais como usos e apropriações citadinas de espaços públicos, competições em vários níveis, prática do skate em pistas, consumo, locais de sociabilidade, eventos festivos, viagens transnacionais, profissionalização, trajetórias pessoais, estilos de vida, além da espetacularização esportiva e da cidade, ações de marketing, discursos dissonantes da mídia (especializada ou não), atuação dos poderes públicos, intervenção de entidades esportivas etc. O entrelaçamento e a justaposição dessas temáticas são fundamentais para a compreensão dos efeitos da prática do skate em espaços urbanos, da multitude de sentidos (ambivalentes, fluidos e por vezes contraditórios) que configuram o seu universo, além da trama que envolve as estratégias (Certeau, 2009) que múltiplos agentes e instituições buscam impor a fim de conter ou modular a citadinidade que lhe é inerente conforme seus próprios propósitos e as táticas (Certeau, 2009) dos skatistas perante as mesmas.[32]

ETNOGRAFANDO MANOBRAS

A etnografia que fundamenta a pesquisa iniciou-se no princípio de 2013, concomitante ao meu ingresso no doutorado. Não tive dificuldades em encontrar interlocutores no universo do skate, visto que apenas retomei certos contatos mantidos desde a realização do mestrado (Machado, 2011) e, a partir deles, ampliei a minha rede de relacionamentos. Estabeleci, assim, uma interlocução com múltiplos praticantes que se reconhecem e se autointitulam skatistas. Todos são homens jovens ou adultos, com faixa etária entre 15 e 40 anos de idade,[33] oriundos de classes populares e médias. Além de praticantes, uma relevante proporção dos contatados exerce funções ligadas a outros universos: eles são, sobretudo, estudantes secundaristas, universitários e/ou trabalhadores dos mais diversos ramos (de educadores sociais a publicitários; de *videomakers* a advogados, dentre outras profissões possíveis). Contudo, também há muitos que se dedicam exclusivamente ao skate. São skatistas profissionais, que fazem do skate um trabalho remunerado, ou amadores em vias de profissionalização. É fundamental frisar ainda que os contatos não se deram apenas com os praticantes. Mantive a interlocução com diversos outros agentes ligados tanto ao universo do skate (empresários, representantes de entidades esportivas, profissionais da mídia especializada, promotores de eventos

---

32 Certeau (2009, p. 45) chama de "estratégia" "[...] o cálculo das relações de forças que se torna possível a partir do momento em que um sujeito de querer e poder é isolável de um 'ambiente'. Ela postula um lugar capaz de ser circunscrito de suas relações com uma exterioridade distinta. A nacionalidade política, econômica ou científica foi construída segundo esse modelo estratégico". O mesmo autor (Certeau, 2009, p. 45-46) denomina, ao contrário, "tática" "[...] um cálculo que não pode contar com um próprio, nem portanto com uma fronteira que distingue o outro como totalidade visível. A tática só tem por lugar o do outro. Ela aí se insinua, fragmentariamente, sem apreendê-lo por inteiro, sem poder retê-lo à distância. Ela não dispõe de base onde capitalizar os seus proveitos, preparar suas expansões e assegurar uma independência em face das circunstâncias".

33 Cabe pontuar que tive um contato bastante limitado com mulheres que andam de skate nas ruas. Isso revela, portanto, que tal universo é predominantemente masculino. Foram poucas as situações em que elas estiveram presentes no cotidiano do trabalho de campo. Em minha dissertação de mestrado encontra-se uma problematização sobre a participação das mulheres no universo do skate (ver Machado, 2011). E para uma análise mais detida, ver Figueira (2008).

etc.) quanto aos poderes públicos (funcionários da Secretária Municipal de Esportes, Lazer e Recreação, vereadores, deputados estaduais, assessores políticos etc.).

O trabalho de campo fora realizado entre 2013 e 2016 e concentrou-se, sobretudo, em São Paulo,[34] cidade que abriga muitos agentes e instituições cujos impactos de suas respectivas ações reverberam em nível nacional. É na capital paulista, conforme sintetizou o interlocutor Leo Fagundes, skatista amador proveniente de Natal (RN), onde "todas as coisas do skate acontecem": lançamentos de vídeos e revistas, campeonatos, turnês, feiras, festas, protestos, reuniões, dentre outros eventos. Além disso, São Paulo acomoda a redação das principais revistas de skate, a atuação de marcas vinculadas ao mercado especializado e ainda a sede da Confederação Brasileira de Skate (CBSk) e demais entidades esportivas.

A cidade permite a convergência de várias frentes do skate brasileiro, sendo, por isso, escolhida para dar suporte à etnografia. Circulei por diferentes locais de sua região metropolitana, das periferias aos centros, das pistas às ruas, com vistas a seguir os interlocutores em seus *rolês* que se expandiram a partir do lócus elegido como ponto de partida da análise: a Praça Roosevelt, espaço público situado no centro metropolitano que permite o cruzamento de uma série de redes de relações. É importante esclarecer, entretanto, que a pesquisa não se limitou apenas a São Paulo, posto que, com os desdobramentos de uma teoria vivida (Peirano, 2008), eventualmente tive a oportunidade de acompanhar aspectos relacionados à prática do skate em outros contextos, como em Barcelona (Catalunha), onde pude encontrar alguns skatistas paulistanos.

A etnografia produzida para fins desta pesquisa foi, portanto, uma etnografia multissituada (Marcus, 1995).[35] Ao considerar a circulação, mobilidade e acessibilidade dos skatistas em distintos espaços paulistanos, não apenas segui muitas de suas pistas deixadas na cidade, mas também acompanhei as suas dinâmicas relacionais, experiências e práticas que "metaforizam a ordem dominante" (Certeau, 2009) do urbano. Desse modo, transitei por uma gama de locais a fim de averiguar como eles,

34 Ao longo do trabalho de campo também tive a chance de acompanhar a prática do skate em outras cidades, como Barueri, Santana do Parnaíba, Piracicaba, Sorocaba, Votuporanga e Maceió, além de Lisboa (Portugal) e Barcelona (Catalunha).

35 Marcus (1998), de um modo geral, propõe que em uma etnografia multi-situada deve-se seguir as pessoas, as coisas, as metáforas, os argumentos, histórias, as vidas, os conflitos etc. Portanto, a partir dessa etnografia multi-situada, pretendeu-se revelar uma multiplicidade de conexões e mediações que perpassam o universo do *street skate* paulistano.

por meio de suas ações espacializantes e demais vivências citadinas, desafiam agenciamentos que prezam pela estabilidade e univocidade de certas paisagens. Considerei, à vista disso, uma análise situacional[36] — modelo teórico e metodológico que se propagou sobretudo a partir da Escola de Manchester e sua teoria da ação[37] — a fim de compreender a citadinidade em processo e a sua relação com eventuais normatizações tão caras ao gerenciamento urbano promovido pela parceria público-privada sintomática de políticas de cunho neoliberais. Em vez de privilegiar um suposto equilíbrio e prevalência tão só de sociabilidades, coesão ou acatamento de regras, a etnografia revela também as contradições, conexões, conflitos, mediações, negociações, tramas e astúcias que permeiam as dinâmicas relacionais de situações concretas que imbricam aqueles que se valem sobremaneira da dimensão material da cidade.

Por meio da análise situacional há que se considerar, conforme pontua Agier (2011, p. 73), que "[...] não são os limites espaciais que definem a situação, mas o da interação". Assim, ao levá-la em conta, intento partir das seguintes recomendações deste antropólogo tendo em vista uma melhor compreensão de certas questões em torno da citadinidade skatista:[38] a) deslocar o ponto de vista da cidade para os citadinos; b) deslocar a problemática do objeto para o sujeito da questão, logo, em vez de considerar "o que é a cidade?", atentar para "o que faz a cidade?". Com efeito, ao tentar compreender como os citadinos fazem a cidade a partir de suas lógicas e vivências concretas, almejo desvencilhar as análises de eventuais perspectivas essencializantes, que consideram a cidade como uma coisa ou uma norma, em prol de uma investigação centrada em processos que intercalam, embaralham e/ou superpõem diferentes planos, espaços, procedimentos e uma

36 Para mais informações sobre os desdobramentos e a trajetória do conceito de situação na Antropologia, vide Frúgoli Jr. (2007).

37 De acordo com Feldman-Bianco (2010), os pesquisadores vinculados à Escola de Manchester contribuíram para a formulação da "teoria da ação", que privilegia a observação e a reconstrução do comportamento concreto de indivíduos específicos em situações estruturadas. Tal perspectiva enfatiza a observação do comportamento concreto e constitui uma alternativa às análises que focam as representações, baseadas na captação da visão de mundo dos interlocutores. Enfim, ainda segundo Feldman-Bianco (2010, p.24), a "teoria da ação" [...] "propiciou a elaboração de um conjunto de instrumentais de pesquisa que contribuíram, em última instância, para a apreensão de processos, ações e sequências de desenvolvimento, a partir de uma perspectiva histórica da sociedade em movimento e em constante fluxo". Para uma contextualização sobre a Escola de Manchester, ver também Hannerz (2015).

38 Michel Agier (2011) propõe três "estradas" distintas, porém convergentes, para uma forma de conhecimento antropológico da cidade: os saberes (a cidade dos antropólogos), os espaços (a cidade em processo) e as situações (a cidade em movimento). Inspiro-me, pois, nesta sua perspectiva.

vasta rede de agentes e saberes sociotécnicos. Ademais, compartilho ainda da perspectiva de Magnani (2002, p. 15), quando afirma que

> A incorporação desses atores e de suas práticas permitiria introduzir outros pontos de vista sobre a dinâmica da cidade, para além do olhar "competente" que decide o que é certo e o que é errado e para além da perspectiva e interesse do poder, que decide o que é conveniente e lucrativo.

Para contemplar esse desafio, empreguei não apenas a observação participante como técnica de pesquisa, mas também, a participação observante (Wacquant, 2002), com vistas a compreender e envolver-me com certas experiências práticas compartilhadas pelos interlocutores, o que implicou "em pôr o corpo em jogo e tratar o seu organismo inteligente não como um obstáculo ao saber [...], mas como um vetor de conhecimento do mundo social" (Loïc Wacquant, em Durão, 2008, p. 477).[39] Nesse sentido focalizei fatos familiares levando em conta uma postura "de perto e de dentro" para apreender comportamentos "não de indivíduos atomizados, mas de múltiplos, variados e heterogêneos conjuntos de atores sociais cuja vida cotidiana transcorre na paisagem da cidade e depende de seus equipamentos" (Magnani, 2002, p. 17). Além de relatos pontuais de várias situações de campo, a etnografia também se valeu de entrevistas dirigidas, registros fotográficos e de um vasto material documental — sobretudo por meio de revistas, vídeos e plataformas digitais — que aborda a prática do skate no Brasil desde os seus primórdios.

Ao trazer à tona a produção citadina dos espaços urbanos pelo corpo dos praticantes e pela técnica do skate, ao longo desta publicação associarei, por consequência, elementos dissonantes da sua multifacetada fruição por meio da exposição de algumas frentes que negociam e/ou disputam os seus rumos — mercado, entidades esportivas, mídia e poderes públicos — e da atuação e agenciamentos dos skatistas em seus meandros. É crucial ponderar que a busca de associações é uma opção metodológica de "seguir os próprios atores" (Latour, 2012) com o propósito de rastrear as suas controvérsias e reagregar dinâmicas extremamente complexas de uma prática que não efetiva consensos em sua totalidade. Sendo assim,

---

39 Desse modo, conforme colocado por Toledo (2007, p. 258-259), o corpo se apresenta como "uma via metodológica para se alcançar um acesso novo ao objeto, pois é potencialmente conteúdo e forma, objeto e método da observação".

as eventuais inclinações por um recorte mais institucional ao longo dos capítulos aqui apresentados não excluem, todavia, a proeminência de *manobras* dos skatistas diante dos processos que circundam o universo skate e das apropriações que fazem dos espaços urbanos.[40]

PLANO GERAL DO LIVRO

A presente publicação está dividida em quatro capítulos. O primeiro deles, intitulado "Manobras na Praça Roosevelt: embates em torno da prática do skate", traz uma abordagem etnográfica que analisa as sociabilidades e os conflitos que emergem a partir das apropriações que os skatistas fazem da Praça Roosevelt. A praça existe desde fins da década de 1960, no entanto, foi a partir de 2012, quando de sua reforma, que ela se tornou o principal *pico* de skate de São Paulo. Após a sua reinauguração, skatistas oriundos de todas as partes da cidade passaram a frequentá-la com diversas motivações, dentre elas, andar de skate, produzir imagens de suas manobras, encontrar amigos, promover eventos, buscar oportunidades profissionais ou, simplesmente, ficar à toa. Devido a essa presença regular, uma série de problemas emergiu, colocando em xeque os usos que eles vinham fazendo dos equipamentos dispostos no local. Diante os dissabores estabelecidos, diversos agentes comprometidos com as apropriações e gerenciamentos da Praça Roosevelt — moradores do entorno, associações comerciais, representantes do poder público, guardas civis metropolitanos, jornalistas etc. — se envolveram em intensos debates a fim de buscar soluções que minimizassem os impactos da prática do skate. Este capítulo evidencia, portanto, embates e negociações entre perspectivas citadinas e normatizações institucionais por meio das quais são colocadas em tela as estratégias esperadas, bem como as subversões que delas são feitas, para a apropriação de certos espaços públicos paulistanos.

O segundo capítulo, por sua vez nomeado "Entre a destruição e a criação: quando os skatistas fazem a cidade", evidencia os múltiplos sentidos que permeiam o universo da prática do skate de rua em São Paulo. Por meio de uma investigação detida em várias situações são reveladas as experiências citadinas mais valorizadas pelos skatistas, como os *rolês* e a busca por

40 Concordo com os pressupostos de Latour (2012, p. 257): "o macro não está 'acima' nem 'abaixo' das interações, mas unido a elas como outra de suas conexões, alimentando-as e sendo por elas alimentado".

picos em espaços não definidos de antemão. A etnografia aborda, nesse sentido, como as condições tangíveis da cidade potencializam a citadinidade de uma prática que preza pela mobilidade e pela apropriação sem limites e, ainda, como a partir de tais aspectos são deslocadas eventuais perspectivas que reificam paisagens localizadas tanto em regiões periféricas quanto em áreas centrais e enobrecidas da cidade. As análises deste capítulo revelam as relações de poder, assimetrias, desigualdades e segregações que calham em São Paulo e como os skatistas resistem e se impõem em toda sorte de espaços a partir de suas manobras e táticas astuciosas.

O terceiro capítulo, "Skate, esporte e política: governanças da citadinidade", demonstra como uma série de agenciamentos político-urbanísticos vem tentando enquadrar a prática do skate de rua conforme suas próprias rubricas com vistas a amenizar — ou até mesmo coibir — os impactos de sua realização em determinados espaços e equipamentos urbanos não planejados para as ações dos skatistas. O capítulo reconstitui também como as governanças urbanas paulistanas, embora eventualmente reconheçam as competências da prática do skate, reagem frente às apropriações que os praticantes fazem da cidade. Muitas de tais reações estrategicamente obliteram os sentidos citadinos do skate de rua — considerando os skatistas como indesejáveis e incômodos — em prol de posicionamentos que relevam apenas a dimensão esportiva de seu universo, a qual tem sido alvo de intensos investimentos por parte de setores variados dos poderes públicos.

"A espetacularização da citadinidade: sobre a cooptação do skate de rua" é o título do quarto e último capítulo. Ao contrário do anterior, onde são priorizados os enquadramentos institucionais que visam combater a citadinidade inerente a prática do skate de rua, este capítulo revela o distanciamento de certos skatistas em relação às estratégicas pretensões que fomentam apenas a sua dimensão esportivizada. Em decorrência disso, as suas tantas táticas e resistências forçam, inclusive, novos posicionamentos que têm implicado num remodelamento da citadinidade a fim de atender diversas finalidades, sejam elas comerciais, midiáticas, esportivas e político-urbanísticas. O capítulo exprime, com efeito, como as experiências urbanas dos skatistas, malgrado os combates que a elas são destinados, também são cooptadas a ponto de provocar uma reconfiguração e espetacularização de certos espaços da cidade.

Ao fim do livro, após as considerações finais, consta um glossário de termos nativos a partir do qual são explicitados os significados de palavras e expressões mencionadas no decorrer dos capítulos.

PARTE I

DINÂMICAS DA CITADINIDADE

É o meu anseio de sair do meu bairro e ir conhecer outros lugares. É andar de skate pela rua. E naturalmente ocupar os espaços. Mesmo eu fazendo isso sem dar a devida importância, eu acho importante para as pessoas que não andam de skate. Para que elas possam ver a cena, ver uma galera ocupando um espaço por diversão, dando um significado para aquilo, dando vida ao espaço. Acho bom para o entorno, até mais do que para a gente. A gente só quer se divertir. Mas acho que cria uma atmosfera no lugar onde a gente ocupou, dá vida, e isso é importante não só para o skate, mas para as pessoas em geral (Klaus Bohms, skatista profissional, entrevista em 2014).

CAPÍTULO 1

MANOBRAS NA PRAÇA ROOSEVELT: EMBATES EM TORNO DA PRÁTICA DO SKATE

PRAÇA ROOSEVELT: DE MARCO ARQUITETÔNICO A DESASTRE URBANÍSTICO

Situada entre as ruas Consolação e Augusta, a Praça Franklin Roosevelt — ou, simplesmente, Praça Roosevelt — originou-se a partir de uma série de desapropriações efetivadas na região central da cidade de São Paulo desde meados do século passado. O projeto para a sua construção foi encomendado em 1967, durante a gestão municipal de Faria Lima (1965-1969), e a sua inauguração aconteceu anos mais tarde, em 25 de janeiro de 1970, pelo então prefeito Paulo Salim Maluf (1969-1971) e em meio ao governo militar de Emílio Médici (1969-1974).[41] A construção dessa imponente praça, além de promover a estratégica visibilidade e ações dos militares que estavam no poder, teve como algumas de suas principais metas o preenchimento da área sobeja do sistema viário de li-

41 A praça foi projetada por Roberto Coelho Cardozo em conjunto com Antonio Augusto Antunes Netto, Marcos de Souza Dias e Luciano Fiaschi.

gação leste-oeste e a inserção de instalações que trouxessem melhorias para o centro metropolitano, como área de lazer, estacionamento, serviços de abastecimento etc.[42]

Apesar de sua grandiosidade, o advento da Praça Roosevelt potencializou a extinção de certas formas de sociabilidade então consolidadas na região de sua construção. O espaço em que ela fora feita era notadamente reconhecido como um ponto de efervescência cultural da cidade. Até o final da década de 1960 havia muitos bares, restaurantes, boates, teatros e cinemas em suas adjacências, por onde passaram renomados artistas e cantores da música popular brasileira, em especial da bossa nova. Em uma afamada boate que funcionava na época, chamada Djalma's, houve, por exemplo, a primeira apresentação de Elis Regina em São Paulo. Somam-se a isso as exibições de Zimbo Trio, Cauby Peixoto, Hermeto Pascoal e Jair Rodrigues; a existência do Brasão, casa de shows cujo proprietário era Erasmo Carlos; o funcionamento do célebre Cine Bijou, de casas de prostituição de luxo e de outros estabelecimentos. Segundo Palma (2010, p. 129), tudo isso proporcionava:

> [...] uma aura romântica nas narrativas relacionadas à Praça Roosevelt no período anterior ao da construção da estrutura de concreto. Essas narrativas dão consistência a uma memória sobre o lugar que reverbera posteriormente e serve como elemento contrastante na elaboração dos discursos sobre a degradação a partir do final dos anos 70.

Por ter sido projetada como um edifício-praça, a Praça Roosevelt foi construída em patamares — sendo o principal em formato de um grande pentágono[43] — com o intuito de superar o desnível do local de onde está assentada, entretanto, em decorrência dessa forma como fora edificada, da falta de manutenção de suas instalações e da não concretização de seu projeto original, não tardou para que tal empreendimento se tornasse alvo de uma série de críticas por parte de diversos setores da população

42 Segundo Yamashita (2013, p. 44), a proposta inicial da Praça Roosevelt "previa uma distribuição do programa em seis espaços distintos (três principais e três secundários), respectivamente — Praça Maior, Praça dos Pombos, Antepraça, Esplanada da Consolação, Praça do Mercado de Flores e Pátio Pergolado". No entanto, "como a negociação com o Estado não prosperou no ritmo desejado [...], o conjunto estendido acabou não sendo executado" (Yamashita, 2013, p. 45). Apesar das modificações, a concepção geral do projeto foi mantida.

43 A principal parte, construída em formato de um pentágono, chamava-se Praça Maior.

paulistana. Uma delas direcionava-se aos equipamentos que a compunham, os quais, em virtude de suas características, desencorajavam certos tipos de apropriações citadinas. Com muito concreto e pouco verde, a praça se tornou uma espécie de obstáculo urbano.[44] Posto isso, se antes pairava uma aura que marcava o aspecto cultural, boêmio e glamouroso da região, após a sua construção houve "a tentativa oficial de colar um imaginário de espaço cívico à Roosevelt, que logo acabou sendo desfigurado com a aparição do fantasma da degradação" (Palma, 2010, p. 25). Desse modo, a praça e seus blocos de concreto em diferentes planos não cumpriram o desígnio que almejava buscar "uma conexão com a cidade a partir do ideário funcionalista de atendimento a um programa de necessidades" (Yamashita, 2013, p. 61) e, no decorrer dos anos, ela foi rejeitada por muitas pessoas, não tendo recebido também a condigna atenção dos poderes públicos.[45]

Diversas narrativas foram construídas a fim de propagar certas representações sobre a Praça Roosevelt. De acordo com Palma (2010), após ser considerada uma referência arquitetônica de São Paulo, a partir da qual emanava ideais como civismo e progresso, uma leitura que parece ter sido naturalizada foi aquela que a reputava como um notável desastre urbanístico. A revista *Veja*, por exemplo, em uma dada matéria chegou a caracterizá-la como um "monstrengo arquitetônico".[46] As particularidades estruturais da Praça Roosevelt certamente contribuíram para a sua obsolescência, todavia, as causas de sua degradação e isolamento não se resumem apenas à maneira como fora construída. É preciso, pois, atentar para outros processos mais amplos em curso a partir de meados da década de 1960. Como atesta Frúgoli Jr. (1995; 2000), o governo federal, quando da ocorrência do golpe militar, adotou certas posturas que impactaram o desenvolvimento urbano de muitas metrópoles, como em São Paulo, onde foi instituído em 1968 o Plano Urbanístico Básico, que acarretou em obras e projetos descabidos e predatórios para o seu centro metropolitano. Malgrado essas questionáveis intervenções, sendo a Praça Roosevelt uma delas, houve ainda uma crescente ocupação da região central por

44 Yamashita (2013, p. 85) avalia que várias características arquitetônicas propiciaram à Praça Roosevelt a alcunha de "obstáculo urbano", como o desnivelamento associado às calçadas exíguas e a impossibilidade de acesso corriqueiro ou mesmo de travessia em seu âmbito.

45 Conforme Yamashita (2013), a primeira tentativa de requalificação da Praça Roosevelt foi anunciada em 1978 pelo arquiteto Benedito Lima de Toledo.

46 "Estilos e gestos". Revista *Veja*. Edição publicada em 14 de novembro de 1985.

pessoas oriundas de classes populares, que passaram a desenvolver atividades informais como táticas básicas de sobrevivência:

> Nos espaços públicos da área central da cidade, por conseguinte, distintos grupos sociais formaram variadas redes de relações voltadas à sobrevivência — como camelôs, engraxates, desempregados, aposentados "plaqueiros", vendedores de ervas, de bilhetes de loteria, de churrasquinho, pregadores religiosos, videntes, prostitutas, travestis, homens e menores de rua, artistas de rua, "rolistas", batedores de carteira, trapaceiros e muitos outros — com uma diversidade quanto ao tipo de uso do espaço embora com certas semelhanças entre si, em particular quanto à origem popular e muitas vezes nordestina, além de uma certa forma de organização interna, que combina princípios de solidariedade com outros de hierarquia, do tipo clientelista e personalista. É óbvio que há desde grupos mais inseridos na esfera do trabalho, com pequenas práticas transgressivas, até outros mais imersos na marginalidade. (Frúgoli Jr., 2000, p. 59)[47]

Paralelo a essa progressiva popularização do centro metropolitano também houve a transferência da sede de muitas empresas e escritórios para outras regiões de São Paulo, o que resultou em seu esvaziamento econômico.[48] Nesse ínterim, sobretudo a partir do período conhecido como "milagre brasileiro" (1968-1973), uma nova centralidade começava a se constituir em torno da Avenida Paulista (Centro Paulista), a qual se tornaria uma importante área comercial e financeira da metrópole.[49] Outrossim, tal avenida,[50]

47 Para mais detalhes sobre as ocupações populares no centro metropolitano de São Paulo, ver Arantes (2000), autor que produziu um interessante ensaio que demonstra como se estrutura um espaço social onde se estabelece uma "guerra de lugares".

48 De acordo com Cordeiro (1980, p. 60 *apud* Frúgoli Jr. 2000, p. 58), até os anos 1960, São Paulo contaria efetivamente com um único centro metropolitano, dividido então entre o "Centro Tradicional" (da Praça da Sé à Praça do Patriarca, com eixo na Rua Direita) e o "Centro Novo" (da Praça Ramos de Azevedo à Praça da República, com eixo na rua Barão de Itapetinga), com maior concentração de empresas neste último.

49 Para mais detalhes sobre a centralidade da Avenida Paulista, ver Frúgoli Jr. (2000) e Oliveira (2000).

50 É importante ressaltar uma terceira centralidade consolidada sobretudo a partir da década de 1990 no quadrante sudoeste da cidade, como na região da Avenida Luís Carlos Berrini (Centro Berrini), onde houve a emergência e aglutinação de sedes de empresas multinacionais. A respeito das centralidades em São Paulo, Frúgoli Jr. (2000, p. 42) pontua que "ainda que no processo geral de expansão urbana possa se observar uma forte tendência à dispersão e à descentralização, é

> [...] principalmente durante a década de 80 passou a ser um importante espaço de celebrações — políticas, esportivas, culturais — e também de protestos e atos públicos. A reunião desses vários fatores culminou na "eleição" da Paulista como "símbolo da cidade", às vésperas do aniversário de seu centenário, cuja comemoração enfatizou tal condição no contexto metropolitano. (Frúgoli Jr., 2000, p. 45)

Ao fazer uma retomada histórica, Palma (2010) constatou que a Praça Roosevelt padeceu, ao longo de décadas, pela combinação desses fatores apresentados — arquitetura questionável; popularização e esvaziamento econômico do centro metropolitano, bem como o desdobramento de sua centralidade; limitado investimento dos poderes públicos na região etc. —, o que fez com que ela se tornasse sinônimo de violenta, de um local de alta periculosidade a ser evitado por congregar diferentes práticas consideradas marginais, como tráfico de drogas e prostituição. Desse modo, no transcorrer do seu processo de degradação, a praça passou a ser considerada, ao menos no plano discursivo, um local abandonado.

Apesar dessa ideia propagada, a sua condição de abandono tem que ser relativizada, visto que, embora certas leituras dominantes priorizem o seu esvaziamento,[51] a praça nunca deixou de ser totalmente ocupada, dado o registro da constante presença de determinados frequentadores que a ocuparam espontaneamente e atribuíram sentidos inopinados aos seus equipamentos:

> Os discursos sobre a deterioração e a degradação da praça Roosevelt tendem a reforçar a ideia do abandono, de um local não frequentado, não utilizado pela população. No entanto, mesmo nestes relatos é comum que apareçam alguns personagens na praça, mas eles são tratados como uma presença negativa, funcionam quase que como sombras que borram a paisagem urbana. (Palma, 2010, p. 165)

Havia vários personagens associados à decadência da Praça Roosevelt — como michês, prostitutas, traficantes, moradores de rua etc. —, os quais, segundo limitadas visões, eram considerados indesejados por

---

impossível postular que isto signifique a perda de um 'centro', mesmo que não se possa mais falar, no caso de uma metrópole como São Paulo, em uma única centralidade, de feição tradicional e histórica".

51 Inúmeros jornais retrataram a Praça Roosevelt como um espaço vazio e decadente.

colocarem em xeque uma moralidade pública (Palma, 2010). Além desses personagens, como bem notou Frúgoli Jr. (1995), a ocupação de espaços públicos mais centrais e deteriorados de São Paulo articulou-se sob a ótica de diferentes "culturas de rua", dentre as quais se podem mencionar certas formas de sociabilidades juvenis ligadas a universos artísticos, musicais, esportivos etc.[52] A prática do skate, portanto, pode ser inserida nesse rol, posto que os praticantes se beneficiaram daquilo que a Praça Roosevelt tinha de mais questionável: a sua arquitetura.

A PRÁTICA DO SKATE EM UM ESPAÇO EM VIAS DE DEGRADAÇÃO

A Praça Roosevelt, por se situar em uma região central e de fácil acesso, tornou-se um ponto de encontro para skatistas de toda a região metropolitana. Nela era possível encontrar uma paisagem de concreto com muitos equipamentos urbanos — paredes inclinadas, bancos, quinas, canteiros, palcos etc. — que logo se converteram em obstáculos. Apesar de não terem sido construídos para a prática do skate, foram apropriados de um modo diferente do usual e revelaram possibilidade de usos irreverentes. Sendo assim, devido à importância adquirida pela Praça Roosevelt no universo do skate paulistano, ela passou a receber reputações que a enalteciam como um lugar afetivo:

> Praça Roosevelt, solo sagrado do *street skate* paulistano. Localizada no centro da cidade, a praça sempre foi alvo de críticas por parte de arquitetos, paisagistas e até da mídia, pelo fato do seu projeto priorizar o concreto no lugar do verde. O inferno de uns pode ser o paraíso de outros: o condenado excesso de concreto atraiu um grupo de frequentadores que, nos anos 80, fez uma utilização diferente das paredes alaranjadas e inclinadas. (Viegas, Marcelo. "Nova Roosevelt". Revista *CemporcentoSkate*, n.º 47, ano 18)

A praça que era para uns um "inferno", para outros era reputada como um "paraíso", um espaço que, ainda que degradado, podia ser apro-

52 Dentre as "culturas de rua" que ocuparam a Praça Roosevelt, destaco a presença de jovens ligados ao universo do punk e hip hop paulistano.

priado por meio do exercício de uma prática citadina. Tive a oportunidade de entrevistar o skatista conhecido como Rui Muleque,[53] um dos profissionais de maior destaque da modalidade *street skate* no final da década de 1980.[54] Ele utilizava regularmente os obstáculos da praça nessa época e, por conta de suas experiências vivenciadas no local, cedeu o seguinte relato:

> Em 87/88 eu andava muito com o Beto or Die [apelido de um skatista profissional], que morava na Bela Vista. A gente tinha uma amizade muito grande. Chegou uma época em que a gente combinava de se encontrar todos os dias na Praça Roosevelt. A gente andava das 9 horas ao meio dia e a praça era só nossa. Lá em 88 [mais skatistas] começaram a descobrir a Roosevelt, que virou um point. Você chegava lá tinha uns cem skatistas. A Praça Roosevelt foi um dos berços do skate paulista, principalmente para mim e para o Beto que andava todo dia e conhecia cada centímetro da praça. (Rui Muleque, entrevista em 2014)

Contudo, essa intensa ocupação da Praça Roosevelt por parte dos skatistas não perdurou por muito tempo.[55] No começo da década de 1990, no decorrer da administração da então prefeita Luiza Erundina (PT, 1989-1992), o centro metropolitano da cidade recebeu algumas melhorias a fim de reverter, ao menos em partes, o seu processo mais amplo de deterioração.[56] Algumas obras foram concluídas no período, como a reforma do Vale do Anhangabaú. Tal espaço público ganhou, além de uma praça de 50 mil metros quadrados, diversos equipamentos, sendo alguns com a superfície lisa.[57] Essa característica material dos equipamentos contemplava os anseios dos praticantes do *street skate*, modalidade que passava por uma série de reformulações na transição da década de 1980 para 1990 quanto ao formato e a qualidade do skate para a prática, à utilização de obstáculos e às técnicas corporais empregadas na condução de manobras. O Vale do Anhangabaú

53 Rui Muleque começou a andar de skate em 1982 e se tornou profissional em 1989. Foi um dos principais destaques da modalidade *street skate* na transição da década de 1980 para 1990.

54 Mais detalhes sobre a prática do skate na Praça Roosevelt em fins da década de 1980 serão apresentados no capítulo 3.

55 O que não quer dizer, todavia, que ela tenha se cessado.

56 Frúgoli Jr (2000, p. 61) frisa que a área central da cidade "manteve-se como alvo de determinados investimentos públicos nas últimas décadas, que a dotaram de razoável infraestrutura, ainda que por si sós incapazes de contornar a contínua deterioração."

57 Para mais informações sobre a importância do Vale do Anhangabaú no universo do skate paulistano, ver Machado (2014).

reunia vários *picos* que atendiam as demandas do *street skate*, portanto, após a sua reurbanização, o local tornou-se um novo alvo para os skatistas, tendo deslocado a importância que a Praça Roosevelt havia adquirido no âmbito do skate praticado no centro metropolitano.[58]

Na primeira metade da década de 1990, a praça em questão continuou a padecer pelos tantos problemas que a assolavam. As imagens e narrativas de sua degradação se consolidaram na esfera pública, na imprensa e em análises urbanísticas, que a afirmavam como um notável desastre. Já a partir da segunda metade dessa década, ainda em meio ao seu processo de decadência, o entorno da praça passou a ser resgatado por um rol de novas práticas e atividades, como o teatro. Algumas pequenas companhias teatrais começaram a fixar suas salas ao redor, tendo essa ocupação se intensificado depois dos anos 2000, sobretudo com inauguração do espaço da companhia Os Satyros,[59] cuja iniciativa obteve visibilidade e acabou por estimular a fixação de outras salas de teatro na região, como a do grupo Parlapatões, Patifes e Paspalhões em 2006,[60] e também a abertura de demais estabelecimentos, como certos bares que passaram a dispor de mesas nas calçadas dos edifícios situados na lateral da praça.

Os teatros e bares fomentaram a ocupação do entorno da Praça Roosevelt, a qual suportou novos frequentadores que trouxeram significados díspares para o seu espaço. Palma (2010, p. 26), aventa que

> [...] o espaço passa a ter forte presença simbólica na produção dramatúrgica e começa-se aí a formação do que se pretende um polo cultural. Junto com as atividades teatrais, houve a intensificação da vida boêmia, apresentada como parte de uma proposta estética dos artistas locais.

---

58 A revista *CemporcentoSkate* (n. 122, 2009, p.79) também enfatizou tais constatações: "uma sequência de fatos afastou o skate da Praça Roosevelt especialmente no início da década de noventa. O *street* passava por uma transformação, incorporando manobras do Freestyle e praticamente extinguindo esta modalidade. O novo *street skate* requeria bordas, degraus onde o skate deslizasse. Numa conjunção mágica, a reurbanização do Vale do Anhangabaú, finalizada e inaugurada também nessa época (bem no início dos anos 90), oferecia aos *streeteiros* uma opção melhor para aquilo que precisavam."

59 Yamashita (2013, p. 26) atenta que uma das características do grupo Os Satyros foi incorporar em suas atividades e eventos parte dos ocupantes da área da Praça Roosevelt, em especial, travestis e moradores de rua, mas não apenas como público, mas como elenco ou produção. Tudo isso conferiu ao grupo certa visibilidade que lhe possibilitava disputar ações junto ao poder público.

60 Outras pesquisas enfocaram de modo detido a atuação das companhias teatrais no contexto da Praça Roosevelt. Ver Ferreira (2009), Cardoso (2009), Palma (2010), Yamashita (2013).

A alcunha de "degradada" que a Praça Roosevelt havia recebido, aos poucos foi sendo substituída pela de "polo cultural" graças à ação de grupos alternativos de teatro, os quais também foram considerados responsáveis por trazer "luz" ao espaço que se encontrava "morto".[61] Com efeito, conforme avalia Palma (2010, p. 259), "a cultura estancou o processo de degradação", sendo esse aspecto posteriormente destacado pelos meios de comunicação no tratamento à praça, cujo enfoque das pautas se desprendeu dos noticiários policiais para cadernos de cultura ou coberturas de políticas públicas.

Apesar das narrativas que a enalteciam como um "polo cultural", é preciso atentar que "a explosão sígnica sobre a praça produzida pelos grupos de teatro acabou por se sobrepor a outros personagens e a outras leituras do local no mesmo período. Com isso, alguns outros sentidos podem ter sido ofuscados, relegados a segundo plano" (Palma, 2010, p. 261). Os skatistas, por exemplo, continuaram fazendo do Vale do Anhangabaú o principal ponto de encontro da modalidade *street skate* ao longo das décadas de 1990 e 2000, todavia, essa condição não os desestimulava a deixar de frequentar a Praça Roosevelt. Por se situarem próximos uns dos outros, eles estabeleciam, conforme investiguei em pesquisa anterior (Machado, 2011), um "circuito" (Magnani, 2012) no âmbito do centro metropolitano que contemplava ambos os espaços públicos. Algumas intervenções e eventos também reverberam o protagonismo que a prática do skate tivera na Praça Roosevelt no período em que o seu lado cultural era enaltecido diante outras representações e narrativas. Em 2008, por exemplo, Esteban Florio, skatista profissional argentino radicado em São Paulo, reformou e construiu por conta própria diversos obstáculos em seus limites. A sua iniciativa foi muito valorizada no universo do skate, pois proporcionou uma nova roupagem a equipamentos urbanos deteriorados pela falta de manutenção.[62]

61 Palma (2010, p. 260), constatou que "a metáfora da luz — o trazer à luz, o renascimento da praça como ação tributada aos grupos de teatro — aparece reproduzida em vários textos, entrevistas e depoimentos de alguns integrantes das companhias e também no corpo de muitas matérias que assimilam esta autovisão romantizada como uma narrativa factual."

62 A revista *CemporcentoSkate* (n.º 122, 2009) fez uma matéria especial sobre a prática do skate na Praça Roosevelt a partir das melhorias desenvolvidas por Esteban Florio.

Imagem 4: Obstáculo (*pico*) construído pelos próprios skatistas na antiga Praça Roosevelt (foto por Giancarlo Machado)

Já em 2009 foi realizado na praça um dos principais campeonatos de *street skate* do ano. Intitulado *DC King of São Paulo*, o evento fazia parte de uma ação global promovida pela DC Shoes, marca norte-americana especializada em tênis para a prática do skate, tendo reunido cinquenta skatistas amadores que disputaram a quantia de R$ 10 mil.[63] Como parte da proposta desse evento, a marca promotora deixou algumas melhorias na praça, como a construção de um obstáculo com acabamento em mármore. Além disso, em 2009 também foi realizada outra competição, chamada *CONSbo Skate para Meninas*, cujo foco era uma disputa entre mulheres praticantes do skate. Todas essas ações contribuíram para revigorar a prática do skate na Praça Roosevelt, aumentando a frequência cotidiana de skatistas em seu domínio.[64]

Não obstante a apropriação pelo teatro e pelo skate, outras práticas e eventos passaram a acontecer de modo concomitante no espaço público em

63 Para mais detalhes sobre o DC King of São Paulo, ver http://dckingofsaopaulo.blogspot.com.br/.

64 Entre 2009 e 2010 percebi o aumento do número de skatistas na praça. Em tal período tive a oportunidade de acompanhar a prática do skate no local. Os relatos etnográficos encontram-se em Machado (2014).

questão, proporcionando-o configurá-lo uma "mancha" de lazer (Magnani, 2012) inserida nos limites do centro metropolitano, sendo esta conectada, de acordo com Palma (2010, p. 275) com demais "manchas" localizáveis em seu entorno, como a de bares e casas noturnas da rua Augusta, a de restaurantes requintados da rua Avanhandava, ou ainda a "mancha" gay da rua Frei Caneca. A emergência de novas formas de sociabilidade,[65] bem como o enfoque midiático aos artistas que começaram a "civilizar" uma área ocupada por personagens "indesejáveis", trouxe uma relativa revalorização à Praça Roosevelt, a qual passou a ser mirada por projetos que aspiravam a sua reformulação. A revalorização no decorrer dos anos 2000 esteve ligada não apenas as suas apropriações, frequentadores e narrativas que lhe eram atribuídas, mas também a forças políticas e de mercado que perpassavam, em um plano mais amplo, certas propostas para o centro metropolitano de São Paulo.[66] À vista disso, a Praça Roosevelt começou a sofrer um processo de gentrificação capitaneada por agentes ligados a múltiplas esferas que resultou, a partir de 2010, em sua demolição e reconstrução.[67]As negociações para a sua reurbanização sempre foram marcadas por embates que reverberam perspectivas dissonantes em jogo. Yamashita (2013, p. 27) constatou que apesar do posicionamento dos grupos de teatro estabelecidos no entorno da praça, a Ação Local Roosevelt, ligada à Associação Viva o Centro (AVC),[68] foi a voz mais eloquente "no que diz respeito às pressões e

65 Todavia, é preciso ressaltar que as novas formas de sociabilidade não extinguiram eventuais conflitos nos domínios da praça.

66 Segundo Chizzolini (2013, p. 13), "mais recentemente, depois desse período de perda de importância econômica e prestígio [...], o Centro de São Paulo tem passado por processos sociais de valorização como um importante espaço cultural, econômico, decisório e histórico da cidade, tornando-se um objeto intenso de disputa política e simbólica entre instituições, movimentos sociais de luta por moradia, grupos econômicos e seus próprios moradores, a exemplo do que acontece com diversas regiões centrais das grandes cidades [...]." O discurso da "revitalização" de uma região central "degradada" muitas vezes se inspira em outros exemplos em nível internacional (Nova York ou Barcelona, por exemplo) ou em nível nacional (Recife, Salvador, Fortaleza etc.). Para mais referências sobre os impactos de projetos urbanísticos no Brasil, ver Frúgoli Jr., Andrade e Peixoto (2006).

67 Ao analisar essas intervenções, Yamashita (2013, p. 145) postula que "tal fenômeno somado às políticas públicas de renovação urbana (em alguns casos, norteadas por intenções visivelmente saneadoras) favorecem o incremento do valor imobiliário da região, característico dessa modalidade de operação, de maneira similar ao que ocorre nas transformações urbanas ancoradas nos espaços 'oficiais' de cultura, deslocando a dimensão crítica para o cult, convertendo portanto, alternativa à cultura oficial em mercadoria teatral alternativa." Posto isto, é válido mencionar a abertura de outros estabelecimentos, para além dos teatros, no entorno da praça, tais como ateliês de artesanatos, livrarias especializadas em quadrinhos, restaurantes, bares etc.

68 Para Yamashita (2013, p. 155) "a Ação Local é um instrumento específico da região central de São Paulo que integra e colabora com a AVC (além de ser marca registrada da AVC), criada para que a comunidade se organize para resolver os problemas de sua localidade. Enquanto a AVC se ocupa de questões mais amplas a respeito do centro, as Ações Locais trabalham em áreas especí-

influências exercidas junto ao poder público e desempenhou papel fundamental na condução do processo de requalificação da praça". Tal associação foi responsável por pressionar a Empresa Municipal de Urbanização (EMURB) diante o projeto que inicialmente fora concebido[69] e, para isso, elaborou um documento com as suas análises e propostas para a reforma da praça. Houve, portanto, a reunião de esforços que buscavam disciplinar as suas apropriações e impactar a valorização imobiliária de seu entorno.

Apesar dessas intenções, o anúncio da demolição da Praça Roosevelt sensibilizou o universo do skate paulistano e promoveu muitas especulações em torno da continuidade da prática em um dos *picos* mais prestigiados da cidade. Muitos skatistas lamentaram a destruição dos obstáculos que serviram de base para a formação de diferentes gerações de praticantes, no entanto, para a surpresa deles, novos equipamentos urbanos surgiram com a reinauguração da praça.

A NOVA PRAÇA ROOSEVELT: A CONSOLIDAÇÃO DE UM *PICO*

A Praça Roosevelt foi reinaugurada em 29 de setembro de 2012 após dois anos de intensas reformas. Orçada em R$ 55 milhões, a sua nova arquitetura pouco lembra o amplo pentágono que antes a configurava: com 25 mil metros quadrados de área, ela recebeu muitos equipamentos e espaços inéditos — jardins, banheiros, bebedouros, luminárias, "cachorrodrómo" (espaço para cachorros), playground, bases para Guarda Civil Metropolitana e Polícia Militar etc. — que a tornaram cotidianamente ocupada por um considerável número de citadinos. Desse modo, a nova Praça Roosevelt inicialmente ganhou relevância por ter deixado a alcunha de degradada que há tanto tempo lhe assolava e ter se convertido no mais novo espaço público de lazer e de atividades culturais da região central de São Paulo:

ficas (a AVC atualmente conta com 54 Ações Locais). Neste sentido, a Ação Local Roosevelt representa e articula a região da Roosevelt junto ao poder público, mas também junto à AVC, como apoiadora dos projetos e programas por ela propostos."

69 Yamashita (2013, p. 149) recorda que "desde o final dos anos 1970 diversas iniciativas buscaram conferir à praça um novo aspecto, desde reformas na infraestrutura até projetos cromáticos e propostas para novos usos (neste período foram instalados em alguns casos reinstalados — um supermercado, floriculturas, agência dos Correios). No entanto, somente a partir dos anos 2000 é que um projeto de requalificação de maior abrangência tomou forma através da proposta elaborada pela EMURB (Empresa Municipal de Urbanização)."

> A noite na Praça Roosevelt está "bombando". Uma semana após a reinauguração, a área de lazer na Consolação (centro de São Paulo) tem atraído muita gente até tarde. Às 22h de anteontem, estava lotada. Eram pedestres, skatistas, ciclistas. À meia-noite, boa parte continuava por lá. A reforma de R$ 55 milhões e dois longos anos foi aprovada pelos frequentadores. O ponto mais enaltecido é a segurança. Em todos os horários que a reportagem foi à praça, havia ao menos três carros da GCM (Guarda Civil Metropolitana) em pontos diferentes com ao menos dez guardas. (Souza, Felipe. "Reforma faz praça Roosevelt 'bombar' até tarde da noite". *Folha de S.Paulo*, 6-10-12)[70]

O local adquiriu visibilidade na cidade e, em razão de sua imponência e extensão, tem permitido a circulação e a permanência de pessoas de várias procedências e perfis sem que necessariamente haja o estabelecimento de laços mais estreitos entre elas. Partindo da perspectiva de Magnani (2012), pode-se afirmar que a Praça Roosevelt se consolidou após sua reforma como uma "mancha" de lazer, e, no seu âmbito, muitas práticas, eventos e frequentadores competem ou se articulam para se apropriarem de um espaço público estável na paisagem urbana.[71] Nesse sentido, essa "mancha" passou a atuar como um polo aglutinador, com acesso amplo e visível, aberto à presença de diferentes citadinos que estabelecem nela um ponto de seus respectivos "circuitos" (Magnani, 2012). Assim sendo, conforme constatado empiricamente, é um espaço público em que fulgura o cruzamento de várias redes de relações coadunadas a vários domínios, a saber: esportivos e de lazer (skate, patins *inline*, *le parkour*, ciclismo, futebol *freestyle* etc.); artísticos (teatro, práticas circenses, batalhas de rimas, saraus, *shows* de *punk*, *rap*, samba, *jazz*, *funk* etc.); políticos (manifestações, atos, debates etc.); religiosos (procissões e celebrações); boêmios e gastronômicos (feiras, festas, churrascos etc.), e práticas consideradas "indesejáveis", como tráfico de drogas ilícitas. A Praça Roosevelt é marcada por relações efêmeras, por instabilidades, por apropriações espontâneas. Todavia, ainda que se atenha a eventuais vulnerabilidades e fomente a

70 Disponível também em: http://www1.folha.uol.com.br/cotidiano/2012/10/1165035-reforma-faz-praca-roosevelt-bombar-ate-tarde-da-noite.shtml.

71 Para Magnani (2012, p. 252), "a paisagem urbana é o resultado dessas práticas e das intervenções ou modificações impostas pelos mais diferentes atores (poder público, corporações privadas, associações, grupos de pressão, moradores, visitantes, equipamentos, rede viária, mobiliário urbano, eventos etc.) em sua complexa rede de trocas."

produção de alteridades, ela também é marcada por regularidades em seu âmbito, as quais puderam ser constatadas por meio de um olhar "de perto e de dentro" (Magnani, 2002).

A nova Praça Roosevelt tem sido reivindicada como um espaço de criatividade e emancipação, onde é possível se desvencilhar de determinadas amarras institucionais que tentam confinar formas de sociabilidade a locais definidos de antemão. As dinâmicas relacionais e as apropriações que nela se processam reverberam os agenciamentos que as pessoas conduzem acerca de suas próprias práticas, os quais não raro contrariam os que tentam regulá-las e discipliná-las. A prática do *street skate* é um bom exemplo. Com a reinauguração da Praça Roosevelt, os *picos* que antes existiam foram demolidos, contudo, superando a expectativa dos próprios skatistas, inúmeros outros surgiram. Além do chão liso de concreto acabado (o que facilita a locomoção com o skate), a praça possui agora bancos de madeira, canteiros com bordas de concreto, escadarias, corrimãos de vários tamanhos e rampas. Todos esses obstáculos tornaram-se cobiçados pelos skatistas, que encontraram em pleno centro metropolitano um amplo espaço considerado adequado para a prática do *street skate*.

A praça reúne demasiados obstáculos que contemplam praticantes detentores de diferentes níveis técnicos: desde o iniciante que está aprendendo a dar os primeiros impulsos com o skate, até o profissional que está em busca de desafios vertiginosos. Numa mesma *sessão* o praticante pode aprender novas manobras, aperfeiçoar diferentes habilidades, além de testar *picos* com vários formatos, tamanhos, inclinações e dificuldades.

A prática do skate ocorre em todos os espaços possíveis da Praça Roosevelt, no entanto, em dois deles ela se torna mais visível. O primeiro localiza-se em sua parte de baixo, de frente para a Rua da Consolação, onde há a predominância de bancos de madeira, escadarias e corrimãos. Já o segundo localiza-se em sua parte de cima, em um amplo espaço situado próximo aos teatros e prédios residenciais. Nesta área prevalecem canteiros, quinas, paredes, além de um amplo piso plano onde os skatistas colocam obstáculos improvisados, como cones, placas de trânsito, dentre outros materiais e entulhos encontrados nas adjacências. Dessa forma, os níveis em que a praça fora construída diluem a presença dos praticantes em quase toda a sua extensão:

Na real, eu ando lá em cima, ando aqui embaixo. Mas fico mais aqui por causa da borda, eu não gosto muito da borda de madeira. Eu também me sinto mal andando naquela que é um trilhinho [pequeno corrimão]. Às vezes eu quero fazer um *solo* [realizar manobras no chão] e fico andando lá em cima. Aqui embaixo tem as escadas também, acaba parecendo com um *skatepark*. Lá em cima é mais uma praça aberta. Às vezes o maluco quer fazer um negócio da hora também. Então acho que não tem isso, de dividir [ficar preso a um único espaço]. (Rodrigo de Andrade, skatista amador e *videomaker*, entrevista em 2013)

Imagem 5: Prática do skate e sociabilidade entre skatistas na parte inferior da nova Praça Roosevelt (foto por Giancarlo Machado)

Imagem 6: Skatistas utilizam o espaço em frente aos prédios residenciais (foto por Giancarlo Machado)

A permanência em um único espaço, portanto, nunca é absoluta. A maioria dos *picos* está ancorada na praça, ao passo que os skatistas circulam por entre eles. De forma criativa estabelecem seus próprios percursos que contemplam tanto obstáculos isolados quanto vários deles em sequência. Diante certas intenções políticas e de mercado que tentam normatizar a utilização de espaços públicos, como a Praça Roosevelt, Borden (2001, p. 231) percebe que:

> Onde os negócios invadem não só a economia e a política, mas também a experiência social, estabelecendo-se como modelo para a administração social em geral, o skate rejeita a lógica de "eficiência" e "econômica" que permeia o espaço urbano, e empreende uma atividade que, para os padrões comerciais, tem uma racionalidade inteiramente diferente. (Tradução minha)

A categoria nativa *pico* é sintomática dessa lógica subversiva, sendo acionada em diferentes contextos no universo do skate paulistano. O seu uso corriqueiro, conforme já evidenciado, se refere a equipamentos urbanos que se convertem em obstáculos que dão suporte a vários tipos de manobras, isto é, a técnicas corporais desenvolvidas com o skate. Além disso, a noção de *pico* também é utilizada em escala mais ampla, a fim de categorizar não apenas um equipamento isolado, mas espaços que contemplam inúmeros deles, os quais, além de propiciarem a prática em seu âmbito, também favorecem a formação, ampliação e manutenção de redes de sociabilidades entre os usuários que compartilham de gostos e experiências parecidas. A cargo de exemplo, um banco (ou corrimão, escadaria, canteiro etc.) da Praça Roosevelt pode ser chamado de *pico*, assim como a própria praça que o mantém também pode. Portanto, tal praça é um *pico* (espaço de sociabilidade legitimado pelos skatistas) que reúne múltiplos *picos* (equipamentos urbanos) em seus limites.[72]

Conforme evidenciado no tópico anterior, o Vale do Anhangabaú deslocou a importância que a Praça Roosevelt havia adquirido no universo do *street skate*. Já a nova Praça Roosevelt, por sua vez, recuperou essa importância que lhe fora diluída, intensificando, pois, a presença de praticantes em seu interior. Essa inversão tem propiciado também a construção de narrativas que tentam desqualificar uma área que por duas décadas foi responsável por deter a centralidade do *street skate* paulistano. O Vale do Anhangabaú, que no princípio da década de 1990 havia sido reurbanizado, agora amarga adversidades parecidas com as da Praça Roosevelt em sua fase de decadência. O interlocutor Rodrigo de Andrade, ao fazer uma comparação entre ambos os espaços, avalia que:

> A Roosevelt uma "praçona" aberta e ampla, que veio muita gente de fora. É uma "praçona" no meio do Centro. Não tinha uma "praçona" bonita no meio do Centro. Tinha o Vale, que tem a fama do Vale, o *bagulho* lá ladrão, *nóia* e skatista, que é tudo ruim. Você não vê um moleque lá correndo com uma bola. Não existia. Aqui na Roosevelt é entre a Consolação, entre a Augusta, tem monte de prédio residencial ao lado. Você vê monte de moleque de bicicleta, de skate, moleque chutando bola, empinando pipa, fazendo um monte de coisa. E muito moleque de fora fala que vai ao Centro, se sente indo ao Centro. Que nem na época dos meus 12, 13 anos. Eu falava que

72 De um modo geral, a categoria nativa *pico*, quando em referência a um espaço de sociabilidade, se aproxima da noção de "pedaço", a qual fora proposta do Magnani (2000). De acordo com tal autor, o "pedaço", em seu sentido antropológico, é definido "quando o espaço — ou segmento dele — assim demarcado torna-se ponto de referência para distinguir determinado grupo de frequentadores como pertencentes a uma rede de relações" (Magnani, 2000, p. 32). Nesse "pedaço", as relações se dão com base em gostos e em práticas comuns por parte daqueles que ali estão e também pelo cumprimento de certas normas e etiquetas.

> ia ao Centro, mas ia ao Vale andar de skate. Hoje em dia eles vêm a Roosevelt, que é um lugar tranquilo, que as mães se sentem até mais seguras com os filhos. (Rodrigo de Andrade, skatista amador e *videomaker*, entrevista em 2013)

Apesar de sua porosidade, a Praça Roosevelt tem figurado em tempos atuais como o principal *pico* de *street skate* da cidade, condição esta que lhe permite centralizar relações entre praticantes de diferentes níveis técnicos que se encontram dispersos por várias regiões. Durante o trabalho de campo realizado no local, percebi que uma considerável parte de seus frequentadores era oriunda de bairros periféricos de São Paulo. Muitos deles me disseram que na região onde moram há locais disponíveis para andar de skate — pistas, quadras, praças, ginásios etc. —, contudo, eles também consideram importante o deslocamento para outras partes da cidade. Para além de aperfeiçoarem o nível técnico das manobras, almejam com isso ampliar as suas respectivas redes de contato e buscar demais experiências que só são possíveis em um espaço que colige tantos outros frequentadores com expectativas congruentes. O skatista Alexandre Cotinz confessa que o que lhe atrai na praça nem sempre são os *picos*, mas a chance de vivenciar determinadas situações ao lado de seus amigos e colegas:

> Muitas vezes eu não tenho vontade nenhuma de andar [de skate], mas venho para a praça, sento do lado dos caras, tomo uma coisinha. A Roosevelt tem esse efeito, centralizou as pessoas que andam de skate. (Alexandre Cotinz, skatista profissional, entrevista em 2013)

A Praça Roosevelt permite uma confluência de sentidos que extrapola os limites de uma prática corporal feita sobre um objeto em movimento. Não é de modo irrisório que os skatistas se dirigem até ela para simplesmente ficarem na *vivência*, termo nativo que se aproxima da expressão popular "matar o tempo". A *vivência* do skate é imprevisível, permite descobertas, novos relacionamentos, não se atém a uma temporalidade regulada por horas ou minutos. Sentados no chão, em cima do skate ou sobre algum canteiro, eles conversam, assistem vídeos, acessam redes sociais virtuais, contam fofocas, paqueram, compartilham lanches e bebidas, fazem rimas improvisadas, ouvem músicas, folheiam revistas, se esquivam para fumar cigarros de maconha, debatem os rumos do skate, criticam o seu mercado especializado, observam manobras alhures e zombam em demasia uns aos outros.

Imagem 7: A Praça Roosevelt é um dos principais pontos de encontro dos praticantes do skate em São Paulo (foto por Giancarlo Machado)

Além dessa *vivência*, a qual promove sociabilidades e um clima de descontração, os skatistas também aproveitam da centralidade da Praça Roosevelt para dar suporte às suas respectivas *correrias*. Tal termo é polissêmico, frequentemente utilizado como uma gíria paulistana, no entanto, no que se refere ao universo do skate, *correria* exprime os agenciamentos de um skatista que peleja alcançar certos anseios pessoais e profissionais relacionados à prática. A praça aglutina a presença de pessoas detentoras de múltiplas posições e influências no universo do skate, como determinados agentes ligados ao mercado (donos de marcas, empresários, representantes comerciais, lojistas etc.) e à mídia (editores, fotógrafos, *videomakers* etc.). Essas vicissitudes do local estimulam os frequentadores a adotar táticas com vistas à obtenção de certos proventos, como patrocínios, ajuda de custo, espaços em revistas e vídeos, trabalhos temporários, convites para festas, materiais para a prática, dentre tantos outros. Com efeito, a prática do skate no espaço público em questão está envolta não só por relações aprazíveis, mas também por muitas ambições individuais que, se alcançadas, conferem distinção.

Imagem 8: A Praça Roosevelt permite não apenas a prática do skate, mas também diversas formas de sociabilidade entre skatistas (foto por Giancarlo Machado)

A Praça Roosevelt também potencializa os deslocamentos dos skatistas pela cidade, visto que a partir dela eles têm a oportunidade de se dirigirem para outras regiões em busca de *lugares skatáveis*. No centro metropolitano, por exemplo, há um "circuito" (Magnani, 2012) com determinados pontos que são reconhecidos coletivamente. Vista neste contexto mais amplo, a Praça Roosevelt é apenas mais um local, dentre outros possíveis, cuja frequência de praticantes é regular. Além dela é possível destacar o já citado Vale do Anhangabaú e também Praça da Sé, Pátio do Colégio, escadarias do Theatro Municipal, Galeria do Rock, Rei do Mate da Avenida São João, Matilha Cultural, lanchonete Estadão, dentre outros.

Os skatistas elaboram seus respectivos "trajetos" (Magnani, 2012)[73] entre esses *picos* e estabelecimentos, embora a Praça Roosevelt seja considerada, conforme verificado durante o trabalho de campo, o ponto de chegada ou partida dos deslocamentos. Ela não apenas atrai, mas também dissipa aqueles que andam de skate a partir dos encontros que nela se dão, sendo, por isso, considerada uma das principais referências tanto para os que moram na metrópole quanto para aqueles que residem em outras localidades e que estão de passagem pela capital paulista. O skatista profissional Leonardo Spanghero, por exemplo, reside em Ribeirão Preto, interior do estado, entretanto, sempre quando vem para São Paulo adota a praça como um ponto de encontro:

> Aqui é o refúgio dos skatistas. Aqui é a meca. É o MACBA de São Paulo. É até inconsciente. Eu falei com os caras: "eu tenho umas reuniões de manhã". "Ah, então demorou, a gente se vê de tarde na Roosevelt". Já é o ponto marcado. A Roosevelt já está na vida de todo mundo que está em Sampa. (Leonardo Spanghero, skatista profissional, entrevista em 2014)

A presença do referido skatista foi apenas uma das constatadas no cotidiano do skate na Praça Roosevelt. Centenas de praticantes — inclusive oriundos de outros países — passam diariamente pelo local, promovendo um fluxo intermitente que impossibilita a apreensão e a definição de uma "totalidade skatista". As revistas especializadas destacaram a diversidade de perfis dos frequentadores e os múltiplos sentidos atribuídos à prática do skate no local:

> A Nova Roosevelt tornou-se, em tempo recorde, destino obrigatório para os skatistas. Não apenas aqueles que desejam deixar sua assinatura em manobras icônicas, mas também a mãe que quer ensinar as primeiras batidas para o filho, o advogado que deseja aliviar o stress da semana passeando com seu *long* ou o iniciante que chega às nove da manhã, almoça tubaína e pão com mortadela, fica até anoitecer e

73 "Trajetos", na visão de Magnani (2012), são fluxos não aleatórios, porém recorrentes no espaço mais abrangente da cidade. Além disso, "na paisagem mais ampla e diversificada da cidade, trajetos ligam equipamentos, pontos, manchas, complementares ou alternativos. [...] Os trajetos são reconhecíveis e identificáveis em suas regularidades" (Magnani, 2012, p. 96).

aprende no mínimo três manobras por dia. (Viegas, Marcelo. "Nova Roosevelt". Revista *CemporcentoSkate*, n.º 47, ano 18)

Diante esses sentidos discrepantes, o reconhecimento que se dá entre skatistas é mediado por uma série de aspectos promotores de distinções e assimetrias no universo do skate, como categoria (amador, profissional etc.), modalidades (*street skate*, *vertical*, *banks*, *bowl*, *freestyle*, *longboard*, etc.), idade, gênero, condição social, bairro ou região de procedência, vestuário, nível técnico, manipulação de certos códigos (gírias, cumprimentos, enfrentamento de situações), rede de contatos, estilo musical de preferência, dentre outros. Os arranjos desses aspectos, dentre o leque de possibilidades apresentado, é o que promove associações momentâneas entre os que frequentam a praça. Ademais, é preciso salientar que, apesar da heterogeneidade de perfis que permeiam o universo dessa prática, saber andar de skate — ou ao menos ter interesse nisso — e ser capaz de interpretar as possibilidades de usos dos *picos* são algumas condições básicas para se inserir nas *sessões* e nos relacionamentos promovidos nos tantos espaços da Praça Roosevelt. O interlocutor Rodrigo de Andrade resumiu que, apesar de todas as diferenças entre os praticantes, "todos têm uma coisa em comum, que é o skate, que acaba unindo por uma causa só", condição que não exclui, todavia, eventuais cisões na dinâmica relacional estabelecida entre os próprios skatistas na praça.

Imagem 9: *Sessão* de skate em uma das escadas da praça (foto por Giancarlo Machado)

Conforme evidenciado, a prática do skate é apenas uma dentre inúmeras outras que são realizadas simultaneamente na Praça Roosevelt, logo, esta concomitância produz disputas e negociações pelos espaços. As apropriações permitem que certos perfis de frequentadores sejam associados a um "canto" do local,[74] tal como expresso por Rodrigo de Andrade, cuja presença é assídua na praça:

> Hoje em dia os caras se respeitam bastante. Sabem que em tal canto pode atrapalhar. Mas rola bastante compreensão. Tem o cantinho dos caras que fazem malabares. Tem o cantinho dos caras que fazem teatro. O cantinho dos caras que ficam sentados, trocando ideia. Tem o do pessoal que fica ali fumando maconha. Tem o cantinho do policial. Tem cantinho para tudo. Cada um tem seu canto. (Rodrigo de Andrade, skatista amador e *videomaker*, entrevista em 2013)

Desrespeitar o "canto" alheio pode promover contendas que muitas vezes se concatenam a perspectivas dissonantes de utilização da Praça Roosevelt. Não compreender os códigos tácitos em voga em cada situação, ou então descumpri-los, acarreta gafes, mal-entendidos ou até conflitos. As *tretas* — termo nativo utilizado para designar confusões — entre skatistas e outros frequentadores, por exemplo, são corriqueiras. Várias atitudes levam às mesmas, sejam as causadas pelos praticantes do skate, sejam as causadas pelos demais usuários da praça. Por se impor numa "mancha" (Magnani, 2012), certos praticantes do skate eventualmente se envolvem nestas *tretas*, as quais, em muitos casos, também envolvem os chamados *vileiros*, categoria de acusação utilizada para fazer referência a jovens detentores de um tipo estereotipado de perfil:

> São os *vileiros* que criam confusão. Sempre *tretam* um *vileirinho* com outro *vileirinho*. Os caras vêm para a praça somente para isso. Como muitos skatistas são bem folgados na hora de andar e saem passando por cima de todo mundo, como os *vileiros* de bike, não têm tanto respeito pelo espaço comum, então virou uma coisa bem fervorosa. (Alexandre Cotinz, skatista profissional, entrevista em 2013)

74 A noção de "canto" evocada pelo interlocutor Rodrigo de Andrade se aproxima da categoria "pedaço", proposta por Magnani (2000).

Tinha porrada direto. Entre skatistas e *vileiros*. Esses caras que andam de bike. Sempre são os caras que andam de bike. Tem umas batalhas de rap lá em cima, os *vileiros* começam a entrar achando que vão arrumar alguma coisa. Muitos skatistas fazem rimas. Aí começa uma *tretinha*. Um skatista faz uma rima que o cara não gostou, aí já saem do foco e vão pra cima. Sempre sai *treta* assim. Eu prefiro ficar longe desses caras, porque eu sei que se eu arrumar eu *treta*, estou perdendo meu tempo. (Raynan Sanchez, skatista amador, entrevista em 2014)

Os praticantes do skate com os quais tive contato essencializavam a categoria *vileiro* por meio de sua associação com uma série de características. Segundo os interlocutores, o perfil de um *vileiro* condiz com o de um jovem oriundo de classe popular, morador de bairros pobres (vilas), detentor de cortes de cabelo "esquisitos", que utiliza a praça para ouvir funk, fumar maconha e circular de bicicleta a fim de promover assaltos e brigas. Obviamente as acusações proferidas pelos interlocutores são apriorísticas e carregadas de preconceito, no entanto, por meio delas, eles tentam estabelecer distinções entre perfis — tomando como base suas próprias experiências — e demarcar fronteiras espaciais. Rodrigo de Andrade já participou de várias *tretas* na praça em que houve enfrentamento verbal ou físico entre skatistas e *vileiros*:

Outro dia a gente estava filmando [manobras de skate] e um moleque ficou rodando de bike, atrapalhando. Ele se ligou que estava atrapalhando, eu já tinha pedido para ele [não fazer isso]. E ele ficou teimando. Chegou uma hora que eu gritei: "e aí, irmão?!". Aí já *colou* aquele monte de *vileiro* e aquele monte de skatista [na confusão]. [Esses caras] são lá da Bela Vista. Fica esperto com seu celular. É perigoso você estar com seu celular e eles passarem. (Rodrigo de Andrade, skatista amador e *videomaker*, entrevista em 2013)

Já Murilo Romão pondera que muitos skatistas também são "folgados" por constantemente promoverem desavenças com determinados frequentadores ao acreditarem que a prática do skate é mais legítima que as demais realizadas na Praça Roosevelt:

Skatista é muito folgado. É impressionante. Eu também sou folgado. Você acha que todo mundo quer te atrapalhar, pois você quer acertar a manobra, e com isso acaba sendo agressivo, xinga, mas é coisa de stress mesmo. A gente se acha dono dos lugares. Passa vela, arruma e se acha na razão. A gente está errado por conta disso. (Murilo Romão, skatista profissional, entrevista em 2014)

A intensidade das *tretas* tem tomado proporções desmedidas em alguns momentos. O jornal Folha de São Paulo noticiou uma briga que envolveu aproximadamente duzentas pessoas, a qual deixou ao menos uma delas ferida:

> Uma briga entre skatistas e funkeiros[75] deixou um jovem ferido na praça Roosevelt (região central), na noite de sexta-feira (19). Segundo a polícia, cerca de 200 pessoas começaram a se agredir, mas não se sabe qual o motivo. De acordo com funcionário de um bar, que não quis se identificar, houve correria e tumulto. "Vi pessoas correndo para todos os lados". Os guardas-civis que ficam na praça tentaram controlar a briga, mas precisaram chamar reforço. Um jovem de 15 anos ficou ferido no pescoço. Quatro menores, com idades entre 13 e 17 anos, foram levados ao 78.º DP (Jardins) para prestar depoimento, mas a vítima não os reconheceu como agressores. ("Briga entre funkeiros e skatistas acaba com adolescente ferido". Folha de São Paulo, 20-10-12)[76]

A prática do skate, portanto, transcorre em um espaço que produz e é produto de técnicas corporais, *vivências*, *correrias* e *tretas*. Essas e outras experiências são constantemente registradas pelos skatistas por uma ação deveras valorizada neste universo: a captação de imagens. A intensa presença de fotógrafos e *videomakers*, que também são skatistas, atuando no local é algo que chama a atenção. Eles portam os mais variados tipos de equipamentos — câmeras portáteis, câmeras profissionais, filmadoras, celulares e até drones —, que são utilizados com diferentes finalidades. Uma cena corrente é a circulação de dois skatistas por entre os obstáculos, sendo um realizando manobras e o outro fotografando-o ou filmando-o. As últimas funções são realizadas, respectivamente, por tais fotógrafos e

---

75 A matéria utilizou o termo "funkeiros", mas, segundo interlocutores contatados, tais jovens podem ser identificados como *vileiros*.

76 Disponível também em: http://www1.folha.uol.com.br/cotidiano/2012/10/1172391-briga-entre-funkeiros-e-skatistas-acaba-com-adolescente-ferido.shtml.

videomakers quando a intenção é a publicação de imagens em matérias na mídia especializada (revistas, vídeos etc.) e em campanhas publicitárias ou, então, por qualquer skatista sem perícia para executá-las profissionalmente, mas que intenta captar as imagens apenas para guardá-las em arquivos pessoais ou para compartilhá-las em redes sociais virtuais, em aplicativos como Facebook, Instagram, WhatsApp, dentre outros.

Imagem 10: Skatista realiza manobra enquanto é filmado por um amigo (foto por Giancarlo Machado)

A ocupação pelos skatistas e a trivial produção de imagens contribuem para a propagação de representações e narrativas que evidenciam o prestígio da Praça Roosevelt. Devido ao seu reconhecimento no universo do *street skate*, ela tem servido de suporte para muitas marcas especializadas fazerem as suas ações de marketing no local. Muitas delas — inclusive multinacionais como Nike SB e Adidas Skateboarding — aproveitam as imagens de seus skatistas patrocinados feitas nos *picos* da praça para produzir campanhas publicitárias, as quais são publicadas em revistas em circulação nacional.[77] Em alguns casos a praça também se notabiliza em âmbito mundial, sendo essa visibilidade resultante da visita de renomados skatistas profissionais à mesma. A revista inglesa *Kingpin* elegeu as 25 melhores praças do mundo para a prática do skate e considerou a Praça Roosevelt uma delas:

> O lendário *pico* recentemente foi reformado e recebeu uma variedade de *bordas* de diferentes tamanhos e materiais. O *solo* é inteiramente liso e até as saliências de madeira deslizam como certas superfícies de aço. Todo o cenário está acima do nível da rua, contudo, isso não para o tráfego rigoroso de pedestres em seus limites. ("The 25 most iconic skate plazas in the world". Disponível em: http://kingpinmag.com/features/20-legendary-skate-plazas-time.html. Acesso em 13-6-2015. Tradução minha)

Além desse reconhecimento, a Matriz Skateshop, loja de produtos para skate, resolveu homenagear a praça com a produção de uma camiseta com os dizeres "I Love Roosevelt". A sua centralidade também tem fomentado a realização de vários eventos, tais como festas, demonstrações, campeonatos, estreias de vídeos, protestos, debates, etc. Os eventos são organizados por vários agentes e instituições (skatistas, marcas, entidades esportivas, secretarias ligadas à prefeitura etc.) e, quando de suas ocorrências, a praça recebe um número superior de praticantes se comparado à frequência cotidiana que nela ocorre. A depender da organização do evento, bem como dos propósitos de sua realização, podem ocorrer desavenças entre skatistas, outros usuários da praça e demais agentes que tentam regular o uso do local, como moradores ligados a associações ou conselhos, guardas metropolitanos e policiais militares.

Nos próximos subtópicos apresentarei três relatos etnográficos que abordam com detalhes diferentes aspectos enfocados até aqui. O primeiro demonstra a heterogeneidade de práticas que ocorrem simultaneamente na Praça Roosevelt, sendo o skate uma delas. O segundo, por sua vez, relata os "trajetos" (Magnani, 2012) que alguns skatistas estabelecem em meio a um "circuito" (Magnani, 2012) criado nos limites do centro metropolitano. Já o último foca a realização de um evento feito de forma espontânea: a estreia de um vídeo de skate, cujo acontecimento fora marcado por

77 Questões em torno da espetacularização da praça serão abordadas no capítulo 4.

várias experiências valorizadas no universo do skate. Desse modo, por meio de tais relatos revelarei os usos citadinos e os múltiplos sentidos que perpassam a prática do skate no cotidiano da Praça Roosevelt.

A praça (também) é do skate

Sexta-feira, 6 de setembro de 2013. Por volta das 17 horas, após descer em um ponto de ônibus situado na Rua da Consolação, sigo a pé em direção à Praça Roosevelt. O meu objetivo era encontrar alguns skatistas já conhecidos e presenciar a prática do skate realizada em vários *picos*. De longe foi possível perceber que a praça estava muito cheia, se comparada aos outros dias em que lá estive. Acessei o local pelas suas escadarias centrais, onde encontrei skatistas circulando de um lado para o outro. Subi mais uma seção de degraus e então me deparei com mais deles, porém agora em um número muito maior (em torno de vinte). Por não ter encontrado nenhum interlocutor da pesquisa neste espaço da praça, optei em ir para a sua parte superior.

A parte superior é demasiada extensa e nela é latente a realização concomitante de práticas díspares. Estava com o meu skate, o que facilitaria a locomoção pelo local, logo, resolvi circular por todas as áreas da praça a fim de ter uma visão geral dos usuários presentes e das apropriações que eles faziam. Inicialmente encontrei garotos e garotas sentados numa mureta, perto das grades que separam algumas escadas. Logo à frente havia um espaço com variados bancos em toda a sua extensão, e, em cada um deles, existiam aglomerações formadas por jovens que papeavam, namoravam, tocavam violão ou ouviam funk. Garotos de bicicleta transitavam velozmente, ao passo que um homem de capacete dava impulsos com seu *longboard*. No espaço próximo à Escola Estadual Caetano de Campos havia alunos e alunas da instituição. Algumas crianças jogavam bola nas imediações, enquanto duas idosas caminhavam com seus respectivos cachorros. Continuei a me locomover pela praça. Atrás da base da Guarda Civil Metropolitana, homens e mulheres treinavam suas habilidades com malabares, sendo observadas por mães que seguravam suas crianças no colo. Nas escadas que ficam de frente para bares e teatros, várias pessoas estavam sentadas nos degraus, algumas tomando cerveja, outras apenas conversando.

Após circular rapidamente por múltiplos espaços da praça, resolvi voltar para a sua parte inferior, onde havia um considerável número de skatistas. Em tal local, situado numa área que interliga diferentes níveis de acesso, encontrei o skatista Eduardo que, juntamente com um amigo, tentava pular uma placa improvisada que fora colocada no chão. Eles disputavam a realização da melhor manobra, tendo essa situação gerado um clima de jocosidade. Entre uma manobra e outra, paravam e conversavam sobre diversos assuntos, sendo todos relacionados à prática do skate.

Os skatistas que chegavam à praça cumprimentavam a quase todos os demais. Era preciso demonstrar cordialidade para se inserir naquele ambiente, cujo público predominante era formado por adolescentes. Também notei a presença de alguns adultos, como um homem cabeludo, barbudo e com jaqueta de couro repleta de *patches* alusivos às bandas de rock. Ele tomava cachaça em um cantil e se preparava para andar de skate. O que interessava aos praticantes eram alguns simples bancos de concreto dispostos pelo local. Os equipamentos foram projetados com superfícies de madeira, contudo, de tanto utilizadas, foram quebradas e retiradas, restando apenas as estruturas de cimento. Para deslizar nas quinas dos bancos, os skatistas passavam parafina em todas as suas extensões. Os usos dos *picos* seguiam regras tácitas não definidas de antemão, mas perceptíveis a partir do engajamento no fluxo estabelecido em direção a um dado obstáculo. Cada skatista tentava uma manobra no banco, ato que implicava rapidez e agilidade a fim de evitar choques com os demais participantes da *sessão*. Algumas outras pessoas passavam pelo local e, quando não compreendiam o sentido empregado à prática, corriam o risco de serem atropeladas pelos skates.

Imagem 11: Garoto utiliza um cone como obstáculo (foto por Giancarlo Machado)

Havia muitos skatistas neste espaço limitado, no entanto, nem todos se conheciam. Cada um era proveniente de uma parte da cidade e até mesmo de fora dela. Embora chegassem sozinhos ou em pequenos grupos, a partir do momento em que faziam parte da dinâmica relacional estabelecida naquela situação, ampliavam seus contatos mediante o encontro com outros praticantes. E a partir das formas de sociabilidade consolidadas, combinavam *rolês* para vários outros *picos* e pistas disponíveis pela cidade, vendiam peças de skate (tanto novas quanto usadas), juntavam dinheiro para comprar lanches no supermercado mais próximo, trocavam informações sobre festas e outros assuntos.

Já de noite, com as luzes da praça acessas, novamente fui para a sua parte superior. O local estava abarrotado de frequentadores, que ocupavam distintas áreas. Os skatistas deixavam seus respectivos pertences em cima de um canteiro gramado, de modo que pudessem avistá-los enquanto andavam de skate. Wilton Souza é da cidade de Maringá (PR), e estava de passagem por São Paulo. A Praça Roosevelt tornou-se um lugar central para ele, visto que podia andar de skate e encontrar seus conhecidos. Em outra área localizei Daniel Marques (skatista profissional) e Renato Custódio (fotógrafo da equipe de uma revista especializada) e, próximo a eles, deparei com Murilo Romão (também skatista profissional) que, mesmo machucado e obstruído da prática, fazia questão de estar ali somente para permanecer na companhia de seus amigos. Ao contrário da parte inferior da praça, onde a predominância era de jovens, na parte em que estava tinham mais adultos. Alguns deles trabalhavam em comércios da região central, como em lojas situadas na Galeria do Rock. Apesar de estarem com seus skates, deixavam de praticar para conversar e beber cervejas. O skatista Leo Fagundes, oriundo de Natal (RN), compareceu a este encontro não marcado, no entanto, não portava seu skate, mas trazia consigo dois *shapes* que seriam doados a um conhecido.

Naquela ocasião, a sociabilidade era mais importante que a própria prática do skate. Sentados no chão ou em quinas de canteiros, os skatistas dialogavam sobre vários assuntos. Um deles disse que um churrasco possivelmente seria feito aquela noite na praça, entretanto, a sua realização dependia de alguém que trouxesse uma churrasqueira. Murilo Romão, por sua vez, contou aos outros sobre os seus *rolês* pela cidade. A Avenida Faria Lima foi apontada por ele como o mais novo espaço repleto de *picos*. Uma garota passou com seu skate e realizou manobras, sendo elogiada pelos demais por conta do feito, enquanto um rapaz trouxe um enorme pão para compartilhar com aqueles que conversavam. Alguns guardas metropolitanos (GCMs) estacionaram uma viatura próxima a eles e ali permaneceram atentos a tudo o que acontecia no local. Os praticantes, aproveitando-se daquele encontro, também combinaram novas *sessões* de skate para o feriado do dia 7 de setembro, porém elas não ocorreriam na Praça Roosevelt, mas em outros espaços da cidade.

Após as 21 horas, resolvi ir embora. A praça estava lotada, e mais skatistas ainda chegariam ao local. Para muitos deles, a sociabilidade estava apenas começando, visto que pretendiam seguir para a Rua Augusta, onde já acontecia algumas *baladas*. E assim foi mais um dia corriqueiro de trabalho de campo na Praça Roosevelt, um espaço da cidade que possibilita não só o aprendizado e o aperfeiçoamento de técnicas corporais, mas também a *vivência* de inúmeras e heterogêneas experiências compartilhadas no universo do skate.

Em busca de picos pelo Centro

A maioria das minhas idas à Praça Roosevelt se deu no começo do período noturno de cada dia, fato que possibilitou a observação de muitas regularidades, como o encontro já previsto de alguns frequentadores em determinados espaços. Para tentar participar de outras situações e encontrar diferentes skatistas, optei em frequentar o local em um horário distinto daquele que estava acostumado. Com efeito, resolvi ir à Praça Roosevelt no começo da tarde de uma terça-feira, dia 13 de setembro de 2013.

Cheguei à praça por volta das 14 horas. Fazia muito calor no momento e, como o local não dispõe de tantos espaços com sombras, cogitei a possibilidade de encontrar apenas poucas pessoas andando de skate. E foi o que aconteceu. A parte inferior da praça, situada de frente para a Rua da Consolação, é onde se concentra a maior aglomeração de skatistas, entretanto, ao passar por esse espaço, não vi nenhum presente. Subi para o piso superior e continuei sem a expectativa de encontrar algum conhecido. Perto da base da Guarda Civil Metropolitana, em um espaço localizado de frente para bares e restaurantes, avistei um skatista realizando manobras numa mureta, sendo filmado por um amigo que circulava de skate com a filmadora nas mãos. Próximo a eles havia alguns adolescentes sentados em um dos poucos espaços com sombra. Cumprimentei a todos, mesmo sendo desconhecidos, e sentei-me ao lado. Do outro lado da praça, mas não tão longe da base da Guarda Civil Metropolitana, outros jovens — identificados pelos skatistas como *vileiros* — sentaram-se em um banco. Eles tinham cabelos arrepiados e raspados na lateral da cabeça e usavam bermudas, cordões de prata e tênis de marcas famosas, como Nike, Adidas e Mizuno. Alguns desses jovens estavam de bicicleta e, entre uma conversa e outra, pedalavam ao longo da extensão da praça.

Em um dado momento, uma interação me chamou a atenção. Dois homens se aproximaram dos skatistas que estavam ao meu lado. Em seguida, disseram que eram chilenos e que estavam percorrendo o Brasil de norte a sul. Após dois anos de viagem chegaram a São Paulo, de onde partiriam para Foz do Iguaçu. Os skatistas ouviram atentamente os curiosos relatos e até disseram, com gargalhadas, que os estrangeiros conheciam mais o país do que eles próprios. Feita essa primeira aproximação, tais estrangeiros perguntaram aos skatistas onde era possível comprar maconha. Eles informaram que não eram usuários, no entanto, sabiam que no Vale do Anhangabaú ela era vendida com facilidade. Os estrangeiros queriam chegar a tal local, mas, ao se sentirem perdidos, pediram aos skatistas para acompanhá-los até lá. Eles se esquivaram, pois não intentavam sair da praça.

Murilo Romão, um dos principais interlocutores da pesquisa, chegou ao local. Eu não esperava encontrá-lo naquele momento. Após nossos cumprimentos, ele me convidou para ir ao Theatro Municipal, onde encontraria Marcelo Garcia (skatista amador de Florianópolis) e Daniel Marques (skatista profissional de São Bernardo do Campo). Aceitei o convite e fomos para outro espaço do Centro. Estava com meu skate, logo, tive que acompanhá-lo no trajeto feito nas ruas, por entre automóveis, até o nosso destino.

Encontrei os mencionados skatistas no Theatro Municipal, além de outros desconhecidos. Eles andavam de skate numa calçada, sendo observados por demais praticantes que estavam sentados em uma pequena escada ao lado de senhores que tomavam cachaça. Havia, naquela ocasião, a constituição de uma sociabilidade efêmera, visto que nem todos os presentes se conheciam, mas se relacionavam por compartilharem de um mesmo *pico*. Conversei com Marcelo Garcia, que me relatou estar na cidade para andar de skate e para participar das viagens promovidas pelas marcas que o patrocinava. Murilo Romão também falou de seus *rolês*, da situação do mercado especializado e da profissionalização do skate no Brasil. O pequeno Vitor Zequinha, embora fosse principiante, estava preocupado em fazer vídeos de suas habilidades em cima do *carrinho*.

Esta é uma forma de se tornar conhecido no universo dessa prática, o que traz prestígio e benefícios ao praticante. Um grupo de skatistas que estava no local resolveu ir à Galeria do Rock, a qual se situa nas redondezas, com o intuito de encontrar outros conhecidos.

A *sessão* de skate ocorria normalmente nas calçadas do Theatro Municipal, até que, de repente, vieram três guardas em nossa direção. Um deles foi até as escadas, ao passo que os outros dois ficaram afastados, apenas observando. O guarda deu uma bronca em Zequinha, dizendo-lhe que não poderia andar de skate naquele espaço. Um skatista que estava sentado nos degraus da escada indignou-se com essa atitude e interpelou o guarda: "por que você está dando *esporro* só no moleque, e todo mundo aqui também está andando de skate?". Ele queria defender Zequinha e chamou a bronca para si. O guarda e o skatista iniciaram uma discussão. Após isso, o primeiro reiterou que a prática não poderia ser feita naquele local e, antes de sair, acusou aquele que fora abordado de ser "muito folgado".

Os skatistas pararam de fazer as manobras, mas, para a surpresa, uma mulher que fazia o serviço de limpeza no interior do teatro disse, em tom de brincadeira, que poderiam continuar andando de skate no local. Todos então comemoraram: "Êee, a tia deixou a gente andar!", gritou um skatista com a intenção de provocar os guardas que atravessavam a rua. Depois do ocorrido, Murilo não queria mais ficar no teatro, e sugeriu que fôssemos ao Vale do Anhangabaú. A sua sugestão foi prontamente aceita.

O Vale do Anhangabaú estava muito cheio. De longe avistamos policiais revistando alguns homens, além de pessoas sentadas, deitadas, tomando bebidas alcoólicas, fumando etc. Diversos jovens tocavam violão em um canteiro gramado e, não longe dali, artistas faziam performances que aludiam à Revolução Francesa. Em meio a um ambiente repleto de práticas heterogêneas, os skatistas buscavam certos *picos* para a realização de suas manobras. Eles optaram em permanecer nos degraus das escadas que compõem os blocos de concreto do espaço público em questão, onde compartilharam a ocupação com outros frequentadores, muitos deles considerados pelos interlocutores como "mendigos", que ali estavam.

André "Hiena", skatista profissional e empresário, chegou sozinho ao Vale do Anhangabaú. Ele me disse que estava cansado e que, para dar uma pausa em sua rotina, resolveu andar de skate. Apesar de trabalhar no mercado especializado em skate, tal prática também é a sua diversão, o seu passatempo predileto. Em seguida conversei com Zequinha, que enfatizou que o local é perigoso, sendo necessário ter atenção com os furtos que ali ocorrem.

A *sessão* estava intensa, com muitas manobras sendo feitas nas *bordas* parafinadas das escadas. Daniel Marques comentou com Murilo que o *rolê* tinha sido proveitoso; já Everton Maninho abordou Marcelo Garcia para lhe vender carteiras que ele próprio tinha produzido a partir da reciclagem de caixas de leite vazias. Por gostar do seu trabalho, também optei em comprar uma. Marcelo, por sua vez, queria vender um *shape* usado e, diante tal intenção, foi orientado por Maninho a ir até a Galeria do Rock, visto que lá seria possível vendê-lo a um preço mais caro que nos *picos* de skate. No fim da tarde, quando todos já estavam cansados, resolvemos ir ao Rei do Mate. Fomos a pé até a lanchonete situada na Avenida São João, onde a presença de skatistas era habitual e reconhecida pelos funcionários, os quais, inclusive, forneceram alguns benefícios a eles, como um "chorinho", ou seja, a adição gratuita de mate no copo de cada um.

Já estava de noite quando retornamos à Praça Roosevelt, mas, antes de nela chegar, passamos em um supermercado para comprar mais lanches e garrafas d'água. Nas escadarias situadas em uma das laterais da praça havia muitos frequentadores dos teatros das redondezas, que tocavam instrumentos musicais, tomavam cervejas e conversavam. Eu não imaginava que a Praça Roosevelt estaria tão cheia em plena terça-feira, entretanto, vale salientar que essa ocupação somente aumentou no período noturno, pois, conforme demonstrado, no começo da tarde ainda havia poucas pessoas em seu interior.

Estava cansado e resolvi ir embora. Mas antes circulei por diversos espaços da praça, onde encontrei outros conhecidos, como Alexandre "Nicolau", que estava no piso inferior da praça. Ele me disse que trabalhava na região da Avenida Paulista e, após cumprir as obrigações, decidiu descer para o local com a intenção de rever alguns amigos, como André "Hiena", que também veio para a Praça Roosevelt para dar continuidade ao seu *rolê* pela região central da cidade.

Ao contrário das outras ocasiões, o trabalho de campo realizado neste dia ficou marcado pelos "trajetos" (Magnani, 2012) realizados no âmbito do Centro de São Paulo, o que demonstra, com efeito, uma parte do "circuito" (Magnani, 2012) criado pelos skatistas no decorrer de suas buscas por *picos* que possibilitam a prática do skate.

Cinema na praça

Ao acessar o *site* da revista *CemporcentoSkate*,[78] pude me informar da ocorrência de uma *sessão* especial de skate prevista para ser realizada na Praça Roosevelt no dia 14 de novembro de 2013. Na ocasião, além da distribuição de brindes aos presentes, aconteceria também a exibição do mais novo vídeo promocional de Guilherme "Trakinas", skatista da cidade de Curitiba (PR).

O evento estava previsto para ocorrer na véspera de um feriado e, por conta disso, a expectativa era de que a Praça Roosevelt fosse ocupada não só por skatistas de São Paulo, mas também de outras cidades e estados. Cheguei ao local às 17 horas, momento em que a *sessão* teve o seu início. Dezenas de skatistas já estavam presentes no espaço da praça que fica de frente para a Rua da Consolação, onde há vários *picos* disponíveis, como bancos, muretas, escadas, corrimãos, além de uma pequena rampa de ferro que fora improvisada. Apesar dessa diversidade de obstáculos, apenas os bancos estavam sendo utilizados e disputados. A maioria queria fazer alguma manobra em suas *bordas*, o que exigia demasiada agilidade e cautela para não haver choques entre os participantes.

Subi as escadas e logo encontrei Caetano Oliveira (*videomaker* do *site* Black Media), que vendia algumas camisetas, e André "Hiena" (skatista profissional e empresário), que somente observava a *sessão* nos bancos. Após tantas visitas à Praça Roosevelt, já tinha me acostumado com a presença regular de alguns frequentadores, todavia, no dia em questão, havia muitas caras novas, ou seja, skatistas que cotidianamente não frequentam o local, mas que estavam ali apenas para participar do evento.

Fotógrafos e *videomakers* registravam todas as manobras e acontecimentos possíveis. Com a presença de câmeras fotográficas e filmadoras, os skatistas, cientes da possibilidade de aparecerem na mídia especializada, arriscavam manobras que normalmente não faziam. Com efeito, o nível técnico daquela *sessão* estava, segundo os próprios interlocutores, "muito puxado", isto é, manobras consideradas difíceis estavam sendo concluídas com facilidade nos obstáculos.

78 "Trakinas na Roosevelt". Disponível em: http://cemporcentoskate.uol.com.br/fiksperto/trakinas-na-roosevelt.

Murilo Romão andava freneticamente pelo espaço da praça, tendo utilizado um *pico* pouco explorado: a parede. O pequeno Zequinha, um dos caçulas daquela ocasião, buscava a atenção dos skatistas profissionais e pedia dicas de manobras. Tiago Antunes, skatista amador de Belo Horizonte, era um dos presentes na Praça Roosevelt. Ele me disse que estava em São Paulo para tentar o visto de entrada nos Estados Unidos e, caso conseguisse, o seu objetivo era ir para a cidade de Tampa, situada na Flórida, onde ocorreria o campeonato amador mais importante do mundo. Tiago estava hospedado em Santo André e mesmo assim resolveu comparecer ao evento para andar de skate e encontrar amigos residentes na capital paulista.

A *sessão* ocorria normalmente quando, de repente, apareceu o anfitrião do dia. Guilherme "Trakinas" chegou ao local acompanhado de seus amigos da *crew* Tropicalientes. Cabeludos, barbudos, tatuados, calças justas e óculos escuros. Os skatistas dessa *crew*, proveniente de Curitiba, se destacaram no espaço e tornaram-se alvo de olhares por parte dos demais. Consigo trouxeram vários equipamentos, como caixas de som, projetor, gerador, câmeras, materiais promocionais, dentre outras coisas. O evento começou a ficar mais animado.

Havia skatistas de diferentes categorias: desde crianças, que iniciaram a prática há pouco tempo, até aqueles mais velhos, profissionais de longa data, como é o caso de Fabio Castilho, Ragueb Rogerio, Marcelo "Formiga", Fabiano Rodrigues etc. Esses últimos não encaram o skate apenas como uma mera diversão, mas como um trabalho, visto que são remunerados para exercer suas respectivas funções. As manobras, que tinham como alvo os bancos, aos poucos foram sendo transferidas para as escadas e para os corrimãos. Com isso, apenas os skatistas com considerável nível técnico estavam dispostos a encarar tais obstáculos. Uma aglomeração foi formada para acompanhar um show de manobras comumente não vistas no cotidiano da prática do skate na Praça Roosevelt. A plateia em torno dos obstáculos começou a vibrar com as que foram realizadas com êxito. Aplausos, gritos, assovios e *yeahs* marcavam esse momento efervescente.[79] Aqueles que não andavam de skate aproveitavam a ocasião para estabelecer e ampliar as suas respectivas redes de sociabilidade: conversavam, namoravam, tomavam cerveja enquanto observavam uma animada *sessão*. Guilherme "Trakinas" trouxera inúmeros brindes doados pelas

---

79 *Yeah* é uma expressão utilizada pelos skatistas para exaltar a conclusão de uma manobra feita com sucesso.

marcas que o patrocinava. Em seguida, pegou um megafone e anunciou que aqueles que acertassem manobras consideradas difíceis seriam agraciados com presentes como camisetas, *shapes*, *trucks*, revistas, adesivos, bonés etc. A partir desse instante, os participantes tentaram demonstrar o melhor de suas habilidades em cima do skate. A maioria se arriscava nas escadas, ao passo que os mais corajosos encaravam o corrimão.

A plateia não era formada apenas por skatistas: trabalhadores do entorno, idosos, pais com crianças, dentre outros citadinos, estavam curiosos para entender que tipo de ocupação era aquela que ocorria na Praça Roosevelt. O evento estava sendo feito de forma espontânea, portanto, não havia a demarcação de uma área específica para a prática do skate. Aquelas pessoas que não sabiam do ocorrido e resolviam passar pelas imediações quase eram atropeladas pelos skates. Não observei nenhum incidente, mas, caso houvesse, certamente machucaria os envolvidos.

Guilherme "Trakinas", o protagonista da ocasião, resolveu andar de skate. Ao lado do amigo Filipe Ortiz *marretou* o corrimão com manobras complicadas, as quais foram aplaudidas pelos presentes. Um rapaz de patinete compareceu sozinho ao espaço. Inicialmente cogitei a possibilidade da sua presença não ser bem vista, já que os skatistas nem sempre se relacionam com adeptos de outras práticas feitas em espaços urbanos, como é o caso dos patins e do BMX. O praticante do patinete, que era francês, mesmo um pouco acanhado conseguiu fazer manobras nas escadas, sendo aplaudido pela sua competência.

A *sessão* ocorria em clima de total descontração. Após tantas manobras nas escadas e corrimãos, os brindes se esgotaram. Já estava de noite quando "Trakinas" anunciou que a exibição do vídeo estava prestes a iniciar. Os seus amigos começaram a montar um projetor em frente a uma parede, onde seriam exibidas as imagens. A *sessão* voltou a ficar intensa nos bancos, que mais uma vez tornaram-se alvos dos praticantes. Enquanto isso ocorria, observei uma movimentação estranha. Rodrigo de Andrade, interlocutor da pesquisa, discutia com outro skatista por um motivo que não identifiquei. Após ameaças mútuas, a confusão aumentou e Rodrigo desferiu socos no rosto daquele que se tornou um oponente, o qual saiu do local com muita raiva, batendo o seu skate no chão. Quando os ânimos se acalmaram, o interlocutor me relatou o motivo da briga. Segundo ele, o agredido era muito "folgado" por não respeitar códigos básicos vigentes em qualquer *sessão* de skate: é preciso denotar humildade e ter respeito com os demais praticantes. Ao realizar uma manobra, tal skatista atropelou uma criança que estava no local, que chorou muito. Em vez de acudir ou ao menos ter pedido desculpas à mesma, deu as costas e continuou andando de skate. Rodrigo viu a situação e resolveu tomar partido. Por não gostar da atitude do outro skatista, que retrucou grosseiramente a bronca recebida, fez algo que confessou querer ter evitado, ou seja, a agressão. Esse fato demonstra, pois, que a Praça Roosevelt, embora seja marcada por formas de sociabilidade, também é palco de conflitos que envolvem os próprios skatistas.

Estava tudo pronto para a estreia que ocorreria de forma improvisada. As imagens de Guilherme "Trakinas" foram captadas em vários *picos* encontrados nas ruas de múltiplas cidades. Além de demonstrarem o seu nível técnico, elas apresentaram aspectos de seu estilo de vida marcado pelo consumo de bebidas, além de confusões vivenciadas em companhia de seus amigos da *crew* Tropicalientes. Esses atos são apreciados no universo do skate — inclusive com destaque em vídeos e revistas — por evidenciarem um lado subversivo da prática, que não se sujeita à disciplina, aos treinamentos, a competições e regras, tais como encontrados no âmbito de outros esportes.

O vídeo promocional do skatista fora filmado durante vários meses para se transformar em uma exibição de pouco mais de sete minutos. Dezenas de jovens se reuniram ao redor da projeção para assisti-la e vibraram com as imagens de cada manobra acertada. Após o término, a maioria cumprimentou e aplaudiu efusivamente Guilherme "Trakinas", o organizador daquele encontro festivo. Por volta das 22 horas, fui embora, ao passo que vários interlocutores optaram em ficar mais um pouco na Praça Roosevelt para aproveitar daquela noite agradável de muita sociabilidade, conflitos e excessos.

TRETAS NA PRAÇA ROOSEVELT

Os relatos etnográficos apresentados demonstram apenas alguns sentidos que perpassam as *sessões* de skate que acontecem na Praça Roosevelt. Apesar de não dar conta de tantas situações ocorridas simultaneamente, as descrições tentaram evidenciar certos comportamentos, "não de indivíduos atomizados, mas de múltiplos, variados e heterogêneos conjuntos de atores sociais cuja vida cotidiana transcorre na paisagem da cidade e depende de seus equipamentos" (Magnani, 2002, p. 17).

O espaço público não é um espaço de produção de universais, mas, ao contrário, "um espaço de hibridação e de excentramento do qual desconfiamos naturalmente" (Joseph, 2005, p. 119). E por ser menos um espaço consensual, os intensos usos e apropriações dos equipamentos urbanos da Praça Roosevelt têm incomodado muitos outros frequentadores, notadamente certos moradores do entorno. Várias reclamações eclodiram após a reinauguração da praça, e as principais delas diziam respeito ao perigo decorrente da prática do skate — a qual pode resultar em atropelamentos de crianças e idosos que circulam pelo local — e ao barulho provocado sobretudo no período noturno. Além de um grupo articulado por moradores, a Associação Ação Local Roosevelt também se posicionou contrária à prática do skate e, em razão disso, contatou a prefeitura logo após a reinauguração para tentar restringir ou até mesmo impedir que ela continuasse ocorrendo na Praça Roosevelt.[80]

O descontentamento de moradores do entorno, o posicionamento da Associação Ação Local Roosevelt e a atuação de agentes do poder público municipal não foram suficientes para disciplinar a prática do skate no local, que continuou a ser ocupado pelos skatistas de maneira desregrada. Esse imbróglio permaneceu sem ser resolvido, tendo se agravado a partir de uma situação específica que envolveu a participação de outros agentes: os guardas civis metropolitanos (GCMs).

Conforme ficou claro até aqui, a Praça Roosevelt, após a sua reinauguração em 2012, tornou-se o principal ponto de encontro dos skatistas na cidade de São Paulo. Por conta disso, a sua intensa ocupação trouxe uma série de problemas para os equipamentos urbanos, que foram rapidamente danificados: bancos quebrados, corrimãos trincados, pisos táteis retirados etc. Com efeito, os skatistas passaram a ser taxados de vândalos por não zelarem pelo bem público recém-inaugurado.

Em uma tarde do mês de janeiro de 2013, vários jovens utilizavam um banco da praça como obstáculo, tal como comumente faziam. Ao notarem que a sua madeira estava sendo usada, alguns guardas tentaram cessar a prática do skate. Os skatistas pararam momentaneamente, mas, quando os guardas saíram do local, voltaram a utilizar o banco como se nenhuma advertência tivesse sido proferida. Ao ver essa situação, um GCM à paisana se exaltou e resolveu tirar satisfação com certos skatistas. Um deles — que,

80 Assim, certas intenções em voga para a Praça Roosevelt tinham claramente um viés segregador ou disciplinador dos usos cotidianos do local.

inclusive, não andava de skate — questionou a forma grosseira da abordagem, gerando um clima de tensão. Em meio a esse embate, o guarda enforcou rispidamente o skatista, mas muitos outros praticantes o defenderam, tentando soltá-lo dos braços do agressor. Em decorrência disso apareceram mais GCMs para intervir e, utilizando sprays de pimenta, dispersaram a aglomeração que fora formada. Como alguns skatistas portavam filmadoras no momento, filmaram a ação truculenta que se estabelecera.

As imagens filmadas foram publicadas na internet no mesmo dia do ocorrido e rapidamente passaram a ser visualizadas por centenas de milhares de pessoas. Em razão da truculência dos guardas, os envolvidos no episódio foram afastados temporariamente de suas funções, ao passo que o agressor, que estava à paisana, posteriormente foi demitido de seu emprego. A agressão ao skatista expôs um conflito pelos usos dos espaços urbanos que cotidianamente acontece na metrópole paulistana. De um lado, GCMs zelavam pelo uso oficial esperado para um banco de praça; de outro, skatistas ávidos por diversão faziam do equipamento um *pico* adequado para as suas manobras. Tal fato foi intensamente divulgado em sites, jornais e revistas, logo, as apropriações da nova Praça Roosevelt, bem como os seus limites, culminaram numa polêmica que envolveu posicionamentos divergentes.

Rubens Reis, um dos arquitetos responsáveis pelo projeto de reforma da Praça Roosevelt, se surpreendeu com a presença dos skatistas, os quais, segundo ele, usaram a praça "de forma mais dinâmica que a gente previa. E aí os conflitos começaram. Idosos e crianças não conseguem usar o local, sem falar na depredação. Os bancos de madeira não têm a função de obstáculos".[81] Já Reinaldo Azevedo, colunista da revista *Veja*, atacou severamente os skatistas, acusando-os de "marmanjos de vida ganha" e de "idiotas mimados". Em uma postagem em seu blog, ele fez a seguinte crítica:

> [...] os skatistas privatizaram a praça, que é de todos, e estão usando de modo inadequado um equipamento urbano. Sim, estão depredando os bancos, que não foram planejados para tal atividade. Sim, estão pondo em risco a segurança dos não skatistas. Sim, estão impondo aos outros a sua vontade [...]. Resolveram que a Praça

81 Correa, Vanessa. "Entrevista com Rubens Reis". In: Uma praça para todos. São Paulo, revista da *Folha de S.Paulo*, 2013. Disponível também em: http://www1.folha.uol.com.br/revista/saopaulo/sp2001201311.htm.

Roosevelt, que pertence à comunidade, é propriedade de sua tribo. (Azevedo, Reinaldo. "Fascistas de skate". Disponível em http://veja.abril.com.br/blog/reinaldo/geral/fascistas-de-skate/. Acesso em 8-1-2015)

Para Azevedo, a solução para tal impasse era simples: bastava proibir a prática do skate na praça. Certas posturas análogas já foram tentadas por agentes do poder público paulistano ao longo do tempo, no entanto, não tiveram efeito.[82] O skatista profissional Otavio Neto indignou-se com o colunista da revista *Veja* e, como forma de resposta, publicou em seu blog no portal do canal ESPN alguns comentários irônicos contra a postura do colunista:

> O pior é que estes mesmos "jornalistas" ainda estão no tempo do Jânio Quadros, achando que proibir o skate vai solucionar algum problema. Nunca li jornais dizendo que em final de campeonato de skate os torcedores se matam... Skate é um esporte que tira muitos jovens da violência e já mudou a vida de muita gente. Se for assim tem que proibir o futebol, que mata mais que ataque de tubarão! (Neto, Otavio. "O caso Roosevelt, pimenta nos olhos dos outros é refresco". Disponível em http://www.espn.com.br/post/302549_o-caso-roosevelt-pimenta-nos-olhos-dos-outros-e-refresco. Acesso em 8-1-2015)

A revista *Tribo Skate* fez uma matéria sobre o conflito e reconheceu que tanto os skatistas quanto os guardas estavam errados em suas atitudes. Para não estimular certos dissabores, a matéria trouxe uma série de dicas que visavam garantir a boa convivência entre os frequentadores da praça: os skatistas foram orientados a não falar palavrões, a ter cuidado com os pedestres, a recolher o lixo, a utilizar apenas uma área destinada ao skate, a ficar longe dos boxes de vidros e a não ir ao local no período da madrugada. A matéria ainda ressaltou que:

82 Vários agentes do poder público já tentaram proibir a prática do skate em diferentes cidades do Brasil. Em 1988, Jânio Quadros, então prefeito de São Paulo, proibiu essa prática em todas as ruas da cidade. Em 2009, o vereador Adolfo Quintas (PSDB) formulou um projeto de lei com essa mesma intenção. As polêmicas em torno desse projeto de lei foram analisadas em Machado (2014). Uma discussão detida sobre a proibição do skate em São Paulo será apresentada no capítulo 3.

> Uma das leis da física que não perdoa ninguém diz que "toda ação gera uma reação". Trazendo essa verdade para o skate, o lamentável ocorrido na Praça Roosevelt (ação) resultou em uma série de fatos (reação) que de alguma forma queimou o *pico*, todo o esforço das gerações que fizeram o skate chegar ao patamar que tem hoje e ainda fez com que aumentasse a repressão no local e a restrição ao skate. Infelizmente são poucos os skatistas "em início de carreira" que pensam nos demais e uma ação isolada de dois ou três prejudicou a nós de uma forma geral. (Lemos, Junior. "Pra não queimar o pico". Revista *Tribo Skate*, 2013, p. 36)

O prefeito Fernando Haddad (PT, 2013-2016) tinha assumido o seu mandato em uma data próxima ao acontecimento na Praça Roosevelt, portanto, a situação em voga demandou um posicionamento por parte de seu governo. Na gestão anterior, o então prefeito Gilberto Kassab (PSD, 2009-2012) adotou posturas adversas a certos tipos de apropriações citadinas dos espaços urbanos. A gestão de Haddad, ao contrário, mostrou-se disponível a buscar soluções menos repressivas e, para isso, convocou uma reunião para tratar de assuntos pertinentes ao problema que se estabelecera. A reunião foi comandada por Marcos Barreto (então subprefeito da Sé), e na ocasião estiveram presentes representantes dos moradores, dos skatistas e da GCM.

Após a reunião foi realizada uma coletiva de imprensa para apresentar publicamente os acordos estabelecidos entre as diferentes frentes envolvidas com a utilização da Praça Roosevelt. Jader Junior, presidente da Ação Local Roosevelt, ponderou que "não queremos expulsar ninguém. Queremos regras estabelecidas, lugares definidos, sinalizações instaladas".[83] Já Lindamir Magalhães, inspetora da GCM, reiterou que os guardas continuariam admoestando os praticantes caso a prática fosse feita em local inadequado. O subprefeito Marcos Barreto anunciou que uma série de modificações seria efetuada na Praça Roosevelt, de modo que uma área fosse reservada para a prática do skate. Sendo assim, em vez de expulsar os skatistas do local, o consenso que se chegou foi de que eles deveriam permanecer, contudo, essa permanência estaria sujeita a regras.

83 Disponível em: http://noticias.uol.com.br/cotidiano/ultimas-noticias/2013/01/08/apos-confusao-na-praca-roosevelt-prefeitura-promete-area-especifica-para-skatistas.htm.

A primeira medida adotada pela Subprefeitura da Sé a partir do diálogo com demais agentes e instituições foi a instalação de placas que indicavam o local da Praça Roosevelt onde era permitido andar de skate. Além dessa medida educativa, firmou-se um acordo para que tal local ganhasse obstáculos específicos e resistentes para a prática e, não obstante, outra regra estabelecida dizia respeito ao horário para o uso de skates, cujo limite era até as 22 horas.

Imagem 12: Placa instalada na Praça Roosevelt após conflito entre skatistas e guardas (foto por Giancarlo Machado)

A Confederação Brasileira de Skate (CBSk) também teve participação no episódio, tendo se responsabilizado por fazer uma campanha de conscientização entre os skatistas. Nesse sentido, a entidade apoiou alguns eventos promovidos na praça, como uma competição chamada Skate Livre. Realizado no mês de junho de 2013, o evento foi feito pela marca Crail Trucks (especializada na fabricação de eixos para skate) e contou com o apoio da Secretaria Municipal de Esportes, Lazer e Recreação (SEME). De acordo com a promotora da competição:

> O intuito do evento Skate Livre é conscientizar o skatista da importância de conviver pacificamente nos espaços públicos da cidade de SP, além de ressaltar a necessidade de possuirmos mais locais para a prática de skate na metrópole, evitando assim a super lotação das

praças e pistas já existentes. ("O que é o Skate Livre". Disponível em http://skatelivre.com/. Acesso em 8-1-2015)

O evento reuniu participantes de diversas partes do país, que puderam andar de skate, disputar uma competição e ocupar, com base em suas próprias experiências, um imponente espaço público situado na região central de São Paulo.

Imagem 13: Skatista pula o corrimão da nova Praça Roosevelt (foto por Giancarlo Machado)

Com base em minhas observações realizadas durante o trabalho de campo é possível afirmar que a instituição das mencionadas regras, bem como a ocorrência de demais ações, surtiu pouco efeito.[84] O local recebia

84 Apesar do descumprimento das regras impostas à prática do skate, nas tantas vezes em que estive na Praça Roosevelt não presenciei embates de maiores proporções entre skatistas, guardas e policiais. Ao contrário, tive a oportunidade de participar de situações em que guardas se posicionaram a favor da presença dos skatistas na praça. Certa vez, no período da tarde de um sábado, surgiu uma moradora de um dos prédios situados em frente à praça. Ao interpelar um GCM, ela reclamou veementemente do barulho e da aglomeração de skatistas no local. Após tantas recla-

diariamente dezenas ou até mesmo centenas de skatistas, logo, a pequena área onde a prática era permitida não comportava tantos deles em uma mesma ocasião. As placas, portanto, não foram suficientes para restringi-los a um determinado espaço, e, em função disso, muitos optavam por utilizar os inúmeros outros obstáculos disponíveis em toda a extensão da Praça Roosevelt, o que causava um desgaste generalizado dos equipamentos urbanos por meio da realização de manobras. Ademais, havia skatistas que não respeitavam o horário que fora estabelecido e frequentavam a praça no período da madrugada, produzindo um intermitente barulho decorrente do atrito do skate com o chão:

> Tem o local apropriado para a gente andar, mas a gente desrespeita essas partes. Às vezes eu encano com isso. Não pode andar, mas a gente quer andar. Às vezes eles [guardas e policiais] abusam em cima da gente, por besteira, e a gente vai para cima. Tem que mostrar nosso espaço. (Raynan Sanchez, skatista amador, entrevista em 2014)

Assim sendo, os praticantes do skate continuaram a utilizar a praça a partir de suas próprias lógicas, fato que tem contrariado muitos dos demais frequentadores, sobretudo os moradores dos prédios do entorno, os quais se sentem incomodados com a prática do skate no local:

> Uma vez a gente estava andando no "cachorrodrómo". Chegou uma mulher, sem cachorro e nem nada, e começou a encanar, chamou a GCM, e começou a falar até, dizendo que era do conselho [gestor da praça]. Eu falei: "moça, é só pedir com educação que a gente sai". A gente saiu e deixou ela falando sozinha. Quanto mais dá bola, mas eles ficam encanados e menos skate a gente vai ter. (Raynan Sanchez, skatista amador, entrevista em 2014)

---

mações por parte da mulher, o guarda irritou-se com a sua implicância e a sugeriu que, em vez de apenas fiscalizar o movimento da praça pela janela do apartamento, pudesse aproveitar aquele sábado ensolarado para passear ou fazer outra atividade no espaço público em questão. Em seguida o guarda falou para alguns skatistas: "depois vocês reclamam dos GCMs, mas não notam que são esses moradores aí é que enchem o saco!". A apresentação de tal querela obviamente não almeja reduzir múltiplos posicionamentos (favoráveis ou contrários ao skate) de guardas e moradores do entorno a uma única situação observada, tampouco evidenciar que a repressão à prática do skate foi cessada, entretanto, por meio desse fato é possível perceber que também há posturas que aproximam guardas e skatistas, ao contrário do episódio citado no tópico anterior, em que houve relações conflituosas entre eles.

Aproveitando-se da peleja interminável entre praticantes do skate e moradores, alguns jornais, sites e programas de TV produziram reportagens com a intenção de abordar o assunto em questão.[85] O portal de notícias UOL, por exemplo, fez uma matéria intitulada "Saiba por que os skatistas consideram a Praça Roosevelt o melhor pico de SP". Em tal matéria constam depoimentos de skatistas profissionais, que avaliaram as principais características da praça. Marcelo "Formiga" e Fabio Castilho destacaram a arquitetura, a diversidade de obstáculos *skatáveis* e a sua apropriação por adeptos de práticas distintas:

> O local sempre foi uma praça pública e o skate sempre esteve aqui, tomando conta do lugar. Eu acho que o cara que foi o arquiteto da praça andava de skate. É um *pico* que você pode fazer muitas coisas. Fica do lado do teatro, tem uma galera mais *cool*. Tem um movimento, rola uma interação com as ruas. Todo mundo tem que ocupar a praça, cada um no seu limite, e fazer disso uma coisa saudável. (Marcelo "Formiga", skatista profissional. Disponível em http://mais.uol.com.br/view/15145002. Acesso em 29-12-2014)

> É o puro skate de rua. Você fala: "eu gosto de escada". Tem escada para andar! "Eu gosto de andar em borda grande". Tem borda grande! "Eu gosto de descer corrimão". Tem corrimão! Você expande seu skate, você expande suas ideias, você anda de skate com liberdade. (Fábio Castilho, skatista profissional. Disponível em http://mais.uol.com.br/view/15145002. Acesso em 29-12-2014)

Já as plataformas de comentários das matérias veiculadas online têm se tornado alvos de moradores do entorno da Praça Roosevelt, os quais declaram anonimamente as suas críticas aos que praticam skate no local:[86]

> Moro próximo e não me atrevo a cruzar aquela praça, pois estamos sujeitos a sermos atropelados por um skatista irresponsável. A prefeitura deveria pôr um piso áspero para evitar que aquele bando de

85 Disponível em: http://noticias.r7.com/sao-paulo/fotos/dois-anos-depois-de-reforma-de-r--55-milhoes-praca-roosevelt-tem-grade-arrebentada-e-pichacoes-08102014#!/foto/1.

86 Várias matérias deram voz às reclamações dos moradores, dentre elas, "Moradores querem limitar uso de skate na Praça Roosevelt" (*Folha de S.Paulo*, 2-10-2012. Vide http://www1.folha.uol.com.br/cotidiano/2012/10/1162464-moradores-querem-limitar-uso-de-skate-na-praca-roosevelt.shtml).

> skatista maconheiro se esbarre na gente. Não sou contra, mas acho que um espaço deveria ser reservado a eles, não a praça toda. (Comentário de um vizinho da praça. Disponível em http://mais.uol.com.br/view/15145002. Acesso em 29-12-2014)

> Destruíram tudo. Não deixam ninguém dormir a noite. Chegamos cansados depois de um dia inteiro de trabalho e não temos paz. Já cheguei a ir dormir as 4:00 da manhã, já perdi consultas médicas, chego atrasado no trabalho, costumava correr pela manhã, já desisti. Consomem drogas, pedem pizza e jogam o lixo na rua, quebraram os bancos. Não se pode chegar perto dos bancos, aos sábados e domingos a tarde, muito menos sentar. Arrancaram o piso tátil, raspando com a borda do skate (tenho vídeo gravado). Se alguém se posiciona contra, dizem que começou a repressão. Se é tão bom andar de skate em plena quarta-feira as 4:00 da manhã, por que não fazem na casa de vocês? (Comentário de um vizinho da praça. Disponível em http://mais.uol.com.br/view/15145002. Acesso em 29-12-2014)

A gestão do prefeito Fernando Haddad (PT) novamente imiscuiu-se diante da persistência dos dissabores e, para tanto, convocou os munícipes moradores da região da Subprefeitura da Sé para participarem de uma eleição que definiria o Conselho Gestor da Praça Roosevelt.[87] A pretensão com a criação desse conselho seria promover e ampliar o debate público em torno da apropriação da praça.

As eleições ocorreram em março de 2014 e por meio delas foram escolhidos seis representantes do poder público municipal — vinculados a diferentes setores, como Subprefeitura Sé, Secretaria Municipal da Segurança Urbana, Secretaria Municipal de Verde e do Meio Ambiente, Secretaria Municipal de Esportes, Lazer e Recreação, Secretaria Municipal da Cultura e Secretaria Municipal de Direitos Humanos e Cidadania — e seis representantes da sociedade civil, dentre eles, representantes dos usuários da praça, dos skatistas, dos movimentos artísticos, dos comerciantes locais, e de instituições, entidades e associações de moradores. O conselho, à vista disso, deveria colocar em tela temas que interessassem os representantes das diferentes frentes e,

87 O edital de convocação para a realização do Conselho Gestor da Praça Roosevelt está disponível em: http://www.prefeitura.sp.gov.br/cidade/secretarias/subprefeituras/upload/chamadas/edital_eleicao_conselho_gestor_da_praca_roosevelt_1392678713.pdf.

por meio da troca de opiniões, eles teriam que estabelecer novos consensos e formular diretrizes para regular os usos da Praça Roosevelt.

Com a instituição do Conselho Gestor da Praça Roosevelt,[88] abriram-se caminhos para a execução de uma antiga promessa: a construção de uma pista de skate na área que antes fora reservada aos skatistas. Esta seria uma nova tentativa de resolução dos conflitos ocasionados pela prática do skate. Após várias negociações, a prefeitura anunciou em setembro de 2014 que as obras se iniciariam, contudo, a implantação dessa suposta benfeitoria gerou outras polêmicas que novamente colocaram em pauta as tentativas de confinar formas de sociabilidade e de restringir certas apropriações urbanas a espaços definidos de antemão.

SKATE PLAZA: AS POLÊMICAS DE SUA CONSTRUÇÃO

A construção da prometida pista de skate iniciou-se em novembro de 2014. Os obstáculos específicos para a prática, bem como os demais reparos, foram feitos por meio de uma parceria entre a Subprefeitura da Sé e a iniciativa privada. Uma marca especializada em lixas para skate assinou um termo de cooperação, com validade de três anos, propondo a investir R$ 100 mil em melhorias para a praça durante a vigência do contrato. Além da construção de obstáculos, o termo ainda previa a instalação de 16 câmeras de segurança, sendo essa uma solicitação da Guarda Civil Metropolitana e da Polícia Militar. Portanto, afora a tentativa de contenção da prática do skate a um determinado espaço, tal medida também proporcionaria um maior controle das apropriações citadinas da praça.

A área destinada ao skate seria a mesma que fora delimitada anteriormente (localizada próxima à Rua da Consolação), quando da instalação de placas educativas. Os obstáculos exclusivos ocupariam aproximadamente 1,1 mil dos 25 mil metros quadrados do espaço total da Praça Roosevelt. Para as suas construções foram consultados alguns skatistas profissionais, os quais puderam opinar e sugerir eventuais mudanças no projeto que estava sendo elaborado. Em razão do espaço limitado ao ska-

88 Nenhum representante do universo do skate pleiteou vaga no Conselho Gestor da Praça Roosevelt. O edital permitia a candidatura apenas de quem morasse na região da praça, logo, a participação de skatistas nas eleições fora limitada por esse requisito. Muitos moradores aproveitam de tal fato para produzir discursos segregadores que tentam legitimar perante aos órgãos públicos apenas a posição de quem mora na região da praça.

te, foi decidido que apenas poucos obstáculos seriam fabricados ou reformulados. As madeiras dos bancos que já eram utilizados pelos skatistas foram substituídas por uma superfície de aço. O piso tátil foi retirado e, em seu lugar, colocou-se uma superfície adequada para uma melhor locomoção das rodas dos skates. Não obstante houve ainda uma adaptação dos corrimãos no sentido de trazer mais segurança aos praticantes e também a produção de duas rampas (*wallride* e *bank*) e dois palcos (sendo um de dois andares e outro em formato *hubba*). A área reservada passou a ser considerada uma *skate plaza*, termo nativo que designa um espaço que mescla características de uma pista de skate (como a presença de rampas) e de uma praça qualquer (que conta com *obstáculos naturais*, isto é, não planejados para a prática do skate).

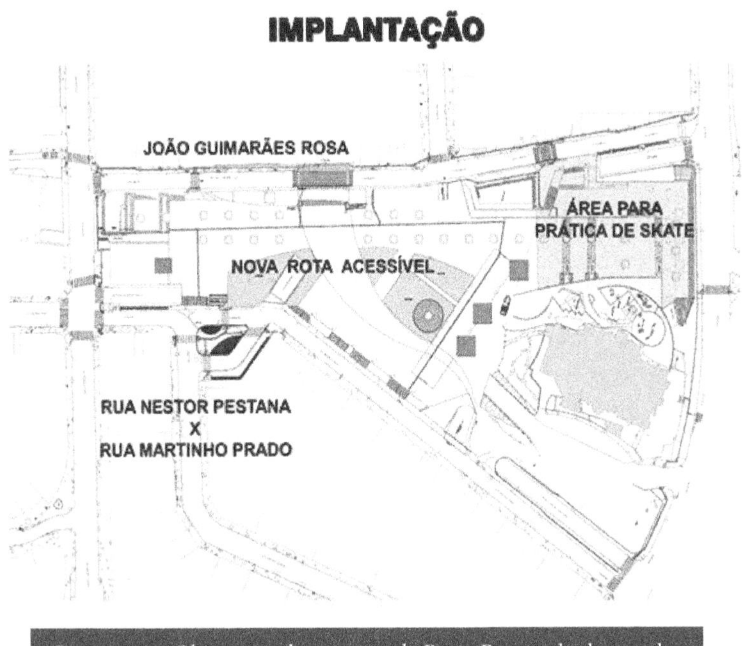

Imagem 14: Obras complementares da Praça Roosevelt, dentre elas, a área para prática de skate (Fonte: Divulgação SP Obras)[89]

Essa medida foi planejada como uma alternativa que propiciaria uma suspensão do impasse que há tanto assolava o espaço público. Repre-

89 Vide: http://www.prefeitura.sp.gov.br/cidade/secretarias/infraestrutura/sp_obras/noticias/?p=179358. Acesso em 8-1-2015.

sentantes da Borelli & Merigo, escritório de arquitetura responsável pelo projeto executivo e acompanhamento técnico da nova Praça Roosevelt, em entrevista para a revista *LabVerde* (vinculada à FAU/USP), declararam que a instalação de uma *skate plaza* resolveria definitivamente a questão do skate no local:

> Não ficamos surpresos com os skatistas na Roosevelt. Afinal eles ocupam este espaço faz bastante tempo. Durante os anos de maior abandono, foram eles os principais usuários da praça. Em nosso entendimento não seria justo, agora com o espaço reformado, expulsá-los. [...] No início do ano travamos frutíferas conversas com a Confederação Brasileira de Skate e a subprefeitura da Sé e conseguimos aprovar junto ao conselho gestor, nosso projeto para uma praça de skate na Roosevelt. A implementação deste projeto em conjunto com a pedestrialização da rua João Guimarães Rosa, resolverá definitivamente a questão do skate e da acessibilidade na Roosevelt. (BONZI, Ramón Stock. "*Os projetos e a nova Praça Roosevelt*". Revista *LabVerde*, n.º 6, 2013, p. 251)

A construção da *skate plaza* dividiu a opinião dos skatistas interlocutores da pesquisa. Alguns a elogiaram, sobretudo os principiantes, pois, a partir de sua inauguração eles teriam um espaço propício, sendo este situado em uma região central da cidade de São Paulo, para o aprendizado e o aperfeiçoamento do nível técnico de suas manobras. Outros praticantes, muitos deles amadores ou profissionais, fizeram severas críticas aos obstáculos. Alegaram que a praça, da forma como fora reformada no ano de 2012, já era perfeita para a prática do skate, não sendo preciso a instalação de *obstáculos artificiais*, como as rampas. Douglas Prieto, skatista e editor da revista *CemporcentoSkate*, disse-me que a polêmica situação da Praça Roosevelt é parecida com a do Paral·lel, um dos *picos* mais famosos da cidade de Barcelona, o qual tive a oportunidade de conhecer. Em minha visita à capital catalã (em abril de 2014), foi possível constatar que o Paral·lel era muito apreciado por skatistas de todas as partes do mundo, fato que pode ser comprovado por meio das inúmeras imagens (em fotos e vídeos) feitas no local e publicadas na mídia especializada.[90] Situado em uma região central de Barcelona, o Paral·lel está inserido no

90 Abordarei a prática do skate em Barcelona no último capítulo da presente publicação.

Parc de les Tres Xemeneies e conta com vários equipamentos urbanos que possibilitam a prática da modalidade *street skate*. Assim como no caso da Praça Roosevelt, a continuidade de tal *pico* também padeceu pelas intensas reclamações de muitos moradores de seu entorno. A prefeitura de Barcelona, no sentido de regulamentar a prática do skate e de resolver os conflitos decorrentes da mesma, anunciou que os *picos* do Paral·lel seriam destruídos e no lugar seria construída uma ampla pista de skate que estaria sujeita a uma série de regras de utilização. A iniciativa criou um rebuliço generalizado e deixou muitos skatistas indignados com a destruição de um dos melhores lugares do mundo para a prática.[91] A mídia especializada catalã declarou a morte do Paral·lel:

> Embora haverá uma área para esportes urbanos em seu interior, a mítica parte que dá acesso ao exterior, por onde passaram tantos skatistas, a qual já apareceu em muitos vídeos encantando muitas pessoas, desapareceu. Vamos ver como será o novo local, mas, de qualquer maneira... RIP Paral·lel. E obrigado por todos os momentos que você nos deu! ("RIP Paral·lel". Disponível em: http://www.trickon.com/contents/reforma-skatepark-paral-lel-barcelona-inicio-obras-skate-bmx-inline-7651. Acesso em 2-1-2015. Tradução minha)

Ao noticiarem a reforma parcial da Praça Roosevelt, alguns jornais enfatizaram a possibilidade de proibição da prática do skate nas demais áreas que extrapolavam os limites da *skate plaza*.[92] Diante essa hipotética efetivação de uma medida coercitiva, novamente muitos skatistas passaram a declarar publicamente, por meio de redes sociais virtuais, os seus respectivos descontentamentos com os desdobramentos da melhoria que lhes era atribuída. A página da Skatenuts, empresa responsável pela criação da *skate plaza*, tornou-se alvo de comentários:

> Se a ideia é restringir o espaço creio que estão TODOS sendo enganados, é o SKATE sendo colocado à MARGEM de novo. Vamos

91 O Paral·lel, assim como a Praça Roosevelt, foi eleito pela revista inglesa *Kingpin* um dos 25 melhores *picos* de rua do mundo. Para mais detalhes: http://kingpin.mpora.com/features/20-legendary-skate-plazas-time.html.

92 O jornal Estadão, por exemplo, noticiou: "Reforma na Praça Roosevelt vai limitar espaço de skatistas". Vide http://sao-paulo.estadao.com.br/blogs/diego-zanchetta/reforma-na-praca-roosevelt-vai-limitar-espaco-de-skatistas/. Acesso em 5-1-2015.

acordar, caralho! (Comentário de Cláudio Fernandes. Disponível em https://www.facebook.com/sk8nuts)

Que merda hein, sempre limitando espaço! A Roosevelt sempre foi frequentado por skatistas, quando era largada, agora querem limitar toda a galera em um pequeno espaço, transformando o skate de rua em pista... Skate livre!!!!! (Comentário de Vitor Nunes. Disponível em https://www.facebook.com/sk8nuts)

Defronte certas acusações, a empresa resolveu se manifestar através de sua própria página no Facebook. A nota de esclarecimento ressaltou que a execução do investimento contemplaria diretamente os skatistas frequentadores da região central da cidade de São Paulo:

> Não partiu da Skatenuts, de forma alguma, delimitar o espaço do skate na Praça Roosevelt, muito pelo contrário. Entramos com um projeto para colocar os obstáculos na praça e transformar a Roosevelt em uma Skate Plaza e descobrimos que parte da Roosevelt seria banida para a prática do skate, independente da Skatenuts entrar ou não para fazer a Skate Plaza. Ou seja, uma parte da Roosevelt seria fechada de qualquer forma por reivindicação da Associação de Moradores da Praça Roosevelt. A Skatenuts investe em atleta (iniciante, amador e profissional), campeonatos, em sustentabilidade e agora começamos a investir em algo que realmente traga benefício para o skatista. Essa é a primeira de muitas outras praças que iremos investir. [...] A Skatenuts tem como política da empresa investir em algo que poderá ficar para toda uma vida, que será bom para vocês e não somente para a empresa. (Disponível em https://www.facebook.com/sk8nuts)

A polêmica avultou-se com a aproximação da data prevista para a inauguração da *skate plaza*. Profissionais vinculados à mídia especializada também se posicionaram contrários ao cerceamento da prática em um espaço público marcado pela heterogeneidade de frequentadores. Felipe Minozzi, redator da Black Media, *site* reconhecido por tocar em querelas que permeiam o universo do skate, postulou que novos conflitos e agressões poderiam emergir:

> Hoje vocês vão aprender como a construção de uma *skate plaza* pode ser ruim para o skate. "Ruim", você me pergunta? Sim. A revitalização da Praça Roosevelt, reinaugurada em 2012, custou R$ 55 milhões aos cofres da cidade. Atualmente, a Praça tem 25 mil metros quadrados, quase que totalmente skatáveis, com bancos, escadas, corrimãos e tudo que você já cansou de ver em vídeos e fotos. O novo projeto, que conta também melhorias na acessibilidade dos pedestres, vai limitar o skate a um espaço com 1.152 metros quadrados. Com rampas. Rampas na Roosevelt. Pra você que está achando legal o skate ser considerado no novo projeto, saiba que não é bem assim. A reforma vai ocorrer, em grande parte, por conta de reclamações dos moradores da região e frequentadores da praça, que dizem, com certa razão, que o skate toma conta da Roosevelt toda, sem deixar espaço para as outras atividades, sejam lá quais forem. Crack, peteca... Não sei, outras atividades. O skate de rua, sempre presente por lá, vai ser engaiolado e transformado, domesticado. Pode acreditar que a GCM também vai ter ordens para não deixar as rodinhas tocarem o chão fora do espaço delimitado no projeto. Skate na mão, filhão, aqui não pode. Minha dica é: *quem colar na Roosevelt quando a nova praça estiver de pé, vá de câmera ligada, porque brigas e agressões já despontam, mais uma vez, no horizonte da Roosevelt.* (Minozzi, Felipe. "Skate Plaza da Roosevelt". Disponível em: http://www.blackmediaskate.com/site/?p=10529. Acesso em 2-1-2015. Grifos meus)

As notícias que divulgaram a proibição da prática do skate fora do espaço que lhe fora destinado não passaram de meras especulações. A arquiteta Sandra Soares de Oliveira, representante da SP Obras e responsável pela obra na praça, em depoimento para o jornal Folha de São Paulo declarou que:

> Hoje, os skatistas usam um espaço não projetado para eles. Então vamos recuperar o que foi deteriorado e criar uma área específica para eles, com rampas e trilhos. *Não haverá placas de proibição, mas terá placa da área destinada. Criando um lugar mais atrativo, o skatista perde um pouco o interesse de usar a área comum.* ("Nova reforma vai criar área para skatistas na Praça Roosevelt, em SP". Disponível em http://www1.folha.uol.com.br/cotidiano/2014/09/1524372-no-

va-reforma-vai-criar-area-para-skatistas-na-praca-roosevelt-em-sp.shtml. Acesso em 28-12-2014. Grifos meus)

A resposta da arquiteta deixava claro que a prática do skate não seria proibida em toda a praça, todavia, almejava-se que a *skate plaza* pudesse concentrar os skatistas em apenas um determinado local, diminuindo assim a utilização dos demais obstáculos situados em frente aos prédios residenciais.

Tive a oportunidade de participar da inauguração da *skate plaza* da Praça Roosevelt. Apesar das contendas criadas em torno dela, era perceptível a ansiedade de muitos interlocutores da pesquisa em vê-la pronta. A inauguração ocorreu no dia 29 de novembro de 2014 e, na ocasião, como forma de abrilhantar o evento, foi realizada uma das competições mais importantes do ano: o DC Invitational. A competição foi patrocinada por uma marca especializada em tênis para a prática e reuniu sessenta competidores, dentre profissionais e amadores previamente selecionados, que disputaram a quantia de R$ 50 mil que fora distribuída aos melhores colocados.[93]

Antes do início da competição houve a cerimônia de inauguração da *skate plaza*. Representantes das várias frentes ligadas à utilização da Praça Roosevelt estiveram presentes: dos poderes públicos (Subprefeitura da Sé, Secretaria Municipal de Esporte, Lazer e Recreação, Ministério dos Esportes), dos moradores e comerciantes locais (Ação Local Roosevelt, Polo Roosevelt, Conselho Gestor, etc.), de marcas especializadas em skate (Skatenuts e DC Shoes), da Guarda Civil Metropolitana e Polícia Militar, do Banco Itaú e, obviamente, do universo multifacetado do skate. Quase todos tiveram a oportunidade de falar para uma plateia formada majoritariamente por skatistas. As falas enalteceram a parceria entre o poder público e a iniciativa privada que tornou possível a construção de uma área específica para o skate e também a força que essa prática tem adquirido na cidade de São Paulo. Após o cerimonial, o skatista profissional Marcelo "Formiga" pegou o microfone e gritou: "a Praça Roosevelt é nossa!". Nesse instante, várias pessoas levantaram o skate e fizeram muito barulho.

93 No capítulo 4 apresentarei um relato etnográfico referente a minha participação no evento DC Invitational.

Retornei à praça em vários meses subsequentes a inauguração da *skate plaza* e percebi que, embora a curiosidade em testar os novos obstáculos, a maioria dos praticantes não ficou confinada ao espaço que lhes foi outorgado. A expectativa de que a atribuição desse suposto benefício aos skatistas pudesse apaziguar os conflitos, sobretudo com os moradores, e centralizar a prática novamente foi gorada. Eles seguiam e ainda seguem ocupando e se deslocando por todos os espaços possíveis da praça e, por que não, da cidade, despontando um dos atributos que Ulf Hannerz (2015) considera basilar da vida urbana: a serendipidade, isto é, a possibilidade de descoberta de algo inesperado e de forma ocasional.

APROPRIAÇÕES CITADINAS E USOS INESPERADOS

A Praça Roosevelt, embora seja uma "mancha" (Magnani, 2012) que comporta múltiplas práticas e territorialidades, se constitui como um dos principais *picos* da cidade.[94] Desse modo, muitos interlocutores concordam que uma eventual proibição da prática no local ou mesmo a mera delimitação de um espaço para a mesma, não obstruirão a intensa presença de skatistas, afinal, segundo eles, a prática do skate trouxe vida e segurança à Praça Roosevelt:

> A praça antiga, quando não tinha vida, não tinha nada, era só skate. Então quer mais argumento que isso para não proibir [a prática na nova praça]? (Rodrigo de Andrade, skatista amador e *videomaker*, entrevista em 2013)

> Eu acho que ficou uma coisa meio dominada. Se você olhar para a praça, tente enxergá-la sem os skatistas, o que vai estar? Apenas

94 Como ficou claro até aqui, inúmeras outras práticas também reivindicam a Praça Roosevelt como um espaço de atuação. Uma série de iniciativas tem ocorrido na mesma a fim de estimular usos criativos e colocar em xeque uma possível militarização do local. Dentre essas iniciativas, destaco a "Quintas da resistência", a qual é promovida por coletivos ligados a diferentes frentes de ocupação. O coletivo Arrua, um dos envolvidos com a iniciativa, divulgou que a ideia é instigar uma "Roosevelt Livre", além disso, é preciso buscar "uma cidade que não confunda segurança com esvaziamento, que não trate limpeza como higienismo, que não entenda tranquilidade como silêncio, onde não impera o cinza, mas sim o colorido da arte e do encontro. Roosevelt Livre expressa uma cidade livre. A praça é do povo" (Disponível em: http://coletivoarrua.org/).

a molecada da escola da frente e uns *vileirinhos*. Às vezes um pessoal do malabares, e tal. Mas no geral, são mais os skatistas mesmos. (Alexandre Cotinz, skatista profissional, entrevista em 29-11-2013)

A praça tem que ser protegida. Se a gente não ficasse na praça ia ter coisa muito pior. Não ter ia ter banco quebrado. Teria ainda mais gente usando droga na porta dos prédios. A gente alivia a barra deles [dos moradores]. (Raynan Sanchez, skatista amador, entrevista em 2014)

Conforme visto ao longo deste capítulo, a continuidade da prática do skate na Praça Roosevelt tem sido posta em xeque por uma série de relações conflituosas. Os skatistas, em busca da permanência neste *pico*, têm que lidar e negociar cotidianamente e em esferas institucionais mais amplas com múltiplos agentes — como guardas, policiais, moradores do entorno, representantes do poder público, associações comerciais — que tentam impor usos oficiais ao local em questão.[95] No entanto, como fora demonstrado, tais usos oficiais nem sempre se impõem aos usos citadinos. No caso do skate, por exemplo, os skatistas recorrem a várias táticas que atualizam, deslocam e inventam um conjunto de possibilidades de usos dos espaços urbanos.[96] Emergem, portanto, diversas *manobras* — sendo estas não apenas relacionadas às técnicas corporais, mas também a certas artimanhas acionadas em dadas situações — que, embora em alguns momentos transpareçam ser cooptadas e institucionalizadas, resistem e tentam desvencilhar a prática do skate de possíveis domesticações.[97] Filipe Maia, skatista amador frequentador da praça e

95 Dessa maneira, os espaços centrais da cidade "são densos não só porque concentram atividades e grupos, mas também porque abrangem várias significações, que ao mesmo tempo se entrecruzam, complementam-se, contradizem-se" (Frúgoli Jr., 1995, p. 12).

96 Desse modo, portanto, "existem tantos espaços quantas experiências espaciais distintas" (Merleau-Ponty, 1976 *apud* Certeau, 2009, p. 185).

97 Yamashita (2013, p. 217) também obteve constatações parecidas ao investigar as apropriações da Praça Roosevelt em um plano mais amplo: "se por um lado o processo de requalificação da Roosevelt foi marcado pelo conservadorismo de uma dimensão comunitária (com ações gestionárias), por outro, a metrópole e sua heterogeneidade também solicitou outra forma de uso do espaço formalizada nos tensionamentos dos limites da localidade como defesa de uma prática 'plural' enquanto espaço público da cidade. A praça revela isso em diversos momentos, tornando possível afirmar que seu novo sentido se relaciona mais com as intervenções desses novos agentes do que à determinação do novo projeto, informando os limites da arquitetura."

redator do blog "Trocando Manobras", opinou sobre o assunto. Em sua visão, a implementação de pistas e *skate plazas*:

> [...] limitam o espaço do skatista de rua, dão legitimidade a políticos e autoridades que querem que o skate não circule pelas ruas da cidade e deixa cada vez mais marginal uma atividade tão presente nas cidades. Sabe como? Quando você for dar uma manobra do mármore ou no bronze de outro local de fora da "pista", você pode estar burlando "leis", uma vez que você tem o seu espaço. Aquele espaço que você reivindicou, que você pediu, também se tornou seu único espaço, sua única saída. E você, skatista de rua, se vê limitado na *sua skate plaza*, vendo seu skate virar um esporte como outro qualquer, com locais de prática próprios e pessoas de fora do skate que regulam seu uso. (Maia, Filipe. "Botando cerca no nosso espaço". Disponível em http://trocandomanobras.tumblr.com/post/95841795921/botando-cercas-no-nosso-espaco. Acesso em 3-1-2015)

Ao entrevistar Alexandre Cotinz, interlocutor cuja frequência também é regular na Praça Roosevelt, perguntei a ele qual fora a impressão tida sobre a sua reforma. Ele questionou: "você quer saber [a minha impressão] como skatista ou como cidadão?". "As duas impressões", afirmei. Cotinz então respondeu que:

> Como uma pessoa que vive na cidade de São Paulo, eu achei uma bosta. Um pedaço de merda no meio da cidade. A gente vive em São Paulo e os caras lançam um "cocozão" de concreto. A grama você não pisa. Tem uma "merdona" de concreto, uns bancos... Você encosta num banco para ver outro banco, tá ligado? Você encosta num banco para ver um chão liso, tá ligado? Mas tudo isso para um skatista é maravilhoso! *No final das contas eu sou mais skatista, né! O meu skatismo sobrepõe a minha cidadania.* (Alexandre "Cotinz", entrevista em 2013. Grifos meus)

As falas desse skatista apresentam diferentes perspectivas sobre as apropriações de um espaço público. Elas podem ser articuladas com certas observações de Isaac Joseph (2005, p. 96), que salienta que o citadino não se reduz à figura do transeunte, tampouco coincide obrigatoriamente com a do cidadão. Partindo do ponto de vista desse autor e levando em conta a etnografia que fora descrita, é válida a constatação de que certas práticas e formas de sociabilidades citadinas, como a do skate, incorporam práticas de cidadania no contexto urbano.[98] Com efeito, a modalidade *street skate* revela a vivacidade ordinária e os "usos dissonantes dos espaços, não como manifestações de 'desordem', mas como formas singulares de apropriação cotidiana e pública de certos espaços" (Leite, 2006, p. 23), o que não implica dizer, todavia, que essa prática estabiliza um ordenamento, mas antes, conforme conjectura Delgado (2008), um processo constante de ordenação e desordenação, algo que nunca poderemos ver enquanto tarefa finalizada.

98 Em minha dissertação de mestrado demonstrei outros aspectos a respeito da prática do skate na cidade de São Paulo que se aproximam dessa conclusão: "os skatistas se beneficiam das alternativas fornecidas pelo poder público (como os campeonatos e as pistas) e se posicionam politicamente diante suas demandas. Todavia, por mais que participem das competições e pratiquem em espaços 'apropriados', eles não deixam de ir para as ruas, onde para muitos se anda de skate de 'verdade', pois são nelas em que podem fazer uma parte de seus 'trabalhos', como a captação de imagens para a mídia especializada, e também, onde se vivencia aquilo que é apontado como primordial no skate, ou seja, a 'diversão' em companhia de outros" (Machado, 2011, p. 228).

CAPÍTULO 2

ENTRE A DESTRUIÇÃO E A CRIAÇÃO: QUANDO OS SKATISTAS FAZEM A CIDADE

ANDE DE SKATE E DESTRUA

Vou explodir minha rebeldia
Através da anarquia
A rua inteira vai parar
Quando eu começar a andar
A burguesia se trancando
E eu na calçada apavorando
Pisando nessa podridão
Vou agir de skate na mão
Ande de skate e destrua.

(Gritando HC, trecho da música "Ande de skate e destrua")

Inúmeras expressões são acionadas por aqueles que participam do universo do skate a fim de revelar certos sentidos para a sua prática. Dentre elas é possível destacar ao menos uma que se apresenta um tanto contestadora, a saber, "*ande de skate e destrua!*".[99] Tal expressão se resvala não apenas nos discursos de alguns skatistas, mas também em matérias produzidas pela mídia especializada, em diversos produtos lançados pelo mercado e até no meio musical, como no título de uma música entoada por uma banda de hardcore paulistana cujos versos servem de gancho para a abertura deste presente capítulo. A música em questão retrata algo muito percebido ao longo da realização do trabalho de campo: o cotidiano de um skatista que não se conforma com o cumprimento de certas regras e que, em decorrência disso, se utiliza taticamente da prática do skate como um meio para subvertê-las, ou melhor, para tentar *destruí-las* através de suas *manobras*.[100]

No capítulo anterior demonstrei algumas implicações em torno dessa *destruição* que reverberaram resistências diante as tentativas de imposições de regras e limitações espaciais e temporais à prática do skate no âmbito da Praça Roosevelt. A etnografia evidenciou que a praça tem sido reivindicada por diferentes usuários como um espaço de criatividade e emancipação, onde é possível se esquivar de determinados enquadramentos que visam estimular ou impelir usos oficiais a equipamentos urbanos e restringir formas de sociabilidade a locais definidos. Desse modo, os skatistas continuam ocupando e se apropriando da Praça Roosevelt, sendo, por isso, regularmente acusados de indisciplinados por não respeitarem os consensos ou as imposições estabelecidas para a utilização de seus es-

99 "*Ande de skate e destrua*" é uma versão nacional da expressão "*Skate and destroy*", a qual começou a ser propagada intensamente pela revista norte-americana *Thrasher Magazine* a partir do ano 1982. A revista em questão é muito influente no universo do skate, sendo, por isso, eventualmente tratada como "a bíblia do skate". Por meio da expressão propagada os skatistas têm sido incentivados a adotar posicionamentos contestadores sobretudo em relação à ocupação das cidades. Na matéria "Skate and Destroy or multiple choices", a revista reitera que "De fato, o skatista prospera ao usar equipamentos descartados, abandonados e geralmente desconsiderados pela sociedade em geral. Os skatistas criam sua própria diversão na periferia da cultura de massa. Esgotos, ruas, shoppings, bordas e um milhão de outras construções de concreto estão sendo utilizadas a partir de novos usos" (*Thrasher Magazine*, 2006, p. 14. Tradução minha). Segundo Howell (2001, p. 4), ao comentar a influência da expressão "*Skate and destroy*" no universo do skate, "A mensagem é que, enquanto os skatistas consideram o que fazem como uma forma de arte, eles também reconhecem que a prática do skate no mobiliário urbano é destrutiva. Mas eles não se sentem incomodados com esse fato" (Tradução minha). A expressão também foi título de uma música da banda punk norte-americana The Faction e, não obstante, recorrentemente é utilizada em vários produtos, publicações e ações especializadas em skate.

100 Conforme constatei durante o trabalho de campo, a noção de *destruição* também aparece com outros sentidos nos discursos dos skatistas. Por exemplo, quando um praticante acerta uma manobra considerada difícil, alguns de seus colegas espectadores podem comentar que ele *destruiu*, ou seja, fez algo surpreendente.

paços e, sobretudo, por danificarem os componentes materiais dos equipamentos que são encarados como obstáculos:

> Parte dos danos se deve aos skatistas, segundo os frequentadores. Usados como obstáculos, bancos de madeira, grades de corrimãos e muretas acabam danificados. O piso tátil para deficientes visuais, por exemplo, está com falhas em vários trechos. (Balogh, Giovanna. "Praça Roosevelt sofre com vandalismo 1 ano e meio após reforma em SP". Disponível em: http://www1.folha.uol.com.br/cotidiano/2014/02/1410365-praca-roosevelt-sofre-com-vandalismo-1-ano-e-meio-apos-reforma-em-sp.shtml. Acesso em 10-12-2015)

O trecho da matéria jornalística acima traz revelações evidentes. Frequento a Praça Roosevelt desde a sua reinauguração, em 2012, e a partir de tal período pude constatar uma progressiva deterioração de equipamentos instalados em seu interior. Em dezembro de 2015, em uma das minhas visitas, observei inúmeros bancos, muretas, corrimãos, placas e quiosques quebrados. Somam-se a isto demais avarias provocadas por muitos outros frequentadores, como banheiros e bebedouros estragados, placas danificadas, além de lixo acumulado e forte odor em vários espaços. Em pouco tempo a praça adquiriu uma relativa feição negativa, logo, muitas narrativas — sobretudo as divulgadas por certos meios de comunicação — passaram a evocar que ela novamente estava padecendo por um processo de degradação.

Diversos interlocutores reconhecem que a prática do skate é agressiva e traz danos aos equipamentos, todavia, também ponderam que tais danos — como a quebra, por exemplo — não constituem fins almejados pelos praticantes, mas uma consequência derivada da realização intermitente de técnicas corporais específicas — as manobras — sobre os materiais que compõem os obstáculos, o que causa um desgaste mais abrupto que o provocado por outras formas de uso.[101] Nessa perspectiva, portanto, se sentar em um banco ou deslizar em suas bordas com o skate podem ser vistos como atos igualmente legítimos, embora os impactos de cada um sobre o equipamento sejam obviamente diferentes.

101 Nessa lógica, a quebra — quando não intencionada — se deve, portanto, à qualidade material do equipamento, e não à utilização que é feita do mesmo.

Apesar de pertinente, essa justificativa que tenta legitimar uma prática citadina considerada transgressiva como uma maneira específica de "fazer a cidade" (Agier, 2011) dificilmente ganha relevo na esfera pública. Em razão disso, os skatistas muitas vezes são considerados como agentes da degradação, sendo taxados também, via de regra, por diversas outras alcunhas desdenháveis que associam a prática do skate nas ruas a algo repulsivo e intolerável. Eles então são vistos como marginais, vândalos, vagabundos, desocupados, e também, por vezes, acusados de poluidores e vilões da paisagem urbana.[102] É o que revela, a cargo de exemplo, a matéria intitulada "Praça Roosevelt sofre com vandalismo, drogas e sujeira", publicada pela revista *Veja São Paulo*.[103] Os skatistas — bem como moradores de rua, usuários de drogas e vendedores ambulantes — foram mencionados em tal matéria como responsáveis pelo estado deplorável da praça, a qual, mesmo após a sua reinauguração, enfrenta o abandono e depredação, além de estar pichada e infestada por ratos.[104] Nesse sentido evocado pela revista, o skate é uma prática que estaria fora do lugar, posto isso, a presença dos praticantes na Praça Roosevelt deveria ser considerada indesejável visto que ela contribui apenas para poluir o local e para contrariar uma relativa moralidade pública. Eles teriam que ser, à vista disso, repelidos e combatidos.

O capítulo anterior também demonstrou que as dinâmicas relacionais e as apropriações que se processam na Praça Roosevelt revelam os agenciamentos que os citadinos conduzem acerca de suas próprias práticas, os quais não raro contrariam os que tentam contê-las, regulá-las e discipliná-las. Em relação ao skate, como averiguado etnograficamente, de nada adiantou o posicionamento de representantes do poder público, a instalação de placas, a definição de horários, a implementação

---

102 Segundo Zukin (2000, p. 83), uma paisagem urbana pós-moderna "não apenas mapeia cultura e poder: mapeia também a oposição entre mercado — as forças econômicas que desvinculam as pessoas de instituições sociais estabelecidas — e lugar — as formas espaciais que as ancoram no mundo social, proporcionando a base para uma identidade estável." A paisagem, portanto, "dá forma material a uma assimetria entre o poder econômico e o cultural" (Zukin, 2000, p. 84).

103 "Praça Roosevelt sofre com depredações após reforma". Revista *Veja SP*. Disponível em: http://vejasp.abril.com.br/materia/praca-roosevelt-depredacoes. Acesso em 4-8-2016.

104 O caso paulistano aqui apresentado não é isolado. Diversos outros pesquisadores também demonstraram como a prática do skate é indesejável em cidades de diferentes partes do mundo por conta da poluição que provoca nos espaços urbanos. Para mais detalhes, ver Howell (2001), Nolan (2003) e Carr (2010). Já sobre os sentidos da noção de poluição, bem como de sua associação com noções de impureza e perigo, a partir de um viés antropológico, ver Douglas (1976).

de um conselho gestor, a conscientização promovida pela Confederação Brasileira de Skate (CBSk) e por revistas e marcas especializadas, as repressões por parte de policiais e guardas metropolitanos, as reclamações de moradores do entorno e tampouco a construção de uma *skate plaza*. Os skatistas continuaram a inscrever na Praça Roosevelt as suas próprias lógicas de ocupação espacial. Para o incômodo de muitos outros frequentadores do local, eles afirmam cotidianamente, a partir de sociabilidades e técnicas corporais, que ali é o principal *pico* de skate da cidade de São Paulo.

Sem embargo dessa condição que a coloca como um ponto de referência, é preciso considerar que a Praça Roosevelt é apenas um espaço possível, dentre tantos outros, para a prática do skate de rua. A metrópole paulistana está em constante reformulação, sendo notadamente caracterizada por construções infindáveis em sua paisagem, logo, é de se esperar que os *picos* estejam por todas as suas partes. Os skatistas estão a circular por diversas regiões para espraiarem as façanhas para além de suas próprias vizinhanças; rompem, outrossim, as fronteiras entre os centros e a periferias ao não medirem esforços para perscrutar diferentes possibilidades de manobras onde quer que seja.

Este capítulo pretende se debruçar sobre tais possibilidades ao dar relevo, por vias etnográficas, a dois processos regulares no cotidiano da prática do skate de rua: a circulação pela cidade por meio dos *rolês* estabelecidos pelos skatistas e as apropriações que eles fazem dos *picos* que são encontrados na paisagem urbana. Desse modo, ao apresentar as particularidades do skate em diferentes espaços da cidade, pretende-se problematizar como jovens citadinos skatistas escancaram as desigualdades, tensões e contradições que assolam os espaços urbanos paulistanos e, não obstante, colocam em xeque em "os limites do processo de democratização, ao expandir a abertura da esfera pública democrática" (Caldeira, 2012, p. 32).

DE *ROLÊ* PELA CIDADE: CIRCULAÇÃO CITADINA

A noção de *rolê* revela uma circulação citadina guiada por uma série de perspectivas. Ela é muito evidente no cotidiano juvenil paulistano, sendo recorrentemente utilizada para designar formas de mobilidades características de certos universos pautados por ordens de consumo (*rolezinhos* em shopping Center),[105] artísticas (grafite e pichação),[106] musicais (funk ostentação, rap, punk etc.), dentre tantos outros. No caso do skate, os *rolês* são motivados por aquilo que chamei em uma pesquisa precedente de *olhar skatista* (Machado, 2011), expressão que reverbera a percepção que os praticantes possuem dos espaços e equipamentos urbanos. É por meio desse olhar aguçado que eles enxergam "as ruas que lhes interessam" (Magnani, 1993), exprimem, outrossim, a capacidade de ler a cidade sob a ótica dos *lugares skatáveis*, isto é, dos *picos*:

> [A prática do *street skate*] é tipo começar a ler um livro, onde você vai descobrindo, vai entrando cada vez mais nele e trocando ideia com a rua, vendo que tem muita coisa que você pode fazer. Na rua tem bastante opção para você ir cada vez mais procurando outros lugares. (Rodrigo de Andrade, skatista amador e *videomaker*, entrevista em 2010. Grifos meus)[107]

> Tudo que é normal para outras pessoas, para a gente é *pico*. Todos estes passeios de carro e ônibus servem para você fazer um mapa mental de onde quer andar. Ser skatista é uma merda. Os skatistas têm essa visão, de caçar *picos*. De ter essa visão de ser dono do espaço público: "isso pode ser meu através da minha manobra!". Independente se é a casa da tiazinha ou o prédio da IBM (Filipe Maia, skatista amador e jornalista, entrevista em 2016)

A busca por *picos* através dos *rolês* se dá de múltiplas formas. Ela pode ser orientada pelas divulgações da mídia especializada, pelas informações compartilhadas entre os próprios skatistas em redes sociais e demais formas de sociabilidade, ou ocorrer de modo despretensioso, sem se ater a certas previsibilidades.[108] A circulação e, consequentemente, a

105 Para uma análise etnográfica sobre o fenômeno do *rolezinho* em shopping center, ver Pereira (2014b).

106 Mais considerações sobre o universo da pichação paulistana, bem como a sua aproximação e distanciamento com o grafite, ver Pereira (2005).

107 Esta consideração do interlocutor Rodrigo de Andrade originalmente consta em minha dissertação de mestrado (Machado, 2011). Em razão de sua pertinência, considerei viável recuperá-la para fins da presente publicação.

108 Essa última modalidade, a qual é marcada por certa imprevisibilidade, é demasiada valorizada e, portanto, almejada por muitos skatistas. Descobrir um *pico* inesperado, conseguir utilizá-lo, acertar manobras no mesmo e, caso seja possível, ainda produzir imagens que comprovem os feitos são iniciativas muito comuns no universo do skate.

apropriação, são, portanto, imperativos para os praticantes da modalidade *street skate*. É por meio delas que as descobertas são fomentadas, tornando, assim, as experiências do universo do skate um tanto dinâmicas. Nenhum *rolê* passa a ser igual ao outro: o espaço com o qual se interage, as pessoas com as quais se encontra e as situações vivenciadas serão, evidentemente, sempre diferentes.[109] É o que considera Filipe Maia e Marcelo Martins, ambos skatistas amadores e interlocutores da pesquisa:

> Você ser skatista de rua e não circular, você não entendeu o que é ser skatista de rua. Tem que ir para outros lugares. A circulação é uma das coisas mais legais que o skate trás: é conhecer lugares e pessoas diferentes. Não fazer isto é estar preso a uma rotina. Por isso que a gente parou de ir à Paulista: todo sábado a gente estava lá. Estava lá das 16 às 20 horas andando de skate. Aí a galera se desesperou, desesperou geral, ficou de saco cheio. Precisávamos andar em outros lugares. (Filipe Maia, skatista amador e jornalista, entrevista em 2016)

> Através do skate eu conheci o bairro onde nasci. É louco. E não só o bairro, mas muitos outros bairros, pessoas. Mas o que eu conheço da cidade, o skate tem grande parte de influência. Com o skate, você está num bairro, vai para outro bairro de outro camarada, daí falam que tem um *pico* e vai para outro bairro. (Marcelo Martins, skatista amador e educador do coletivo Love CT, entrevista em 2016)

Os *rolês* dos quais participei durante o trabalho de campo eram variados e por meio de suas ocorrências foi possível conhecer melhor a própria metrópole. Os skatistas de São Paulo iam para Guarulhos, Mogi das Cruzes, Suzano, Poá etc., e, de igual modo, os de tais cidades também vinham para São Paulo. Praticantes da Freguesia do Ó (Zona Norte) eventualmente se dirigiam para Pinheiros (Zona Oeste), ao passo que alguns de Arthur Alvim (Zona Leste) se aventuravam a buscar *picos* no Morumbi (Zona Sul). Enfim, são incontáveis exemplos que denotam como a prática do skate de rua potencializa a inserção na cidade e o alargamento de redes de sociabilidades (Agier, 1999). Klaus Bohms, skatista profissional

109 Aqueles que ficam confinados a espaços restritos e concebidos especialmente à prática são tratados jocosamente pelos demais. Em minha dissertação de mestrado (Machado, 2011) detalhei as acusações proferidas contra os *pistoleiros*, isto é, skatistas que ficam confinados às pistas de skate.

entrevistado, deixou claro que desde que começou a andar de skate, "eu tinha na cabeça que quanto mais a gente andasse por lugares diferentes, mais a gente iria evoluir, conhecer coisa nova, seja pista ou rua. Era isso que me motivava: *o fato de sair do meu lugar*" (Grifos meus).[110] Em razão disso, não é de modo irrisório, pois, que me deparei e acompanhei tantos *rolês* realizados por skatistas para regiões situadas muito distantes de suas respectivas residências.[111] O profissional Elton Melonio é morador de Cidade Tiradentes (extremo leste paulistano) e, assim como tantos outros de sua região, regularmente percorre longas distâncias por meio de transportes públicos apenas para frequentar espaços do centro metropolitano:

> Tem muita gente [de Cidade Tiradentes e da Zona Leste paulistana] que sempre vem para o Centro, para vários *picos*. Quando eu venho para a Roosevelt, por exemplo, sempre encontro alguém, ou andando de skate, ou vindo do trabalho. Acho legal aqui, pois tem vários obstáculos. (Elton Melonio, skatista profissional, entrevista em 2013)

Estar no rolê e *ser da rua*, para utilizar expressões nativas, são condições que trazem reconhecimento e distinção entre os skatistas. Assim sendo, é possível considerar que as suas experiências citadinas são tão importantes quanto as suas experiências corporais e esportivas: eles desbravam sobremaneira todos os espaços possíveis e impossíveis da cidade, como parques, praças, ruas, calçadas, prédios comerciais e residenciais, estacionamentos, estabelecimentos desativados, enfim, qualquer local que forneça mínimas condições para a realização de manobras. E não importa se tais espaços se localizam em áreas periféricas ou centrais, em propriedades públicas ou privadas, em áreas degradadas ou enobrecidas. Os percalços encontrados se convertem em obstáculos a serem superados.

Michel de Certeau (2009, p.170) já afirmara que "caminhar é ter falta de lugar". Inspirado neste autor é possível aventar que, no caso do *street skate*, andar de skate é ter falta de *picos*, é um processo indefinido e repleto de artimanhas, é não se deixar sucumbir pelas longas distâncias ou pelos aparatos de controle de uma cidade assolada por "enclaves fortificados"

110 Entrevista em 13-11-2014.

111 Muitos skatistas que frequentam diariamente a região central da cidade, por exemplo, são provenientes de regiões periféricas ou até mesmo de cidades vizinhas, de outros estados e até de outros países.

(Caldeira, 2000) para fazer um *rolê* à procura de um *lugar skatável*. A cidade tornou-se para muitos desses jovens "um espaço de mobilidade, experimentação, lazer e risco. Eles têm um conhecimento profundo da cidade, curiosidade sobre seus espaços diferentes e encontram prazer em explorá-los" (Caldeira, 2012, p. 59).

UM *PICO* E TANTAS HISTÓRIAS

O *olhar skatista* prima pelas condições materiais da paisagem urbana. É por meio de suas características tangíveis, de suas tessituras, de suas asperezas, que os praticantes avaliam a possibilidade de se apropriar corporalmente daquilo que já existe *a priori*, subvertendo, pois, os seus usos esperados. Seja grande ou pequeno, curto ou extenso, liso ou rugoso, de mármore, granito, cimento, metal, aço, madeira ou plástico, os skatistas fundem a dimensão física da cidade às suas técnicas corporais mediadas, segundo o interlocutor Klaus Bohms, pela utilização de uma ferramenta de interpretar espaços: o skate.

As agências do *pico*, do skatista e de seu respectivo skate se distribuem, com efeito, na medida em que a interação estabelecida produz sistemas de ações, circulações, sociabilidades, conflitos, manobras, espetáculos, aborrecimentos e cuidados com o corpo. Desse modo, os equipamentos urbanos parecem ser dotados de vida própria: eles ganham características humanas (podem ser suaves, agressivos, prazerosos, vertiginosos) e, da mesma forma que lapida um tipo peculiar de skatista (ao lhe possibilitar certas experiências corporais), também é construído e ganha sentido pelas ações deste.

Pico, skatista e skate se entrelaçam, obtêm um fugaz destaque no cotidiano da metrópole; adquirem, à vista disso, relevo em discursos, imagens e representações propagadas nas redes que transpõem o universo da prática em questão. Ao acompanhar os interlocutores em seus *rolês* pude ouvir muitos relatos sintomáticos de como certos agenciamentos de elementos heterogêneos deslocavam eventuais perspectivas reificadoras da paisagem urbana. Eram demasiadas especulações, narrativas incansáveis de uma lógica citadina que convertia os espaços e seus respectivos equipamentos em *lugares skatáveis*. É evidente, então, que há um certo afeto criado entre os skatistas e a concretude da cidade, uma sensibilidade que vai além de uma percepção instrumental, política e urbanística, o que provoca, destarte, impactos e redefinições nos embates pelos espaços paulistanos.

Há muitos exemplos que denotam os múltiplos agenciamentos realizados em torno da apropriação de um *pico*. Participei de diversas situações no decorrer do trabalho de campo e, por meio delas, foi possível constatar os investimentos por parte dos interlocutores a fim de utilizarem equipamentos urbanos e conseguirem realizar manobras nos mesmos. Portanto, um simples *pico* pode revelar muitas histórias, como a que será vista doravante.

Leo Fagundes, 29 de anos de idade, é um skatista amador oriundo da cidade de Natal (RN). Por vislumbrar possibilidades profissionais no universo do skate, resolveu abrir mão de sua rotina em terras potiguares para se aventurar em busca de desafios na metrópole paulistana, onde está desde 2008. Desde que chegou vem tentando fazer todos os tipos de *correrias* possíveis a fim de ganhar prestígio como um exímio praticante, no entanto, conforme deixou claro ao ser entrevistado, não tem sido fácil se manter em busca dos seus objetivos, visto que as oportunidades são escassas.[112]

Para demonstrar as suas habilidades, Leo Fagundes decidiu apostar em algo que lhe trouxesse reconhecimento e, em razão disso, resolveu produzir um vídeo promocional a partir de várias imagens que havia coletado. A produção demorou meses para ser concluída. Boa parte da demora se deve, diga-se de passagem, à sua dificuldade em acertar uma manobra específica em um *pico* não explorado, mas muito temido, pelos skatistas. O interlocutor relatou com muito apreço a saga a que teve que se submeter para concluir o seu propósito.

Em uma certa manhã de meados do ano 2012, Leo Fagundes — em companhia de Filipe Ortiz (Curitiba, PR), Guilherme "Trakinas" (Curitiba, PR), Mário Hermani (Guarulhos, SP), Didi Wanks (Ubatuba, SP) e do fotógrafo paulistano Marcelo "Mug" — teve a oportunidade de andar de skate em diferentes equipamentos urbanos. As *sessões* começaram no Pacaembu, Zona Oeste, onde ele e os demais participantes puderam encarar um corrimão anexado a uma parede. Alguns skatistas conseguiram acer-

112 A demanda por patrocínios é muito alta, condição que faz com que as oportunidades remuneradas no universo do skate sejam disputadas. Em São Paulo há demasiados skatistas de destaque e um número limitado de empresas dispostas a investir em suas carreiras. Nesse sentido tem-se uma exacerbada concorrência, condição que influi nas técnicas corporais dos praticantes e, consequentemente, nos usos que eles fazem da cidade.

tar manobras, logo, diversas fotos foram feitas. Devido aos seus entusiasmos, o *rolê* prosseguiu rumo a outros *picos* disponíveis na cidade. Após certo tempo, quando já cansados e com fome, os participantes resolveram almoçar no Estadão, no centro metropolitano. Com todos fartos de tanto comer, a maioria demonstrou desânimo em continuar andando de skate. Leo Fagundes, ao contrário, ainda tinha muito pique para executar algumas manobras. Teve, então, uma ideia: convocou os demais para irem até o Viaduto da Avenida Nove de Julho, pois, lá embaixo, havia um *pico* que poderia render boas imagens ao fotógrafo:

> Aí a gente foi. Aí os caras viram que era a borda da Nove de julho. Eu tinha ido há um tempo com o Franklin, um camarada de Aracaju, e o Chopa [skatista e fotógrafo]. Eu tinha ido lá com ele e o Franklin tinha pensado em andar, mas não andou. Eu fiquei olhando e pensando: "pô, essa borda dá para andar". Aí surgiu essa oportunidade. Eu estava na *sessão* no dia. Os caras não acreditaram. Todo mundo achou que eu não ia andar, mas eu estava louco para aproveitar o fotógrafo. Eu falei: vamos aí, vamos ver o que vai acontecer. Eu topei, mas não tinha noção do que ia acontecer. (Leo Fagundes, skatista amador, entrevista em 2014)

O olhar do skatista tinha um foco muito claro: uma extensa borda de concreto situada ao lado de uma escada que fica embaixo do Viaduto da Avenida Nove de Julho. Ela é áspera, íngreme, está disposta numa paisagem pichada, geralmente suja e com cheiro de urina. Conforme percebi em outrora, poucas pessoas circulam ao seu redor, visto que o equipamento em questão se localiza numa área considerada perigosa em razão de alguns assaltos e da presença de certos citadinos "indesejáveis" — como usuários de drogas ilícitas ou pessoas em situação de rua — que eventualmente ali ocupam. Algo que chamou a atenção do skatista na borda foi o fato dela estar "virgem", ou seja, sem nenhuma parafina, constatação que revela que ninguém havia tido a tenacidade de ao menos tentar uma manobra no *pico*.

Leo Fagundes havia estimulado a ida de vários skatistas ao local, portanto, para não os frustrar, resolveu que encararia o temido obstáculo. Nenhum outro presente, nem mesmo os profissionais, se dispôs a andar de skate no momento. Antes de qualquer movimento ele considerou viável analisar todas as condições materiais da paisagem. Observou o tipo de piso e os buracos e as imperfeições nele contidos; verificou a extensão da borda para detectar trincados em sua superfície; estipulou a forma mais segura de se desvencilhar do obstáculo caso a manobra saísse errada; averiguou a intensidade do trânsito na avenida situada logo à frente. O skatista avaliou que não seria nada fácil deixar a sua marca sobre o *pico*. A impressão era a de que, num primeiro momento, o equipamento se impunha sobre ele, contudo, a sua vontade era tanta que não se deixou sucumbir. A expectativa de seus amigos, além da presença do fotógrafo e de sua câmera, foi algo que lhe estimulou, portanto, se não houvesse esta pequena plateia, possivelmente não teria a audácia de colocar o corpo em risco para enfrentar o obstáculo.

Após passar velas na borda para que ela deslizasse, Leo Fagundes efetuou as suas primeiras tentativas. Os demais presentes ficaram na parte de baixo da escada, próximo à avenida, como forma de proteger o skatista e o seu skate casos eles, devido à rapidez dos movimentos, escapulissem em direção ao asfalto. As investidas iniciais foram muito cautelosas, posto que era necessário adquirir confiança não apenas para concluir a manobra, mas também para evitar quedas desnecessárias.

> O "Mug" [skatista e fotográfo] sacou a câmera e pensou que eu ia mesmo. Aí os caras se afastaram da *borda*. Aí saiu todo mundo, ficou só o "Mug", eu e a borda. Pensei: "que merda que eu fiz! Vou ter que pular! Agora vou ter que andar". Estava escurecendo. Aí bateu um desespero. Comecei a bater uns *ollies* [nome de uma manobra] para cima. Tinha muitos caras fodas. Quando os caras viram que eu estava indo para a borda, eles falavam: "vai, vai, vai!". Eu comecei a esquentar. Vim mais devargazinho somente para sentir o *ollie*. Após isso, comecei a bater o *ollie* mais embaixo, para encaixar do meio para o fim. Encaixei o primeiro *50-50* [nome de uma manobra] de verdade. Nenhum correu. Quando eu senti que encaixou mesmo... A borda era virgem, ninguém tinha andado. Não tinha vela. A vela que eu tinha, eu passei. Mas era pouca, não era suficiente. Aí eu mandei para escorregar. Nesse primeiro que eu fui, o *bagulho* correu até lá embaixo. (Leo Fagundes, skatista amador, entrevista em 2014)

Numa das tentativas o skate finalmente deslizou sobre a borda, no entanto, a manobra não foi concluída. Mas essa oportunidade era o que faltava para que a vertigem que assolava o skatista se convertesse em valentia. Leo Fagundes se sentiu confiante e a partir de então passou a desconsiderar a possibilidade de se machucar. Ele conseguia saltar do chão para o obstáculo e deslizar por todo o concreto íngreme, todavia, o que lhe dificultava o acerto era o fato de não conseguir arrancar o skate ao final da borda para novamente voltar ao chão. O skatista tentou muitas vezes o *50-50* (*fifty-fifty*, nome da manobra pretendida), mas, para a sua infelicidade, não conseguia obter êxito. Já cansado de tanto esforço, o seu corpo não respondia a contento às técnicas esperadas. Em uma das tentativas o eixo do skate travou no concreto, as suas pernas ficaram desequilibradas, e, como infortúnio, Leo Fagundes tomou um grande susto ao cair de costas nos degraus da escada. Um considerável tombo que o fez desanimar. Ele tentou se recuperar, mas o seu corpo estava dormente. Não conseguia nem mesmo se abaixar e, em decorrência das dores, resolveu desistir. O *pico* havia ganhado a batalha.

A frustração era o sentimento que imperava após a *sessão*. A borda não saía dos pensamentos de Leo Fagundes, que prometeu retornar ao Viaduto da Avenida Nove de Julho para novamente encará-la. Após se recuperar das dores nas costas, o skatista decidiu desbravar outros *picos* da cidade, como um *gap* (barranco) situado no Jabaquara (Zona Sul). Ele tentou saltar sobre obstáculo, mas, ao aterrissar, devido ao impacto as suas pernas se abriram e os seus joelhos se estralaram. O interlocutor revelou que a perversidade de certos *picos* o afastou temporariamente do skate:

> O *bagulho* foi feio. Eu fiquei seis meses, com gelo em casa, meditando. Eu curei em casa mesmo. Eu não tenho plano de saúde, não tenho apoio, patrocínio, e eu não estava trabalhando na época. Aí o que aconteceu: fiquei meio desesperado em casa, colocando gelo de duas em duas horas, eu fiquei concentrando, meditando. Eu acredito em atrair energia positiva. Eu não tinha como ir ao médico para fazer ressonância nos dois joelhos, para depois o cara falar que eu teria que fazer cirurgia ou algo do tipo. E depois atrás de fisioterapia. Eu pensei várias vezes em voltar de vez para Natal. Foi uma fase foda. O joelho direito começou a voltar tranquilo, que é a minha base no skate. Daí a remada no skate teve seu fortalecimento natural, da remada, na panturrilha, coxa. Mas o esquerdo ficou dolorido um tempinho. Fiquei uns cinco meses sem andar. Tinha ficado muito tempo

parado. Aí eu pensei em voltar e estourar o joelho de uma vez. (Leo Fagundes, skatista amador, entrevista em 2014)

Leo Fagundes teve que redefinir seu cotidiano em razão dos usos arriscados que havia feito de alguns equipamentos da cidade. Ele morava na região da Luz e, durante o período afastado do skate, começou a trabalhar nos comércios da Santa Ifigênia. Paralelo a esta rotina laboral o skatista não deixou de cuidar de seu corpo, afinal, ainda tinha uma importante meta a cumprir: "a *borda* [da escada situada no Viaduto Nove de Julho] era meu grande objetivo. Ficava fazendo agachamento, levantamento de peso, levantava a perna com peso no pé, fazia aquele exercício com a borrachinha", revelou. Marcelo "Mug", fotógrafo que havia acompanhado a *sessão* no *pico* em questão, novamente estimulou Leo Fagundes a acertar a manobra. Era preciso superar o obstáculo para conquistar um espaço de visibilidade na mídia especializada. Ele então resolveu mudar alguns hábitos de seu estilo de vida a fim de preparar o seu retorno à *borda*: continuou fazendo exercícios, parou de fumar, diminuiu o consumo de bebidas alcoólicas, virou vegetariano. Ao final do ano, conforme desabafou, "já estava maluco".

Após tanto se mobilizar em prol de um equipamento urbano qualquer disposto no centro metropolitano da cidade, eis que Leo Fagundes acordou disposto a não só encará-lo, mas também a vencê-lo por meio de uma manobra. No dia 25 de dezembro de 2012, em plena manhã de Natal, o skatista confessou aos seus amigos que queria voltar ao *pico*. Todos acharam que era uma brincadeira. Mas não era: ele reiterou que encararia a *borda* mesmo se não houvesse ninguém lhe apoiando ou fazendo imagens do feito. Renato "Zokreta", skatista e *videomaker*, ao perceber sua ânsia salientou que gostaria de acompanhá-lo para filmar a ação. Além dele, outros praticantes — como Didi Wanks, Maikon Quaresma (de Manaus, AM) e o paulistano Vinicius dos Santos — resolveram acompanhar a *sessão*. Devido ao feriado, o local estava calmo. Havia pouca movimentação nas redondezas, inclusive na Avenida Nove de Julho. A paisagem estava propícia para a prática do skate. Após tantos meses de preparação, Leo Fagundes reencontrou o seu algoz.

> Fiquei vários meses parado, cuidando do joelho. Mas eu passei a pensar melhor sobre o skate, sobre o que eu iria fazer. Eu não tinha muito foco, então criei foco nesse meio tempo. E a gente foi

> lá. Quando chegamos à borda, os caras apoiaram, botaram pilha. Eu não queria abalar. Foi a mesma sensação: o "Zokreta" [skatista e *videomaker*] tirou a câmera, ficou preparado, os moleques lá embaixo, e eu lá. Eu falei: "fodeu de novo! E agora, o que vou fazer?" (Leo Fagundes, skatista amador, entrevista em 2014)

O skatista novamente analisou o *pico*. Ao final da borda havia um tranco, condição que dificultaria a realização da manobra. Tal tranco era o principal empecilho do equipamento urbano, visto que a partir dele o skate poderia travar na superfície áspera e, consequentemente, culminar em tombos com severos riscos ao corpo. Leo Fagundes declarou que estava preparado fisicamente e mentalmente para enfrentar o desafio: "eu fiquei seis meses me preparando em prol da borda, para arrancar [retirar o skate de sua superfície]. Uma das paradas mais difíceis do *50-50* era arrancar e voltar no chão, que era bem ruim".

Antes de tentar a manobra, o skatista passou diversas velas na extensão da borda. Feito isto, finalmente começou a encarar o obstáculo. As primeiras tentativas foram precavidas, a fim de sentir o skate no pé e de ter o contato com a superfície de concreto. Adquirida a confiança, Leo Fagundes passou a ser mais agressivo: "ou eu acertava ou saía na maca!", exclamou. A sua perseverança desta vez não falhou. Após mais de dez tentativas, a tão sonhada manobra fora concluída. Ele saltou do chão para a borda íngreme situada ao lado da escada, conseguiu deslizar sobre a sua superfície, e, finalmente, voltou ao chão. O acerto, além de registrado pelo *videomaker*, foi muito comemorado pelos demais presentes. De repente a calmaria de uma manhã natalina foi contrastada pelos gritos ecoados por todos. Leo Fagundes desabafou:

> Na hora a ficha não caiu. Eu fiquei lá comemorando com os caras. A ficha só foi cair em casa. Eu tomei um banho, depois senti a sensação de dever cumprido. Mas não um dever cumprido para as pessoas, mas uma sensação de dever pessoal. Eu ficava sonhando com a parada. Ficava sonhando com a manobra, sonhando em como arrancar, sonhando na hora de voltar a manobra. Foi uma guerra psicológica. Eu não queria fazer para mostrar aos outros. Isso é a verdadeira sensação do skate. Quando você vai à missão e você consegue voltar uma manobra, seja ela difícil ou não. É o depois, quando você volta, você volta pra casa com a sensação de dever cumprido. E para mim

> foi o *50-50*. Eu sempre quis fazer essa parada. Quando eu pensei: por mais que eu não consiga nada com o skate na vida, esse *50-50* tem que ser feito. (Leo Fagundes, skatista amador, entrevista em 2014)

A manobra realizada pelo skatista é considerada uma das mais fáceis do universo do skate. Qualquer iniciante com pouco tempo de prática está hábil a executá-la. No entanto, apesar de não envolver muita técnica, o *pico* em que fora feita é muito difícil. Conforme já mencionado, nenhum outro skatista havia conseguido a proeza de utilizá-lo. Léo Fagundes se sentiu muito orgulhoso por conta de sua conquista, visto que, a partir de então, ganharia reconhecimento. A sua ousadia foi incorporada em seu vídeo promocional, de quase 4 minutos de duração, que fora divulgado em um *site* especializado em skate. Foram filmadas diversas manobras e, por conta da notoriedade do seu "*50-50* na borda da Nove de Julho", o skatista optou por deixá-la ao final da produção no intuito de encerrar o vídeo com "chave de ouro".[113]

> Eu me orgulho de ter feito. Quando escreverem a história do skate, vai ter uma vírgula minha, o *50-50* na Nove de julho. Então eu me orgulho por ter levado um tempo, toda uma preparação. O skate é baseado nisso. É uma evolução constante. E na mídia é isso: sempre que aparece algo novo, supera algo que estava em vista. E o *50-50* foi algo que fez puxar o nível da galera. Foi bom que apareci na mídia já de vez, com uma manobra difícil. (Leo Fagundes, skatista amador, entrevista em 2014)

As situações descritas neste tópico revelaram como um simples equipamento da metrópole ganhou vida e condicionou uma série de agenciamentos que culminaram em sua apropriação. Ainda que de forma efêmera, os usos que dele foram feitos evidenciaram uma citadinidade que leva a sério a dimensão sociotécnica da paisagem urbana ao mesmo tempo em que desestabiliza o seu caráter imanente.[114] A partir

113 O vídeo foi originalmente publicado no *site* Black Media. Disponível em: http://www.blackmediaskate.com/site/?p=7346. Acesso em 4-8-2016.

114 Segundo Toledo (2013, p. 156), ao analisar os impactos de um megaevento futebolístico (Copa do Mundo 2014) na socialidade torcedora, um estádio de futebol, como a Arena Corinthians, "ganha *status* de pessoa ao mesmo tempo em que aparece como espécie de corpo que melhor abrigará o sentimento torcedor, daí a noção de forma se sustentar como percepção imanente (e não só transcendente) do torcer". Embora as análises de tal autor se refiram a um estádio, pode-se

de sua concretude emergiu um conjunto marcado pelo arranjo de técnicas corporais, lesões, sociabilidades, negociações, imagens, falações, além da incorporação de demais coisas, como uma simples vela utilizada como uma parafina, a qual contribuiu não apenas para suavizar a aspereza da borda, mas também para tornar o seu significado urbanístico, bem como o da paisagem ao seu redor, mais escorregadio. Enfim, é mister reiterar que o *pico* deixou marcas no skatista mas, de igual modo, também foi marcado por ele.

AS MARCAS DO SKATE NA CIDADE

A cidade torna-se um livro aberto e inconcluso para os skatistas a partir da qual eles podem não apenas produzir interpretações, mas também deixar as suas próprias marcas sobre aquilo que já está escrito. Tais marcas são expressas de muitas maneiras, e revelam, dessa forma, os vestígios de que um equipamento urbano é *skatável*. Quanto mais escura for a camada de parafina passada nas bordas de bancos e canteiros, quanto mais sujo for o rastro de rodas nas paredes, quanto mais desgastada for a tintura dos corrimãos, maior a evidência de que a prática do skate ali já ocorreu ou ainda ocorre. São pequenos sinais que não são percebidos pela maioria dos citadinos, mas que evidenciam muitas possibilidades aos olhares dos skatistas.[115]

considerar que as mesmas se aproximam, guardadas as devidas proporções, com as percepções que os skatistas possuem de certos *picos*.

115 Passar parafinas na *borda* é uma forma de comunicação entre os skatistas, um modo de demonstrar as potencialidades de um equipamento urbano. Para Vivoni (2013, p. 340), ao problematizar esse ato, "Passar parafina é uma prática efetiva entre os skatistas que sinaliza a apropriação criativa através de sua aplicação em superfícies irregulares. O alisamento das bordas permite velocidade e deslize, enquanto os rastros deixados na paisagem urbana comunicam a outros skatistas que ali é um espaço para manobras" (Tradução minha).

Imagem 15: Marcas de parafina numa borda de mármore situada nas calçadas da Avenida Paulista (foto por Giancarlo Machado)

Em decorrência de suas táticas contumazes, muitas propriedades vêm alterando estrategicamente as suas paisagens a fim de coibir a prática do skate. Em certos locais onde eles conseguem se impor, sobretudo os que ficam em regiões mais centrais da cidade, é possível perceber um aumento da vigilância por meio da instalação de aparatos de segurança (câmeras, alarmes etc.). Além disso, também há diversos outros exemplos em São Paulo, conforme serão apresentados nos próximos subtópicos, que denotam a implementação de uma arquitetura um tanto hostil aos usos cotidianos. São equipamentos urbanos projetados especialmente para afastar certas práticas citadinas: bancos com divisórias e assentos inclinados, quinas com espetos, grades com arames, cercas vivas defensivas, enfim, toda sorte de dispositivos que embelezam estrategicamente certos espaços e propriedades. Não obstante atualmente há, inclusive, empresas especializadas na fabricação de *skatestoppers*, ou seja, instrumentos destinados a obstruir a prática do skate em espaços urbanos.[116] Tudo isso

116 *Skatestoppers* são dispositivos materiais criados a fim de banir a prática do skate em equipamentos urbanos. O nome *skatestoppers* foi registrado por uma empresa californiana espe-

nos leva a crer que, se por um lado os skatistas eventualmente destroem equipamentos, por outro as propriedades também se armam para destruir certas apropriações "indesejáveis" que podem ser feitas em seus limites. Eis, com efeito, diferentes níveis de destruição que estão em jogo na metrópole paulistana.

Imagem 16: Pontas de metal para obstruir a prática do skate numa borda de mármore localizada nas calçadas da Avenida Faria Lima (foto: Giancarlo Machado)

Por conta das restrições a que estão sujeitos, as apropriações que os skatistas fazem de um *pico* nem sempre acontecem de maneira amistosa. Há uma apreensão pela impossibilidade de aventar se uma *sessão* de skate será bem ou malsucedida. Em razão disso eles buscam meios para minimizar possíveis dissabores, garantir a utilização de um *pico* e a

cializada na fabricação de tais dispositivos. Segundo consta no *site* da empresa, "Todos os anos milhões de skatistas vão para as ruas em busca dos melhores lugares para andar de skate. Mesmo com o rápido crescimento de pistas de skate em nível nacional, a sua propriedade tornou-se um terreno para a prática desta atividade destrutiva. O que é considerado pelos skatistas como uma 'expressão criativa' está custando o seu dinheiro" (Tradução minha). Disponível em: http://www.skatestoppers.com/. Acesso em 4-8-2016.

realização de manobras no mesmo. Cada situação requer diferentes tipos de artimanhas: alguns espaços e equipamentos são acessíveis apenas de madrugada; outros pressupõem a presença de um número mínimo de participantes; há aqueles em que é necessário desafiar seguranças ou se esquivar de policiais e guardas metropolitanos; sem contar, ainda, casos limites em que certos skatistas mais corajosos se dispõem a invadir áreas de acesso particular para utilizarem certos *picos* que lá estão dispostos.

Apesar de suas condutas astuciosas, é importante frisar que muitos deles também se valem de táticas que primam pelo diálogo, pela aceitação da prática, pela permissão de utilização de um dado espaço. Os skatistas dialogam com proprietários; expõem os sentidos de suas ações com base em viés esportivo; buscam autorizações formais para a concretização de seus anseios; se comprometem a não causar danos aos equipamentos. Eles então agenciam suas práticas em múltiplas escalas e protagonizam uma insurgência urbana sintomática das controvérsias que permeiam o acesso à cidade.

Enfim, entre resistências e consensos, a prática do skate de rua revela uma São Paulo marcada não apenas por muitas relações de poder e arbitrariedades, mas também por constantes negociações e arranjos cotidianos que escapam a certos enquadramentos institucionais. É por meio destas brechas e de seus ativismos que os skatistas deixam os rastros de suas existências na paisagem urbana. Desse modo, concordo com Telles quando realça que:

> [...] nos últimos anos, vêm se desenhando novas fronteiras sociais e territoriais, legais e políticas, seguindo os traços das mudanças engendradas pelos circuitos globalizados da economia urbana, bem como pelas redefinições dos modos de governo da cidade e seus espaços. (Telles, 2015, p. 16)

Nas fissuras entre a "casa", a "rua" (DaMatta, 1985) e o "pedaço" (Magnani, 2012), os skatistas garantem as suas vontades ao se digladiarem por aquilo que muitos outros citadinos nem sempre se interessam. É pelos *picos*, portanto, que a cidade é desestabilizada e reinventada. É por meio de seus *rolês* que ampliam as vozes da vida pública e espacializam, ainda que de maneira efêmera, uma prática citadina.

Nos próximos subtópicos demonstrarei a capilaridade do skate através de uma breve descrição de sua prática em dois contextos específicos — e um tanto distintos — da metrópole, a saber, em um distrito situado no extremo da Zona Leste e também nas "paisagens de poder" paulistanas (Avenida Paulista, Avenida Faria Lima e Avenida Berrini). A intenção é demonstrar como a prática do skate de rua é multifacetada, como os praticantes acionam diferentes sentidos para a mesma conforme a situação que enfrentam e como ela está condicionada ao processo de urbanização e a dinâmicas sociotécnicas mais amplas, a depender do espaço e da região onde ocorre, o que causa, via de regra, um embaralhamento em certas concepções de gerenciamento das paisagens urbanas.

Revolução periférica: a prática do skate no extremo leste paulistano

A Zona Leste paulistana apresentou nas últimas décadas um considerável processo de reestruturação de sua paisagem que impactou de maneira contundente o cotidiano de seus habitantes. Com a efetivação de políticas públicas e de demais tipos de iniciativas, a região — a qual eventualmente é marcada por estar fora do circuito da elite, por contar com moradias populares, por padecer de infraestrutura urbana e transportes públicos precários em muitos de seus distritos, pela proeminência de ocupações irregulares, pela presença massiva de migrantes, pelas altas taxas de homicídio etc. — vem passando por uma espécie de reconversão econômica fomentada pelo estabelecimento de projetos sociourbanísticos e pela justaposição, ainda que de forma difusa, de grandes empreendimentos vinculados ao setor terciário, como a construção de *shoppings centers*, centros comerciais, hotéis, redes de hipermercados, arena esportiva etc. Tudo isso tem contribuído para reposicioná-la estrategicamente em escalas mais amplas — conforme ficou evidente, por exemplo, em momentos prévios à Copa do Mundo FIFA de 2014, quando muito se falou da centralidade criada em torno de Itaquera, bairro que abriga a chamada Arena Corinthians[117] —, condição que não exclui, todavia, a persistência de enclaves em que se revelam notáveis desigualdades e segregações a partir das quais se estabelecem as "tramas da cidade" (Telles e Cabannes, 2006) que entrelaçam práticas que extrapolam as fronteiras do legal e ilegal,[118] conforme já abordado etnograficamente por pesquisas detidas sobre esta

117 Também conhecida como Itaquerão. Para mais detalhes sobre as implicações da construção desta arena esportiva entre os torcedores, ver Toledo (2013).
118 É nas "tramas da cidade", para utilizar os pressupostos de Telles e Cabannes (2005, p. 16-17), "que os lances da vida são jogados, é aí que se processam as exclusões, as fraturas, os bloqueios, e

região (Feltran, 2005, 2011; Hirata, 2010; D'Andrea, 2013; Spaggiari, 2015 etc.). A Zona Leste é, portanto, um "território de rupturas e permanências" (Rolnik e Frúgoli Jr., 2001), características que se revelam em vários planos.

As tantas transformações e intervenções ocorridas nas últimas duas décadas contribuíram para banir, ordenar ou embaralhar certos usos que se processavam em espaços e equipamentos dispostos em seus limites, no entanto, de igual modo, é possível considerar que o processo de urbanização do leste da cidade também viabilizou o florescimento de uma série de práticas citadinas que vem consolidando novas formas de sociabilidades que ora rechaçam ora se coadunam a determinadas pretensões econômicas, políticas e urbanísticas. A prática do skate é apenas uma das que agencia certos aspectos do processo de urbanização que se consolida nesta região — bem como em outras, obviamente — da cidade. Tal constatação ficou evidente a partir do instante em que passei a acompanhar as vicissitudes de sua realização em um distrito localizado no extremo leste paulistano.

O distrito de Cidade Tiradentes, ao contrário de outras periferias da cidade, "representa uma área com problemas urbanos decorrentes não da ausência do Estado, mas da presença deste no âmbito local" (Frúgoli Jr. *apud* Hikiji e Caffé, 2013, p. 20). A partir da atuação estatal foi elaborado um considerável conglomerado de habitações populares, as COHABs, cujas lógicas gerenciais foram pensadas para atender a certas estratégias do poder público para São Paulo.[119] No entanto, conforme assinalou Frúgoli Jr. (*apud* Hikiji e Caffé, 2013, p. 20), tais ganhos habitacionais não vieram acompanhados por uma urbanização mais consistente,[120] logo, com a escassez de espaços que permitissem a constituição de formas de sociabilidade mais duradouras, muitas práticas citadinas locais passaram

também as capturas na hoje extensa e multifacetada malha de ilegalidades que perpassam a cidade inteira e que operam, também elas, como outras tantas formas de junção e conjugação da trama social. Aí também os elos perdidos da política, tragados que foram pelo princípio gestionário que trata das 'pontas', da dita governança econômica e, de outro lado, da gestão do social e administração de suas urgências".

119 A Companhia Metropolitana de Habitação de São Paulo (COHAB-SP) foi criada em 1965 com a finalidade de favorecer o acesso à habitação digna à população de menor renda, obedecendo às normas e critérios estabelecidos pelo Governo Municipal e pela legislação federal. Mais informações: http://cohab.sp.gov.br/. Acesso em 8-8-2016.

120 De acordo com Barone (2013, p. 76), "a ocupação da Zona Leste ocorreu a partir dos núcleos ferroviários, constituindo cidades-dormitório, desde o início de sua urbanização. O crescimento vertiginoso desses núcleos-dormitório acabou por formar uma imensa mancha urbana, circundando a região central da cidade, dela dependente, desprovida de usos que garantissem um desenvolvimento econômico local, e com um padrão de ocupação extremamente precário".

a se aproveitar das ruas como importantes *loci* de atuação. Em razão disso, no distrito que já fora tratado como uma "cidade-dormitório" perpetuou-se uma agitada vida pública que vem, há anos, ocupando diuturnamente as suas ruas, praças, becos, terrenos baldios, enfim, toda sorte de espaços disponíveis. A batida do funk atrai centenas e até milhares de jovens em bailes ensurdecedores que varam a madrugada; motoqueiros transitam velozmente pelos asfaltos fazendo barulho e peripécias com as suas respectivas motos; rodas de samba agitam vielas; grafiteiros e pichadores não medem esforços para deixarem suas marcas em muros e paredes; baloeiros se esquivam dos riscos para fazerem seus balões voar sem destino; pipas empinadas colorem os céus; batalhas de rap reverberam angústias e anseios; *rolezinhos* promovidos por adolescentes agitam *shopping centers* e parques; o futebol de várzea, por sua vez, estabelece animadas contendas tanto em *terrões* quanto em gramados sintéticos; o público evangélico não cessa seus louvores; já os saraus dão novas perspectivas e formatos às narrativas periféricas ao passo que os coletivos audiovisuais registram às suas maneiras o cotidiano das *quebradas*. Enfim, a vida citadina pulsa na Zona Leste.

A prática do skate, assim como as demais acima citadas, se faz presente com muito vigor no extremo leste. As suas dinâmicas locais revelam características que perpassam o universo do skate em escala mais ampla, como a predisposição para circulação pela cidade (*rolês*) e apropriação de equipamentos urbanos (*picos*), conforme já discutido em tópicos anteriores. No entanto, essas regularidades são acomodadas a outras experiências citadinas que fazem parte do cotidiano juvenil das *quebradas* paulistanas,[121] como a valorização das ruas como espaço de criação além de "sociabilidades alargadas" (Agier, 1999) para outros contextos.[122] A articulação entre rua e sociabilidade se expressa por meio da formação de coletivos que buscam afirmar o pertencimento de seus integrantes a um

121 O termo *quebrada* é uma gíria paulistana utilizada sobretudo por jovens moradores de periferias. Segundo Pereira (2007, p. 241), ao fazer uma aproximação com as categorias propostas por Magnani (2007), "a ideia de 'quebrada' contém esses elementos da categoria pedaço, mas também designa uma forma de presenta-lo para quem é de fora, mostrando-o como um lugar hostil e perigoso para quem não pertence a ele, nem conhece suas regras. A noção de 'quebrada' é também associada à ideia de um bairro periférico, pobre, com altos índices de violência, onde as normas de conduta não devem ser desrespeitadas".

122 Por meio das "sociabilidades alargadas" (Agier, 1999) os skatistas constroem uma série de mediações que os permitem acessar redes mais amplas de relacionamentos, em que suas escolhas e decisões são seletivas, propiciando-os a estabelecer relações com instituições mais abrangentes, como o poder público.

bairro ou a uma região da cidade.[123] Estas são mobilizações, tal como já problematizado por outras pesquisas (Nascimento, 2011; D'Andrea, 2013; Aderaldo, 2013), que também trazem um reposicionamento semântico de conceitos caros à pauta antropológica, como a noção de periferia e cidadania, além de novas perspectivas que redefinem certas hierarquias impostas pelas governanças urbanas junto à populações consideradas marginalizadas, como as que residem em regiões periféricas da cidade.[124] Em Cidade Tiradentes, bem como na Zona Leste, há diversos coletivos que atuam em várias frentes, sejam elas artísticas, musicais, audiovisuais, educacionais etc., e que reverberam as "novas subjetividades periféricas" (D'Andrea, 2013). Dentre eles destaca-se ao menos um cujos princípios de ação são orientados pelas experiências compartilhadas no universo do skate: trata-se do coletivo Love CT, sobre o qual me debruçarei doravante.

O Love CT é um coletivo formado por skatistas residentes em Cidade Tiradentes, quais sejam Anderson Lucas, Marcelo Martins, Elton Melonio, Denis Silva e Daniel Feitosa.[125] O contato de cada um com o skate começou há pelo menos uma década. Por conta de seus comprometimentos com a prática, todos são reconhecidos por deterem técnicas aguçadas que se expressam por meio de seus respectivos leques de manobras. Anderson Lucas, Marcelo Martins e Daniel Feitosa ainda são amadores, ao passo que Denis Silva e Elton Melonio são profissionais de relativo

123 D'Andrea (2013, p. 16) considera que "a partir da década de 1990, uma série de coletivos artísticos surgiram nos bairros periféricos de São Paulo. Quatro foram os principais motivadores para esse fenômeno: a possibilidade de fazer política em um contexto de descenso de movimentos sociais e dos partidos políticos; a luta por pacificação; a necessidade de sobrevivência material, da qual a produção artística se revelou como uma possibilidade e; a arte como emancipação humana. Por sua ação e discursividade, estes coletivos exaltam o *orgulho periférico* do mesmo modo que são fenômenos decorrentes desse *orgulho*". Todas estas motivações corroboram com a atuação do Love CT em Cidade Tiradentes.

124 É válida a constatação de que "a partir da década de 1990, a condição de ser habitante de bairros periféricos começa a ser elaborada no registro do *orgulho de ser periférico*. Este processo foi encabeçado, sobretudo, pela parcela jovem e negra da população, e se alastrou para todos os outros setores das classes populares" (D'Andrea, 2013, p.19). Desse modo, as ações dos coletivos atuantes em regiões periféricas, como o Love CT, "tem por pressuposto uma mudança na subjetividade da população periférica [...]. Esta nova subjetividade, cujo cerne reside no reconhecimento da própria condição, na potencialidade dessa condição e no *orgulho* dessa condição, quando aciona o agir político, transforma o indivíduo em sujeito periférico" (D'Andrea, 2013, p. 19).

125 Em dezembro de 2015 tive a oportunidade de acompanhar o cotidiano do skate em Cidades Tiradentes. Participei, inclusive, da gravação de um episódio da série "Causando na Rua", sob direção geral da cineasta Tata Amaral, cujo foco era a atuação do coletivo Love CT. A ocasião me permitiu desvelar diversas perspectivas sobre os sentidos que a prática do skate adquire nesta região periférica da cidade. Tais momentos foram importantes para estabelecer novos contatos ou manter aqueles já firmados com os skatistas do distrito.

destaque na categoria *street skate*. Estes últimos, por exemplo, já tiveram a oportunidade de participar de competições nacionais e internacionais (obtendo, inclusive, boas colocações), de figurar em matérias produzidas por diversas mídias especializadas e de realizar turnês por vários países europeus. Em conjunto, os skatistas do Love CT são responsáveis por fomentar o skate não apenas em Cidade Tiradentes, mas também na região leste paulistana. A revista *Tribo Skate*, em matéria especial sobre o coletivo, destacou:

> Eles contrariam a ordem natural e fazem uma das cenas mais verdadeiras e ativas do skate nacional com as próprias mãos. Mesmo com todas as piores circunstâncias possíveis, o skate transborda nas ruas e esgotos da Cidade Tiradentes, um dos maiores guetos do Brasil. (Mug, Marcelo. "Love CT". Revista *Tribo Skate*, n.º 212, 2013, p. 47)

A prática do skate na Cidade Tiradentes, conforme revelam os membros do Love CT, tem seus primórdios em fins da década de 1980, quando as ruas e demais equipamentos do distrito passaram a ser ocupados por diversos jovens. A circulação para outras partes da cidade era dificultada em razão das limitações em termos de transporte público e também devido ao preço das passagens das conduções. Marcelo Martins, skatista há 21 anos, revelou que "para ir ao Centro era difícil. Da minha época, muitos moleques foram ao Centro depois de adulto". Muitos skatistas de Cidade Tiradentes ficavam restritos ao distrito em que moravam, portanto, a fim de obter um local de referência para as suas manobras, bem como para a manutenção de suas redes de sociabilidades, eis que alguns deles tiveram a iniciativa, em 1997, de ocupar e transformar um dado espaço conforme as suas próprias demandas. Na COHAB Prestes Maia havia uma área obsoleta ao lado de um campo de futebol, e, como o seu piso era liso, parecido com o de uma quadra esportiva, os skatistas resolveram produzir obstáculos de ferro e madeira para ali os colocarem. Formou-se, então, a pista de skate que mais tarde passaria a ser reconhecida como *Pista do Maia*, nome em referência à COHAB onde ela se localiza:

> O skate em nossa comunidade sempre foi muito forte. Comecei a andar no final da década de 90, na pista do Prestes Maia, uma das mais famosas da Zona Leste. Quem fez a área foram os próprios skatistas. Com ajuda política eles ganharam o material de construção e

> fizeram tudo com as próprias mãos, sem mestre de obras e nem engenheiro. Apenas skatistas com boas influências no skate e visão de progresso. Em 1997 foi inaugurada a primeira pista de skate da Zona Leste. (Anderson Lucas, skatista amador, depoimento concedido à Revista *Tribo Skate*, n.º 212, 2013, p. 50)

O surgimento da pista em questão se deu por meio de uma iniciativa gerida pelos próprios skatistas de Cidade Tiradentes e de outros distritos da Zona Leste. Como os obstáculos provisórios rapidamente se estragaram, houve uma nova mobilização para que fossem substituídos por rampas de concreto. Como o custo para as suas produções seria maior, os envolvidos com o empreendimento resolveram lançar mão de contatos com políticos (vereadores e deputados) que atuavam na região. Após conseguirem as verbas iniciaram, novamente por conta própria, a construção das rampas. Com isto a *Pista do Maia* foi reformulada, constituindo-se desde então como um importante ponto de encontro para praticantes de todo o leste paulistano. Lá aconteceram diversos eventos, sobretudo competições amadoras, que revelaram renomados praticantes de destaques em nível nacional, como os atuais profissionais Fábio Castilho, Diego Oliveira, Elton Melonio e Denis Silva. Sendo assim, graças aos esforços dos skatistas locais é que a prática do skate pôde se consolidar no extremo leste e repercutir no contexto metropolitano:

> Das dificuldades, das paradas que a gente enfrentou, tivemos que inventar tudo. De tudo o skate já vinha sendo contado, das histórias, a gente sentia que a gente da CT [Cidade Tiradentes] era excluído. Da cena, do mercado, e com isto a gente começou a olhar para dentro e começamos a enxergar em nós mesmos as possibilidades. Até hoje vem sendo assim. (Marcelo Martins, skatista amador e educador do coletivo Love CT, entrevista em 2016)

> A gente sempre fez os eventos e sempre veio muita gente de outras regiões, até caras do Rio de Janeiro. Isto se tornou uma referência para a Zona Leste, para os que não se enquadravam no Centro, nos grandes eventos, no lado profissional. A ZL, a partir da CT, deu uma puxada em eventos de skate na cidade. Como sempre veio gente de todos os lugares, e como sempre fomos bastante acolhedores... Essa comunicação foi muito forte com os rapazes que vinham nos visitar,

e consequentemente a gente ia andar nos lugares onde eles andavam. A ZL se conversa, ela se respeita, não tem este lance do localismo. (Marcelo Martins, skatista amador e educador do coletivo Love CT, entrevista em 2016)

A Pista do Maia foi a primeira a ser construída em Cidade Tiradentes, sendo, ainda, uma das poucas existentes na cidade de São Paulo em meados da década de 1990. Após a sua existência o distrito recebeu, segundo interlocutores contatados, mais treze pistas de skate. Tais ganhos se deram a partir de 2003, quando a administração da então prefeita Marta Suplicy (PT, 2001-2004) implementou uma série de projetos sociais e urbanísticos para o extremo leste; entretanto, quase todas as pistas atualmente estão em péssimo estado, com imperfeições no piso e nas rampas, condições que restringem os seus usos.

Imagem 17: Pista de skate em condições precárias disponível em Cidade Tiradentes (foto por Giancarlo Machado)

As pistas tornaram-se espaços requisitados para a prática corporal, todavia, elas não foram capazes de arrefecer, ao menos para uma parcela dos skatistas, certos tipos de experiências citadinas proporcionadas pelo skate no âmbito da Cidade Tiradentes. Os integrantes do coletivo Love CT, por exemplo, guardam muitas histórias de situações que ocorreram a partir de seus *rolês* pelo extremo leste da cidade. Por volta do ano 2005 a região passava por um clima de instabilidade em decorrência de conflitos entre bairros vizinhos. Havia muitas rixas por conta da manutenção de ilegalidades, sobretudo do tráfico de drogas, que culminavam no estabelecimento de fronteiras territoriais e que impactavam as relações cotidianas dos moradores do distrito. Os skatistas que compõem o Love CT residem em diferentes bairros de Cidade Tiradentes, logo, por conta das dinâmicas locais que imperavam na época das contendas, os seus relacionamentos poderiam ser vistos com desconfianças. Embora a possibilidade de sofrer eventuais interpelações, resolveram prosseguir com a amizade mediada pela prática do skate. A insistência em se apropriar dos espaços do distrito, mesmo com a instabilidade que ora reinava, proporcionou-lhes reconhecimentos e serviu de exemplo para minguar algumas atribulações que perpassavam a rotina dos moradores que se abstinham das *tretas* entre *quebradas* rivais.[126] É o que detalha Marcelo Martins:

> Todos os bairros da Cidade Tiradentes tinham treta uns com os outros. Só do cara *colar* num outro bairro, já era visto com mau olhado, os caras intimavam mesmo. Mas quando os caras começaram a ver cinco moleques andando juntos todos os dias, isso começou a equilibrar. A gente *colava* com todas as *bancas*. A gente circulava pela Cidade Tiradentes o dia inteiro, conversando com todo mundo, interagindo com todo mundo, e filmando. E as pessoas começaram a ter acesso ao skate de rua, com as câmeras posicionadas, e isso fez com que as pessoas prestassem atenção para o fato de que nós temos que nos apropriar do bairro onde a gente vive. Dar umas voltas, trocar ideias com as pessoas. A gente era bem-vindo em todos os lugares da Cidade Tiradentes. Pessoal recebia a gente, convidava para festa,

126 Não se pode perder de vista o fato de que muitos conflitos latentes nas periferias paulistanas foram arrefecidos a partir do aparecimento do Primeiro Comando da Capital (PCC), o qual passou a gerenciar conflitos locais e possibilitar certos direcionamentos nas dinâmicas relacionais cotidianas. Para mais informações sobre a emergência do PCC nas periferias paulistanas, ver Telles (2010), Hirata (2010), Biondi (2010) e Feltran (2012).

> convidava para os shows de rap, até show de forró. Começou a colar uma galera com a gente, viramos uma referência. Tinha uns caras do crime que andava, e os caras do crime que não andava. Quando começou essa parada, os caras do crime começaram a dar uma amolecida, começou a respeitar mais os caras dos outros bairros, foi bem uma construção do coletivo Love CT. (Marcelo Martins, skatista amador e educador do coletivo Love CT, entrevista em 2016)

A prática do skate contribuiu, portanto, para romper certas fronteiras estabelecidas. Como resultado os skatistas puderam conhecer melhor a região onde moram, tiveram a oportunidade de estar e ocupar espaços esquecidos por boa parte da população local, vivenciaram situações inusitadas ao se depararem com alteridades próximas, enfim, sentiram-se concomitantemente "estrangeiros" (Simmel, 1983 [1908]) e acolhidos em seus próprios contextos. As negociações eram regulares e permeadas por várias artimanhas a fim de garantir a utilização dos espaços para a prática. Marcelo Martins relatou que os skatistas já disputaram, inclusive, o direito de utilizar uma quadra a partir de uma partida de futsal:

> Nós temos diversas quadras de futebol espalhadas por aqui. Em décadas passadas o investimento era no futebol. E rola uma comunicação muito da hora entre a galera que está jogando bola e os skatistas. Várias vezes a gente até disputou as quadras com os moleques no futebol. Quem ganhasse a partida ficava com a quadra. A gente já ganhou uma pá de quadras com os moleques. Os caras acham que skatista não joga bola. É muito louco, *pois você desconstrói um monte de coisa e constrói muitas outras, como as relações com as pessoas do bairro*. Isto faz com que todos se conversem, troquem ideia, se respeitem. (Marcelo Martins, skatista amador e educador do coletivo Love CT, entrevista em 2016. Grifos meus)

Ao contrário do quadrante sudoeste da cidade, onde impera paisagens com melhores condições urbanísticas e onde se localizam os *lugares skatáveis* mais disputados pelos skatistas paulistanos, a prática do skate na Cidade Tiradentes tem que lidar com as precariedades que assolam as periferias. No entanto, ainda assim os skatistas se entusiasmam em utilizar as suas ruas e os seus respectivos equipamentos. Ao fim e ao cabo, os membros do coletivo Love CT potencializam as suas respectivas citadinidades ao enfrentarem as condições estruturais adversas do distrito com o propósito de se apropriarem dos *picos* que lá estão disponíveis. Anderson Lucas, em depoimento à revista *Tribo Skate*, desabafa:

> Aqui na CT não temos os melhores *picos* como vemos nos vídeos de skate, porém temos os nossos próprios *picos*; bons ou ruins, são nossos! O fato de ter um chão áspero nos motivou ainda mais a andar de skate com garra e amor pelas *tricks* (manobras). (Anderson Lucas, skatista amador, depoimento concedido à Revista *Tribo Skate*, n.º 212, 2013, p. 50)

"Guerreiros" e "skatistas que fazem a diferença". Estas foram algumas das atribuições utilizadas pela revista citada para caracterizar os praticantes da Cidade Tiradentes. As asperezas dos asfaltos e as rugosidades de seus *picos* se contrastam com a suavidade de certas relações cotidianas estabelecidas no distrito. Enquanto nas regiões centrais de São Paulo há maior impessoalidade nas interações e maior controle dos usos da paisagem urbana, no extremo leste impera uma maior franqueza nas negociações relacionadas à prática do skate. É o que dizem os skatistas quando questionados sobre tais diferenças:

> A minha ligação com a CT é muito forte, pois nasci, cresci e a maioria dos meus familiares também mora aqui, todos somos vizinhos e temos uma relação muito forte. Pelo fato de ser um bairro esquecido no quadro social em questões básicas de cidadania, as pessoas que vivem lá acabam criando um respeito muito grande uns pelos outros, e assim todos se ajudam. Dificilmente se ouve falar de brigas nas ruas ou de desrespeito, o fundamento básico do gueto é a humilde; se você vive em meio a uma comunidade precisa saber conviver com as pessoas. Todos ali são sofredores, são como panelas de pressão que a qualquer momento podem explodir. Sabendo disso o respeito e a humildade de saber chegar e sair do bairro são fundamentais no convívio: se for arrogante terá arrogância em dobro, se for simpático terá simpatia em dobro. (Anderson Lucas, skatista amador, depoimento concedido à Revista *Tribo Skate*, n.º 212, 2013, p. 48-49)

No intuito de divulgar a vivacidade do skate numa *quebrada*, os skatistas do Love CT tiveram a iniciativa de produzir um vídeo que retratasse os seus *rolês* e as suas manobras realizadas nos *picos* e nas pistas de Cidade Tiradentes. Intitulado *Revolução Periférica*,[127] o vídeo começou a ser filmado a partir de 2005 e demorou cinco anos para ser concluído. Com 25 minutos de duração, a produção se divide em várias partes, e em cada uma delas é enfocado algum dos membros do Love CT — Anderson Lucas, Marcelo Martins, Elton Melonio, Denis Silva e Daniel Feitosa —, bem como seus amigos. A maioria das imagens foi captada em equipamentos urbanos — corrimãos, escadas, bancos, guias, canteiros etc. — presentes em diferentes espaços da região, como escolas, creches, quadras poliesportivas, praças, calçadas, estações de ônibus e metrô, terrenos baldios, estabelecimentos comerciais e demais propriedades privadas. As técnicas corporais tão regulares ao longo de todo o vídeo são contrastadas com múltiplos tipos de experiências citadinas vivenciadas pelos protagonistas: shows de rap, sociabilidade em bares, caminhadas por vielas, brincadeiras com crianças, interações com desconhecidos. Ao se referir à produção audiovisual do *Revolução Periférica*, Marcelo Martins conta que:

> As pessoas incentivavam a gente bastante. Não tivemos resistência das pessoas, foi algo que aproveitamos bastante. O lance de andar nos *picos*, a gente via nos filmes e comparava os nossos *picos* com os *picos* da Califórnia, por exemplo. Mas não chegava aos pés, pois o chão era ruim, as bordas não davam para escorregar. Isto foi bom que ajudou a nossa criatividade. Quando a gente começou a filmar o *Revolução Periférica*, a nossa ideia era conhecer todos os espaços da Cidade Tiradentes, poucas pessoas aqui fazem este *tour*, esta caminhada pelo bairro inteiro. Então muitos espaços públicos que a gente acabou descobrindo, essas pessoas não têm conhecimento. (Marcelo Martins, skatista amador e educador do coletivo Love CT, entrevista em 2016)

O lançamento do vídeo *Revolução Periférica* e a sua disponibilidade no YouTube contribuiu para propagar a força do skate de rua no extremo leste paulistano. Os skatistas integrantes do coletivo Love CT valorizam sobremaneira a região onde moram, conforme evidente em seus discursos, no entanto, ainda que priorizem a prática em seus próprios bairros,

127 O vídeo pode ser visualizado em: https://www.youtube.com/watch?v=ujeAIUQwe9k. Acesso em 8-8-2016.

não abrem mão de circular para outros locais da Zona Leste. Além dos inúmeros *picos* que nela se encontram, há certos espaços públicos que são reconhecidos como pontos de encontros para praticantes oriundos de todos os seus distritos. Dentre esses espaços, em consonância ao mencionado pelos interlocutores, sobressaem-se ao menos dois — a saber, Praça da Estação e Praça Brasil — que merecem breves contextualizações.

A Praça da Estação situa-se em Itaquera, um dos distritos da Zona Leste, onde funcionava a antiga Estação Ferroviária de Itaquera. Após a desativação da ferrovia, a praça permaneceu como uma espécie de patrimônio da região que a abriga, entretanto, com o passar do tempo tornou-se, segundo as palavras de Mauricio Martins (subprefeito de Itaquera), "abandonada e até virou ponto de drogas".[128] Apesar de suas precariedades, uma série de ações promovidas por agentes ligados ao universo do skate transformou a Praça da Estação em um importante *pico* não apenas para os skatistas da Zona Leste, mas também para aqueles provenientes de outras partes da cidade. Em 2011 e 2012, respectivamente, duas marcas especializadas em tênis para a prática promoveram eventos no local, deixando, como legado, alguns obstáculos de concreto para usufruto dos skatistas.[129] Essa intervenção repaginou o espaço e permitiu novos tipos de apropriações em seus limites.

Os skatistas do Love CT eram frequentes na Praça da Estação. Lá andavam de skate e cotidianamente estabeleciam contatos com muitos outros praticantes. A sociabilidade tecida revelava, de acordo com as palavras de Marcelo Martins, "que a ZL [Zona Leste] se conversa, ela se respeita, ela é muito unida". A consolidação da prática intensificou a dimensão pública da praça, logo, após a sua repercussão, novas intenções começaram a ser tramadas para o local. Uma delas seria a instalação de um Centro Gastronômico, sendo esta uma iniciativa da Câmara de Dirigentes Lojistas de Itaquera (CDLI) e do Núcleo de Desenvolvimento Sustentável de Itaquera, com o apoio da Prefeitura de São Paulo.[130]

Diversas modificações foram feitas na praça com vistas a construção do empreendimento comercial, assim sendo, muitos obstáculos criados para a prática do skate foram retirados ou, simplesmente, destruídos

---

128 Depoimento concedido pelo subprefeito ao SP Notícias. Disponível em: http://spnoticias.com.br/?p=26441. Acesso em 8-8-2016.

129 Tratam-se dos eventos Converse My Square (promovido pela marca Converse Skateboard em 2011) e DC King of São Paulo (promovido pela marca DC Shoes em 2012).

130 Para mais detalhes: http://www1.folha.uol.com.br/comida/2015/04/1620759-praca-de-itaquera-e-remodelada-para-virar-centro-gastronomico.shtml. Acesso em 8-8/2016.

por funcionários do poder público municipal. O Centro de Gastronomia foi inaugurado em 2015 e recebeu estabelecimentos fixos e espaços para abrigar *food trucks* (carros adaptados para a venda de comidas). A sua abertura foi recebida com muito desprezo e indignação pelos skatistas de Cidade Tiradentes, bem como pelos demais da Zona Leste, visto que as práticas citadinas que ali ocorriam tornaram-se preteridas por uma rotina de consumo de diferentes tipos de comidas. À vista disso os interlocutores consideraram que esta foi, indiretamente, uma tentativa de barrar a prática do skate na Praça da Estação. Além de vídeos que contestavam a iniciativa, certos skatistas que frequentavam o *pico* também elaboraram um abaixo-assinado em desagravo a esta e outras atitudes fomentadas pelo subprefeito de Itaquera. No documento consta que:

> O subprefeito Mauricio Luis Martins foi aos poucos expulsando os skatistas: primeiro mandou instalar um poste de iluminação bem em frente ao obstáculo mais utilizado para que ninguém mais ande ali. Agora mandou retirar outros obstáculos construídos no local, como o corrimão no chão e o palco. Todos esses obstáculos foram construídos pelos skatistas sem nenhuma ajuda da subprefeitura. Atualmente os seguranças expulsam os skatistas de forma truculenta, sendo que já foram relatadas agressões aos que se atrevem a andar de skate no local. A única opção que o skatista tem em Itaquera é a Praça Estação e lá é o nosso reduto e nosso santuário. Ali é nosso único espaço de lazer e de confraternização. Por isso, nós abaixo assinados manifestamos a vontade de proteger e requerer a permanência do skate na Praça da Estação em Itaquera porque o skate revitalizou a praça e os skatistas não tem nenhuma opção para andar de skate como essa praça em nenhum outro local de Itaquera ou imediações. ("Abaixo assinado contra a proibição do skate na Praça Estação Itaquera". Disponível em: https://www.abaixoassinado.org/abaixoassinados/30992. Acesso em -8-2016)

A indignação dos skatistas não surtiu efeito. Eles se colocaram como protagonistas da praça, contudo, seus apelos foram relegados pelas lógicas de consumo impostas neste espaço do leste paulistano. A intervenção urbanística com fins econômicos concretizou-se, porém não apenas diversos *picos* foram minados, como também a intensidade da sociabilidade que ali ocorria. Marcelo Martins salienta que:

> Os caras fizeram em Itaquera um centro gastronômico. E aí o *bagulho* não deu certo. Fizeram um monte de coisa na praça que prejudicou a praça. Colocaram uma tenda grande onde fazíamos *solo*, onde a gente pegava embalo para andar na borda. Então cancelaram o skate, já não podia mais andar de skate no *pico*. E afastou todo mundo. Os skatistas usam muito pouco aquela praça. E com este negócio gastronômico, tudo ficou muito caro. Os trabalhadores não usavam ali para almoçar na hora do trampo. Pessoal só ia lá para dar um *rolê* com a mina, fazer *rolê* com a família. Era algo pontual. E aí não rolou, não foi para frente. A praça está lá hoje abandonada. (Marcelo Martins, skatista amador e educador do coletivo Love CT, entrevista em 2016)

A Praça da Estação deixou de ser uma referência para os skatistas. Desde 2015 são poucos os que se aventuram a realizar manobras nos obstáculos que lá restaram. Conforme evidente até aqui, a prática do skate de rua se vale de todo tipo de intervenção urbanística, sendo assim, *picos* surgem ou desaparecem à medida que a paisagem urbana é reformulada. Se por um lado os skatistas ficaram frustrados pelo cerceamento de suas manobras em Itaquera, por outro conseguiram se impor em outro espaço público da região quando ainda estava em vias de construção: trata-se da Praça Mãe Menininha do Gantois, popularmente conhecida Praça Brasil. Localizada no distrito de José Bonifácio, também na Zona Leste, o espaço é amplo e comporta em seu interior diferentes equipamentos de lazer. Entretanto, há tempos o local não passava por uma manutenção detida, assim, as suas condições estruturais limitavam certos tipos de apropriações. A prática do *street skate*, por exemplo, não ocorria em razão da rugosidade do piso, a qual dificultava a realização das manobras.

No princípio de 2016, após três anos de reforma, a Praça Brasil novamente foi entregue à população. O espaço fora reformulado, tendo ganhado plantio de árvores, internet livre, playground, aparelhos de ginástica, arena para eventos culturais etc. Conforme frisaram os integrantes do Love CT, durante o seu processo de reforma alguns skatistas locais reivindicaram aos setores competentes do poder público certas alterações nas construções que estavam sendo feitas. A ideia era adaptar determinados equipamentos a fim de que se tornassem *skatáveis*. A reivindicação foi bem-sucedida, logo, a praça foi moldada para a prática do skate:

corrimãos, bancos, bordas, inclinações e escadas de diferentes tamanhos passaram a compor a paisagem. Segundo Marcelo Martins,

> Tem a Praça Brasil, na Cohab 2, ao lado do metrô José Bonifácio, que foi uma construção que os skatistas direcionaram a obra. Os caras estavam reformando o chão, daí eles começaram a ocupar a praça e dar pitaco. Pode colocar um corrimão aqui, uns caixotinhos ali. Daí surgiu o bagulho. A praça sempre foi muito louca, mas o chão dela muito zoado. A gente sempre falou: "se arrumar o chão vira uma *plaza* [*skate plaza*]. Não precisa de mais nada!". Quando os caras começaram a arrumar o chão, eu e os caras [Elton e Anderson], a gente começou a filmar bastante. O cimento do chão estava secando e a gente já estava pulando as escadas. A gente ocupou o lugar. Como os caras viram isso, eles perceberam que os skatistas se apropriaram da praça. (Marcelo Martins, skatista amador e educador do coletivo Love CT, entrevista em 2016)

A mobilização de alguns skatistas surtiu efeito neste caso. A Praça Brasil tornou-se, mesmo antes do término de sua reforma, o novo *pico* de referência do leste paulistano, conquistando, então, a importância que era atribuída à Praça da Estação. Devido as suas características tangíveis e em decorrência das dinâmicas relacionais e práticas citadinas que nela se processam, a praça tem sido comparada com o principal *pico* da cidade, sendo, por isto, eventualmente chamada de "a Praça Roosevelt da Zona Leste". O local é palco para muitas outras iniciativas além do skate, como batalhas de rap, saraus, debates, exibição de filmes, além de comportar diversos eventos e festas em seu interior. É importante destacar que muitas das ações são fomentadas por um coletivo chamado Okupação Cultural Coragem, o qual possui certa aproximação com o coletivo Love CT.[131] O fato revela que o universo do skate não se fecha em si mesmo, pelo contrário, está aberto ao diálogo e a trocas de experiências com muitos outros universos que batalham pela apropriação dos espaços urbanos. Há, portanto, uma confluência entre diferentes "circuitos" (Magnani, 2012) estabelecidos na metrópole paulistana. Nessas circunstâncias o skate nas periferias revela, tal como aventado por Telles (2010, p. 17) ao analisar outros tipos de prá-

---

131 Mais informações sobre a Okupação Cultural Coragem encontram-se em: https://www.facebook.com/Okupa%C3%A7%C3%A3o-Cultural-Coragem-767047163428205/?fref=ts. Acesso em 8-8-2016.

ticas, que a cidade é feita de cruzamentos e passagens, "é atravessada por experiências que se fazem justamente nos limiares de universos distintos, de seus pontos de conexão e das redes sociotécnicas que os atravessam e articulam em um mesmo plano de atualidade". Quanto a isso, ao se referir aos skatistas de Cidade Tiradentes, Marcelo Martins observa que:

> O skate é muito rico. Tem o grafiteiro, o rapper, o poeta. É uma força para a juventude. Nos espaços daqui, é comum ver os skatistas na batalha de rap, é fácil você ver eles no teatro das Pombas Urbanas, no Centro de Formação Cultural. Isso é algo que está acontecendo naturalmente. Os skatistas estão frequentando os espaços, as insurgências das paradas. E tem a ver com o *rolê* de skate. Quando a gente vai à Praça Brasil, a gente vai andando até lá. Na volta é caminho para um rap que acontece às segundas-feiras. A gente passa num ponto de cultura e já prestigia o rap dos caras. Daí os caras reconhecem a Love CT, vê que é outro coletivo que está colando. O skate, este lado *underground*, este lado da arte, da música, esta aceitação cultural, é uma grande potência não só para ressignificar os espaços, mas para ocupar estes espaços. Este novo jeito de ocupar determinado espaço. (Marcelo Martins, skatista amador e educador do coletivo Love CT, entrevista em 2016)

Os integrantes do Love CT, além de se preocuparem com as suas próprias experiências, *rolês*, manobras e trajetórias, também se empenham em agenciar outras iniciativas cujos impactos se dão sobretudo na vida de crianças e adolescentes de Cidade Tiradentes. Tais iniciativas se passam no âmbito do projeto social que empreendem, intitulado Love CT: Inclusão e Resgate Skateboarding, o qual vem sendo desenvolvido desde 2010. O projeto, tal como evidente no discurso de seus realizadores, visa utilizar o skate como uma ferramenta de inclusão social, um meio para promover valores como disciplina e senso de responsabilidade entre crianças e adolescentes. É uma forma de contribuir com os seus processos educacionais, de estimular a realização de uma prática corporal, de fomentar o gosto pela leitura, pelos estudos e por demais atividades culturais, como as que têm sido promovidas pelos coletivos atuantes em Cidade Tiradentes. Assim sendo, por meio do projeto os integrantes do Love CT acionam uma gramática política no intuito de realizar ações para crianças e adolescentes muitas vezes considerados vulneráveis. Trata-se, pois, de uma gestão social com vistas a evitar possíveis riscos (uso de drogas ilícitas, inserção em redes criminais, evasão escolar etc.) que estariam sujeitos em seus cotidianos no distrito.

O Love CT realiza semanalmente aulas de skate que reúnem dezenas de alunos (sendo garotos e garotas) matriculados. Para que isso ocorra são utilizados equipamentos públicos situados na COHAB Inácio Monteiro, como a pista e a sede do coletivo, ambas dispostas na área externa do CEU Inácio Monteiro. Na pista são transmitidas as técnicas corporais que resultam em manobras. Os integrantes do coletivo atuam como professores, condição que lhes permitem ensinar aos alunos os movimentos necessários para a execução daquilo que chamam de *base do skate*, ou seja, as técnicas mais básicas. Já a sede do Love CT — uma pequena casa com paredes grafitadas — regularmente reúne integrantes de outros coletivos e jovens de distintas partes do distrito para participarem das iniciativas culturais e educacionais que ali são oferecidas gratuitamente, como debates, saraus, exposições, apresentações musicais, oficinas, distribuição de lanches etc. Desse modo, é possível considerar que o projeto ensina aos alunos não apenas noções básicas de cidadania — as quais são instruídas pelo viés esportivo do skate (por onde circulam princípios como disciplina, respeito ao próximo, superação, preparação do corpo e da mente etc.) —, como também os instigam a reconhecer o potencial de suas citadinidades a partir da valorização de experiências que emanam da apropriação das ruas e da circulação pela cidade:

> A gente apresenta teatro, artes em gerais, grafite, rap, e aí o moleque vê que a vida é um pouco mais do que o skate. Mas é a partir do skate que conseguimos passear sobre tudo. É uma coisa que a gente passa para as nossas crianças, do nosso projeto. Eu falo para elas aproveitarem que estão conhecendo um novo amigo, para ir à casa dele, passear com ele, andar na pista perto da casa dele. A gente estimula isso em nosso projeto. Isto é um lado muito positivo. É uma forma de conversar mais com as pessoas. (Marcelo Martins, skatista amador e educador do coletivo Love CT, entrevista em 2016)

> Os pais dos alunos passaram a frequentar as aulas para acompanhar o filho porque queriam saber o que estava acontecendo na rua que mudou tanto seu filho para melhor. Através dessa mudança na vida da criança ela acaba ganhando o incentivo da família para andar e isso

> já é uma grande vitória para nós! (Anderson Lucas, skatista amador, depoimento concedido à Revista *Tribo Skate*, n.º 212, 2013, p. 54)

O projeto Love CT: Inclusão e Resgate Skateboarding tem impactado a vida de muitas crianças e adolescentes da Cidade Tiradentes. Há uma ampliação de seus horizontes a partir do momento em que elas se engajam nas iniciativas promovidas. Marcelo Martins relata um caso que lhe deixou orgulhoso:

> As crianças que já passaram pelo projeto, eu até acompanho algumas pela internet para ver qual o impacto que o projeto causa nas ideias delas, eu acho muito louco. Estou vendo muitos moleques bem encaminhados, continuando andando de skate *for fun*. Há duas semanas, um aluno nosso, que começou com a gente em 2011, hoje ele está ingressando na faculdade. É muito louco porque o moleque entrou para fazer engenharia. E agora ele veio me dizer que trocou de faculdade, e está fazendo medicina. O mano continua andando, está estudando e trabalhando com o pai dele na feira. Os outros moleques que não têm essa história de ascensão, mas você vê que são uns moleques que cresceram mais fortes, com essa prática de exercício, com cuidado com a alimentação, você vê uns moleques grandes, fortes, da minha altura. E com umas ideias da hora. Eu não tenho nem cinco por cento de alunos que foram para as drogas após o projeto. No ambiente onde a gente vive, a cada esquina uma biqueira, a gente vê estes moleques num caminho da hora. Muitos moleques estudando, trabalhando, querendo casar. (Marcelo Martins, skatista amador e educador do coletivo Love CT, entrevista em 2016)

Os integrantes do coletivo realizam uma negociação cotidiana através de mediações com diversas esferas a fim de assegurar os rumos do projeto. Assim, estão a todo instante agenciando as possibilidades em vigor: buscam apoios com comerciantes locais, mobilizam a ajuda e doações de pais ou responsáveis pelos alunos, se articulam com alguns políticos, fazem apresentações em escolas públicas, reivindicam a atenção da mídia, solicitam patrocínios do mercado especializado em skate, pressionam agentes ligados ao poder público. A depender da situação acionam diferentes sentidos para a prática do skate: destacam a sua dimensão cidadã, o seu viés citadino, as suas frentes esportivizadas, as suas possibilidades artísticas ou culturais etc.

Há, portanto, uma modulação discursiva por parte dos skatistas para incorporar em seus agenciamentos, ainda que de maneira pontual, a linguagem dos agentes ou instituições com que necessitam lidar.

Uma das principais conquistas do projeto foi o financiamento obtido durante alguns anos sucessivos junto ao Programa para a Valorização de Iniciativas Culturais (VAI),[132] iniciativa regulamentada pela prefeitura de São Paulo para apoiar financeiramente atividades artístico-culturais promovidas em regiões desprovidas de recursos e equipamentos culturais.[133] Ademais, para incrementar os recursos os integrantes também criaram a marca Rua Pura, empreendimento cuja parte das vendas é destinada aos gastos com o projeto.[134]

Imagem 18: Elton Melonio, skatista profissional e integrante do Love CT (foto por Giancarlo Machado)

132 De acordo com Aderaldo (2013, p. 24), o surgimento de uma série de coletivos e movimentos culturais em regiões periféricas e o investimento considerável em políticas orientadas pelo princípio de "cidadania cultural", no começo do novo milênio, "gerou importantes efeitos práticos, como uma sensível multiplicação do número de ONGs dedicadas ao ensino de atividades culturais junto a populações consideradas como social ou culturalmente 'marginalizadas', a ampliação das oportunidades de criação e fruição artística da parte dessas mesmas populações e o fortalecimento de espaços 'alternativos' de produção e consumo cultural, sobretudo nas regiões periféricas dos grandes centros urbanos".

133 Sobre o Programa para a Valorização de Iniciativas Culturais (VAI), ver http://www.prefeitura.sp.gov.br/cidade/secretarias/cultura/fomentos/index.php?p=7276.

134 Informações sobre a Rua Pura em: https://www.facebook.com/ruapura.skateshop.

O projeto Love CT: Inclusão e Resgate Skateboarding galgou prestígio em Cidade Tiradentes em virtude dos seus resultados alcançados. A iniciativa obteve o respaldo, inclusive, dos gestores do CEU Inácio Monteiro, os quais legitimaram, junto ao poder público municipal, a ocupação do espaço onde atualmente funciona a sede do coletivo. Desse modo, os skatistas se sujeitam a eventuais tentativas de burocratização da prática do skate, como as regulamentações que equipamentos públicos (como os CEUs) tentam impor, no entanto, o fato de acatarem certas normas não implica que as suas experiências estejam sendo domesticadas ou que uma eventual tentativa de converter uma prática citadina em uma prática esportiva esteja sendo completamente efetuada.[135] As ações do Love CT propalam que a sociabilidade firmada entre os skatistas em Cidade Tiradentes não está sendo quebrada por lógicas estatais, ou que as suas experiências estão sendo arrefecidas pela lógica de um "empreendedorismo social", tampouco estabilizadas apenas em espaços definidos de antemão. O coletivo revela que os sentidos da prática do skate estão sendo constantemente redefinidos e ampliados a partir do estabelecimento de "pontes comunicativas" (Aderaldo, 2013) com diversas pessoas e contextos.[136]

Foi por meio destas "pontes comunicativas", por exemplo, que Marcelo Martins, um dos representantes do Love CT, foi convidado a compor o conselho gestor do CEU Inácio Monteiro, condição que lhe permite se posicionar em defesa das ações que desenvolve junto aos outros integrantes do coletivo:

> É muito louco. Eu consegui ver nos outros conselheiros que eles valorizam muito o fato de eu estar ali. E eles me valorizam por conta do projeto social que é visível na sociedade. Eles sabem que é impor-

135 No próximo capítulo discutirei detidamente sobre as tentativas de esportivização da citadinidade.

136 Conforme evidenciado por Hikiji & Caffé (2013), para alguns jovens da Cidade Tiradentes — como os envolvidos com o universo do hip hop, por exemplo —, a chegada dos CEUs representou a emergência de muros "cada vez mais altos" que impactaram a sociabilidade local que se dava nos espaços públicos do distrito. Desse modo, certos elementos deste universo — como rap, break dance e graffiti — passaram a ser incorporados e, consequentemente, burocratizados pela instituição. Na visão de alguns jovens retratados no documentário "Lá do Leste", que originou o livro de mesmo nome (organizado por ambas as autoras acima mencionadas), a emergência de muros representa uma desagregação do Hip Hop que tem culminado na "perda de sua linguagem". No caso do skate, alguns skatistas contatados eventualmente argumentavam que tais espaços gerenciados por lógicas institucionais tiram a "essência do skate" — ou seja, a prática nas ruas —, no entanto, conforme expresso neste subtópico, para além de um certo distanciamento, o que as ações do coletivo Love CT demonstram é que os skatistas negociam a utilização de todos os espaços disponíveis na Cidade Tiradentes, embora valorizações diferentes sejam atribuídas a cada um deles.

tante para eles, eles sabem da falta de recurso que a gente tem para o desenvolvimento do projeto. O CEU é uma coisa que está voltada diretamente ao crescimento das crianças no bairro, e isto se deve também ao trabalho do coletivo Love CT. (Marcelo Martins, skatista amador e educador do coletivo Love CT, entrevista em 2016)

Vale ressaltar que a iniciativa também já foi pauta de alguns meios de comunicação — como Diário de São Paulo e o Jornal SPTV (Rede Globo), por exemplo — e, inclusive, virou tema do documentário "Love CT: Nunca Desista de seus Sonhos", produzido por Tristan Zumbach, *videomaker* e skatista suíço que teve a oportunidade de acompanhar, ao longo de algumas semanas, o cotidiano do projeto realizado no extremo leste paulistano.[137]

Imagem 19: Marcelo Martins e Anderson Lucas compartilham experiências com as crianças participantes das aulas de skate ofertadas pelo Love CT em Cidade Tiradentes. Marcelo Martins veste uma camiseta com os escritos *Rua Pura* (foto por Giancarlo Machado)

137 Disponível em: https://www.youtube.com/watch?v=uJNr45S3Uvk. Acesso em 9-8-2016.

Os skatistas do Love CT, com efeito, por meio de suas manobras repolitizam os significados de uma cidadania muitas vezes almejada para jovens oriundos de camadas populares e moradores de áreas periféricas, o que não quer dizer, todavia, que estão a participar como profissionais da política, mas sim, como já aventado por Joseph (2004) ao analisar outras práticas citadinas, que cotidianamente "jogam o jogo", isto é, que se posicionam e tomam parte em certas iniciativas que estão sendo executadas, além de agenciarem suas próprias demandas. Nesse sentido as ações do Love CT expõem que os skatistas se prostram como sujeitos de direitos e que, outrossim, através de suas "sociabilidades alargadas" (Agier, 1999) e das associações que provocam entre elementos heterogêneos, a própria "noção de 'periferia' deixa de ser vista como um simples espaço marcado pela carência para se constituir como o *lócus* de fabricação da própria cidade" (Aderaldo, 2013, p. 96).[138]

Sobre as calçadas: a prática do skate nas novas centralidades paulistanas

As ambivalências que permeiam o universo do skate de rua não se circunscrevem apenas a imponentes espaços públicos que toleram uma confluência de práticas citadinas (como a Praça Roosevelt), a regiões onde ocupações populares são patentes (como o centro metropolitano) ou ainda a equipamentos urbanos obsoletos e degradados (como uma borda de concreto localizada ao lado de uma escada embaixo de um viaduto) e tampouco a contextos periféricos marcados por certas limitações urbanísticas (como em Cidade Tiradentes). Elas ocorrem na medida em que os *picos* são descobertos, utilizados e apropriados (seja de modo efêmero ou mais duradouro). Portanto, como os *rolês* para tais fins são intermitentes, a coexistência de disputas, negociações, subversões e intervenções se fazem presentes de maneira regular em incontáveis espaços da cidade, inclusive em áreas enobrecidas onde a presença, circulação e manobras dos skatistas são consideradas como incabíveis e, por vezes, repugnantes.[139] É

138 Os pressupostos de Aderaldo (2013) se valem de sua etnografia realizada com coletivos culturais atuantes nas periferias paulistanas. Embora o foco de tal autor sejam jovens envolvidos com produções audiovisuais, as suas considerações se aproximam do contexto etnográfico investigado para fins da presente publicação.

139 Diversas outras pesquisas também já analisaram, em diferentes metrópoles do mundo, as repressões atribuídas à prática do skate quando realizada em áreas centrais. Para outras análises, ver

o que acontece, por exemplo, no quadrante sudoeste paulistano, sobretudo nas três principais avenidas que compõem as novas centralidades da cidade: Avenida Paulista, Avenida Faria Lima e Avenida Berrini.[140]

As avenidas em questão são gerenciadas a partir dos anseios que emergem da associação e disputas entre grupos corporativos, instituições privadas e poderes públicos.[141] Além de se constituírem como importantes centros financeiros, elas também são marcadas por muitas atrações, empreendimentos empresariais e ofertas de serviços. Ao longo de suas extensões e redondezas é possível encontrar museus, bares, cinemas, restaurantes, shoppings, clubes, estações de metrô, além de majestosas edificações verticais que abrigam sedes de bancos, empresas multinacionais e demasiados escritórios e salas comerciais. Os seus planejamentos foram assinalados por estratégias neoliberais com vistas a atender as demandas das centralidades das quais fazem parte. Em razão disso as avenidas tiveram as suas condições arquitetônicas e urbanísticas remodeladas a fim de promover segurança, limpeza e ordenamento espacial em seus limites. Essas prioridades ficam evidente em recentes políticas urbanas, como nas propostas de suas reformas.

A que ocorreu na Avenida Faria Lima, por exemplo, é prova dessa constatação. Anunciada pela prefeitura de São Paulo em 2012, a iniciativa visava trazer uma série de melhorias estruturais para o local, como acessibilidade, iluminação, padronização das calçadas e dos mobiliários urbanos. De acordo com a assessoria de comunicação da prefeitura:

> Quando as obras estiverem concluídas, os transeuntes serão beneficiados com uma calçada mais larga, rotas de orientação, mais facilidade para atravessar na faixa de pedestres, passeio e postes de iluminação com foco maior no pedestre e não mais nos veículos. ("Revitalização da Avenida Faria Lima tem acessibilidade e padronização de calçada". Disponível em: http://www.prefeitura.sp.gov.

Humphreys (1997), Borden (2001) e Nolan (2003).

140 É importante ressaltar que, de acordo com Frúgoli Jr. (2000, p .41), "a expansão da centralidade de São Paulo (assim como sua dinâmica metropolitana mais ampla) seria fruto de um processo excludente de concentração de investimentos públicos, de concentração de renda e de poder".

141 Para considerações mais detalhadas sobre os processos que levaram tais avenidas a se constituírem como centralidades paulistanas, ver Frúgoli Jr. (2000). Um dos interesses de tal autor é reconstituir e analisar como a centralidade foi "redefinida, articulada e negociada pelos grupos sociais dominantes no período mais recente da vida urbana de São Paulo, comparando, numa perspectiva sincrônica, o contexto de três espaços significativos [...] cuja territorialidade se define a partir da conjunção particular de instituições e atores sociais" (Frúgoli Jr., 2000, p. 43).

br/cidade/secretarias/subprefeituras/calcadas/index.php?p=37451. Acesso em 9-12-2015)

O croqui das intervenções deixava claro que os objetivos do projeto de renovação urbana seriam: 1) requalificar a paisagem urbana; 2) ordenação do espaço público; 3) valorizar a circulação de pessoas.[142] Portanto, com base naquilo que fora divulgado, é possível perceber que este mais novo embelezamento estratégico da cidade visava, dentre outros anseios, alterar a paisagem de modo a priorizar a circulação de pessoas em detrimento das apropriações que elas fazem de seus espaços. Por conta dessas intenções, como nos lembra Frúgoli Jr. (2000, p. 21):

> [...] é necessário atentar para a diferença que há entre premissas e intenções de determinados projetos urbanos e suas realizações concretas, já que a complexidade da conexão entre as intenções técnicas e as decisões políticas pode resultar em diversas formas de exclusão social, mesmo dentro de projetos, a princípio, igualitários.

Ao partir dos pressupostos de Zukin (2000) é possível considerar que as avenidas Paulista, Faria Lima e Berrini se transformaram, com efeito, em "paisagens de poder", ou seja, em paisagens marcadas por uma estética sintomática de certas pretensões políticas e econômicas.[143] Por esse ângulo, conforme assinalado por Rolnik e Frúgoli Jr. (2001), a implementação dessas novas territorialidades provocou deslocamentos de setores populares bem como um gradativo desaparecimento de certos espaços públicos articulados a um forte modelo de exclusão territorial. A fim de priorizar práticas de consumo, valorização de imóveis e circulação de capitais, as avenidas foram constituídas por diversos "enclaves fortificados" (Caldeira, 2000) detentores de uma série de dispositivos de controle que demarcam fronteiras físicas e simbólicas e que provocam impactos nos usos e apropriações citadinas de seus espaços. Desse modo, tais "enclaves fortificados", expressos na forma de conjuntos de escritórios, shopping centers, escolas etc.,

142 Disponível em: http://www.prefeitura.sp.gov.br/cidade/secretarias/subprefeituras/calcadas/index.php?p=37451. Acesso em 9-12-2015.

143 E ainda, segundo Zukin (2000, p. 106), a paisagem — como as das avenidas Paulista, Faria Lima e Berrini — "é uma poderosa expressão das restrições estruturais de uma cidade. Com frequência, o que observamos como paisagem — aquilo que é construído, escondido e que resiste — é uma paisagem de poder".

> [...] partilham algumas características básicas. São propriedades privadas para uso coletivo e enfatizam o valor do que é privado e restrito ao mesmo tempo que desvalorizam o que é público e aberto na cidade. São fisicamente demarcados e isolados por muros, grades, espaços vazios e detalhes arquitetônicos. São voltados para o interior e não em direção à rua, cuja vida pública rejeitam explicitamente. São controlados por guardas armados e sistemas de segurança, que impõem as regras de inclusão e exclusão. São flexíveis: devido aos seus tamanhos, às novas tecnologias de comunicação, organização do trabalho e aos sistemas de segurança, eles são espaços autônomos, independentes do seu entorno, que podem ser situados praticamente em qualquer lugar. (Caldeira, 2000, p. 258-259)

As paisagens das avenidas Paulista, Faria Lima e Berrini, as quais são gerenciadas como meras mercadorias, tentam mascarar desigualdades, segregações, violências e assimetrias de poder, condições que limitam o direito à cidade a determinados setores da população. Os "parceiros da exclusão", denominação proposta por Fix (2001) para designar as articulações entre capital e Estado que orientam certas políticas urbanas, vêm agindo nestes locais de modo a obliterar — e até mesmo reprimir — características fundamentais da vida citadina em prol da manutenção dos anseios do mercado imobiliário, do capital financeiro e de demais lógicas de consumo.[144] Dessa forma são criados diversos mecanismos para normatizar e ordenar as ocupações que se processam nas avenidas a fim de manter nelas uma coerência visual e espacial e um ambiente acolhedor sobretudo para profissionais do setor terciário, consumidores, turistas e grupos sociais mais privilegiados.[145] Por conseguinte

144 Segundo Frúgoli Jr. (2000, p. 25) as novas centralidades paulistanas são cenários onde "articulam-se intervenções urbanas de caráter mais pontual, muito marcadas pela aliança entre interesses do capital e do poder público, num contexto de crise tanto da perspectiva modernista — que era a de tentar criar, com todas as contradições, soluções sociais de caráter abrangente — como do próprio poder público — basicamente sua incapacidade gradativa de investimentos sociais. Isso resulta em processos marcados por práticas excludentes, já que, entre outras coisas, tais intervenções estão sobretudo norteadas pelo mercado, tendo como público preferencial as classes médias e altas".

145 Ao comparar a presença de trabalhadores e skatistas em "paisagens de poder", Howell (2001, p. 2) considera que "Um trabalhador de escritório contribui com seu trabalho e assegura o funcionamento da cidade; um trabalhador de escritório é produtivo. Um skatista, por outro lado, entra no caminho das pessoas e causa desgaste nos bancos; um skatista é destrutivo. Dado que o centro da cidade está planejado para o uso comercial, está claro por que o design do espaço deve conside-

são estabelecidos usos, funções, marcadores sociais e moralidades tidas como mais aceitáveis, ao passo que as que não se encaixam nas estratégicas pretensões são tratadas como desviantes, indisciplinadas e marginais e que por isso devem ser combatidas por estarem "fora do lugar".[146]

Os combates contra os "foras do lugar" cotidianamente acontecem nas "paisagens de poder" das centralidades paulistanas, no entanto, as suas ocorrências não reverberam que as estratégias empregadas em prol de comportamentos disciplinados e de uma civilidade consumista estejam sendo bem-sucedidas. Por mais que haja toda sorte de dispositivos de controle espalhados pelas avenidas Paulista, Faria Lima e Berrini, eles ainda assim não são suficientes para conter a presença daquelas pessoas que, sob certas óticas, são consideradas "indesejáveis". Pessoas em situação de rua, artistas, crianças pedintes, jovens arruaceiros, vendedores ambulantes, hippies, pichadores, usuários de drogas ilícitas, assaltantes etc.: por meio de um olhar "de perto e de dentro" (Magnani, 2002) é possível constatar a assiduidade destes e de muitos outros citadinos que embaralham certos ordenamentos espaciais e moralidades públicas. Por meio do "vernacular" (Zukin, 2000, p. 106), eles resistem às restrições estruturais e as premissas esperadas pelos agentes e instituições responsáveis pelos gerenciamentos das avenidas e, mesmo desprovidos de poder, criam uma tensão que incomoda certas imposições que lhes são destinadas.

A prática do skate, conforme já adiantado no início deste subtópico, também se faz presente com veemência nestes espaços enobrecidos de São Paulo. Embora as "paisagens de poder" estratifiquem atividades e dinâmicas relacionais, os skatistas se preocupam em ocupá-las em razão de suas centralidades na cidade, das experiências e desafios que elas propiciam e também por conta das tessituras de seus equipamentos urbanos: bordas e quinas de mármore e granito, corrimãos de inox e metal, bancos

---

rar um trabalhador de escritório enquanto um membro do público e um skatista na condição de alguém incômodo" (Tradução minha). Portanto, a presença do trabalhador nesses espaços é vista como produtiva, ao passo que o skatista, bem como suas ações, é visto como destrutivo, sendo, por isto, passível de ser banido.

146 É possível ponderar que os rótulos de "no" e "fora do" do lugar podem ser muito simplistas, visto que a transgressão é sutil e pode operar simultaneamente em múltiplas escalas. Alguns sentidos do skate, bem como espaços praticados, são tidos como mais legítimos que outros, assim, um skatista pode estar tanto "no lugar" como "fora do lugar" ao mesmo tempo. Isso revela os problemas e inconsistências na regulação do espaço público. A criação de uma perspectiva do que é certo e errado evoca a imposição de uma paisagem normativa, uma restrição das interpretações dos lugares.

de madeira, calçadas de concreto armado etc. Tais condições sensíveis são atrativas pois possibilitam maior velocidade e deslize aos skates, além de controle rítmico mais apurado aos corpos dos praticantes.

As paisagens das avenidas Paulista, Faria Lima e Berrini foram moldadas para conter certas apropriações citadinas, contudo, em afronta a muitos dos agenciamentos que as controlam, é visando os contornos que lhes foram empreendidos que skatistas de todas as partes da metrópole estão a se deslocar para se apropriarem dos tantos *picos* nelas dispostos. Essas constatações parecem corresponder, pois, com aquelas que Robert Park já chamava a atenção em suas pesquisas feitas na Chicago do século passado: as atuações dos skatistas revelam "o ardor do jovem citadino no seu combate à segregação dos enclaves e do sentimento de pertencer a um local" (citado em Joseph, 1999, p. 28).

No decorrer do trabalho de campo tive a oportunidade de acompanhar a prática do skate nas avenidas Paulista, Faria Lima e Berrini. Conforme averiguado etnograficamente, a inserção dos skatistas em cada uma delas se dá de múltiplas maneiras, a depender de suas aspirações individuais, de seus níveis técnicos, de seus marcadores sociais de diferenças (gênero, classe, raça etc.), do número de pessoas envolvidas, das relações estabelecidas, das artimanhas que acionam nas situações que participam, e do tempo e dos espaços que ocupam. Cada *sessão* de skate é inigualável; todavia, mesmo diante um rol de particularidades é possível traçar considerações gerais que permitem problematizar o exercício de sua prática nas "paisagens de poder" paulistanas.

Em minha dissertação de mestrado (Machado, 2011) apresentei algumas dessas características, porém relativas apenas à Avenida Paulista. Como elas podem ser aplicadas às demais ora investigadas, considero viável recuperá-las no presente livro com vistas a desdobrar as análises a partir de um quadro atualizado e consistente que entrelace dinâmicas espaciais, relacionais e corporais estabelecidas nas avenidas. O primeiro aspecto a ser assinalado diz respeito ao momento em que a prática do skate se tornou regular e ganhou visibilidade em cada uma delas. Os incontáveis *picos* presentes nas extensões da Paulista, Faria Lima e Berrini são alvos dos skatistas desde a década de 1990, no entanto, a frequência de seus *rolês* não era tão evidente em razão de uma condição urbanística trivial: muitas calçadas eram revestidas por pedras portuguesas, material que dificulta a circulação das rodinhas dos skates e, consequentemente, a realização de manobras nos lugares *skatáveis* que nelas se dispõem.

Mas, para o agrado dos praticantes, nos últimos anos todas as avenidas abordadas tiveram uma reformulação significativa de suas calçadas. Elas foram padronizadas e cobertas por pisos de concreto armado, logo, as suas condições urbanísticas passaram a favorecer os *rolês* em seus respectivos limites. Com a finalização dos reparos, os quais se deram em momentos distintos, não tardou para que as avenidas se tornassem alvo de skatistas oriundos de diversas partes da metrópole. O skatista profissional Klaus Bohms, ao comentar as reformulações, enfatiza que:

> Sem dúvida que as reformas que a gente viu no chão das calçadas da Paulista, Faria Lima e vários outros lugares da cidade melhoram a prática do skate na cidade. Mas além da prática do skate, melhora a vida do transeunte em geral. Mesmo sem skate as pessoas andam por um chão menos perigoso, não tem buraco, não tem pedra. Não tem perigo das pessoas se machucarem de salto ou andando na pressa. É uma melhoria para a cidade e a gente se beneficia disso. A gente pega uma carona. E por mais que tenha pontos negativos por ter tantos skatistas misturados com as pessoas que estão andando a pé, pelo motivo de algum acidente leve, o skate escapar e bater na canela de alguém, às vezes acontece. Mas o ponto positivo é muito maior, porque a cidade tem muita gente praticando atividades ao ar livre, gente andando de bicicleta, andando de skate, usando qualquer meio de transporte, isto dá uma energia a mais para a cidade. A gente vê uma cidade mais viva, as pessoas se divertindo, usando o espaço público como ele deveria ser usado como se fosse um quintal de todo mundo, e não apenas como um espaço de passagem. (Klaus Bohms, skatista profissional, depoimento concedido ao Programa Olho de Peixe. Disponível em: http://www.programaolhodepeixe.com/site/avenida-faria-lima/. Acesso em 11-8-2016)

Bastou, portanto, a troca dos pisos das calçadas para que as paisagens das centralidades paulistanas ganhassem considerável relevo no universo do skate. As principais revistas especializadas destacaram as suas importâncias. A revista *CemporcentoSkate*, por exemplo, ao se referir à Avenida Faria Lima enfatizou que: "Após a finalização de obras nas calçadas e implantação de ciclovia no canteiro central, a Av. Faria Lima tornou-

-se mais um *pico* disputado da capital paulista".[147] Já a revista *Tribo Skate*, em matéria especial sobre a Avenida Paulista, enalteceu que:

> [...] um lugar onde a pedra portuguesa reinou por quase 40 anos, e depois de um ano de interdições e transtornos fora do comum, se tornou o sonho de qualquer ser levemente racional que já pisou em um skate alguma vez na vida. São bordas de mármores de todos os tamanhos, escadas, *wallrides*, *gaps*, hidrantes, buracos. Tudo cercado por um chão liso, melhor do que da maioria das pistas da cidade. A simples sensação de atravessar os largos quarteirões remando é indescritível. ("O passeio nosso de cada dia". Revista *Tribo Skate*, n.º 161, 2009)

Outra característica que marca as avenidas diz respeito à quantidade de *picos* situados próximos uns aos outros, a qual é superior ao observado em outras partes da cidade. Como elas detêm melhores condições urbanísticas, os skatistas podem circular pelas largas calçadas e utilizar variados obstáculos em sequência e de maneira ininterrupta. Isso faz com que as suas *linhas*, isto é, a sucessão de manobras, se tornem mais fluidas, diversificadas e extensas. O skatista profissional Murilo Romão, por exemplo, foi protagonista de uma parte divulgada no filme intitulado *CityZen* — produzido pela marca de tênis que o patrocina —,[148] em que faz um *rolê* utilizando dezenas de obstáculos dispostos ao longo de toda a Avenida Paulista. O seu intuito foi mostrar as potencialidades do local para a prática do skate e, para isso, teve a proeza de realizar manobras de uma extremidade a outra, desde a Praça Oswaldo Cruz até a esquina com a Rua da Consolação.

A partir da gestão do prefeito Fernando Haddad (PT, 2012-2016), Paulista, Faria Lima e Berrini foram contempladas com significativos trechos de ciclovias. A qualidade de seus pisos tornou-se propícia não apenas para bicicletas, mas também para a circulação de skates. Com as suas instalações, muitos praticantes passaram a utilizá-las, como é o caso dos adeptos do *longboard* e *cruiser*, tipos de skates que permitem melhor mobilidade em virtude de suas rodas maiores e mais macias. Os adeptos

147 "Faria Lima". Disponível em: http://cemporcentoskate.uol.com.br/fiksperto/faria-lima. Acesso em 9-8-2016.

148 O vídeo pode ser visualizado em: https://www.youtube.com/watch?v=aP3AudvX3PE.

do *street skate*, modalidade que constitui o foco da presente investigação, também utilizam as ciclovias, entretanto, é mister reiterar que as suas preferências ainda assim se concentram nas calçadas. O motivo para tanto é óbvio: as ciclovias geralmente apresentam um desenho mais uniforme e contam com poucos *picos*, ao passo que as calçadas são repletas de obstáculos que instigam a realização de manobras.[149]

Apesar da plasticidade dos corpos em interação com as paisagens, a rápida circulação dos skatistas por entre os *picos* é alvo de muitas reprovações por parte de transeuntes que caminham pelas calçadas: xingamentos, reclamações e olhares raivosos foram algumas das reações observadas. A possibilidade de choques é iminente, dado os diferentes ritmos em voga, portanto, cabe ao praticante ter técnica, equilíbrio e atenção apurada a fim de evitar eventuais solavancos que culminem em lesões entre os envolvidos. Malgrado os cuidados de alguns e a imprudência de outros, a ocorrência de dissabores envolvendo skatistas é evidente, visto que as calçadas são marcadas por considerável fluxo de pessoas que andam a pé disputando a inserção e a locomoção pelos seus espaços. O skatista profissional Murilo Romão considera que quando está em ação:

> Se você for ver, o skate tem maior gás perto da galera que está caminhando. É uma velocidade grande. Bike também. Normal. É só tomar cuidado, né! Porque quem vê a gente andando de skate na rua não sabe que temos noção do que estamos fazendo. Aí o cara pensa que o skate pode escapar a qualquer momento. Pode escapar, mas a gente sabe que está andando na rua e que é perigoso escapar o skate. Então a gente está sempre esperto. Só que eles [os demais pedestres] não, eles acham que a gente está na loucura, que vai cair a qualquer momento, que o skate vai na canela de uma velhinha. Pode acontecer, mas é muito difícil. (Murilo Romão, skatista profissional, entrevista em 2016)

Os *picos* situados nas avenidas estão dispostos em dois tipos de espaços: em espaços públicos (calçadas, praças, pontos de ônibus, estações de metrô etc.), onde os skatistas conseguem permanecer por mais

---

149 Conforme constatado etnograficamente, após a criação das ciclovias muitas pessoas que utilizam as avenidas passaram a clamar que a prática do skate deveria se restringir a elas, todavia, o que se vê cotidianamente é que as calçadas ainda assim continuam sendo apropriadas pelos skatistas.

tempo; e em espaços privados (fachadas de bancos, de empreendimentos empresariais, de prédios residenciais, de galerias comerciais, dentre outros), sendo estes permeados por dispositivos de vigilância e por regras de acessibilidade.

Imagem 20: Corrimão disposto na área externa de prédios empresariais situados na região da Avenida Berrini (foto por Giancarlo Machado)

Quanto aos espaços públicos, na avenida Paulista há algumas áreas que são reconhecidas como pontos de encontro de skatistas, dentre elas, Praça do Ciclista, Praça Oswaldo Cruz e as calçadas situadas em frente a Caixa Econômica Federal (prédio entre as estações Consolação e Trianon-MASP do metrô). A frequência de skatistas nesses locais é usual, em dias úteis e, sobretudo, aos finais de semana. Mas aos domingos, quando há o fechamento da avenida para carros e a sua abertura para pedestres, é quando se dá a ocupação mais expressiva.[150] É nesse dia específico que os skatistas aproveitam para andar de skate sem tantas preocupações, visto que há menor possibilidade de repressão, conflitos e aborrecimentos. As suas manobras tornam-se, com efeito, mais uma atração do local:

> O skate toma na Paulista um aspecto meio artista de rua. Têm as bandas, os caras que imitam o Michael Jackson e têm os skatistas. Muitas vezes tem gente que para para tirar foto. A galera para para ver mesmo andando. Pelo menos a *crew* que eu andava na Paulista, o pessoal era muito empolgado. Quando alguém acertava uma manobra batia palma e chamava a atenção. O transeunte está aberto a este tipo de intervenção no caminho dele. Eu acho. Mas também há pessoas que estão ali, principalmente que passam ali direto, que devem encher o saco delas. Mas como a gente vai mais ao fim de semana, domingo, quando a Paulista está fechada, realmente é uma atração. A galera para ali, senta para ver e acha animal. Por ser um ponto turístico, isto ameniza. (Filipe Maia, skatista amador e jornalista, entrevista em 2016)

Na avenida Faria Lima, por sua vez, os espaços de referência são Largo da Batata e *Beco do Valadão*.[151] Ambos, sobretudo este último, concentram a presença de skatistas em diferentes horários e dias da semana. Já a Avenida Berrini, ao contrário das demais, ainda não possui um *pico* ou área específica que seja reconhecida por comportar cotidianamente as suas experiências corporais e relacionais. Em todas as avenidas os skatistas conseguem, portanto, se inserir nos espaços públicos e realizar as suas manobras nas brechas encontradas em meio ao intenso trânsito de pes-

150 O projeto Paulista Aberta, o qual fora sancionado pelo prefeito Fernando Haddad (PT) em 2016, legitimou ao menos durante um período específico de um dia da semana a ocorrência de práticas citadinas e de lazer ao longo da avenida Paulista. A ausência de carros faz com que as pistas sejam ocupadas por milhares de pessoas a partir de suas próprias lógicas. Famílias caminham a passos lentos; crianças fazem suas brincadeiras no asfalto; moradores do entorno caminham com seus cachorros; jovens se reúnem para fazer piqueniques; pessoas provenientes de várias partes da cidade se aglomeram para dançar, jogar bola, andar de bicicleta e até fazer churrasco; turistas acompanham apresentações artísticas e pocket shows de bandas dos mais variados estilos; vendedores ambulantes se esquivam da fiscalização para incrementar seus rendimentos; enfim, incontáveis motivações para apropriação da Avenida Paulista podem ser observadas aos domingos.

151 As apropriações que são feitas do "Beco do Valadão" serão apresentadas no próximo tópico.

soas que circulam pelas calçadas. As repressões à prática eventualmente acontecem quando policiais ou guardas metropolitanos resolvem cessá-la amparados na justificativa de que os praticantes correm o risco de atropelar e machucar transeuntes, sobretudo idosos, ou quando moradores, síndicos de prédios ou trabalhadores locais os acionam para conter barulhos excessivos (como no período da madrugada) ou certas algazarras promovidas que se destoam das moralidades esperadas para as "paisagens de poder" paulistanas.

Os *picos* situados nas fachadas de espaços privados também são utilizados pelos skatistas. Eles são os mais desejados em virtude de suas qualidades materiais, entretanto, as apropriações que deles são feitas se dão apenas em situações esporádicas e por determinado perfil de praticante (geralmente amadores e profissionais detentores de excelência técnica). As fachadas, como já fora indicado, são permeadas por uma série de dispositivos que visam controlar o acesso ao interior de prédios e demais tipos de estabelecimentos. Câmeras, alarmes, grades, equipe de seguranças são posicionadas a fim de vigiar e conter apropriações indesejáveis que atrapalhem os propósitos esperados por cada empreendimento. Todas essas e outras barreiras dificultam a realização da prática do skate, todavia, mesmo assim há skatistas dispostos a desafiá-las a fim de conseguirem acertar as suas respectivas manobras.[152] A possibilidade de repressão, principalmente por parte dos seguranças que zelam pelas propriedades, é inegável. Basta o barulho das rodinhas e o estalar das madeiras dos skates nos limites das fachadas para que eles rapidamente entrem em ação.

> Na Faria Lima e Berrini eu sinto repressão. Os seguranças vêm babando. Por ser bastante comercial, prédios privados, a repressão não é nem policial, mas de segurança. A liberdade que você tem na Paulista para andar é diferente da que você tem na Faria Lima. A Faria Lima é menos ponto turístico, é menos amigável ao público. Mas é um público com mais grana, a galera tem mais receio do skatista. (Filipe Maia, skatista amador e jornalista, entrevista em 2016)

Consoante ao presenciado, alguns seguranças fazem abordagens que prezam pelo diálogo e pelo entendimento com os skatistas, ao passo

152 Os skatistas que ousam encarar *picos* situados em fachadas de propriedades privadas são, comumente, detentores de níveis técnicos avançados, como amadores e sobretudo profissionais da modalidade *street skate*.

que também há aqueles que não medem esforços para enquadrá-los com certa truculência, por vezes com violência. Para se desvencilharem das eventuais negações ou embates, os praticantes adotam uma série de táticas que visam superar as regras de controle dos espaços onde se situam os *picos*, quais sejam, tentar ocupá-los em horários em que a movimentação de pedestres não seja tão intensa — como de madrugada ou na parte da manhã de fins de semana e feriados —, não envolver muitos participantes em uma *sessão* para não chamar a atenção dos seguranças e combinar de antemão as reações que tomarão caso sejam repreendidos. Didi Wanks, skatista amador, relata que:

> Tem o *pico* que você sabe que pode andar, e tem *pico* que não tem o que fazer. Vai vir o segurança e você vai pedir desculpas. Mas a vontade é tão grande que você negocia mais uma tentativa. Você tenta virar o jogo. Você tenta mais uma vez, daí o cara vem. Até ele perder a paciência. Mas eu não gosto de desrespeitar, principalmente quando o segurança é gente fina, pede com educação. Aí a gente respeita, é o trabalho do cara. (Didi Wanks, skatista amador, entrevista em 2016)

De acordo com a perspectiva dos skatistas contatados, as avenidas Faria Lima e Berrini (sobretudo esta última) são os locais da cidade onde há maior possibilidade de repressão. As *sessões* realizadas em seus *picos* são permeadas por desafios, logo, a depender de quais sejam eles, é necessário acionar outras táticas ainda mais astuciosas. O skatista profissional Luiz "Apelão", por exemplo, esteve na Avenida Berrini — sem portar seu skate, diga-se de passagem — apenas para mapear os *picos* disponíveis e para estudar a melhor maneira de utilizá-los. Após isso retornou ao local para deixar as suas marcas em diversos equipamentos, muitos deles situados em fachadas de propriedades privadas. A sua artimanha, tal como frisa abaixo, foi eficaz:

> Eu fui uns dias antes lá, analisar os *picos*, perguntar até que horas funcionava. Fui sem skate, tirei fotos dos *picos*. Perguntei se abria de domingo, se tinha segurança, essas coisas. Dei uma analisada. Até que deu para fazer. Tinha um *pico* lá que andei, que é uma *transição*, este *pico* é muito proibido. Mas eu dei sorte de ter conseguido andar nele. Mas a maioria da galera que vai nele, tenta uma, duas, três

> vezes no máximo e já embaça. Quando eu gravei foi num domingo. É o único dia que dá. (Luiz "Apelão", skatista profissional, entrevista em 2016)

Outra situação que chamou a atenção do decorrer do trabalho de campo foi a espera ansiosa dos skatistas pelos jogos da seleção brasileira de futebol durante a Copa do Mundo de 2014.[153] Nesses instantes específicos, aproveitando-se do esvaziamento das avenidas e das atenções voltadas às partidas futebolísticas, vários deles puderam andar em *picos* situados em propriedades privadas que são demasiadamente vigiadas. Foram, segundo os interlocutores, chances únicas para se apropriarem de alguns dos obstáculos mais cobiçados de São Paulo.

Assim sendo, as apropriações de *picos* situados em espaços privados comumente acontecem de maneira rápida. Nesses casos o que está em jogo não é apenas a qualidade das manobras, mas também a superação das proibições impostas. São essas conquistas que fazem um *rolê* ser bem-sucedido:

> Essas avenidas maiores são boas por conta disso. Você vai num *pico* proibido, se não rolar, você anda mais um pouco e já tem outro próximo. Aí você vai pingando de *pico* em *pico* e faz o *rolê* do dia. (Luiz "Apelão", skatista profissional, entrevista em 2016)

> O ponto positivo é que a avenida é lisa do começo ao fim. Então você consegue andar sem parar nela, direto. E também tem vários *picos* para você parar e mandar manobras. O ponto negativo é que é muito cheio de gente, é um lugar de prédios comerciais, é passagem de gente o tempo inteiro. E por serem prédios comerciais, eles seguem a norma de não deixar ninguém andar de skate na frente daquela calçada, eles se responsabilizam pela fachada do lugar. Mas ambos os pontos negativos a gente consegue burlar e se divertir com isto. De desviar das pessoas e buscar lugares que não sejam proibidos. De usar a criatividade para achar um lugar que não é tão perfeito, mas que a gente consegue se divertir. Então no final das contas é apenas ponto positivo. Porque também não dá para ter apenas pon-

153 Tal constatação, na ocasião da etnografia realizada durante o período da Copa do Mundo de 2010, também fora assinalada em minha dissertação de mestrado (Machado, 2011).

> tos negativos: de ser tudo liberado para andar e que não tenha gente, porque aí a gente está querendo um skatepark, né? *A diversão é ter os pontos negativos e a gente saber lidar com eles.* (Klaus Bohms, skatista profissional, depoimento concedido ao Programa Olho de Peixe. Disponível em: http://www.programaolhodepeixe.com/site/avenida-faria-lima/. Acesso em 11-8-2016. Grifos meus)

A fim de registrarem as situações em que estão inseridos, os skatistas envolvidos numa *sessão* prezam pela captação de imagens, em fotos ou vídeos, que são utilizadas com diversos fins, sejam pessoais ou profissionais.[154] Essa é uma forma de comprovar a conquista de *picos* situados em "paisagens de poder" da cidade, as sucedidas táticas diante os dispositivos de controle nelas contidos, além da realização da manobra por meio da qual é evidenciado o nível técnico do praticante. Vale ressaltar que câmeras e filmadoras contribuem para mediar relações ou minar certos conflitos estabelecidos com os agentes responsáveis pela vigilância dos espaços, como seguranças, policiais e guardas metropolitanos. Em alguns casos, como demonstrado em minha dissertação de mestrado (Machado, 2011), os skatistas — eventualmente em companhia de fotógrafos e *videomakers* —, quando em *sessão* em equipamentos que não foram planejados para a prática do skate podem argumentar que não estão ali para se divertir, fazer algazarra e tampouco destruí-los, mas, ao contrário, por conta de um trabalho (expresso por meio da captação de imagens) que poderá ser publicado na mídia especializada.

> Acho que isto [portar câmeras e filmadoras] ajuda. Os caras com quem eu filmei [nos *rolês* pela avenida Faria Lima e Berrini] tinham equipamento bom, isso chama a atenção, daí a galera acha que é algo diferente. Acha que eu estou ali para não bagunçar. (Luiz "Apelão", skatista profissional, entrevista em 2016)

Essa tática às vezes é bem-sucedida, todavia, as proibições — e, em alguns casos, as truculências — são mais corriqueiras posto que o skate, conforme já evidenciado, quando praticado "fora do lugar" não raro é associado ao vandalismo, a uma prática marginal que polui e danifica os espaços e equipamentos urbanos.

154 A dinâmica em torno da captação de imagens por parte dos skatistas foi abordada em Machado (2011).

Andar de skate na Faria Lima para mim é *rolê* para filmar. É para explorar *picos* que você já tem na mente. Vai para um *pico* e filma. Se for expulso, vai para outro *pico*. Mas não é para ficar. E a Berrini é pior ainda. É o espaço, com base na minha experiência de *picos* na cidade, é onde tive maior repressão de segurança, maior número de "nãos". Da galera proibir a prática. É diferente, é muito prédio comercial. (Filipe Maia, skatista amador e jornalista, entrevista em 2016)

Imagem 21: Murilo Romão, skatista profissional, confere com os amigos as imagens captadas nas ruas (foto por Giancarlo Machado)

Vale pontuar que os diversos conflitos já ocorridos nas "paisagens de poder" aqui elencadas reverberaram, inclusive, na tentativa de proibição da prática do skate nas calçadas de todo o território do município de

São Paulo. Em 2009 o então vereador Adolfo Quintas (PSDB) formulou o Projeto de Lei n.º 116/2009 com a intenção de regulamentar tal medida coercitiva e restringir o uso de skates apenas a áreas reservadas para seu fim (como as pistas, por exemplo). A propositura não foi aprovada, no entanto, a sua mera criação reflete como as façanhas dos skatistas nas centralidades paulistanas são incômodas a ponto de se tornarem alvo de certas pretensões políticas.[155]

Outras reações à prática do skate nas avenidas vêm se dando a partir de intervenções efetuadas por agentes ou instituições responsáveis pelos gerenciamentos das fachadas das propriedades privadas que resguardam *picos* muito utilizados pelos skatistas. Conforme constatado empiricamente, várias delas — como as situadas nas avenidas Paulista e Faria Lima, por exemplo — tiveram alterações significativas em suas condições arquitetônicas a fim de coibir especificamente a presença de skatistas e, de modo mais amplo, de outros citadinos "indesejáveis". Algumas propriedades instalaram espetos de aço em quinas, substituíram pisos de texturas lisas por texturas rugosas, aumentaram o número de grades e barreiras de ferro, remodelaram o formato de bancos e outros equipamentos, enfim, instauraram, além de uma série de dispositivos de seguranças, diversas parafernálias hostis às pessoas. Trata-se, portanto, de medidas estratégicas que visam anular as possibilidades de os skatistas considerarem certos equipamentos como *picos* para as suas manobras. Um interlocutor frisa que:

> Esse tipo de intervenção das propriedades eu acho mais efetivo, e mais brutal, pois você atua na estrutura arquitetônica da cidade em função de um grupo só. *O skate é tão perturbador que você precisa mexer na sua estrutura para a galera parar de usar.* (Filipe Maia, skatista amador e jornalista, entrevista em 2016)

Já para Murilo Romão, skatista profissional contatado, "eles [os responsáveis pelas fachadas] vão entendendo o skate aos poucos. Eles vão vendo onde a galera está andando mais". Em decorrência desse entendimento das pretensões dos skatistas, as "paisagens de poder" vêm reagindo de modo a fragmentar os espaços de suas fachadas a partir da acentuação

155 As implicações em torno desta tentativa de proibição do skate nas calçadas de São Paulo serão abordadas no próximo capítulo.

de uma série de transformações arquitetônicas. Com efeito, os usos citadinos são preteridos em prol das lógicas aventadas pelos "parceiros da exclusão" que almejam controlar as apropriações das principais avenidas do quadrante sudoeste. Os skatistas tentam se esquivar dessas demarcações, por mais restritivas que sejam, e por meio de seus impulsos fugazes e de suas manobras deslizantes e giratórias instauram "contra-usos" dos espaços (Leite, 2007), ou seja, reações diversas que ganham a conotação de uma tática simbólica de contestação e afrontamento. Posto isso concordo com Howell (2001, p. 21), que salienta que

> A prática do skate é a face do design defensivo; não é um ataque à arquitetura de exclusão, mas, de fato, um sintoma, um componente irredutível de tal arquitetura. Este é um relacionamento simbiótico e irreversível. (Tradução minha)

Ao criarem pontos de tensão eles revelam não apenas as relações de poder a que se submetem, mas também como tais avenidas enobrecidas de São Paulo são permeáveis às suas façanhas. Os *picos* expõem as contradições que perpassam as brechas do público e do privado e comunicam o local ao global por meio das captações de imagens, representações de seus espaços e equipamentos que são propagados intensamente pelos skatistas.

"O engraçado do skate é que se tem meio metro de chão bom, de chão liso, a galera vai andar neste meio metro", relatou o skatista Filipe Maia. Portanto, as "paisagens vazias podem ser enganadoras", como já proclamou Arantes (1997). Todavia, os skatistas não se deixam sucumbir pelas frivolidades do urbano tampouco ao gerenciamento da cidade como mercadoria. Eles clamam pelo direito à cidade, pelo direito de se apropriar de todas as suas partes, inclusive de ter acesso às suas centralidades em vez de se verem dispersos ou confinados em seus respectivos bairros e *quebradas*. É o que se verá também a seguir.

ANDE DE SKATE E CONSTRUA

Além da utilização dos vários *picos* que surgiram após a reformulação das calçadas da Avenida Faria Lima, os skatistas ainda se apropriaram de uma rua que lhe é paralela e transformaram todo o seu espaço com uma série de intervenções. O local em questão é a Rua Matias Valadão, a qual era demasiada curta, sem saída, e que por isto contava apenas com um ponto de táxi em seu interior. Em decorrência desses aspectos, com a revitalização da avenida, o seu asfalto foi coberto por concreto armado, logo, ela passou a estar no mesmo nível das calçadas, condição que a colocou como uma extensão das mesmas.

Livre de carros, com sombras e chão liso. Não custou para que diversos citadinos descobrissem a "nova" Rua Matias Valadão para deixarem nela as suas respectivas marcas. As paredes dos muros que a cercam receberam grafites e pichações. Motoboys que atuam na Avenida Faria Lima eventualmente utilizam parte de seu espaço como estacionamento para motos. Já os skatistas fizeram do seu piso uma espécie de folha em branco que permite a inscrição de múltiplas técnicas corporais. Por se situar entre dois grandes prédios empresariais, a rua ganhou ainda a alcunha de *Beco do Valadão*, forma como é chamada pelos interlocutores da pesquisa.

Para torná-lo mais atrativo, alguns praticantes resolveram colocar em seu interior alguns materiais encontrados ao longo da Avenida Faria Lima. Lixeiras, placas de trânsito, pedaços de madeira, blocos de concreto, banco de carro, cofre, enfim, tudo aquilo que era descartado, tido para muitos como "lixo" ou "entulho", ganhava novas finalidades a partir da prática do skate. No entanto, algo que incomodava os skatistas era o fato de que a permanência desses obstáculos no beco nunca era definitiva. Da noite para o dia todos os seus investimentos e improvisações eram desmanchados por funcionários da prefeitura, policiais, guardas ou trabalhadores dos prédios do entorno. Era preciso, pois, resistir a fim de resguardar o espaço como um *pico* de skate.

Uma alternativa encontrada pelos frequentadores do *Beco do Valadão* foi a construção de obstáculos de concreto. Esta condição material os fixaria no chão e certamente dificultaria as suas retiradas por parte daqueles que tentam coibir a prática do skate no local. O primeiro passo para tanto foi a instalação de um pequeno palco de cimento com cantoneira de ferro afixada em sua borda. O obstáculo permaneceu fixo no espaço, e os skatistas puderam utilizá-lo sem demais problemas. Ao perceberem a possibilidade, os frequentadores decidiram incrementar a construção de outros *picos*. Com o passar do tempo foram feitas, então, novas construções: uma leve inclinação que interliga o chão e a parede (chamada pelos skatistas de *wallride*), um palco largo para manobras de equilíbrios (chamado de *manual*) e ainda um palco curto, porém maior em altura se comparado aos demais, com a superfície de mármore propícia para a realização de manobras de deslize.

A construção dos obstáculos no *Beco do Valadão* foi feita de maneira autônoma e sem a autorização do poder público. Por não contar com o apoio de terceiros, os próprios skatistas que frequentam a Avenida Faria Lima elaboraram táticas com vistas a angariar dinheiro para a compra dos materiais usados nas obras. A principal delas foi o rateio — ou *caixinha*, na concepção dos interlocutores — dos valores estimados entre os principais frequentadores do local. Para efetivar a construção e a reforma dos obstáculos, também criaram um grupo de mensagens no aplicativo WhatsApp. A partir de tal mecanismo os skatistas combinavam *rolês*, agendavam a sua manutenção e compartilhavam demais informações pertinentes a tudo aquilo que acontecia no beco. Segundo informa Caíque Rodrigues, praticante amador oriundo da cidade de Taboão da Serra, cuja presença é assídua no local:

> Muitos moleques não estão trabalhando, ou a mãe não solta [o dinheiro], ou realmente não tem. Às vezes vêm de longe e só têm o dinheiro da passagem. Quanto à mão na massa, temos um grupo no WhatsApp, daí cola todo mundo com os materiais e mão na massa. E todo mundo faz. E a limpeza, fazemos direto. Aqui na Faria Lima temos muitos problemas com isto. Muitos dos próprios skatistas que *colam* lá, tem muita garrafa d'água, para muitos deles falta conscientização. E o lixo vai juntando, chega uma situação em que fica crítico. Aí junta garrafa d'água, papel de comida, saquinho de salgadinho, mais um monte de lixo que eu não sei de onde brota. Quando tem evento no Largo [da Batata] tem comida pra caramba, tem resto de comida, às vezes tem excremento de mendigo, tem cara do skate sem noção que urina ali no canto. Direto a gente compra vassoura, rodo, pá e dura cinco dias. E some. Alguém rouba. Já tivemos problemas deles roubarem corrimão. Deixamos um acorrentado no poste, e sumiu. Um outro sumiu, mas depois apareceu. Mas a mobilização dos moleques é tudo via WhatsApp, e vamos indo assim. E está indo. (Caíque Rodrigues, skatista amador e publicitário, entrevista em 2015)

Os skatistas agenciam a apropriação do *Beco do Valadão* por meio de uma série de atitudes, entretanto, elas não são suficientes para conter outros interesses visados para o local. O estabelecimento de *food trucks* é um deles. A venda de comidas de rua tornou-se uma febre em São Paulo. Inúmeros carros adaptados passaram a circular pela cidade para oferecer guloseimas e bebidas dos mais variados tipos, sendo muitas delas divulgadas sob o rótulo de *gourmet*. O crescimento de tal empreendimento influenciou a aprovação de um projeto de lei municipal que regulamenta não apenas as suas atividades, mas também a ocupação das ruas e demais espaços públicos pelos carros.[156] Nesse sentido, por agora se configurar como uma extensão das calçadas da Avenida Faria Lima, onde impera um intenso fluxo de pessoas, já era previsível que a Rua Matias Valadão passasse a ser disputada por empresários ligados ao ramo, os quais vêm conseguindo, por vias legais, a autorização para estacionar *food trucks* e comercializar seus respectivos produtos no local.

Muitos skatistas ficaram incomodados com a ocupação de *food trucks* que passou a ocorrer diariamente no mesmo espaço em que eles se reúnem. Em suas perspectivas, os carros estacionados e o afluxo de pessoas no local atrapalhariam a prática nos *picos*. Os responsáveis pelos empreendimentos, em contrapartida, se amparavam na autorização formal obtida para utilizar o espaço, logo, prezavam apenas em oferecer boas condições aos seus clientes. Essas diferentes lógicas de apropriação revelaram, destarte, certos conflitos. O interlocutor Caíque Rodrigues relatou a seguinte situação:

> Um tempo atrás tivemos problemas com um dos donos dos *food trucks*. Ele vinha com uma van que tinha um engate, e ele estacionava nos fundos [do beco]. Aí [um *pico*] amanheceu com a pontinha do mármore quebrada. Daí fomos lá, conversamos com o cara, ele expôs a insatisfação com os skatistas. Ele disse que também tinha direito sobre o espaço, e que os caras não respeitavam, quando tinha cliente continuavam andando [de skate]. (Caíque Rodrigues, skatista amador e publicitário, entrevista em 2015)

156 Em 26 de dezembro de 2013, o prefeito Fernando Haddad (PT) sancionou a Lei n.º 15.947/2013, que dispõe sobre as regras para comercialização de alimentos em vias e áreas públicas e dá outras providências. Mais informações em: http://www.capital.sp.gov.br/portal/noticia/2218#ad-image-0.

A insatisfação era recíproca entre alguns skatistas e donos de *food trucks*. Os primeiros se posicionaram como protagonistas das transformações do *Beco do Valadão*, responsáveis por "dar vida" a uma área pouco utilizada da calçada, e que por isso também tinham o direito de se apropriarem quando e como bem entendessem do local. Contudo, a fim de evitar que os conflitos se potencializassem e prejudicassem a prática do skate, os skatistas se colocaram favoráveis ao estabelecimento de um consenso para a utilização do espaço:

> Mas a gente explicou para ele [dono de um *food truck*] que a gente queria apaziguar a história, que fosse um lugar compartilhado, que pudesse ter tanto o *food truck* lá vendendo, quanto os skatistas lá andando. A gente falou que faria umas placas de conscientização. Aí o cara ajudou a pagar a reforma do *pico*. (Caíque Rodrigues, skatista amador e publicitário, entrevista em 2015)

A partir de tais mediações os usos do *Beco do Valadão* passaram a ser menos conflituosos. Os skatistas fizeram algumas placas com orientações que pregavam a convivência harmoniosa com os demais usuários do local. Além disso, estabeleceram que o horário ideal para a prática fosse após as 18 horas, ou seja, quando as atividades dos *food trucks* já estivessem finalizadas. Com efeito, em vez de disputar o espaço, chegou-se ao consenso de que ele seria compartilhado.

A revista *Vice* fez uma matéria intitulada "Um point de skatistas na Faria Lima foi tomado pelos *food trucks*" com a pretensão de abordar diferentes posicionamentos relacionados às situações ocorridas no beco.[157] Segundo a reportagem escrita pela jornalista Anna Mascarenhas, a indisposição entre skatistas e donos de *food trucks* parece ter sido fruto de uma estratégia criada por agentes ligados a prédios comerciais vizinhos à Rua Matias Valadão, os quais fizeram uma mobilização para que o local recebesse a instalação de um *food park*, iniciativa que contribuiria para gentrificar a área e, consequentemente, repelir a prática do skate. O supervisor administrativo do Edifício Conselheiro Paranaguá, imóvel vizinho ao espaço em questão, em depoimento à jornalista evidenciou que a proposta do *food park* "foi maravilhosa, principalmente por 'retirar o barulho e a

157 Mascarenhas, Anna. "Um point de skatistas na Faria Lima foi tomado pelos food trucks". Disponível em: http://www.vice.com/pt_br/read/um-point-de-skatistas-na-faria-lima-foi-tomado-pelos-food-trucks?utm_source=thumpfacebr. Acesso em 30-12-2015.

bagunça' dos skatistas do local". Ele acrescentou que "a Faria Lima é um cartão postal da cidade, não pode abrigar esse tipo de coisa" e que os frequentadores fazem diversas atividades na Rua Matias Valadão, como uso de drogas, sexo e até defecar. Por fim, quando questionado pela jornalista se ele já havia tentado um diálogo com os skatistas, o supervisor administrativo confessou que eles "são radicais... são jovens muito revoltados, não há diálogo", e que foram tentadas alternativas para barrar a prática do skate, como a solicitação para instalação de uma base da Polícia Militar ou da Guarda Civil Metropolitana.

Ao longo do trabalho de campo conversei com skatistas e alguns deles levantaram a suspeita de que certas pessoas ligadas aos prédios também tentaram sabotar os *picos* construídos no *Beco Valadão*. Esta constatação se deve a um fato que os deixou indignados. O mármore que compõe um dos principais obstáculos do local foi quebrado ao meio, no entanto, tal infortúnio não se deu pelo impacto das manobras realizadas, mas em razão de uma ação intencional provocada por alguém que dispunha de ferramentas específicas, como furadeira, pregos e martelo:

> Desta vez agora, o mármore amanheceu quebrado ao meio. Só que você junta as peças, você nota que tem um furinho. Como se alguém viesse com uma furadeira ou um prego... Então vimos que fomos sabotados. Eles viram o obstáculo que faria com que os skatistas parassem de andar. Eu acho que foram os caras dos prédios. Com o *food truck* a gente teve este problema, mas a gente foi lá, conversou com o cara, e ele disse ter problema apenas com os skatistas que não respeitavam. Aí não tivemos mais problemas com os caras do *food truck*. Problema é com os prédios ao lado. Eles reclamam que em horário comercial não dá para trabalhar. Eu sinceramente acho que o barulho atrapalha, mas, você está na Faria Lima! O barulho que tem aqui de carro, de ônibus, de buzina, de engarrafamento, é ensurdecedor. (Caíque Rodrigues, skatista amador e publicitário, entrevista em 2015)

A tentativa de arrebentar propositalmente o mármore foi em vão. Mesmo com o obstáculo danificado, os skatistas continuaram andando de skate no *Beco do Valadão*, esse refúgio citadino em meio a uma "paisagem de poder" detentora de uns dos metros quadrados mais caros de São Paulo. Lá se reúnem, se mantêm visíveis numa área enobrecida e expõem as desigualdades e discriminações a que estão sujeitos. E ainda trocam experiências, estabelecem formas de sociabilidade, fazem até churrascos e se dirigem para outros *picos* das redondezas — como os localizados no Largo da Batata ou na extensão da Avenida Faria Lima — que integram um "circuito" (Magnani, 2012) reconhecido no universo do skate como sendo característico da Zona Oeste paulistana.[158]

158 No entanto, o "circuito" não se restringe à Zona Oeste, visto que se estende para outras partes da cidade.

PARTE II

ENQUADRAMENTOS DA CITADINIDADE

O skate tem tantas características, de tantas coisas misturadas, que não é vantagem a gente tentar categorizar o skate como uma coisa só. Ele é o que você quiser definir. Está lá aquele objeto, e você usa da sua maneira. E eu não vou falar quem está certo, quem está errado. Eu acho isso uma riqueza. Há uma necessidade besta de colocar tudo dentro de caixinhas, para deixar aquilo óbvio, mas a gente deixa tudo raso ao mesmo tempo. Para popularizar, para ser de fácil entendimento, você tem que deixar raso e óbvio, senão não vira. É bom que o skate seja "incategorizável". Por que assim vira uma coisa mais profunda, cada um tem que pensar sobre aquilo e sentir algo daquilo e transformar no quer que seja. (Klaus Bohms, skatista profissional, entrevista em 2014. Grifos meus)

CAPÍTULO 3

SKATE, ESPORTE E POLÍTICA: GOVERNANÇAS DA CITADINIDADE

A CIDADE EM XEQUE

Nos capítulos anteriores foram abordadas diversas implicações e situações em torno da prática do skate nas ruas. Conforme já discutido, as inserções dos skatistas na cidade são marcadas pela coexistência de negociações, intervenções, disputas e conflitos que reverberam múltiplas questões que extrapolam os domínios de uma prática corporal. O skate exprime uma experiência rítmica e fugaz nas calçadas, um ziguezagueante flanar pelas superfícies do urbano que revela a plasticidade de corpos em interação com equipamentos dos mais variados tamanhos, inclinações e texturas. É pelos *picos* que os skatistas fazem seus *rolês*, se apropriam da cidade e se sentem "estrangeiros" em seus próprios contextos.[159] É pela possibilidade de encontrá-los inesperadamente que eles estão a filtrar tudo aquilo que observam em seus cotidianos. Tais

159 De acordo com Simmel (1983 [1908]), a mobilidade pelos espaços urbanos permite as pessoas experimentarem tudo por meio de diversas sensações que proporcionam certo estranhamento que as condicionam se sentirem estrangeiras em suas próprias cidades.

constatações propalam, portanto, que a experiência urbana contemporânea:

> [...] propicia a formação de uma complexa arquitetura de territórios, lugares e não-lugares, que resulta na formação de configurações espaço-temporais mais efêmeras e híbridas do que os territórios sociais de identidade tematizados pela antropologia clássica. Essas configurações tendem a se formar à margem dos territórios que têm sido interpretados como expressão de identidades fortemente enraizadas em determinados lugares, claramente contrastadas e bem definidas. (Arantes, 2000, p. 103)

Se por um lado tais atitudes aprazem os praticantes, por outro elas contrastam com os dissabores que acarretam na rotina conturbada da capital paulista: a prática do skate é intrusiva, produz barulho, traz danos a propriedades e, não obstante, coloca em risco a integridade física de pedestres. Malgrado esses aspectos que a associam a algo marginal, os skatistas, jovens em sua maioria, quando em ação também colocam em xeque determinados ordenamentos esperados por planejadores urbanos. À vista disso é possível considerar que as suas manobras, bem como as suas circulações, repolitizam o cotidiano de uma cidade muitas vezes caracterizada pela sua mercantilização: elas testam a vigilância de seus espaços, dão visibilidade a diferentes formas de segregação, subvertem normas de acessibilidade, esquivam-se de aparatos de controle, deixam, pois, em suspensão as fronteiras entre os centros e as periferias e diluem as dicotomias que opõem as esferas do lazer e do trabalho. Assim sendo, faz-se mister considerar que a "interferência no espaço público e circulação pela cidade estão reconfigurando o espaço público e afirmando a presença ativa desses grupos de jovens na São Paulo contemporânea" (Caldeira, 2012, p. 63).

Embora revele o potencial citadino da metrópole, a presença dos jovens nos espaços urbanos — a depender do tempo e do local que ocupam, de suas motivações e sobretudo de seus respectivos marcadores sociais de diferenças (classe, gênero, raça etc.) — nem sempre é tolerada. Isto traz à tona eventuais criminalizações de suas práticas, além de dar margem para a proliferação de discursos que os tratam na condição de delinquentes. É o que exprimem muitas matérias jornalísticas que geralmente reduzem as suas ações e dinâmicas relacionais a uma suposta desordem que contraria princípios de cidadania que são considerados como socialmente mais aceitáveis para uma boa convivência nas cidades.[160]

Alexandre Pereira (2014b), por exemplo, em sua pesquisa sobre o fenômeno dos *rolezinhos*, evidenciou, a partir de um viés etnográfico, os anseios de jovens moradores de bairros periféricos de São Paulo ao marcarem encontros em um determinado shopping center. Segundo o antropólogo, os participantes — dentre garotos e garotas — vislumbravam encontrar amigos, conhecer pessoas, paquerar, zoar, enfim, realizar um passeio em um imponente centro de consumo. No entanto, devido à considerável concentração de jovens, bem como pela euforia dos presentes, alguns lojistas, administradores e frequentadores do local sentiram-se ameaçados e resolveram acionar a polícia. A ação dos policiais, por sua vez, fora truculenta, logo, em vez de apenas conter os ânimos e as algazarras daqueles mais exaltados, ela contribuiu para causar grandes tumultos e correrias. Em decorrência dessa intervenção, como constatou Pereira (2014b), apesar de lojistas negarem a ocorrência de furtos ou roubos, a grande mídia tradicional destacou que os jovens haviam promovido um "arrastão" no shopping. O enfoque midiático contribuiu, então, para fomentar preconceitos e a criminalização de jovens pobres e periféricos que prezavam não apenas pelo consumo esperado para o local onde se realizava os seus passeios, mas também por encontros e sociabilidades.

Os *rolezinhos* se perpetuaram em diversos shopping centers da capital paulista, entretanto, após tantas polêmicas e truculências por conta da ocupação de tais locais, inúmeros jovens resolveram deslocar os seus encontros para espaços públicos da cidade, como praças e parques. Os eventos continuaram a ser marcados através de redes sociais virtuais, como o Facebook, e as suas ocorrências não dispunham de nenhum tipo de autorização formal por parte dos gestores dos espaços e equipamentos que abrigavam os encontros. É o que aconteceu, por exemplo, em janeiro de 2016, quando um *rolezinho* no Parque Ibirapuera reuniu mais de 12 mil jovens oriundos de toda a região metropolitana. O *site* da Prefeitura de São Paulo noticiou o acontecimento a fim de esclarecer à população

160 Tal constatação tornou-se evidente em alguns protestos ocorridos em São Paulo em 2016, quando jovens estudantes de escolas públicas se manifestaram contra o desvio da verba destinada para a compra de merendas. Diversas mobilizações foram feitas por eles, como atos em vias públicas e ocupações de escolas, no entanto, os seus engajamentos políticos e as suas reivindicações eram ofuscadas por muitas matérias jornalísticas que estrategicamente davam visibilidade apenas a certas transgressões cometidas por alguns dos manifestantes, os quais eram taxados comumente como "vândalos".

que não foi pactuado nenhum acordo para a sua realização. Além disso, conforme nota da Secretaria Municipal de Segurança Urbana:

> Depois da dispersão do "rolezinho", por volta das 21h, foram registrados furtos e atos de agressão à GCM, com detenção de suspeitos. [...] Devido ao grande e inesperado número de jovens que compareceram no parque no último domingo, a SMSU já determinou a duplicação do número de guardas nos turnos da noite aos sábados e domingos. Além disso, a administração municipal, por meio da SP-Turis, já identificou os organizadores do evento e pretende promover uma reunião para pactuar regras nos próximos encontros e evitar que criminosos se infiltrem nas atividades de lazer. ("Esclarecimento sobre 'rolezinho' no Parque Ibirapuera". Disponível em: http://www.capital.sp.gov.br/portal/noticia/9453. Acesso em 20-11-2016)

Com a repercussão negativa dos *rolezinhos* promovidos de maneira espontânea, alguns setores da Prefeitura de São Paulo — no âmbito da gestão do prefeito Fernando Haddad (PT, 2013-2016) — passaram a se posicionar em prol da busca de alternativas a fim de regularizar a ocorrência deste fenômeno juvenil nos limites dos espaços públicos da cidade. A pretensão era a de dialogar com os jovens com vistas a elaboração de um modelo de encontro que pudesse ser apoiado pelo poder público. Em razão disso foram feitos mapeamentos dos *rolezinhos* e de suas possíveis lideranças, reuniões com algumas delas, além do estabelecimento de acordos para incrementar certas ações sociais em meio aos eventos. De acordo com Gabriel Medina, então coordenador municipal de Políticas para Juventude de São Paulo, em entrevista para a revista *Carta Capital*:

> A prefeitura acha positivo que os equipamentos municipais sejam utilizados pela juventude, que a juventude ocupe. A gente tem uma dimensão de que os shoppings não podem ser o único lugar de encontros dos jovens, porque tem a vocação do consumo. Se nós tivermos os espaços públicos, onde eles possam começar a se encontrar e não sejam estimulados ao consumo, eu vejo isso como positivo. E acho também que é uma forma de a gente combater a cultura do medo e a ideia de que as ruas não devem ser ocupadas, de que é perigoso ficar na rua. O que eu acho é o contrário: nós temos que ocupar a cidade porque, quanto mais ocupada ela estiver, mais se-

gura ela vai ser. Na verdade, a prefeitura teve de se colocar à disposição pra receber esses jovens, acho que é um dever nosso abrir os equipamentos, os parques pra juventude se encontrar. ("Rolezinhos migram do shopping para as praças em SP. Entrevista - Gabriel Medina". Disponível em http://www.cartacapital.com.br/sociedade/feitos-em-parques-rolezinhos-funcionam-como-estrategia-de-ocupacao-das-ruas-em-sao-paulo-6724.html. Acesso em 23-11-2016)

Havia um claro incentivo às apropriações dos espaços públicos, no entanto, tal predisposição política causou ganhos e perdas aos participantes dos *rolezinhos*. Os eventos foram chamados de *rolezinhos autorizados*, e, em virtude de sua condição "oficial", eles obtiveram algumas melhorias estruturais que trouxeram maior comodidade aos presentes, como a disponibilização de banheiros químicos e ambulâncias. Além disso, aqueles que se posicionaram na condição de organizadores aproveitaram-se dos apoios institucionais recebidos para promoverem determinadas ações destinadas a jovens oriundos de regiões periféricas, como cursos, oficinas, capacitação profissional, dentre outros. O *rolezinho autorizado* tornou-se, portanto, um mecanismo para encontros e sociabilidades, mas também para fomentar perspectivas profissionais e noções básicas de cidadania.

A voluntariedade juvenil fora incorporada por certas lógicas institucionais que prezavam pelo ordenamento de suas apropriações e pela contenção de suas dinâmicas relacionais a fim de prevenir eventuais desavenças, alvoroços ou qualquer ato ilícito. Nesse sentido, de acordo com nota emitida pela prefeitura para divulgar um *rolezinho autorizado* no Parque Ibirapuera, "para dar segurança aos jovens e frequentadores do Parque, além do efetivo regular de 58 guardas civis metropolitanos (GCM), divididos em dois turnos, outros 25 agentes reforçaram a equipe" em conjunto com 92 vigilantes que atuaram a fim de fiscalizar certas transgressões, como o consumo de bebidas alcoólicas por menores de idade. O *rolezinho autorizado* em questão aconteceu em um espaço demarcado do parque e reuniu cerca de duzentos jovens, número bem inferior ao reunido pelo *rolezinho* que anteriormente havia ocorrido no mesmo local, sendo este sem autorização e regulamentação por parte do poder público, que atingiu a marca de aproximadamente 12 mil presentes.

Os *rolezinhos* constituem apenas um exemplo, dentre muitos outros, de práticas citadinas que estrategicamente são cooptadas por iniciativas institucionais, como as promovidas pelo poder público. Os interesses para tanto são múltiplos, revelando-se, afinal, nos enquadramentos que são feitos da espontaneidade das ações, corporalidades, experiências e sociabilidades em voga entre os participantes, em especial, os jovens. Destarte, tais implicações revelam duas linhas de forças que permeiam as apropriações urbanas que transcorrem em São Paulo:

> [...] de um lado, as lógicas e circuitos de mercado, e as tendências de uma expansiva mercantilização dos espaços e territórios, mas também das formas de vida, modos de ser e habitar a cidade, em seus contextos de referência; de outro, as formas de controle inscritas na produção de gestão desses espaços. (Telles, 2015, p. 24)

A prática do skate, assim como a do *rolezinho*, também está sujeita tanto a criminalizações quanto a uma série de agenciamentos e intervenções que intentam causar impactos nas apropriações que os seus adeptos fazem da cidade. No decorrer do trabalho de campo constatei uma série de ações propostas e efetivadas por múltiplos agentes e instituições no intuito de controlar corpos em movimentos desajustados de determinadas pretensões político-espaciais e com vistas a amenizar os transtornos decorrentes dos usos que os skatistas fazem de espaços e equipamentos urbanos não planejados para as suas manobras. Apesar de reconhecerem as potencialidades do skate muitas dessas ações visavam estabilizar os tantos sentidos que permeiam o seu multifacetado universo em apenas um único viés: o esportivo. Assim, ao tratá-lo como uma prática esportiva passível de regulamentação, certos aspectos incômodos de sua realização eram obliterados ao passo que outros tidos como mais aceitáveis eram enfatizados estrategicamente a fim de que ele fosse mais assimilável por políticas públicas e demais formas de investimento. É o que também constatou Chiu (2007, p.105) ao analisar a prática do skate em Nova York. Segundo o pesquisador, quando o skate "é uma atividade generalizada na cidade, ele é considerado transgressivo e incômodo. *Mas quando as autoridades o consideram como um esporte, ele tem uma razão legítima para existir*" (Grifos meus. Tradução minha).

Ao partir dessas considerações, o objetivo deste capítulo é apresentar diversas mobilizações políticas que prezam pela proeminência da dimensão esportivizada do skate e problematizar os impactos que elas vislumbram provocar no âmbito de sua prática realizada no cotidiano das ruas. Pretende-se revelar, com efeito, como as governanças urbanas paulistanas vêm reagindo, desde meados da década de 1970 até tempos atuais, frente às apropriações citadinas que os skatistas fazem da cidade.

DIFERENTES RUMOS DE UMA MESMA PRÁTICA

A prática do skate tem sido tratada de distintas maneiras desde o momento de sua emergência em São Paulo.[161] Ela se consolidou na cidade na primeira metade da década de 1970, momento em que a ditadura militar vigorava no país, através de jovens de classe média que descobriram as peripécias que poderiam ser feitas em cima de uma prancha de madeira sobre rodas. A modalidade *street skate*, nos moldes como discutido na presente tese, não era realizada neste período. Devido às técnicas incipientes dos praticantes, bem como à parca tecnologia das peças de seus respectivos skates, ainda não havia demasiada preocupação com a utilização de equipamentos urbanos (bancos, bordas, corrimãos, escadas etc.) tendo em vista a realização de manobras, o que não quer dizer, entretanto, que essa falta de atenção para com os *picos* (termo nativo que se tornou corriqueiro apenas a partir da década de 1990) reverberasse na impossibilidade de apropriações de diferentes espaços da cidade.

Inicialmente tido como um brinquedo, o skate logo ganhou as ruas, sobretudo as ladeiras da Zona Oeste e da Zona Sul paulistana, as quais passaram a ser intensamente disputadas por aqueles que se arriscavam a descê-las velozmente. Nesse contexto não existiam espaços construídos especialmente para a sua realização, assim, os praticantes se valiam das ruas a fim de realizarem as suas proezas, dentre elas, a execução de deslizes com as rodas do skate nos asfaltos, movimentos estes característicos do *downhill*, modalidade mais praticada no período em questão.

Em concordância com o que ocorria em outros países, a utilização das ruas rapidamente se tornou um imperativo para os praticantes. Eles enfrentavam o trânsito de carros, as descidas íngremes e a circulação de pedestres e, igualmente, colocavam seus corpos em risco ao prezarem por impulsos cada vez mais velozes e deslizantes. A revista *Veja* noticiou, em matéria publicada em outubro de 1973, este que foi considerado o novo divertimento

161 Embora não seja a minha intenção fazer uma reconstituição histórica detida das controvérsias que marcaram a consolidação do skate paulistano, para fins deste tópico considero necessário apresentar apenas um breve balanço dos relacionamentos marcados por distâncias e proximidades entre skatistas e determinados agentes políticos e setores do poder público.

dos jovens paulistanos. Ao tratar o skate como uma espécie de "surfe de asfalto", a notícia chamou a atenção para "as incríveis firulas que a imaginação e a temeridade podem despertar", além das inconvenientes "quedas duras":

> O único problema é que as inevitáveis quedas para quem está começando a aprender, ao contrário do surfe, são sobre o asfalto. [...] No mais, é só começar a correr, despencar ladeira abaixo, e enfrentar os inevitáveis tombos — o skate não tem breques; se ele parar numa guia ou numa pedra, antes do final da ladeira, o restante da descida fica por conta das pernas do praticante. ("Surfe de asfalto". Revista *Veja*, n.º 268, 24 de outubro de 1973, p. 58)

As "quedas duras" culminaram em muitas lesões aos skatistas: braços quebrados, pés torcidos, ombros deslocados, joelhos ralados. Em alguns casos mais greves ocorreram, inclusive, até mortes. Em vista disso, se por um lado a prática do skate começava a atrair o interesse dos jovens — que encontraram nela uma fonte de prazer, desafio e emoções —, por outro ela passou a importunar certos adultos que estranhavam os princípios de sua realização. Nesse sentido tais aspectos incômodos, quais sejam, os riscos aos corpos e a inserção acautelada nas ruas, impulsionaram, segundo o historiador Leonardo Brandão (2014, p. 41), o aparecimento de muitas medidas repressivas, como a utilização da força policial como um modo de frear a sua propagação na cidade. Diversos embates passaram a acontecer envolvendo jovens e policiais, incluindo um episódio que fora noticiado pela revista *Manchete*, em 1975, como "A guerra do skate". Tal situação se deu numa ladeira do bairro Morumbi, quando mais de cem skatistas se dedicavam às suas atividades. Eles foram surpreendidos pela presença de vários policiais armados com metralhadoras que, além de cessarem a prática, também levaram alguns dos presentes presos.

Aquilo que surgiu como uma mera brincadeira paulatinamente adquiriu novas feições a ponto de ser criminalizado. Brandão (2014), ao partir das recordações de praticantes paulistanos, enfatiza que a prática do skate se tornou, inclusive, proibida na cidade no ano de 1975. De acordo com o skatista Bruno Brown, em entrevista cedida ao historiador acima mencionado,

> Por causa da quantidade de pessoas, balbúrdia e tal, ficava por volta de quinhentos skatistas ou mais nessa rua [Rua Doutor Queirós

Guimarães, no Morumbi], e carro e moto, aí começou a dar muito acidente, e aí proibiram, proibiram o skate geral em São Paulo. Porque morreu gente, não tinha equipamento, o skate era pequeno... Tinha muita gente, e lá virou um centro e os caras mandavam a polícia lá direto, skatista ia preso, aí tinha que chamar os pais e pegar o skate na delegacia... Mas é que era muita gente andando de skate, era tipo incontrolável. E quando chegava o camburão era skatista pulando para tudo quanto é lado, pulando os muros das casas e tudo. Porque o skate foi proibido mesmo, você ia preso mesmo, porque morreu muito filho de gente importante. Aí teve essa confusão toda e fizeram a rua do lazer, que era a circular do bosque no Morumbi, e sábado e domingo colocavam cordas no início e no fim, e aí virou a rua do skate. E a gente andava lá. (Bruno Brown, entrevista em Brandão, 2014, p. 43)

Conforme revela a fala do skatista, a despeito de todas as sanções destinadas à prática do skate, em ao menos um espaço da cidade ela se tornou viável: tratava-se da chamada "Rua do skate", local onde havia sido delimitado um percurso para que as façanhas dos praticantes ocorressem ladeira abaixo. Dessa forma foram implantadas uma série de regras de condutas que deveriam ser seguidas no local, caso contrário os infratores estariam sujeitos a certas penalidades, como o confisco de seus skates e, no limite, as suas próprias apreensões. Ademais, é oportuno acrescentar que ao fim do ano 1975, o vereador Paulo Rui de Oliveira, formulou o Projeto de Lei 176-75 que dispunha sobre a regulamentação e uso de vias públicas para a utilização de skates.[162] Contudo, tal tentativa de criação de regras não obteve respaldo político, tendo sido totalmente vetada no ano seguinte pelo executivo municipal.

A dimensão citadina do skate já se mostrava problemática desde a sua emergência não apenas em São Paulo e demais cidades brasileiras, mas também em vários outros países. Diante da falta de apoio institucional para tornar a prática nas ruas mais tolerável, a sua "sobrevivência", em consoante à perspectiva de Brandão (2014, p. 45), deveu-se:

162 Para mais informações sobre o projeto de lei 176-75, ver http://documentacao.camara.sp.gov.br/iah/fulltext/projeto/PL0176-1975.pdf. Acesso em 17-1-2017.

> [...] principalmente ao fato desta prática começar a trilhar os caminhos de uma esportivização, o que posteriormente resultou na organização de campeonatos, pistas específicas para esta prática e o surgimento de fábricas especializadas na produção e comercialização de skates e demais produtos que a ele passaram a ser associados, como roupas e equipamentos de proteção.

O skate rapidamente popularizou-se entre os jovens em virtude das experiências oriundas de sua realização, todavia, a sua criminalização e a constante repressão aos praticantes constituíram alguns dos empecilhos para a sua efetividade. Em decorrência disso, para que ele continuasse a crescer e a conquistar novos adeptos, diversos agentes passaram a atuar no sentido de fomentar a esportivização de sua prática. A mobilização em prol de tal rumo foi também estratégica para muitos investidores. O lado descompromissado e improvisado do skate tornou-se, então, cooptado por agenciamentos que almejavam associá-lo menos a uma mera brincadeira, mas, sobretudo, a um fenômeno com potencial para ser regulamentado por vias esportivas, tal como já acontecia com o surfe.[163]

A gramática esportiva transformou-se, por consequência, em algo preponderante na emergente mídia de nicho que se consolidara no país. A *Esqueite*, sendo esta a primeira a primeira publicação brasileira especializada em skate, destacou em suas edições a necessidade de normatizar as maneiras como os praticantes se serviam de seus corpos — ou melhor, de suas "técnicas corporais", para utilizar uma categoria proposta por Mauss (2003) —, de estimular a prática segura do skate, de construir espaços específicos para tanto e de promover campeonatos para distintas categorias e modalidades. Dessa forma, conforme pontuado por Brandão (2014, p.71), "os simples deslizamentos por ruas e ladeiras tomam agora a forma de manobras que podem ser pontuadas, classificadas e julgadas".

O editorial de sua primeira edição, a qual fora publicada em 1977, clamava por mais respeito ao skate como um esporte em vias de consolidação; reiterava, consequentemente, que havia deixado de ser uma brincadeira e, não obstante, que ele também tinha consolidado um mercado especializado com condições de manter a sua prática em nível profissional. Sendo assim seria viável, segundo a revista, a criação de federações a

163 Para mais detalhes sobre a constituição do surfe no país, ver Fortes (2011).

fim de institucionalizá-la e de promovê-la como uma atividade saudável realizada em espaços definidos de antemão:

> Esse era o sonho que milhares de esqueitistas de todo Brasil esperavam ter, uma revista de skate, inteiramente brasileira para que pudesse preencher uma lacuna no esporte que mais se desenvolve no mundo inteiro. [...] Aqui trataremos de assuntos técnicos, de campeonatos, divulgação de "points", pistas e locais ideais para a prática do skate. Faremos campanhas positivas no sentido de aumentar o prestígio do nosso esporte, fazendo com isso, que também aumente o número de pistas verdadeiras para o skate [...]. Já é tempo de se fazer alguma coisa por este esporte ainda sem federação. O skate está virando coqueluche [...]. Cada vez mais indústrias especializadas aparecem e apresentam novos materiais. [...] Mas, para que o skate não desapareça, é preciso praticá-lo com segurança, que é o nosso principal tema. ("Editorial". Revista *Esqueite*, n.º 1, 1977, p. 2)

A *Esqueite* teve apenas duas edições, no entanto, a sua curta existência não a impediu de se destacar no universo do skate brasileiro por conta da defesa de sua esportivização. O seu posicionamento editorial relevou determinadas possibilidades para a prática em detrimentos de outras. Em suas capas, por exemplo, constavam manchetes sobre pistas de skate, um dos principais assuntos abordados. Nas matérias que as enfocavam eram mencionadas as características daquelas que haviam sido inauguradas no Sudeste, sobretudo no Rio de Janeiro e São Paulo, sendo estas as primeiras pistas do país. Eram enfatizadas, portanto, as suas potencialidades para o desenvolvimento comercial do skate, as suas importâncias para a manutenção de formas de sociabilidade, a segurança que elas proporcionavam aos praticantes, além de suas faculdades para o desenvolvimento técnico daqueles que as frequentavam.

Já na segunda edição da *Esqueite* é noticiado aquilo que fora considerado como uma grande conquista do skate carioca: a promessa do prefeito do Rio de Janeiro em construir diversas pistas de skate pela cidade. Gildo Alves Borges, então diretor de parques e jardins da prefeitura, concedeu entrevista exclusiva à publicação a fim de comentar como seria a implementação de tais espaços:

> Nosso objetivo será o de atender a todos os esportes e não exclusivamente ao skate, pois nós não vamos trabalhar só para fazer pistas de skate. Em Bangu, já está prevista a construção de uma pista de skate, e em outras áreas que prestarem nós iremos introduzindo o skate paralelamente com os outros esportes, como vôlei, futebol de salão, natação, tênis e basquete. O skate é um esporte mais novo de maneira que ele começou atrasado em relação aos outros esportes que nós já temos [...], mas no futuro ele terá suas pistas variadas pela cidade do Rio de Janeiro. ("Prefeito carioca faz pistas". Revista *Esqueite*, n.º 2, 1978, p. 09)

Percebe-se que o representante do poder público, assim como os editores da revista, enquadrava o skate numa dimensão esportiva e o colocava num patamar de investimentos auferidos por outros esportes tradicionais (como futebol, vôlei e basquete). A construção de pistas seria, assim, uma alternativa à sua realização em espaços considerados "inadequados", como as ruas. Dessa forma, como expresso pela publicação em outra matéria:

> O skate vem se desenvolvendo em passos largos entre nós brasileiros, não por imitação aos americanos, mas, pelo fato de nos trazer prazer e satisfação o andar sobre rodas silenciosas, com aquele ventinho no rosto e a sensação maravilhosa de liberdade, principalmente no silêncio da noite quando as ruas estão vazias, sem tráfego. Porém, durante o dia com o tumulto, a poluição sonora, os agrupamentos de pessoas por todos os lados, o "rush" dos carros, perdemos logo a vontade de esqueitar e nos lembramos da necessidade imperiosa da execução urgente de ESQUEITÓDROMOS, ou mais facilmente pronunciado PISTAS de esqueite. É isso aí, precisamos de gente responsável que se interesse pela segurança dos jovens e dos adultos também, que praticam esse fabuloso esporte, o SKATE. ("Pistas de skate". Revista *Esqueite*, n.º 1, 1977, p. 12)

As matérias produzidas pela revista *Esqueite* reconheciam o interesse dos skatistas pelas ruas, bem como assinalavam as experiências que nelas poderiam ser vivenciadas, contudo, como havia uma demanda evidente por pistas de skate, os editores estrategicamente associavam a prática nas ruas a algo perigoso e inseguro, visto que eram nelas que ocorria a maior parte de acidentes, atropelamentos, lesões e até mortes, sem contar ainda a possibilidade de repressão àqueles que as utilizavam:

> [...] temos nos Estados Unidos cerca de trinta pistas em funcionamento, em vários Estados, e assim mesmo há ainda acidentes de ruas com esqueitistas, sendo que seis morreram e mais de 200 ficaram feridos. Agora, imaginemos nós aqui sem pistas, e com um aumento incrível de esqueitistas a cada semana! As consequências poderão ser catastróficas se alguém não tomar medidas preventivas e iniciar logo construção de várias pistas espalhadas por muitos bairros. ("Pistas de skate". Revista *Esqueite*, n.º 1, 1977, p. 12)

A revista *Brasil Skate* entrou em circulação em 1978, ano seguinte à extinção da *Esqueite*, e, assim como a sua antecessora, também se posicionou em prol da construção de pistas de skate: "Há um verdadeiro clamor dos skatistas, e da *Brasil Skate* também, pela construção de novas pistas, como uma atitude urgente a ser tomada para uma satisfação coletiva", frisou o editorial de uma de suas edições. Ademais, de acordo com outra matéria publicada por esta mesma revista:

> De qualquer modo [...] foram as pistas de skate as grandes responsáveis pelo "boom' do esporte de três anos para cá. [...] As pistas deram maior ênfase aos já tão considerados aspectos de segurança. Havia, e ainda há, grande preocupação aos riscos corridos por skatistas que andavam em ruas e calçadas estando sempre ao alcance de carros desgovernados, ou então por alcançar os carros quando eles próprios se desgovernavam. Ainda com as pistas pôde ser dada maior atenção aos skatistas já que eles ficavam isolados de contatos mais aproximados da pior espécie, isto é, acidentes graves. ("As pistas de skate". Revista *Brasil Skate*, n.º 1, 1978, p. 33)

As pistas contribuiriam, com efeito, para potencializar a esportivização do skate. Desta maneira, "mais pistas de skate significariam mais skatistas, mais indústrias, controle, anunciantes, publicidades, etc. Enfim, mais pessoas lucrando e investindo dinheiro nesta atividade juvenil" (Brandão, 2014, p. 81). A partir de sua construção os skatistas teriam um espaço adequado e padronizado para as suas façanhas, não sendo necessário, aliás, utilizarem as ruas e se sujeitarem a uma série de dissabores e riscos. Em contrapartida eles encontrariam um ambiente legítimo para as suas inserções, experiências e sociabilidades, além de condições propícias para o treinamento prudente de suas manobras.

A prática do skate em São Paulo começou nas ruas e ladeiras, entretanto, com o desestímulo atribuído às suas apropriações, não tardou para que os skatistas descobrissem os fascínios provocados pelas pistas de concreto.[164] Elas despontaram na cidade a partir do final da década de 1970 através de empreendimentos de agentes ligados à iniciativa privada, os quais perceberam no skate uma potencial fonte de lucro. É o caso, por exemplo, da Wave Park e Wave Cat, consideradas as duas principais pistas de skate da capital paulista. Ainda não havia nesta época, todavia, um investimento e atenção detida por parte do poder público local a fim de atender as demandas dos skatistas, tal como acontecia no Rio de Janeiro.[165]

Embora limitada, a existência de pistas cooperou, então, para revelar diferentes sentidos e sensações aos praticantes, os quais tiveram seus corpos e técnicas condicionadas aos novos imperativos espaciais do skate:

> Com as pistas, rampas e transições, os skatistas passaram a realizar manobras que exigiam uma plasticidade e leveza nos movimentos muito maior do que as que executavam na horizontalidade das ruas ou nos declives das ladeiras. Era o início dos primeiros truques de levitação, chamados posteriormente de "aéreos", onde tanto o skate quanto o corpo do skatista permaneciam no ar por alguns segundos até retornarem novamente o contato com a rampa. (Brandão, 2014, p. 76)

As modalidades *bowl* e *banks*, ambas praticadas em pistas, eclodiram no universo do skate e conquistaram a preferência dos skatistas. As revistas de skate lançadas em fins da década de 1970, bem como matérias publicadas na época por demais jornais e revistas não especializados na prática, são sintomáticas dessa constatação: a maioria das fotos das publicações

164 A prática nas ruas não cessou, todavia, ela perdeu forças não apenas pela repressão policial, mas também em razão da atração provocada pelos desafios possibilitados pelas rampas verticais.

165 Dentre as poucas iniciativas realizadas destacam-se sobretudo as instituições das já mencionadas ruas de lazer, as quais constituíam uma resposta à prática "desregrada" nas ruas, sendo, portanto, uma tentativa de disciplinar os praticantes e concentrá-los em um espaço restrito livre do tráfego de automóveis.

destacava o fascínio dos praticantes por rampas e transições;[166] as ruas, ao contrário, continuaram estrategicamente preteridas, afinal, era necessário vincular a imagem do skate a um esporte praticado em espaços adequados ao treinamento de manobras e à realização de competições. Longe da repressão que nelas ocorriam, os skatistas poderiam dedicar-se à busca e experimentação do "ilinx", isto é, a sensação de vertigem a partir da qual romperiam, por um instante qualquer, "a estabilidade da percepção e infligir à consciência lúcida uma espécie de voluptoso pânico" (Caillois, 1990, p. 43). Tratava-se, por conseguinte, da realização de manobras aéreas em rampas verticais que os levaria a uma espécie de espasmo e estonteamento, um "desejo de ver temporariamente arruinadas a estabilidade e o equilíbrio do seu corpo, de escapar à tirania da sua percepção e de provocar a desordem da sua consciência" (Caillois, 1990, p. 66). Assim sendo, conforme frisado por Brandão (2014, p. 88), se a palavra vertigem foi associada a algo negativo e "identificada a uma espécie de estupidez, doença ou fraqueza dos nervos, desde as últimas décadas do século XX, após tantos movimentos de liberação do corpo, seu significado ganhou uma positividade inusitada".

Em 1980, ao contrário dos três anos precedentes, o universo do skate padeceu por uma breve crise de investimentos. Alguns dos motivos que o levaram a tal crise foram o fechamento das conceituadas pistas de skate até então vigentes, como aquelas situadas em São Paulo, além da extinção das duas revistas que ora circulavam (*Esqueite* e *Brasil Skate*). Em decorrência disso houve uma diminuição pontual do número de praticantes e o enfraquecimento do mercado especializado, logo, muitas empresas resolveram declinar suas investidas naquele que vinha conquistando uma imagem esportiva.

Somente nos anos seguintes é que as mobilizações foram retomadas a fim de consolidar novos investimentos. A cidade de São Paulo ainda padecia da escassez de pistas de concreto, empreendimento cuja concepção, construção e manutenção eram dispendiosas. O poder público municipal, por sua vez, não demonstrava interesse em atender esse anseio específico do universo do skate. Por conta dessas continências, os skatistas tiveram que buscar alternativas com o propósito de garantir a continuidade da prática. Muitos deles frequentavam cidades da região metropolitana e do

166 O skate figurou em revistas que circularam em nível nacional na década de 1970, como *Veja*, *Manchete*, *Pop* etc.

interior do estado — sobretudo São Bernardo do Campo e Guaratinguetá — que contavam com pistas de boa qualidade e propícias ao treinamento de manobras. Já parte daqueles que se restringiam a São Paulo se dispunham a construir suas próprias rampas de madeira, as quais eram colocadas em locais como quadras, galpões, dentre outros tipos de terrenos que possibilitavam a circulação de skates. Elas eram menos custosas, de fácil manutenção, além de serem móveis, ao contrário das pistas de concreto.

A proliferação de rampas de madeira em São Paulo somou-se às oportunidades oferecidas pelas pistas de concreto em cidades alhures e trouxe novas perspectivas à prática do skate. Esta nova condição material dos obstáculos — a madeira — inovou as técnicas corporais dos praticantes, visto que eles puderam ampliar seus respectivos leques de manobras, além de ter implicado na emergência de uma modalidade que se tornou característica da década de 1980, ou seja, a *vertical*, a qual é realizada em um *half pipe*, rampa em grandes proporções construída em formato da letra "U".

Após um breve declínio, o universo do skate se reinventou e retomou o seu crescimento. Em meados da década de 1980 outras revistas especializadas foram lançadas no mercado editorial com a intenção de suprir as lacunas deixadas pelos títulos correntes em anos anteriores (*Esqueite* e Brasil Skate). A primeira publicação se deu em 1985 e fora intitulada *Overall*. Ao se alinhar favorável à esportivização do skate, a revista, ainda na edição experimental de número zero, proclamou em seu editorial, com destaque em caixa alta, que as suas matérias se posicionariam em favor de um ideal maior: "O ESPORTE".[167] No ano seguinte, em 1986, outra revista especializada passou a figurar nas bancas de todo o país: tratava-se da *Yeah!*, a qual também deixou claro em seus editoriais que a esportivização da prática do skate se fazia urgente. Em sua primeira edição consta um "tributo aos skatistas" em que é possível verificar o apelo dos editores pela reconstrução de um esporte com bases sólidas: "Viemos para ajudar o esporte e para fazer nascer bases sólidas para seu desenvolvimento".[168]

Além da consolidação da mídia de nicho, cabe destacar o surgimento, em 1986, da Associação Brasileira de Skate (ABS), entidade que visava difundir a prática esportiva do skate e criar um calendário de competições, e também o estabelecimento da União dos Skatistas e Empresários (USE), em 1987, cuja formulação se deu com vistas a articular empresas

---

167 "Editorial". Revista *Overall*, n.º 00, 1985, p. 3.

168 "Editorial. Tributo aos skatistas". Revista *Yeah!*, n.º 1, 1986, p. 7.

especializadas em skate em prol do crescimento esportivo da sua prática, o que culminaria, destarte, em maior retorno financeiro aos envolvidos. Já em 1988, com a disposição de ampliar os esforços dessas entidades ora mencionadas (ABS e USE), diversos agentes dedicaram-se a criar uma nova associação, a União Brasileira de Skate (UBS), que, dentre os seus vários princípios de ação, se portava a favor da mobilização para o reconhecimento do skate como esporte junto ao Conselho Nacional de Desportos. Esta seria, então, uma tentativa de pleitear perante o órgão governamental uma condição esportiva institucionalizada para a sua prática, o que implicaria, com efeito, na possibilidade de alcançar investimentos oriundos do poder público e da iniciativa privada. Diante tais circunstâncias Brandão (2014, p. 119) assevera que:

> A ocorrência dessas entidades, como a "ABS", a "USE" e a "UBS", todas constituídas em prol da promoção, da manutenção e da profissionalização tanto dos skatistas quanto dos agentes inseridos na organização dos campeonatos, são fatores que apontam claramente para o desenvolvimento do skate como um "esporte" no país.

Os agenciamentos favoráveis à esportivização do skate implicaram também na emergência da profissionalização,[169] logo, a prática em pistas e em rampas tornou-se cada vez mais necessária para os skatistas dispostos a construírem uma carreira como profissionais. Aqueles que se destacavam em competições, as quais viraram corriqueiras, recebiam salários de patrocinadores, figuravam em matérias jornalísticas e percorriam diversas cidades do país e do mundo para demonstrações públicas e disputas de torneios. Dessa forma, a esportivização trazia consigo não apenas a especialização de técnicas corporais e a regulamentação da prática em si, mas também tornava o skate uma fonte de proventos para os agentes que investiam e participavam dos rumos que o seu universo perscrutava.

A vertigem proporcionada pelas manobras aéreas em rampas verticais, como o *half pipe*, converteu-se em um poderoso elemento para a promoção de competições e de espetáculos. Os skatistas mais capacitados tecnicamente colocavam em cena o "ilinx" relativo à prática como algo

169 A revista *Veja*, por exemplo, noticiou em 1988 que o skate havia entrado na era do profissionalismo ("Terceira onda: o skate entra na era do profissionalismo". Revista *Veja*, n.º 1024, 20 de abril de 1988, p. 67).

atrativo para um considerável público de espectadores: "oferecido como espetáculo para as massas, o skate reinventava-se para além de seus nichos, seduzindo uma plateia ávida por movimentos arriscados, pirotecnias do corpo e da ação" (Brandão, 2014, p. 122). A cargo de exemplo dessa mercantilização do "ilinx" é válido mencionar a realização, em 1988, do Sea Club Overall Skate Show, evento de maior visibilidade da década, cuja promoção se dera por meio da parceria entre a empresa de roupas Sea Club e a revista *Overall*. O evento aconteceu em São Paulo, em um galpão onde fora montado um *half pipe* em tamanho considerável, e reuniu dois dos principais skatistas profissionais da época, os norte-americanos Tony Hawk e Lance Mountain, que fizeram uma apresentação inédita ao público brasileiro. Além da presença de tais skatistas, outras atrações que compuseram o Sea Club Overall Skate Show foram a realização de um campeonato profissional e o show da banda punk paulistana Inocentes. O acontecimento reuniu em torno de nove mil de pessoas, que constituíram um público vibrante com a exibição das vertiginosas manobras realizadas na rampa vertical de madeira. O evento teve uma ampla cobertura da mídia especializada, e também da grande mídia, inclusive do programa Esporte Espetacular da Rede Globo, que reservou um considerável tempo em sua programação para transmitir para todo o país os principais flashes do espetáculo. A revista *Veja*, por sua vez, na matéria "O skate entra na era do profissionalismo", enfatizou o excessivo investimento financeiro atribuído ao Sea Club Overall Skate Show:

> Junto com a seriedade e o profissionalismo, entra também o dinheiro no esporte. Para patrocinar a competição, a Alpargatas, comercializadora da marca de roupas Sea Club, desembolsou 4 milhões de cruzados — só a construção da pista, o *half pipe*, custo 2,5 milhões. ("Terceira onda: o skate entra na era do profissionalismo". Revista *Veja*, n.º 1024, 20 de abril de 1988, p. 67)

O evento mencionado representou um marco na história do skate. A partir de então inúmeras outras grandes competições e espetáculos aconteceram em *half pipes* montados em São Paulo, bem como em demais cidades brasileiras, a fim de propagar cada vez mais a sua prática. Um corpo restrito de skatistas profissionais passou a agenciar a sua própria inserção no universo do skate, redirecionando, outrossim, certas técnicas corporais e demais tipos de experiências tendo em vista as possibilidades financeiras advindas da profissionalização e de sua comercialização. Mediante esses aspectos corroboro com os pressupostos de Brandão (2014, p. 129):

> Ser um skatista profissional, ter um bom patrocínio, fazer carreira com medalhas, troféus e prêmios tornavam-se elementos importantes para a configuração de um novo imaginário sobre essa atividade. Além da diversão, o skate constituía-se também como um negócio. E se o deslumbre proporcionado pelos voos nas rampas passava a ser acompanhado pelo vislumbre de uma carreira profissional, ser um atleta, e não "somente" um skatista, entrava em pauta quando o que estava em jogo era ser uma "espécie de empresa para si mesmo".

Se, por um lado tais processos lançaram as bases para consolidar a imagem esportiva do skate, por outro, de igual modo, eles também deram margem para a emergência, em meados da década de 1980, de uma nova modalidade cujos princípios de ação traziam consigo perspectivas um tanto dissonantes daquelas que já estavam firmadas, como *bowl*, *banks* e *vertical*, sendo estas notadamente realizadas em pistas e rampas.

A nova modalidade que emergira foi a *street skate*, isto é, o skate de rua, a qual constitui o foco da presente investigação. O seu surgimento se deu nos limiares da esportivização almejada e a partir da confluência de uma série de fatores, dentre eles: 1) da invenção do *ollie*, manobra que consiste em realizar saltos com o skate sem a necessidade de utilizar rampas; 2) do lançamento de peças (*shapes*, *trucks*, rodas e rolamentos) mais leves e resistentes; 3) do aumento vertiginoso de skatistas; e 4) da escassez de espaços "adequados" (leia-se "pistas") para a prática do skate em São Paulo. Quanto ao último fator cabe ressaltar que as pistas e rampas situadas na capital paulista na década de 1980 não conseguiam perdurar por muito tempo após as suas respectivas inaugurações. Quando em funcionamento, em conjunto denotavam uma quantidade limitada, portanto, elas não davam conta de suprir as exigências dos praticantes. Este déficit confirmava a ínfima atenção e investimento do poder público municipal para com o universo do skate e a dificuldade da iniciativa privada em construir e, sobretudo, em manter tais espaços e obstáculos na cidade.

Assim sendo é importante considerar que o universo do skate paulistano se encontrava numa situação paradoxal, posto que a sua propagação não era acompanhada por melhorias estruturais sobretudo em relação aos espaços disponíveis para a sua realização. Havia, então, um descompasso entre os rumos de sua esportivização e a prática cotidiana. Em decorrência disso, muitos skatistas resolveram buscar outros terrenos, para além de pistas e rampas, que permitissem as suas façanhas corporais, e, nesse sentido, as ruas e seus respectivos equipamentos paulatinamente tornaram-se alvos. Eles começaram a seguir uma tendência que já vinha se consolidando nos Estados Unidos no período ora analisado, que era a prática do *street skate*. Por não depender de pistas tampouco de rampas de madeira para ser realizada, tal modalidade ampliava os contornos do universo do skate ao impor uma maneira inusitada de apropriação dos espaços urbanos.[170]

As três principais revistas especializadas em skate que circularam no Brasil na década de 1980 — *Overall*, *Yeah!* e *Skatin'* — tinham como foco as modalidades *bowl*, *banks*, *vertical* e *freestyle*, que eram as mais praticadas na ocasião. No entanto, com a popularização do *street skate* e com a atenção cada vez maior dos skatistas para com as ruas, tais publicações, a fim de se manterem próximas do cotidiano de seus leitores, tiveram que gradativamente incorporar em suas pautas as potencialidades da prática do skate feita em obstáculos improvisados encontrados nos espaços urbanos.

Ao se apropriarem das ruas os skatistas puderam estabelecer dinâmicas relacionais com outros jovens que também prezavam por toda sorte de experiências citadinas. É nesse contexto que se destacou, por exemplo, a articulação entre o universo do skate e o do *punk*. Essa associação promoveu intensas trocas de influências entre praticantes de uma atividade corporal e participantes de um circuito político-musical. Através dessa relação diversos skatistas da modalidade *street skate* incorporaram não apenas a estética característica dos *punks* da década de 1980 e a preferência por um estilo musical, mas também certas posturas que lhes eram intrínsecas, como rebeldia, contestação e resistência a certas normas, valores e autoritarismos vigentes em vários âmbitos, fossem eles políticos, econômicos, familiares, religiosos, urbanísticos etc. Tais posturas, com efeito, influenciaram sobremaneira os novos usos que os skatistas passaram a fazer da cidade: se na década de 1970 lhes interessavam sobretudo as ladeiras e inclinações, a partir dessa retomada das ruas o que passou a ser

170 Iain Borden (2001, p. 176), ao fazer um resgate da emergência do *street skate* nos EUA, salienta que, "Na década de 1980, a prática do skate se tornou corriqueira não apenas em rampas e em pistas, [...] mas cada vez mais no cotidiano das ruas" (Tradução minha).

valorizado foi a busca por equipamentos urbanos com potencial para se converterem em obstáculos *skatáveis* (bancos, guias, escadas, corrimãos etc.). O *street skate* constituiu-se como um fenômeno a partir do qual os skatistas colocavam em xeque eventuais regulamentações urbanísticas através de táticas um tanto transgressivas, logo, o que importava à modalidade desde o seu surgimento não eram apenas experiências corporais, como o "ilinx" conferido pelas pistas de concreto e rampas de madeira, mas também determinadas experiências espaciais proporcionadas pelo processo de descoberta e de apropriação dos espaços urbanos.

Com a repercussão da modalidade *street skate*, os skatistas que a praticavam promoveram um embaralhamento dos sentidos que permeavam o universo do skate. Sendo assim, a mesma mídia especializada que se portava veementemente em defesa de sua regulamentação esportiva também passou a produzir matérias que enalteciam as mobilizações citadinas emergentes e as experiências transgressivas que delas derivavam. A revista *Overall* foi a primeira a dar relevo à modalidade, tendo estampado em 1986, na capa de sua edição número 2, a foto do skatista Fernandinho "Batman" realizando uma manobra em uma guia de concreto de um estacionamento.

Nesta mesma edição foi publicada uma matéria especial exaltando a prática do skate nas ruas. Sob o título "Não acordem a cidade... *street skate*", ela inspirava não apenas manobras, mas condutas agressivas e transgressivas aos praticantes:

> Eu quero mais é asfalto e concreto, para pegar meu skate e sair por aí, gastando minhas rodas, descendo e subindo ladeiras puxado por ônibus, *dropar* de muros, horrorizar o trânsito, achar transições para uma boa diversão, entrar na contramão, subir guias, etc. Por que? Porque nós amamos isto, vivemos disto!!! [...] Imagine a infinidade de coisas que uma cidade pode ter em suas ruas, postes, carros, guias, *shits*, bêbados, *bitchs*, transições, buracos, valas, velhas e muito asfalto. E o que isto significa? Obstáculos? Talvez sim, para aqueles que não possuem a ousadia de encarar ruas desconhecidas e terrenos inexplorados. Mas, para outros, todos esses "obstáculos" se transformam num verdadeiro campo de batalha, em que o objetivo é demonstrar o domínio sobre a arma de ataque: o skate. E o *ground* de ação — as ruas! (Bolota, Fabio. "Não acordem a cidade... street skate". Revista *Overall*, n.º 2, 1986, p. 5)

A revista *Yeah!*, em edição também publicada em 1986, estampou em sua capa a manchete "O skate invade as ruas" seguida pela foto de um skatista pulando uma escada. Já a revista *Skatin'* publicou tempos mais tarde, em 1989, uma matéria intitulada "Estritamente street" que estimulava a itinerância, o uso criativo de equipamentos urbanos e uma nova leitura da cidade:

> Não foi ele [o skatista] quem planejou aquilo [o equipamento urbano]. E não planejaram pensando nele. Aquilo simplesmente está ali. E não poderia ser melhor;
>
> Seus olhos brilham vendo o que ninguém mais vê. Sua mente viaja no que ninguém mais imagina. Seu coração acredita no que ninguém mais crê. E seu corpo vibra com o que ninguém mais sente;
>
> Em busca de emoções verdadeiras, ele foge das regras convencionais, cria novos conceitos e vence seus próprios limites. Misturando dimensões de tempo e espaço, ele transforma a ilusão de muitos numa realidade para poucos.
>
> As ruas escondem perigos, abrigam incertezas e oferecem desafios. Nas ruas ele mostra coragem, revela precisão e se torna um vencedor;
>
> Entre formas frias e estáticas, ele se torna um ser colorido e móvel;
>
> Enquanto as pessoas se escondem em seus gigantes arranha-céus, ele encontra a liberdade a alguns centímetros do chão;
>
> Mesmo cercado por centenas de quilômetros quadrados de concreto, poucos metros são mais que suficientes para que ele concentre toda sua criatividade e energia. (Calado, Luiz. "Estritamente street". Revista *Skatin'*, n.º 6, 1989, p. 30-39)

Havia, portanto, posicionamentos e representações ambivalentes, embora coexistentes, que começavam a dar a tônica dos diferentes rumos que o universo do skate tomou a partir de meados da década de 1980. Brandão (2014, p. 135) observa que:

Se o surgimento das organizações, a promoção dos campeonatos e o fortalecimento do skate em pistas verticais trilhavam o caminho do esporte, o mesmo não podemos afirmar sobre o desenvolvimento do skate praticado nas ruas, o *street skate*. Com sua ascensão por volta da metade da década de 1980, as mesmas revistas que defendiam a associação do skate como esporte também começaram, numa iniciativa até certo ponto contraditória, incentivar o fortalecimento do skate praticado num contexto não esportivo, isto é, não regulado por competições, técnicos, juízes ou ranking.

Desde então o universo do skate intensificou o seu caráter multifacetado. De um lado havia uma série de agenciamentos que reivindicava a construção de pistas para certas modalidades específicas, como *bowl, banks e vertical*, e que prezava pela realização de competições regulamentadas por entidades esportivas. Ao considerar a sua esportivização e profissionalização, esta seria uma maneira de tornar a sua prática mais assimilável e aceitável por um considerável público e por empresários e agentes políticos dispostos a investir em ações específicas para a mesma. Por outro lado, todavia, embora reconhecessem e participassem das possibilidades advindas de tais processos, muitos praticantes começaram a prezar por experiências destoantes que ampliavam, e por vezes subvertiam, os princípios da sua esportivização e demais tipos de regulamentação. Não é à toa, portanto, que a gramática esportiva passou a concorrer e/ou a se somar com outras representações que repetidamente estavam sendo atribuídas ao universo do skate. Dessa maneira, os skatistas se portavam favoráveis à construção de pistas, embora não deixassem de lado eventuais usos das ruas para reivindicá-las como lócus por excelência de uma modalidade que as valorizava sobremaneira, isto é, o *street skate*.

A revista *Yeah!*, na matéria "Andar de skate ou morrer!", publicada em 1986, já explicitava o caráter contestador dos skatistas que disputavam, a despeito de certas represálias corriqueiras, as paisagens urbanas para as suas peripécias:

> Não adianta chorar, nem pedir para não andar de skate aqui [nas ruas e seus respectivos equipamentos], pois você pode tirar o local dos skatistas, mas não os tirará do local. Não diga o que tem que ser feito, pois cada um sabe o que fazer e as únicas regras são as deles próprios. Eles não se preocupam com a etiqueta social, nem

com o sistema que tenham lhe impor. Criam uma anarquia urbana e circulam sem nenhum tipo de autoritarismo. ("Andar de skate ou morrer". Revista *Yeah!*, n.º 1, 1986, p. 23)

Os posicionamentos favoráveis à esportivização e ao lado citadino da prática do skate ora se articulavam, ora se distanciavam, a depender dos interesses e dos agenciamentos em jogo. Os skatistas, por sua vez, tentavam praticar diferentes modalidades e para isso negociavam as suas inserções e as possibilidades profissionais e comerciais a partir de uma certa sensibilidade que prezava pelo equilíbrio entre ambas as dimensões, quais sejam, a esportiva e a citadina. Sendo assim, muitos deles, inclusive aqueles que se profissionalizavam, se sujeitavam às lógicas esportivas posto que elas lhes traziam maiores retornos financeiros. Contudo, a fim de obterem reconhecimento entre os pares, não preteriam os usos das ruas, já que a conquista da cidade — ou melhor, de seus equipamentos — também vinha sendo considerada uma virtude.

Porém, se neste contexto a esportivização buscava articular determinados elementos para colocar o skate num patamar regrado, competitivo e espetacularizado, o mesmo não se pode dizer da sua prática nas ruas. A modalidade *street skate* estimava o deslocamento pela cidade, a apropriação de locais inóspitos, a subversão de certas regras, a coragem para enfrentar situações de perigo, a energia e perspicácia para superar *obstáculos naturais.*[171] Diante das paisagens urbanas que transpareciam relações frias e voláteis, onde imperava um "estado de indiferença" (Simmel, 2005 [1903]) entre seus frequentadores, a sua realização propiciava experiências citadinas marcadas pelo protagonismo estético de corpos em movimentos não conformados com certas delimitações territoriais e morais que lhe eram impostas.[172] Desse modo, por conta da adoção de tais posturas — as quais, conforme já apresentadas em capítulos anteriores, também são efetivas no presente —, não tardou para que a prática do

171 *Obstáculos naturais* é uma expressão que pode ser considerada sinônima de *pico*, termo nativo já discutido em capítulos anteriores.

172 Brandão (2014, p. 163), ao fazer um balanço da história do skate em São Paulo, chamou a atenção para as trocas de experiências entre os universos do skate e do *punk* ao longo da década de 1980 que resultaram na propagação de atitudes subversivas quanto à apropriação da cidade: "de certo modo, havia uma semelhança entre a atitude dos skatistas em transitar por locais não projetados para essa prática com a atitude do movimento punk de negar qualquer tipo de imposição social. Pois a partir dessas representações do urbano advindas do *street*, os skatistas carregavam

skate de rua novamente se envolvesse numa série de problemas e conflitos em São Paulo.

Brandão (2014, p. 169-170), ao analisar tais processos ocorridos em meados da década de 1980, frisa que:

> Se de um lado o skate exercido em pistas verticais (*half pipe*, *banks* e *bowls*) não interferia no cotidiano dos centros urbanos, distantes que ficavam os skatistas dos olhos de quem percorria os espaços de circulação de pedestres e veículos motorizados; por outro lado, os skatistas de rua tornaram-se sujeitos, na maioria das vezes, indesejáveis: e isso em razão de seus modos de ver e interagir com os espaços da cidade, os quais se chocavam com os modos de ver e interagir dos demais citadinos.

Ao disputarem os espaços urbanos os skatistas tornaram-se, via de regra, sujeitos indesejáveis em virtude das apropriações audaciosas e descontroladas que faziam dos equipamentos da cidade. No próximo tópico apresentarei múltiplos aspectos em torno da consolidação da prática do *street skate* paulistano. Almejo ainda, pois, evocar como certos agentes políticos ligados às governanças urbanas (prefeitos, vereadores, deputados estaduais etc.) reagiram estrategicamente e de distintos modos em relação à citadinidade proclamada pelos skatistas.

GOVERNANÇAS DA CITADINIDADE

A primeira proibição do skate em São Paulo, conforme já enunciado no tópico anterior, se dera ao longo da década de 1970, momento em que a ditadura militar vigorava no país, quando jovens foram perseguidos e presos por utilizarem de maneira abrupta as ladeiras da Zona Oeste e da Zona Sul da cidade. Apesar de marcante esta não foi, contudo, a única ocasião em que medidas repressivas vieram à tona a fim de cercear as condutas deslizantes dos skatistas que eventualmente utilizavam as ruas.

também um pouco do espírito irreverente *do* punk, pois ambos questionavam as normas e padrões sociais até então estabelecidos".

Influenciados pela emergência e visibilidade adquirida pela modalidade *street skate* em meados da década de 1980 e também pelos discursos propagados pela mídia especializada, muitos jovens passaram a buscar equipamentos urbanos para a realização de suas manobras. A retomada das ruas nessa época foi uma tática diante a insuficiência de pistas, entretanto, por interferir no cotidiano dos locais em que a prática era feita, não tardaram para acontecer dissabores que fizeram com que a mesma novamente se tornasse alvo de repressão e, consequentemente, proibição na cidade.

O poder público municipal ainda não tinha um plano de ações contundente a fim de estimular a esportivização do skate em São Paulo. Havia, portanto, uma minguada atenção institucional para com este rumo possível da prática, fato que se comprova, dentre outros exemplos, por meio da ausência de pistas públicas na cidade. O lado citadino do skate que se proliferava, por sua vez, tampouco era estimulado, mas, ao contrário, vinha se tornando cada vez mais repulsivo na medida em que as experiências da modalidade *street skate* repercutiam entre os jovens paulistanos.

O período em que a repressão se tornou mais evidente foi durante a gestão do prefeito Jânio Quadros (1986-1988). Naquela época a sede da prefeitura de São Paulo situava-se no Parque do Ibirapuera, uma área de lazer muito frequentada pelos skatistas, o que facilitava contatos entre eles, o prefeito e demais autoridades. A prática do skate e os comportamentos dos jovens que ocupavam o parque para tal fim não eram bem vistos pelo político. Em função disso ele inicialmente ordenou coibi-los no local, sanção que lhes trouxe, como resultado, constantes abordagens e até mesmo a apreensão de seus skates por parte da Polícia Militar. Como se não bastasse tantos embates cotidianos, o prefeito resolveu em seguida levar ao extremo a sua intolerância e, nesse sentido, proibiu a utilização de skates no âmbito do Parque do Ibirapuera. A medida fora efetivada em maio de 1988, quando da publicação de um memorando no Diário Oficial requisitando a sua aplicação.[173]

Como havia pouquíssimas pistas de skate na cidade, sendo todas elas privadas, o Parque do Ibirapuera — mais especificamente os limites da marquise nele contida — constituía-se como um dos principais pontos de encontro dos skatistas paulistanos.[174] Os atingidos pela proibição

173 Publicado em 19 de maio de 1988.

174 Brandão (2014, p. 172) pontua que "o Parque do Ibirapuera era um dos principais locais onde os praticantes de skate se reuniam, ouviam música e andavam de skate regularmente. Na 'terra da garoa', o 'Ibira', como era chamado pelos skatistas, os protegia das constantes chuvas que precipita-

revoltaram-se com a medida imposta por Jânio Quadros, a qual associava a prática do skate a algo marginal a ponto de não poder ser feita nem mesmo numa das principais áreas de lazer de São Paulo, e, em razão disso, organizaram um protesto que percorreu, a partir da estação Paraíso do metrô, diversas ruas até chegar ao parque, onde foi entregue uma carta com milhares de assinaturas ao prefeito requisitando não apenas o direito de praticar skate no local, mas também a construção de uma pista pública com obstáculos específicos. Ao analisar o episódio, Brandão (2014) ressalta que a manifestação, para a surpresa dos participantes, foi frustrada por conta de um efeito inverso ao esperado: Jânio Quadros ficou descontente com a iniciativa de afronta à sua decisão, logo, além de manter a proibição no parque, instituiu por meio de um decreto-lei que ela deveria ser ampliada para todas as ruas, calçadas e logradouros públicos de São Paulo.[175]

Muitos praticantes e agentes ligados ao universo do skate não acataram a coerção e apresentaram múltiplas formas de resistência. A revista *Yeah!*, em uma matéria publicada em 1988, conclamou os leitores para enfrentarem a "guerra" que se estabeleceria nas ruas e para isso sugeriu que eles deveriam estar armados com seus respectivos skates:

> Cuidado, você é um skatista. E está sendo observado. Você não pode mais se divertir. Você não pode mais praticar um esporte. Porque agora você é um criminoso! E ao lado de milhares de outros criminosos, você terá que resistir. Você será recrutado. E lutará na legião dos perseguidos. Você irá para as ruas. Armado com seu skate. (Anshowinhas, Paulo; Calado, Luiz. "Andar de skate não é crime". Revista *Yeah!*, n.º 10, 1988, p. 44)

A prática do skate havia se tornado um caso de polícia.[176] O Parque do Ibirapuera, conforme evidenciado por Brandão (2014), passou a ser um dos principais locais evitados pelos praticantes, dada a possibilidade de repressão em seu âmbito. É necessário ponderar que mesmo com as contendas corriqueiras, uma miríade de jovens continuou circulando e se

vam pela capital, fato que também facilitava a manutenção dessa atividade por ser a área praticada, além de lisa, também coberta pela marquise". Para mais detalhes sobre a prática do skate no Parque do Ibirapuera em tempos recentes, ver Machado (2014).

175 Decreto-Lei 25871.

176 Várias outras cidades do país e do mundo também proibiram a prática do skate nesta época.

apropriando de outros espaços da cidade. E é nesse contexto, por exemplo, que a Praça Roosevelt — espaço ora visto como degradado, inóspito, sujo e perigoso — se tornou um *lugar skatável* em potencial. Os skatistas já a ocupavam desde antes da proibição, contudo, no período dessa medida a prática se intensificou no local, visto que a repressão em sua área, em função do seu relativo abandono, era considerada menor se comparada às represálias que calhavam em outros espaços públicos. A revista *Skatin'* então noticiou:

> Em cada canto de São Paulo ouvem-se os ruídos do *street skate*. Hoje, tentam silenciá-lo. Mas não está fácil. Segurar a energia dos paulistanos não é mole. E eles fazem da cidade sua própria pista. (Guimarães, Leonardo. "São Paulo street". Revista *Skatin'*, n.º 3, 1988, p. 28)

Somente na gestão seguinte, da então prefeita Luiza Erundina (PT, 1989-1992), é que a polêmica lei instituída por Jânio Quadros fora revogada. Aproveitando-se da falta de diálogo entre tal político e os skatistas, Erundina, durante a sua campanha eleitoral, firmou um compromisso com os jovens a fim de atender algumas de suas reivindicações, dentre elas, a liberação do skate no Parque do Ibirapuera e em demais logradouros públicos, além da construção de pistas. Esta seria, então, sua estratégia tendo em vista uma aproximação com a juventude paulistana. Como recorda Brandão (2014, p. 187), "após sua vitória, o Jornal Folha da Tarde, em sua edição de 16 de julho de 1990, deu evidência ao feito sob o sugestivo título: 'Erundina: a prefeita que ama o skate'". Em entrevista ao jornal em questão, a prefeita eleita concedeu o seguinte depoimento:

> *Eu me sinto comprometida com os skatistas da cidade, tanto que está em estudo um projeto para a construção de um espaço próprio para a prática do skate no Ibirapuera.* A partir desta experiência vamos tentar estendê-la a outros parques. Meu compromisso com eles é tão sério que ainda pretendo fazer parte de algum clube que reúna skatistas, embora já não tenha mais idade para fazer o mesmo que essa rapaziada maravilhosa de nossa cidade faz sobre um skate. *Na nossa gestão vamos criar condições para que os adeptos deste esporte possam praticá-lo adequadamente.* (Luiza Erundina, citada em Brandão, 2014, p. 187. Grifos meus)

Luiza Erundina revogou a proibição do skate em São Paulo e dialogou com os skatistas, no entanto, tais posicionamentos não implicaram em seu apreço pela prática nas ruas tampouco nos equipamentos nelas dispostos. Como evidente em sua fala acima, seria necessária a construção de espaços próprios, isto é, pistas de skate, para que os praticantes pudessem praticar o esporte adequadamente. Ao evidenciar a dimensão esportiva em detrimento da citadina a prefeita deixava claro, portanto, qual sentido do skate seria mais aceitável e estimulado em sua gestão.

Apesar das efusivas declarações de Erundina em prol do skate, as suas promessas de construir espaços públicos específicos para a prática não tiveram êxito. As poucas pistas que se mantinham na cidade eram privadas e contemplavam apenas algumas modalidades (*vertical*, *bowl* e *banks*). Por conta tanto dessa insuficiência espacial quanto da valorização crescente de certos tipos de experiências citadinas, muitos skatistas aproveitaram-se da revogação da lei que proibia a prática nas ruas para nelas permanecerem. Dessa forma o *street skate* adquiriu demasiada repercussão a ponto de se tornar a modalidade característica da década de 1990. A partir de tal período surgiram novas revistas especializadas[177] — as quais se valeram da extinção das que circularam na década anterior —, que continuaram a fomentar a utilização dos espaços urbanos não mais como uma mera alternativa às pistas, mas também como lócus essencial para a efetividade da prática do skate. As ruas, em consequência, passaram a ser desejadas e cada vez mais reivindicadas.

A revista *Tribo Skate*, por exemplo, a qual fora fundada em 1991, em matéria publicada em sua edição de número 3, ressaltou as potencialidades das ruas não apenas para o aperfeiçoamento técnico dos praticantes, mas também para a constituição de um estilo vida urbano peculiar:

> Você anda nas ruas, é um *streeteiro* e as ruas se tornam a sua skatepark, sem ticket ou custo para pagar sua diversão. Também não tem que enfrentar um *crowd* no seu obstáculo preferido. O skate continua nas ruas, com o compromisso de diversão e alguns desafios a serem ultrapassados. Ser um *streeteiro* hoje é muito mais que apenas se locomover de um lado pro outro com o atrito da roda no asfalto. É ter estilo; usar sua roupa mais "chocante" (aos olhos dos pedestres mortais); ficar atento ao corrimão *casca* ou às escadarias; usar a

177 As principais revistas de skate publicadas na década de 1990 foram *Tribo Skate* e *CemporcentoSkate*, as quais surgiram, respectivamente, em 1991 e em 1995.

camiseta da sua banda preferida; o seu tênis mais resistente; entrar no ônibus esbarrando nos passageiros; etc., etc. [...] A escolha é sua: você vai pras ruas ou se enjaula numa skatepark. (Bolota, Fábio. "Ruas artificiais". Revista *Tribo Skate*, n.º 3, 1992, p. 12)

Na gestão seguinte à de Luiza Erundina, a saber, a de Paulo Maluf (PDS, 1993-1996), o universo do skate paulistano se manteve obtendo pouquíssimos investimentos por parte do poder público municipal. Apenas duas pistas públicas de skate foram inauguradas em sua gestão, mais precisamente no ano de 1994, localizadas na Zona Sul da cidade. Mesmo a despeito de tais limitações, o número de praticantes continuava a crescer sob a influência do mercado e da mídia especializada. O *street skate*, por conseguinte, se consolidou sobretudo na região central da capital (em locais como Vale do Anhangabaú, Praça Roosevelt, estação São Bento do metrô). Em contrapartida, as repressões policiais perduraram no cotidiano dos skatistas, fato que reflete, pois, as intolerâncias aos usos incontrolados que eles vinham fazendo dos equipamentos urbanos. Ademais, a revista *Tribo Skate*, em edição publicada em 1994, noticiou que "Maluf não gosta de skate!".[178] O prefeito em questão havia proibido a sua prática no Viaduto Santa Ifigênia, onde centenas de skatistas regularmente se reuniam aos fins de semana.

Diante o parco apoio institucional que ainda imperava em meados da década de 1990, o então vereador Alberto "Turco Loco" Hiar (PMDB, 1994-1996) tornou-se uma espécie de porta-voz do skate na câmara municipal.[179] Algumas demandas de agentes atrelados a este universo, sobretudo os que miravam a dimensão esportiva e comercial de sua prática, foram defendidas pelo político. A sua primeira medida se dera em 1995 por meio da instituição de uma lei que assegurava que no dia 3 de agosto de cada ano seria comemorado o Dia Municipal do Skate.[180] Durante uma sessão solene realizada na Câmara Municipal de São Paulo, "Turco Loco" fez o seguinte discurso:

São mais de 20 milhões de praticantes no mundo todo, e é o quarto esporte americano em praticantes... se movimenta mais de 5

178 Tribo Skate, n.11, 1994, p.7

179 Turco Loco assumiu o cargo de suplente de vereador. No decorrer dos anos deixou o PMDB para se filiar ao PSDB.

180 Lei n.º 11.812/1995. Tal comemoração, inclusive, passou a ser considerada em nível estadual a partir de 2003 (Lei n.º 684/2003).

> milhões de dólares nesse esporte... O skate é um esporte, isso ele tem que ser representado numa casa parlamentar como a câmara municipal de São Paulo... O skate como todo esporte acaba sendo um bem social, onde se quer tirar jovens abandonados da rua e colocar um skate embaixo do seu pé... O que a gente quer com o dia do skate? Tentar cada vez mais ganhar respeito perante a sociedade por ser um esporte discriminado e às vezes até marginalizado. Skatistas não são vagabundos, são pessoas que trabalham e no momento de lazer e nas horas vagas querem praticar seu esporte... Acho que não temos que deixar de ser o que a gente é por ser vereador ou estar numa casa parlamentar. O legal é vê os cabelos "dreads", cabelos raspados, cabelos compridos, ver as bermudas largas e as cuecas aparecendo... A pessoa que está usando um terno e gravata deve respeitar o skatista e o skatista deve respeitar quem está usando terno e gravata... Eu termino com um *skate or die*! ("Dia do skate". Revista *CemporcentoSkate*, n.º 3, 1995, p. 20-21)

A prática do skate nas ruas, conforme já muito reiterado até aqui, não raro era associada a algo marginal e perturbador; tratava-se, tal como julgado por determinadas perspectivas, de uma subversão promovida por jovens citadinos que insistiam em se manter em espaços que não foram construídos especialmente para as suas façanhas. A fala do vereador, como evidente acima, se propôs, então, a questionar as visões negativas que recaiam sobre a mesma. Em compensação e de modo um tanto estratégico, a sua arguição reivindicou respeito para o skate na condição de um esporte emergente, visto que o seu universo, ainda que sem a devida atenção dos poderes públicos, já movimentava cifras milionárias em todo o mundo.

A gestão de Paulo Maluf foi sucedida pela de Celso Pitta (PPB), político que assumiu a prefeitura de São Paulo entre 1997 e 2000. Os apoios institucionais ao skate nesta gestão se intensificaram em relação às precedentes, no entanto, eles ainda eram tênues se comparados ao considerável contingente de skatistas que estava em atividade na metrópole. O prefeito havia prometido construir em torno de 25 pistas, mas, malgrado as expectativas dos praticantes, apenas duas foram finalizadas e inauguradas. É importante salientar que as poucas pistas públicas — e até mesmo as privadas — construídas na década de 1990 em São Paulo revelavam em suas respectivas arquiteturas uma preocupação com a proliferação da modalidade *street skate*. Não é irrelevante, isto posto, o formato de certos obstáculos nelas presentes: muitos deles simulavam equipamentos urbanos utilizados pelos skatistas, como escadas, corrimãos, bancos, quinas etc. As pistas de skate, da maneira como estavam sendo construídas, poderiam ser consideradas, guardada as devidas proporções, como "ruas artificiais", definição proposta pela revista *Tribo Skate* numa de suas edições publicadas no período.[181]

A esportivização do skate adquiriu novos contornos em nível mundial a partir de meados da década de 1990, o que trouxe, com efeito, certos desdobramentos nos rumos que sua prática tomava em nosso país. O seu universo tornou-se alvo de diversos tipos de investimentos oriundos de grandes corporações, de canais de televisão, de entidades esportivas, além de um corpo especializado de agentes vinculados à comercialização, divulgação e promoção de suas experiências como um estilo de vida. Como consequência desse processo faz-se importante ponderar que a sua institucionalização esportiva foi agenciada não por uma única via, mas a partir de três matrizes distintas, porém complementares, que influenciaram a formulação de políticas públicas voltadas para a sua prática, quais sejam: 1) skate como *esporte radical*; 2) skate como *esporte confederado*; e, instituída mais recentemente, 3) skate como *esporte olímpico.*[182]

A atribuição do rótulo de *esporte radical* à prática do skate ganhou forças a partir de 1995, ano em que a ESPN, canal de TV a cabo, começou a promover os chamados *Extremes Games*, evento que após 1996 se tornaria mundialmente conhecido como *X Games*. Embora as competições ocorressem nos Estados Unidos, muitos skatistas brasileiros, bem como a mídia especializada local, acompanhavam e tentavam se inteirar deste que se autorreferenciava como "as Olimpíadas dos esportes radicais".[183] Em re-

181 "Ruas artificiais". Revista *Tribo Skate*, n.º 3, 1992.

182 Os agenciamentos de cada uma das matrizes serão apresentados no decorrer do presente tópico. É importante frisar que tais matrizes devem aqui ser consideradas de maneira próxima ao proposto por Damo (2007) ao analisar o universo futebolístico, ou seja, são recursos descritivos que visam abarcar a associação de alguns fatos que compõem a natureza múltipla do que é o skate considerado como esporte na atualidade.

183 Os X Games foram responsáveis por incutir novos parâmetros a práticas cujos adeptos são reconhecidos por depreciarem a competitividade. A institucionalização dessas práticas sob o rótulo de *extreme sports* (ou *esportes radicais*) fez eclodir, portanto, uma série de regras de competição e de condutas que tiveram de ser moldadas conforme os anseios de um canal de televisão e de seus respectivos anunciantes. Era preciso, pois, tornar o skate atrativo a ponto de conquistar a atenção dos telespectadores. Em razão disso, a instituição de rivalidades, o estabelecimento de recordes, a disciplina, o estímulo ao risco e a demanda por habilidades cada vez mais técnicas se tornaram demasiadamente requisitadas aos competidores profissionais selecionados para cada etapa dos X Games. Para uma análise detida sobre o impacto dos X Games no universo de várias práticas en-

lação ao skate, as competições profissionais inicialmente eram destinadas apenas a duas modalidades: *street skate* e *vertical*. Somente no decorrer dos anos, conforme a realização de novas edições, é que novas modalidades foram incorporadas. As disputas do *street skate* aconteciam em pistas que simulavam obstáculos encontrados nas ruas, ao passo que os torneios de *vertical* se realizavam num *half pipe*.

Os *X Games*, através do canal de televisão que os promovia, foram responsáveis por redirecionar diversos sentidos que engendravam a prática esportiva do skate com fins comerciais. A sua repercussão adquirida ao longo de várias edições — desde 1995 até o presente — notabiliza uma bem-sucedida mercantilização do "ilinx", de manobras astuciosas, de vertigens e adrenalinas, de corpos em riscos, de rivalidades instituídas, de dramatizações. O evento coloca em cena disputas acirradas entre renomados praticantes profissionais que são incumbidos a fazer um espetáculo emocionante com vistas a agradar e a instigar a atenção do público alvo, isto é, os telespectadores.[184] A transmissão de cada edição é acompanhada por milhares de pessoas, sobretudo jovens de várias partes do mundo, que são motivados a praticar diferentes tipos de *esportes radicais* e a consumir os produtos a eles associados.

Aproveitando-se da visibilidade alcançada pelo skate através de seu enquadramento como *esporte radical*, "Turco Loco", que se reelegera vereador em 1996, propôs no ano seguinte um novo projeto de lei tendo em conta uma ementa que resguardasse espaços específicos para a sua prática na cidade de São Paulo.[185] Para a aprovação da propositura foi feito o seguinte apelo:

> *Para que os praticantes deste esporte radical*, possuidores de uma mente sadia e cheia de vida não sejam colocados à margem da sociedade e *muitas vezes taxados de destruidores, atribuindo-lhes qualquer vandalismo, esperamos contar com o apoio dos nobres vereadores para a aprovação desta proposta*. ("Justificativa PL 0385-1997". Disponível em: http://documentacao.camara.sp.gov.br/iah/fulltext/justificativa/JPL0385-1997.pdf. Acesso em 15-12-2015. Grifos meus)

quadradas como *esportes radicais*, ver Rinehart (2000).

184 Sobre a espetacularização de práticas esportivas e a realização de megaeventos no país, ver Damo e Oliven (2013).

185 Neste mesmo ano Turco Loco também criou o Projeto de Lei 829/1997 a fim de instituir a realização dos "Jogos Radicais do Município de São Paulo". Para mais informações: http://documentacao.camara.sp.gov.br/iah/fulltext/parecer/FIN0877-1998.pdf.

O documento apresentado justificava a importância da construção de pistas na cidade. Por meio delas os skatistas teriam opções consideradas adequadas para a prática, não sendo mais necessário, por consequência, utilizarem — ou "destruírem" — equipamentos urbanos não planejados para o skate. Isso posto, a iniciativa também objetivava:

> [...] proporcionar às classes menos favorecidas uma opção de lazer e *principalmente tirar das ruas as crianças e adolescentes que se interessam pelo esporte* e não podem pagar por uma pista particular, andando pelas ruas e avenidas da cidade, correndo sérios riscos e provocando acidentes. ("Justificativa PL 0385-1997". Disponível em: http://documentacao.camara.sp.gov.br/iah/fulltext/justificativa/JPL0385-1997.pdf. Acesso em 15-12-2015. Grifos meus)

O parecer elaborado pela Comissão de Educação, Cultura e Esportes da Câmara Municipal foi favorável aos objetivos do vereador, sendo destacadas as seguintes prerrogativas para a construção de pistas de skate:

> Com efeito, ao propor a instalação dessas pistas de "skate" prioritariamente onde resida a população de baixa renda, está o ilustre Autor oferecendo uma oportunidade de lazer e recreação para essas pessoas, *ao mesmo tempo que possibilita às crianças e adolescentes dessas classes sociais mais carentes uma forma sadia de divertimento, afastando-os das drogas e outros vícios, como o álcool e o fumo, cuja publicidade a propositura sabiamente veta nesses locais.* ("Parecer 191/98 da comissão de Educação, Cultura e Esportes da Câmara Municipal sobre o Projeto de Lei 385/97". Disponível em: http://documentacao.camara.sp.gov.br/iah/fulltext/parecer/EDUC0191-1998.pdf. Acesso em 17-01-2017. Grifos meus)

O projeto de lei frisava as dimensões esportiva e cidadã do skate e explicitava a necessidade de tirar os praticantes das ruas em decorrência dos tantos riscos a elas associados. Ainda que aprovada em primeira discussão na Câmara, a proposta foi considerada rejeitada anos mais tarde.[186] No entanto, muitas de suas pretensões foram efetivadas na gestão que

---

186 O projeto foi rejeitado em segunda discussão, na sessão extraordinária 102, em 6-3-2007 (Disponível em: http://www.radarmunicipal.com.br/proposicoes/projeto-de-lei-385-1997. Acesso em 15-12-2015).

sucedeu a de Celso Pitta, qual seja, a gestão de Marta Suplicy (PT, 2001-2004), a qual representou um marco para o skate paulistano. A revista *CemporcentoSkate*, cuja fundação se dera em 1995, revelou a expectativa com esse novo mandato:

> Em sua conturbada administração, Celso Pitta prometeu a construção de 25 pistas em São Paulo, o que se mostrou inviável: construiu apenas duas e uma *mini ramp*. Com a nova prefeitura, a cargo de Marta Suplicy, vem a esperança de que, desta vez, seja dada a devida atenção ao skate. Com dois meses de gestão, ainda é cedo para exigir a construção de novas pistas. Há, sim, projetos encaminhados, mas a prefeitura não divulga prazos para concretizações. O que muda é que alguns passos já estão sendo dados para mudar a filosofia de tratamento ao assunto. (Caruso, Reinaldo. "Nova prefeitura de São Paulo: skate aguarda melhora". Revista *CemporcentoSkate*, 2002)

O apoio ao skate por parte da mencionada prefeita muito se deve à pressão dos skatistas, da mídia e do mercado especializado, e também ao posicionamento de uma entidade ligada ao rumo confederado de sua esportivização: tratava-se da Confederação Brasileira de Skate (CBSk), criada em 1999 com vistas a regulamentar a sua prática como esporte, a tornar alguns de seus sentidos mais compreensíveis para formuladores de políticas públicas e a instituir regras para a profissionalização de seus adeptos.[187] Soma-se a esta pressão uma pesquisa realizada pela prefeitura que detectou que a prática do skate era a segunda mais realizada por estudantes de escolas municipais, perdendo apenas para o futebol.[188]

Marta Suplicy sensibilizou-se com o universo do skate e prometeu construir dezenas de pistas nos Centros Educacionais Unificados (CEUs), equipamentos públicos que foram entregues em sua gestão.[189] A execução

187 Cabe salientar que a Federação Paulista de Skate (FPS) também foi fundamental para a conquista de tal apoio.

188 Mais informações sobre tal pesquisa, ver a matéria "Pista Livre", publicada na Folha de São Paulo. Disponível em: http://www1.folha.uol.com.br/folha/esporte/ult92u102808.shtml. Acesso em 30/12/2016.

189 Os Centros Educacionais Unificados (CEUs) são equipamentos públicos criados pela Prefeitura de São Paulo, durante a gestão da referida prefeita Marta Suplicy, localizados em áreas periféricas da cidade. De acordo com o Guia de Pistas da revista *Cemporcentoskate* (2006, p. 126), cada unidade dos CEUs tem "em média, 13 mil metros quadrados de área construída, reunindo num só espaço creche, escolas de educação infantil e ensino fundamental para 2.460 estudantes. Além disso, elas possuem infraestrutura completa para atividades esportivas, culturais e de lazer, como teatro, biblioteca, oficinas de dança e música, quadras poliesportivas, salão de ginástica, piscinas, um centro comunitário,

dos projetos foi mediada pela Coordenadoria da Juventude — por meio de seu coordenador, Alexandre Youssef —, órgão ligado à prefeitura que fora criado a fim de lidar com as demandas dos jovens, e contou com o acompanhamento técnico de representantes da CBSk. Ao todo foram construídas 44 pistas, a maioria delas situada em regiões periféricas da cidade. A partir de então aumentou vertiginosamente não apenas o número de praticantes, mas também a ocorrência de campeonatos em todos os distritos de São Paulo. Dentre tantos exemplos é válido realçar a realização do Circuito Municipal de Skate, evento que consistia em vários torneios direcionados para a modalidade *street skate*. Contudo, em vez de acontecerem nas ruas, eles eram realizados nas pistas públicas recém-inauguradas — cuja maioria dos obstáculos simulava equipamentos urbanos — ao longo do período de um ano. O circuito, além de promover e estimular a prática do skate em espaços considerados "adequados", também visava identificar skatistas com certa influência local para que os mesmos se tornassem monitores remunerados. Segundo a divulgação dos organizadores da iniciativa:

> Neste evento [Circuito Municipal de Skate] surgiu a ideia de escolher dez skatistas de destaque para iniciar um projeto de capacitação de monitores de skate, parceria entre a ONG Aprendiz e a Skate Contest. Os dez, durante oito meses, passaram por um aprendizado e tornaram-se monitores. Um "monitor" não é bem um professor, é um cara que utiliza o skate com a intenção de trazer outros jovens para uma convivência com a aplicação do conceito de cidadania e integração social. É a educação fora da sala de aula. ("Circuito Sampa Skate". Disponível em http://skatecontest.com.br/. Acesso em 13-6-2013)

Houve, com efeito, um considerável fomento inédito ao universo do skate em São Paulo que influenciou novas representações para a sua prática. A sua alcunha marginal estava se tornando arrefecida por perspectivas institucionais que tentavam associar o skate a uma atividade com potencial para promover noções básicas de cidadania e civilidade a crianças e jovens. Não obstante tais iniciativas, também foram tentadas na época certas medidas para disciplinar a sua prática em diversos âmbitos, fosse

área de lazer com pista de skate e um Telecentro com acesso gratuito à Internet e cursos de informática". Para mais informações sobre a prática do skate nos CEUs, ver Olic (2010).

ela realizada em pistas ou nas ruas. O vereador Wadih Mutran (PP) propôs em 2003, durante o mandato de Marta Suplicy, um projeto de lei com o propósito de impor legalmente normas de segurança para a utilização de skates no município de São Paulo. A propositura decretava que:

> Art. 1.º - Torna obrigatório a utilização de itens de segurança por parte dos praticantes de skates, patins, patinetes e similares, nas vias públicas do Município de São Paulo, bem como, nas praças, parques e centros educacionais que possuam pistas de skates.
>
> Art. 2.º - Os itens de segurança mencionados nesta lei, os quais deverão ser utilizados pelos praticantes de skates e seus derivados são:
> a) capacete adequado,
> b) joelheiras e cotoveleiras apropriadas, e
> c) luvas.
>
> Art. 3.º - O não cumprimento dos dispositivos desta lei, implicará ao infrator a participação de aulas sobre a necessidade da utilização de itens de segurança para a prática de skates e seus similares junto à Secretaria Municipal de Esportes, Lazer e Recreação. ("Projeto de lei 0044/2003". Disponível em http://documentacao.camara.sp.gov.br/iah/fulltext/projeto/PL0044-2003.pdf. Acesso em 18-1-2017)

O projeto de lei teve parecer favorável nas comissões que o avaliaram, contudo, ele fora totalmente vetado por Marta Suplicy após ser considerado contrário ao interesse público. Interessante notar que as razões apresentadas para o veto ampliavam as potencialidades esportivas do skate, as quais eram recorrentemente evocadas por formuladores de políticas públicas, ao enfatizar também o seu lado lúdico e de lazer. Conforme versa o ofício elaborado em nome da prefeita:

> Inicialmente, impende ressaltar que o uso de skates [...] é uma prática desportiva não-formal, caracterizada pela liberdade lúdica de seus praticantes. É uma atividade de lazer, sem a preocupação do exercício de uma atividade esportiva formal. O aperfeiçoamento esportivo, inclusive no que concerne à segurança da prática desportiva, é fruto de aprendizagem, conscientização, convencimento, que integram um processo de cunho educacional, e não decorre de medidas proibiti-

> vas, principalmente quando se trata de atividade preponderantemente exercida por crianças e adolescentes. Assim, a iniciativa de proteção deve partir do próprio indivíduo ou de seus responsáveis e não decorrer de imposição legal. ("Razões de veto – Projeto de lei 44/03". Disponível em: http://documentacao.camara.sp.gov.br/iah/fulltext/veto/VEPL0044-2003.pdf. Acesso em 18-1-2017. Grifos meus)

Eis, portanto, mais um enquadramento institucional que passou a ser direcionado à prática do skate. Apesar dessa consideração, o seu lado citadino continuava desestimulado pela ótica do poder público municipal, sob a égide da prefeita supracitada, o qual se embasava, inclusive, no Código de Trânsito Brasileiro para justificar o motivo pelo qual seria inviável a sua realização em vias públicas, ainda que os praticantes utilizassem de equipamentos de segurança:

> Acresça-se, ainda, que a lei (em referência ao projeto de lei 0044/2003, de Wadih Mutran), ao prever genericamente a prática desportiva em "vias públicas", ainda que para estabelecer a obrigatoriedade da utilização de itens de segurança, pode, equivocadamente, incentivar o uso de skates, patins e patinetes em lugares que, verdadeiramente, oferecem perigo à integridade física dos jovens. A redação do texto induz à interpretação de que, desde que observadas as condições referidas no artigo 2.º, esses esportes poderiam ser praticados livremente em todas as vias públicas da Cidade, incluindo-se ruas e avenidas de grande movimento de veículos e pedestres, o que é vedado pelo Código de Trânsito Brasileiro (Lei n.º 9.503, de 27 de setembro de 1993, artigo 254) e, sem dúvida alguma, resultaria no surgimento de inúmeras situações de insegurança. ("Razões de veto – Projeto de lei 44/03". Disponível em: http://documentacao.camara.sp.gov.br/iah/fulltext/veto/VEPL0044-2003.pdf. Acesso em 18-1-2017)

O projeto de lei foi revisto pelo vereador Wadih Mutran, que o substituiu, em 2005, por uma nova propositura com certos ajustes no que toca a uma questão específica. O artigo 3.º daquela que fora inicialmente apresentada enfatizava que o não cumprimento dos dispositivos da lei ora proposta implicaria "ao infrator a participação de aulas sobre a necessidade da utilização de itens de segurança para a prática de skates e seus similares junto à Secretaria Municipal de Esportes, Lazer e Recreação". Tal artigo foi substituído no novo projeto (PL 0345/2005), em que passou a constar a seguinte redação:

> Art. 3.º A infração às disposições da presente Lei acarretará ao infrator a imposição de pena de multa no valor de R$600,00 (seiscentos reais).
>
> § 1.º Na hipótese do infrator ser menor, nos termos da lei civil, a multa de que trata o caput deste artigo será cobrada de seus pais ou responsável legal. ("Projeto de lei 0345/2005". Disponível em: http://documentacao.camara.sp.gov.br/iah/fulltext/parecer/JUSTS0957-2005.pdf. Acesso em 18-1-2017)

O novo projeto de lei novamente recebeu pareceres favoráveis por parte de diferentes comissões, todavia, ele foi encerrado anos após a sua apresentação em razão do término da legislatura do vereador proponente. É importante frisar, em vista disso, que a tentativa de imposição legal de tal medida contraria sobremaneira certas experiências de muitos skatistas, em especial dos adeptos do *street skate*, que renegam a utilização de equipamentos de segurança. Conforme já demonstrei em pesquisa anterior (Machado, 2011), a atribuição de riscos à prática — vide as preocupações de demasiados agentes políticos — é relativizada pelos mesmos, os quais nem sempre encaram como perigosas ou arriscadas as proezas que fazem em cima de seus respectivos skates.

A gestão de Marta Suplicy foi seguida por dois políticos, a saber, José Serra (PSDB, 2005-2006) e Gilberto Kassab (DEM, 2006-2008). Nesse período os incentivos continuaram a ser atribuídos à prática do skate a partir de ações promovidas por diferentes frentes ligadas ao poder público municipal. As pistas já não constituíam mais a principal demanda dos skatistas e de demais agentes ligados ao seu universo, logo, outras iniciativas passaram a ser reivindicadas, dentre elas, a realização de mais campeonatos e eventos. Em decorrência disso muitas mobilizações, sobretudo aquelas que promoviam o lado esportivo e educativo por meio do skate, auferiram apoios institucionais. É o caso, por exemplo, do Circuito Sampa Skate, o qual já fora apresentado em minha dissertação de mestrado (Machado, 2011). De acordo com Marcio Tanabe, organizador do circuito em tela e interlocutor da pesquisa mencionada, o universo do skate beneficiou-se da construção de pistas públicas, entretanto, embora tais ganhos estruturais, ainda eram indispensáveis novos investimentos a fim de fomentar uma dimensão cidadã aos seus praticantes de modo que eles utilizassem adequadamente os espaços que lhes foram outorgados:

> O que o skatista de São Paulo precisa é saber exercer seus direitos. Ele tem que se tornar cidadão. Se o skate é o segundo esporte mais praticado entre os jovens e se a gente tem diálogo com este cara que anda de skate, seja ele de dez, vinte, trinta, cinquenta anos de idade, seja ele da classe A, B, C, D ou E, a gente consegue conversar com este cara, então, *a gente tem uma ferramenta muito boa para, junto com o poder público, exercer a cidadania*. Não é só fazer um campeonato de skate para o cara. É fazer um campeonato de skate com tudo que ele tem direito. (Márcio Tanabe, entrevista em 2009. Grifos meus)

O Circuito Sampa Skate era uma competição composta por várias etapas que se realizavam ao longo de todo um ano em diferentes distritos da cidade de São Paulo.[190] Cada evento geralmente ocorria em ginásios poliesportivos públicos, onde eram montadas diversas rampas de madeira que simulavam toda sorte de equipamentos urbanos. As inscrições podiam ser feitas gratuitamente ao passo que as disputas envolviam múltiplas categorias da modalidade *street skate*, tanto masculinas quanto femininas, que abrangiam desde praticantes principiantes até amadores em vias de profissionalização. As regras de competição seguiam as regulamentações propostas pelas entidades que enquadram a prática do skate como um *esporte confederado*, como a FPS e a CBSk. Como forma de incentivo aos skatistas competidores, todos ainda ganhavam, gratuitamente, um lanche reforçado. Já os melhores colocados em cada etapa eram agraciados com troféus e medalhas, ao passo que as suas pontuações ao longo da disputa eram computadas por meio de um ranking que definia a classificação geral do circuito. Após a realização de todas as etapas acontecia o "SP Top 40", evento final que visava recompensar e incentivar os quarenta melhores ranqueados provenientes de algumas categorias. As mulheres não entravam nessa lista pois havia um evento feito especialmente para elas, chamado "Skate para Meninas Street

190 O Circuito Sampa Skate foi realizado anualmente até 2013.

Show". Nessas disputas finais os participantes tinham a oportunidade de ganhar variadas premiações. Os cinco primeiros colocados podiam escolher dentre um notebook, uma câmera digital e uma filmadora como forma de prêmio pela classificação. Além disso, conforme o prêmio escolhido, o skatista ainda ganhava um curso profissionalizante, seja de informática, de fotografia ou de edição de vídeo, que o capacitava para a entrada no mercado de trabalho.

Imagem 22: Arquibancada e pista de skate de uma das etapas do Circuito Sampa Skate 2009 (foto por Giancarlo Machado)

Como demonstrei outrora (Machado, 2011), a criação do ranking era, de certo modo, uma estratégia dos próprios organizadores para que os skatistas participantes do Circuito Sampa Skate se sentissem motivados a fazer um planejamento de suas atividades ao longo do ano. Não bastava somente andar de skate e ir aos campeonatos. Era preciso também traçar metas e objetivos bem definidos. A partir do momento em que o jovem começava a participar do circuito havia uma tentativa de disciplinarização não só da prática do skate e dos usos que ele fazia da cidade, como também, de sua vida pessoal. Por isso, as regras deveriam ser seguidas a risco, e saber se relacionar com elas era essencial. Segundo Marcio Tanabe, o skate seria um pretexto para estimular o raciocínio, de organizar condutas e de tirar os jovens do ócio:

> [O skatista tem] que entender o que é descartar resultado, como se faz a conta, como se calcula uma média. O cara vai entender que a aula de Matemática serviu para alguma coisa! E vai servir o tempo inteiro: na hora de comprar um carro, na hora de comprar uma casa, para ele entender quanto vale o salário dele, na hora de planejar a vida dele. É uma brincadeira de planejar a vida. (Márcio Tanabe, entrevista em 2009. Grifos meus)

Como o número de iniciativas direcionadas ao universo do skate aumentou significativamente em meados da década passada, foi instituída em 2006 a Lei n.º 14.139 — de autoria do vereador Dr. Farhat (PTB) —, a qual dispõe sobre a regulamentação de eventos para a prática de *esportes radicais* na capital paulista.[191] A iniciativa visa amenizar eventuais problemas relacionados às suas realizações, sobretudo quanto à segurança dos praticantes bem como a apropriação que eles fazem de certos espaços. É o que revela o artigo 3.º do decreto que a regulamenta:

> Art. 3.º As empresas e entidades que desenvolvam atividades relacionadas à prática de esportes e atividades radicais ou de aventura deverão atender a legislação pertinente,[192] bem como as regras de

---

191 O decreto que regulamenta a Lei n.º 14.139/2006 foi apresentado pelo então prefeito Gilberto Kassab em 17 de fevereiro de 2010. Para mais informações, vide: http://www3.prefeitura.sp.gov.br/cadlem/secretarias/negocios_juridicos/cadlem/integra.asp?alt=18022010D%20512960000. Acesso em 18-1-2017.

192 Segundo o Artigo 2.º da lei ora mencionada, considera-se "esporte ou atividade radical: o conjunto de práticas esportivas formais e não formais, vivenciadas a partir de sensações e de emoções,

prática esportiva específicas de cada modalidade, visando garantir a segurança individual e coletiva dos participantes, em especial:

I – dispor de locais apropriados, zelando pela preservação dos espaços públicos e naturais;

II – utilizar equipamentos adequados e em perfeito estado de conservação;

III – contratar seguro de vida e de acidentes em favor dos praticantes, observados os requisitos mínimos exigidos para essa espécie de contratação;

IV – informar e orientar os participantes sobre as características das atividades a que serão submetidos e seus riscos intrínsecos, mediante assinatura de termo de responsabilidade;

V – dispor de atendimento médico de natureza emergencial apto a ser prestado imediatamente à ocorrência do evento que motivar a necessidade de sua utilização. ("Decreto n.º 51.296, de 17 de fevereiro de 2010". Disponível em http://www3.prefeitura.sp.gov.br/cadlem/secretarias/negocios_juridicos/cadlem/integra.asp?alt=18022010D%20512960000. Acesso em 18-1-2017)

O descumprimento da lei sujeita o infrator a uma série de penalidades, dentre elas, advertência, multa de 500 reais e multa cobrada em dobro nas reincidências. Os parágrafos acima reforçam, novamente, certas perspectivas institucionais que são esperadas para a prática do skate, a qual deve ser promovida apenas se respeitada tais normas então engendradas. Ademais, ao prezar pela preservação dos espaços públicos e requerer locais adequados para a realização de eventos, a lei reverbera que as manobras dos skatistas nas paisagens urbanas — ou seja, em locais não

sob condições de risco calculado, realizadas em manobras arrojadas e controladas, como superação de habilidades de desafio extremo, desenvolvidas quer em ambientes controlados, podendo ser artificiais, quer em manifestações educacionais, de lazer e de rendimento, sob controle das condições de uso dos equipamentos, da formação de recursos humanos e comprometidas com a sustentabilidade socioambiental". Vide: http://www3.prefeitura.sp.gov.br/cadlem/secretarias/negocios_juridicos/cadlem/integra.asp?alt=18022010D%20512960000. Acesso em 18-1-2017.

planejados para o skate, como em calçadas e seus equipamentos — devem ser consideradas indesejadas.

Embora as regulamentações implementadas, a crescente popularidade do skate fez com que o seu universo paulistano atingisse novos patamares a partir de 2008. No ano mencionado, já ao final da gestão de Serra/Kassab, a prefeitura apoiou algo inédito no país: a promoção dos X Games Brasil, etapa brasileira dos X Games, evento promovido pelo canal ESPN. As competições ocorreram ao longo de três dias consecutivos no Sambódromo do Anhembi,[193] onde foram montadas rampas para as modalidades *street skate* e *vertical*. A iniciativa contou com o patrocínio de grandes empresas — como Parmalat, Guaraná Antarctica, Honda Motos, Ipiranga e Oi — que investiram no skate e em demais práticas enquadradas como *esportes radicais* tendo em vista a divulgação de seus produtos.

Mais que um mero campeonato, os X Games Brasil constituíram um espetáculo de manobras vertiginosas feitas por profissionais capacitados. Skatistas consagrados de diversas partes do mundo estiveram presentes e fizeram um show à parte para as dezenas de milhares de espectadores presentes nas arquibancadas do Sambódromo, os quais tiveram que desembolsar entre 40 e 50 reais por dia para conferir de perto as façanhas corporais feitas sobre uma prancha de madeira em movimento. Já aqueles que não puderam estar no local puderam assistir a transmissão ao vivo de todos os acontecimentos por meio do canal televisivo promotor da iniciativa. O evento teve uma considerável estrutura a fim de promover não apenas competições de *esportes radicais*, mas também diversas ações específicas realizadas pelos seus patrocinadores. Para tanto foram montados quinze espaços de entretenimento, além de lojas para comercialização de produtos (como os licenciados com a marca X Games) e praças de alimentação. Ademais, ao fim de cada dia também ocorreram shows com grupos de rock que eram muito conhecidos pela juventude, como Charlie Brown Jr. e CPM 22, e cujos integrantes possuíam uma ligação com o universo do skate.

Os X Games representaram a espetacularização dos rumos que enquadra o skate na condição de um *esporte radical*. O evento distribuiu medalhas aos melhores competidores, e ainda a quantia total de R$ 400 mil dividida entre aqueles que se destacaram nas modalidades e práticas abrangidas. Diversos skatistas profissionais se beneficiaram com as pre-

193 O evento foi realizado entre os dias 25 e 27 de abril de 2008.

miações ao passo que as empresas patrocinadoras se valeram da visibilidade e repercussão da iniciativa para divulgarem suas marcas, produtos e experiências para um amplo público composto sobretudo por jovens. Não obstante o retorno financeiro, Walter Feldman, então secretário municipal de esportes, afirmou na coletiva de imprensa de lançamento que o evento deixaria um importante legado para o skate paulistano, visto o potencial de sua prática para afastar crianças e jovens daquilo que fora considerado como maus caminhos, como a rua, a droga e a criminalidade.[194]

Além dos X Games, outro evento fora realizado em 2008 após seus promotores pleitearem um considerável apoio da prefeitura de São Paulo. Tratava-se da Mega Rampa, conjunto de obstáculos em amplas dimensões que mede cerca de cem metros de comprimento (o equivalente a 27 carros enfileirados) e apresenta uma altura de 27 metros (o que pode ser comparado a um prédio de nove andares). Por meio dessas condições estruturais, aqueles que a desafiavam podiam atingir alturas impressionantes, e, consequentemente, realizar manobras que exigiam não apenas certas habilidades corporais, mas, sobretudo, demasiada coragem para superar o risco iminente que os obstáculos provocavam.

Apenas um número ínfimo de profissionais em todo o mundo é capaz de vencer os desafios do *big air*, a modalidade característica da Mega Rampa, fato que cria uma distância entre os mesmos e os praticantes comuns em virtude de uma série de limitações que assola estes últimos. Contudo, embora as restrições da modalidade, há um considerável público aficionado pela vertigem que os saltos e giros nas alturas provocam aos que assistem as exibições espetacularizadas. Conforme evidenciei em um artigo que trata especificamente da Mega Rampa escrito em parceria com o historiador Leonardo Brandão (Brandão e Machado, 2013), foi por intermédio do brasileiro Bob Burnquist, considerado um dos principais skatistas da história do skate, que ela adquiriu visibilidade no país. Após uma excelente carreira internacional, com vários títulos conquistados, o skatista em tela conseguiu se articular com agentes políticos ligados à Secretaria de Esportes, Lazer e Recreação (SEME) e patrocinadores — como Oi, Nescau, Neosaldina, energéticos TNT, biscoitos Break Up e Rede Card —, tendo em vista a montagem de sua enorme estrutura em São Paulo,

194 Para detalhes da coletiva de imprensa, ver a matéria "Prefeitura quer manter o legado dos X Games". Disponível em: http://maquinadoesporte.uol.com.br/artigo/prefeitura-quer-manter-legado-do-x-games_4430.html. Acesso em 22-1-2017.

mais precisamente no Sambódromo do Anhembi, onde aconteceriam as realizações dos eventos.

A primeira edição da Mega Rampa obteve um considerável investimento que se revelou em sua divulgação e atração de público. Além de competições que distribuíram milhares de reais para os skatistas, o evento também contou com uma série de outras atrações, dentre elas, a Skate Village, uma feira que divulgava produtos e ações das mais diversas empresas patrocinadoras da Mega Rampa. Assim como ocorreu nos X Games, inúmeros jovens estiveram presentes nas arquibancadas do sambódromo para acompanhar um show de manobras ousadas feitas no ar. Já aqueles que não puderam ir tiveram a chance de assistir a cobertura da competição através de várias mídias, como a Rede Globo, que transmitiram ao vivo as disputas finais.

A gestão Serra/Kassab foi sucedida pelo mandato de Gilberto Kassab (PSD), prefeito que assumiu a prefeitura entre 2009 a 2012. A prática do skate adquiriu nesse período notável relevo no âmbito da SEME, onde foi criada, por exemplo, a Coordenadoria de Esportes Radicais, frente cuja atribuição seria a de fomentar e de se posicionar em prol dos ditos *esportes radicais*, os quais vinham se proliferando na cidade, notadamente após a construção de pistas e a realização de múltiplos eventos. A coordenadoria, representada pela atuação de Thiago Lobo, seu então coordenador, traçou um conjunto de metas para atender certas demandas postas por agentes ligados ao skate paulistano. Tive a oportunidade de acompanhar o trabalho de tal frente ao longo de minha pesquisa de mestrado (Machado, 2011) e, na ocasião, constatei que as principais ações eram direcionadas a diferentes dimensões de sua prática, em especial, a educacional e as que seguiam as propostas de sua esportivização (skate como *esporte radical* e *esporte confederado*).

Para contemplar a dimensão educacional foram estabelecidas escolinhas de skate nas regiões periféricas da cidade. Elas funcionavam em equipamentos públicos mantidos pela prefeitura, como os CEUs e Clubes Escolas, e atendiam a centenas de crianças e adolescentes. Já o Circuito Sampa Skate continuou existindo e mantendo a sua proposta de promover noções básicas de cidadania e de estimular a prática esportiva do skate de acordo com as regras propostas pelas entidades esportivas que o representam. Cada etapa atraía um considerável público composto por garotos e garotas oriundos de todas as partes da metrópole, e, não obstante, cabe ressaltar que as competições revelaram importantes talentos do *street ska-*

te que atualmente se destacam em nível mundial, como os profissionais Kelvin Hoefler e Pâmela Rosa.[195]

Além do Circuito Sampa Skate, diversos outros eventos foram realizados para todas as modalidades do skate com o apoio do poder público municipal durante a gestão de Kassab.[196] O acontecimento de maior repercussão e visibilidade foi, novamente, a Mega Rampa, a qual teve mais duas edições (em 2009 e 2011, respectivamente) em São Paulo. Os investimentos para o evento, por sua vez, aumentaram ainda mais. Em 2009, por exemplo, a prefeitura investiu R$ 500 mil, o dobro se comparado ao valor despendido para o mesmo fim na edição do ano anterior. Já o retorno de mídia espontânea às empresas patrocinadoras atingiu a casa de dezenas de milhões de reais. A opinião de Sérgio Mello, diretor da Brasil 1 Esporte, agência organizadora da iniciativa, corrobora com esta constatação: "Com 100 metros de comprimento, a Mega Rampa é um dos maiores outdoors do mundo. A estrutura é gigantesca e, além de impressionar a todos, facilita também na comercialização dos patrocinadores".[197]

Thiago Lobo, em entrevista concedida para fins de minha dissertação de mestrado (Machado, 2011), pontuou aquilo que considerou ser um importante legado deixado por eventos do porte dos X Games e da Mega Rampa para o universo do skate paulistano:

> Eu acho que é um trabalho do esporte de ponta, do esporte de alto nível, o investimento é necessário, porque ele que deixa legado. A aulinha de skate na pistinha da esquina é importante. É ela que vai transformar, mas, só vai ter um público de skate frequentando a aulinha da esquina porque ele viu na Globo o Bob [Burnquist] acertando um x na Mega Rampa. (Thiago Lobo, entrevista em 2009)

Na visão de tal agente político a promoção de uma vertente espetacularizada do skate seria importante na medida em que ela estimula os novos praticantes, crianças e adolescentes em especial, a se firmarem

195 Kelvin Hoefler é um dos principais skatistas de *street skate* do país. É considerado tetracampeão mundial da modalidade pela World Cup Skateboarding (WCS). Pâmela Rosa é destaque da categoria feminina. Dentre suas principais conquistas, destaca-se a obtenção da medalha de ouro em uma das etapas dos X Games realizados nos Estados Unidos, em 2016.

196 Vários campeonatos foram realizados durante a gestão de Kassab, tais como: SkateBanks, Circuito Universitário de Skate, Slalom em Interlagos, dentre outros.

197 Depoimento concedido ao *site* oficial do evento Oi Mega Rampa. Disponível em http://www.oimegarampa.com.br/2009/html/imprensa/. Acesso em 19-4-2010.

na prática cotidiana; a frequentarem os espaços que a ela são destinados, como as pistas de skate disponíveis por toda a capital paulista — as quais continuaram a ser construídas, porém em número bem menor se comparado ao da gestão de Marta Suplicy —, e, eventualmente, a se tornarem atletas de renome em competições a partir da capacitação técnica e do aproveitamento das ações ora promovidas.

Apesar de tais pretensões, nem todas as estratégias institucionais almejadas a partir do fomento ao skate obtiveram os resultados esperados. Uma delas diz respeito às apropriações de certos espaços da cidade tendo em vista a realização de sua prática. As dezenas de pistas públicas construídas tornaram-se frequentadas pelos skatistas, todavia, além de as utilizarem regularmente, ainda assim as ruas e os seus respectivos equipamentos não foram deixados de lado por muitos deles. Elas se tornaram, por conseguinte, mais requisitadas pelos adeptos da modalidade *street skate*. É o que ocorreu, por exemplo, numa "paisagem de poder" (Zukin, 2000) que havia sido reformulada, isto é, a Avenida Paulista. Logo após a substituição do piso de suas calçadas em 2008, skatistas de todas as partes de São Paulo — e até mesmo de outros estados e países — fizeram questão de utilizar os inúmeros *picos* que surgiram ao longo de toda a sua extensão. Em razão do intenso fluxo de praticantes nos limites da avenida, alguns jornais logo destacaram o fato:

> *Reformadas, com pavimento lisinho e de concreto, as calçadas da Avenida Paulista atraem cada vez mais skatistas em busca de manobras radicais, lazer e treinamento para campeonatos.* Desde o início das obras, há um ano, é comum vê-los desviando de pelo menos 1,7 milhão de pessoas que circulam diariamente pelo local. O ziguezague dos esportistas assusta os desavisados. Mas, segundo a Subprefeitura da Sé, não há lei que impeça os skatistas de andar nas novas calçadas da Paulista, cujo custo de reforma está orçado em R$ 8,1 milhões. Mas pode haver limite. *A subprefeitura avisa que, se houver dano ao patrimônio público, a administração "agirá no sentido de coibir ou educar os esportistas"*. ("Av. Paulista vira pista de skate". Jornal da Tarde, 11 de julho de 2008. Disponível e http://txt.jt.com.br/editorias/2008/07/11/ge1.94.4.20080711.25.1.xml. Acesso em 29-1-2017. Grifos meus)

A Avenida Paulista tornou-se, durante um certo tempo, um dos principais pontos de encontro dos skatistas de São Paulo. Em decorrência da apropriação de suas calçadas e equipamentos não tardou para acontecer uma série de conflitos, os quais demandaram, inclusive, intervenções policiais a fim de conter a perturbação da "ordem" esperada para o local. Tive a oportunidade de etnografar o cotidiano da prática do skate na Avenida Paulista durante a minha pesquisa de mestrado e, conforme já registrado (Machado, 2011), em função das constantes reclamações dos moradores da Avenida Paulista e também com a publicação da mencionada matéria "Av. Paulista vira pista de skate" pelo Jornal da Tarde, o vereador Adolfo Quintas (PSDB) formulou o Projeto de Lei n.° 116/2009, de 5 de março de 2009, acrescentando o inciso XXVI ao artigo 1.° da Lei 10.328/1987, com a intenção de requentar uma medida polêmica que há tempos não era mais cogitada: a proibição do skate em vias públicas da cidade. De acordo com a propositura:

> Fica expressamente proibido no território do município de São Paulo: utilizar "skate" nas calçadas, exceto área reservada para este fim, na forma da regulamentação a ser expedida pelo Executivo. ("Projeto de lei 0116/2009". Disponível em http://documentacao.camara.sp.gov.br/iah/fulltext/projeto/PL0116-2009.pdf. Acesso em 19-12-2016)

Para a elaboração desse projeto de lei, o vereador Adolfo Quintas alegou que a prática do skate poderia danificar os equipamentos públicos da cidade, e em virtude disso caberia à administração pública zelar pelos patrimônios. Ademais, tendo em vista a aprovação da propositura, o referido vereador entendia também que a prática nas calçadas da Avenida Paulista traria riscos aos outros pedestres que por lá circulam, em particular os idosos:

> Não obstante se entenda o caráter necessário da prática do esporte em tela, ou seja, o skate, temos que salientar que além dos fatos aqui narrados, o Brasil hoje é considerado um país formado na sua maioria por idosos, notoriamente na cidade de São Paulo, onde este número supera as demais cidades de nosso país. Ora o trânsito de pessoas idosas cumulado com a prática do skate tem levado riscos a toda classe etária, porém os idosos é quem sofrem mais, já que caso ocorra um acidente sua recuperação levará mais tempo, isto sem mencionar os casos em que as sequelas são irrecuperáveis, ge-

> rando, destarte, despesas ao município e a sua coletividade imensuráveis. ("Gabinete Vereador Adolfo Quintas. Justificativa Projeto de Lei 116/09". Disponível em: http://documentacao.camara.sp.gov.br/iah/fulltext/justificativa/JPL0116-2009.pdf. Acesso em 19-12-2016)

Com base nessas justificativas, a deliberação foi aprovada em primeira discussão na Câmara, por meio de sessão extraordinária em 4 de agosto de 2010. A penalidade para a utilização do skate nas calçadas foi estabelecida por meio de uma multa de aproximadamente R$ 92,00,[198] que poderia ser dobrada em caso de reincidência. Desse modo, de acordo com o que fora proposto, um dos únicos espaços públicos da cidade em que a prática do skate não estaria sujeita a multas seriam as pistas.

A Coordenadoria de Esportes Radicais, diante a possível repressão que seria instituída ao skate, buscou mediar certas questões políticas em jogo no intuito de que o projeto de lei fosse retirado pelo vereador proponente. Thiago Lobo foi fundamental para a concretização do feito:

> Quando surgiu o problema neste ano, intercedemos na hora, pois não deixaríamos que a prática do skate voltasse a ser proibida, como na época do Jânio. Andar de skate não é crime. [...] Sobre o projeto de lei, na hora em que soubemos de sua apresentação na Câmara, intercedemos. Conseguimos convencer o vereador a arquivar esta insanidade. ("Skate na plataforma. Entrevista com Tiago Lobo". Disponível em: http://cemporcentoskate.uol.com.br/fiksperto.php?id=5570. Acesso em 19-12-2016)

Também contrário à proibição, Walter Feldman — que havia se afastado do cargo de secretário de esportes para concorrer ao cargo de deputado federal — publicou um texto em seu *site* em defesa dos skatistas. Para ele, mais importante que proibir a prática do *street skate* seria regulamentá-la e também oferecer mais espaços "adequados", como as pistas de skate:

> Leis de boa convivência serão sempre bem-vindas numa cidade tumultuada como São Paulo. Mas cuidado, muito cuidado com o extremo rigor que não leva a nada e com a busca de culpados fáceis para nossos velhos desacertos urbanos. Há muita diferença entre

198 A penalidade foi atribuída a partir do parecer da Comissão de Constituição, Justiça e Legislação Participativa.

proibir teoricamente de cima para baixo e buscar acordos razoáveis com a realidade. Uma coisa é vetar pura e simplesmente a prática de skate em lugares tradicionais, onde os problemas são eventuais e mínimos, e outra, muito diferente, estabelecer algumas regras, desde que sejam razoáveis e compatíveis. [...] Nada contra uma certa ordenação na prática do skate, mas nossa preocupação maior deve ser a de pensar novos espaços, promover eventos e torneios. Que essa meninada bem que merece ser, na vida e nas pistas, radicalmente feliz. E é disso que São Paulo precisa. ("Em defesa de uma tribo do bem". Disponível em: http://walterfeldman.com.br/materia/opiniao/75/Em-defesa-de-uma-tribodo-bem.html. Acesso em 20-1-2011)

Malgrado a polêmica criada, o projeto de lei do vereador Adolfo Quintas não obteve considerável apoio político para ser instituído, posto que quando fora proposto o universo do skate vinha galgando notáveis investimentos por parte de alguns setores do poder público municipal sob o mandato de Gilberto Kassab. Nesse sentido, a possibilidade de proibição do skate, mesmo que nas calçadas, representaria uma dissonância diante as mobilizações que estavam sendo feitas em seu favor. Eram necessárias demais alternativas que não a repressão. Elas se revelaram, pois, no curso da gestão seguinte.

EM DEFESA DE QUAL SKATE?

A gestão de Fernando Haddad (PT, 2013-2016), a qual sucedeu a de Gilberto Kassab (PSD, 2009-2012), iniciou-se diante outra querela envolvendo a prática do skate em locais não planejados para a sua realização. Conforme apresentado no capítulo 1, a reformulação da Praça Roosevelt foi finalizada em 2012, logo, em razão de suas novas condições arquitetônicas, não tardou para que ela se tornasse o mais novo ponto de encontro e sociabilidade dos skatistas paulistanos. Eles a ocuparam a partir de suas próprias lógicas, valendo-se, pois, dos inúmeros *picos* nela dispostos. A sua apropriação, contudo, acarretou vários conflitos, dentre eles, as agressões de guardas civis metropolitanos (GCMs) direcionadas aos que ali andavam de skate.[199] A prefeitura de São Paulo, representada pela Subpre-

199 Fato ocorrido em janeiro de 2013 que adquiriu enorme proporção após a divulgação de suas imagens em redes sociais virtuais.

feitura da Sé, posicionou-se frente às contendas e, para não meramente proibir ou legitimar a repressão à prática na Praça Roosevelt, convocou uma reunião entre os envolvidos com as apropriações do local. Após muita discussão, uma série de consensos foi firmada a fim de minimizar os problemas que lá se estabeleciam. Em razão disso, como averiguado etnograficamente, a ótica citadina dos skatistas tornou-se minimizada pela prevalência de lógicas esportivas que prezavam por regulamentações espaciais e corporais. Essa constatação foi desvelada por meio da estratégica mediação por parte da Confederação Brasileira de Skate (CBSk), das regras impostas pela subprefeitura e da construção de uma *skate plaza* numa área que, segundo vários interlocutores, não precisava de ajustes estruturais. Embora tais intenções, é importante novamente pontuar, consoante ao demonstrado no capítulo 1, que as regulamentações e os consensos não surtiram o efeito esperado, posto que os skatistas, em contrapartida, continuaram utilizando toda a extensão da Praça Roosevelt de acordo com experiências que atestavam as suas respectivas citadinidades.

A situação ocorrida novamente colocou em foco os limites do skate nos espaços urbanos paulistanos. Ela culminou, por consequência, em outras tentativas políticas de contenção da sua prática feita nas ruas. Ainda em 2013, por exemplo, poucos meses após o embate no centro metropolitano, algo que sobressaiu foram os posicionamentos de agentes ligados ao legislativo municipal e estadual com vistas à criação de duas frentes parlamentares em defesa do skate, sendo uma com atuação na cidade de São Paulo e a outra, por sua vez, com abrangência em todo o estado.

O vereador Eduardo Tuma (PSDB) foi responsável por aprovar no âmbito da Câmara Municipal de São Paulo a "Frente Parlamentar para Defesa e Incentivo da Prática da Modalidade Esportiva de Skate na Cidade de São Paulo". De acordo com o projeto de resolução, compete à frente parlamentar:

> [...] realizar estudos, debates, seminários, audiências públicas, conferências, palestras e outras atividades afins, com especialistas do setor e representantes de órgãos governamentais municipais, estaduais e federais, entidades e organizações da sociedade civil, além de tomar providências no sentido de assegurar à população paulistana praticante da atividade seu direito ao acesso para a prática de tal modalidade, conforme disposição contida no artigo 217 da Constituição da República Federativa do Brasil. ("Projeto de resolução

00010/2013". Disponível em: http://documentacao.camara.sp.gov.br/iah/fulltext/projeto/PR0010-2013.pdf. Acesso em 2-1-2016)

A iniciativa vislumbrava, dentre outros interesses, a execução de uma série de atividades (como seminários, simpósios, reuniões) para que fossem colocados em pauta assuntos relacionados à prática do skate em São Paulo. Para a aprovação da frente parlamentar foi elaborada uma justificativa com o intuito de embasar quais seriam os princípios de sua atuação. No rol das alegações, destaco as seguintes passagens:

> O crescimento econômico trouxe investidores e o mercado [especializado em skate] praticamente triplicou de tamanho. *Com tais mudanças as pessoas buscaram, cada vez mais, a prática da referida atividade, invadindo praças, parques, ruas, calçadas por toda a cidade, que ainda carece de quantidade de pistas adequadas para consecução de tal modalidade.* Conforme estatui o artigo 217 da Constituição Federal é dever do Estado fomentar a prática esportiva, destinando recursos públicos necessários para que a população tenha acesso a prática de esportes, *que proporcionam uma vida saudável, o que certamente contribuirá para melhoria da qualidade de vida de toda população.* ("Justificativa". Disponível em: http://documentacao.camara.sp.gov.br/iah/fulltext/justificativa/JPR0010-2013.pdf. Acesso em 2-1-2016. Grifos meus)

No excerto acima constam algumas características do universo do skate que foram acionadas de maneira estratégica pelo proponente da frente parlamentar. A primeira delas diz respeito ao seu mercado especializado, o qual atualmente movimenta cifras bilionárias em todo o mundo.[200] Outra consideração mencionada realça que é a carência de locais "apropriados" que faz com que determinados espaços urbanos sejam "invadidos" pelos praticantes. É reforçado, portanto, que diante a demasiada

200 Segundo o jornal Estadão, "uma pesquisa realizada pela SGI Europe (Sports Good Intelligence), em parceria com a Adventure Sports Fair (ASF) e a promotora alemã de eventos esportivos ISPO, o país conta com quatro milhões de praticantes e o mercado movimenta mais de R$ 1 bilhão por ano com a venda de roupas e acessórios" ("Skate movimenta R$1 bilhão em vendas no país e há oportunidades para pequenos empresários". Disponível em: http://pme.estadao.com.br/noticias/noticias,skate-movimenta-r-1-bilhao-em-vendas-no-pais-e-ha-oportunidades-para-pequenos-empresarios,4291,0.htm. Acesso em 5-1-2016). Em razão de seu mercado lucrativo, a cidade de São Paulo conta também com a realização de feiras de negócios especializadas em skate, como a Urb Trade Show, a qual ocorre semestralmente.

demanda por tal "esporte" — forma como o skate é enquadrado — caberia ao Estado estimulá-lo com a promoção de condições adequadas a fim de conter a "invasão" de locais que não foram planejados para tal propósito. A justificativa ainda acentua as consequências que podem ocorrer caso este esporte, o skate, continue sendo realizado em espaços improvisados:

> Ocorre que em São Paulo não há uma valorização de tal modalidade de esporte, apesar de seu crescimento, principalmente perante a população mais jovem. Faltam pistas adequadas para a prática, além de uma manutenção pontual nas existentes, fazendo com que os skatistas improvisem locais, *trazendo problemas de segurança e causando conflitos com a população, por se tratar de um esporte com manobras "arriscadas"*. ("Justificativa". Disponível em: http://documentacao.camara.sp.gov.br/iah/fulltext/justificativa/JPR0010-2013.pdf. Acesso em 2-1-2016. Grifos meus)

De modo geral, diante os eventuais conflitos, a melhoria defendida pela frente parlamentar é, destarte, a construção e a reforma de pistas de skate na cidade de São Paulo. Eduardo Tuma, vereador responsável pela propositura, em reunião realizada na Câmara Municipal com representantes do universo do skate, declarou que se posicionaria

> [...] para que a prefeitura possa delimitar, colocar regramentos que serão obedecidos por aqueles que praticam o esporte do skate. [...] A função maior é que haja um entendimento entre os dois lados. (Depoimento do vereador Eduardo Tuma ao Jornal da Cultura, 2.ª Edição, em 21-2-2013)[201]

Já um grupo de skatistas também presente na reunião reivindicou ao político a delimitação de ruas de lazer para a prática do skate, a criação de um manual para o seu uso em espaços públicos, o levantamento de um guia em que constassem os equipamentos disponíveis na cidade, além da elaboração de diretrizes para a construção de pistas.[202]

---

201 "Prefeitura de São Paulo estabelece regras para o uso da Praça Roosevelt". Disponível em: http://www2.boxnet.com.br/pmsp/Visualizacao/RadioTv.aspx?IdClipping=22465476&IdEmpresaMesa=&TipoClipping=V&Commodities=0. Acesso em 29-11-2015.

202 Mais detalhes em: http://www.camara.sp.gov.br/blog/galeria-de-audios/skatistas-querem-espaco-sem-prejudicar-a-populacao/. Acesso em 5-1-2016.

Eduardo Tuma não foi o único vereador paulistano a se posicionar em prol do universo do skate durante a gestão de Haddad. George Hato (PMDB) também aproveitou os anseios de alguns agentes ligados à sua prática para propor projetos de lei com diversas finalidades. Um deles, o Projeto de Lei 543/2013,[203] dispunha sobre a obrigatoriedade de o poder público instalar câmeras de monitoramento e vigilância em pistas de skate do município de São Paulo. A justificativa da propositura evidenciava que certos locais públicos da cidade, como as pistas, em decorrência de características específicas, como facilidade de locomoção, volume de pessoas, baixa iluminação etc., são alvos de frequentes ocorrências policiais. Tratava-se, dessa forma, de uma clara tentativa de conter e vigiar possíveis transgressões causadas pelos frequentadores de tais locais, como os skatistas. O projeto de lei fora totalmente vetado pelo prefeito fundamentado nas seguintes razões:

> [...] em que pese a Justificativa apresentada pelo Autor do projeto, não se faz possível afirmar que as pistas de skate sejam perigosas sem a elaboração de um estudo ou coleta de estatísticas. Com efeito, a Secretaria de Esportes, Lazer e Recreação informou não possuir registros que demonstrem que elas sejam menos seguras do que outros equipamentos esportivos. Ademais, é certo que a mera instalação das câmeras, por si só, não garantiria a segurança dos usuários das pistas. [...] Ressalta-se que as pistas de skate existentes nos parques municipais e nos Centros Educacionais Unificados (CEUs) já estão abrangidas pelos sistemas de vigilância existentes, e que medidas de segurança de caráter especial são adotadas sempre conforme a necessidade específica do local, de forma a melhor atender ao interesse público. ("Razões de veto". Disponível em: http://documentacao.camara.sp.gov.br/iah/fulltext/veto/VEPL0543-2013.pdf. Acesso em 19-1-2017)

O mesmo vereador, George Hato, propôs também o Projeto de Lei 726/2013, o qual buscava estatuir sobre a inclusão do skate como atividade integrante da disciplina de educação física no ensino fundamental das escolas municipais.[204] De acordo com a sua justificativa, o skate "hoje se

203 Vide: http://documentacao.camara.sp.gov.br/iah/fulltext/projeto/PL0543-2013.pdf. Acesso em 5-1-2016.
204 O projeto ainda se encontra em tramitação.

encontra inserido no dia a dia das novas gerações, o que demonstra sua incontroversa relevância" e, para mais:

> [...] o skate é um esporte de extrema relevância para toda a comunidade jovem no âmbito do Município de São Paulo e, por que não, do Brasil. Diante disso, busca-se com a presente Indicação o ensino de técnicas corretas para a prática do referido esporte com o intuito de prevenir lesões e apresentar aos praticantes os valores inerentes desse tão relevante movimento cultural. *Dessa forma almeja-se atribuir através da prática esportiva noções de cidadania atreladas ao esporte e mais diretamente ao movimento do skate*, tão presente nas diversas camadas sociais conforme afirma o próprio Poder Público. ("Justificativa PL 0726/2013". Disponível em: http://documentacao.camara.sp.gov.br/iah/fulltext/justificativa/JPL0726-2013.pdf. Acesso em 19-1-2017. Grifos meus)

Além de se responsabilizar por essa mobilização que considerava as faculdades educativas e cidadãs que poderiam ser ofertadas a partir do fomento à prática esportiva do skate aos alunos de escolas públicas, George Hato ainda formulou o Projeto de Lei n.º 1/2016 que visava instituir "a necessidade de homologação da Confederação Brasileira de Skate ou Federação Paulista de Skate nos projetos de construção e reforma de pistas de skate no Município de São Paulo".[205] A propositura fez coro a uma das defesas propostas pela frente parlamentar criada por Eduardo Tuma. Ela fora elaborada a partir de demandas colocadas pelas entidades esportivas representativas do skate — em especial a FPS e a CBSk —, as quais requisitavam institucionalizar o direito de acompanhamento técnico para a construção e reforma de pistas a fim de evitar desperdícios de verbas públicas.[206]

Com o intuito de chamar a atenção para esta questão, a CBSk se pronunciou publicamente e fez severas críticas às administrações públicas que despendem consideráveis quantias para construírem pistas de má qualidade que rapidamente se tornam obsoletas:

205 Mais informações em: http://documentacao.camara.sp.gov.br/iah/fulltext/projeto/PL0001-2016.pdf. Acesso em 6-1-2017.

206 O projeto de lei, contudo, foi encerrado em 2-1-2017 em razão do término da legislatura do proponente. Disponível em: http://documentacao.camara.sp.gov.br/iah/fulltext/projeto/PL0001-2016.pdf. Acesso em 10-1-2017.

> Todos os anos centenas de pistas de skate são construídas no Brasil e apesar da boa vontade da gestão pública, 90% delas viram monumentos ao desperdício da verba pública. Os agentes públicos, depois de gastarem centenas de milhares de reais nestas obras, ficam se perguntando o porquê ninguém as utiliza, apesar de existirem tantos skatistas na sua região e o fato da área ter sido reivindicada pelos próprios. Em geral, a resposta é simples. Boa parte das pistas de Skate não tem como ser utilizada por colocar a integridade física dos skatistas em risco, a maioria crianças e pré-adolescentes principiantes. ("Cresce o número de pistas mal construídas". Confederação Brasileira de Skate. Disponível em: http://www.cbsk.com.br/eventos/cresce-numero-de-pistas-mal-construidas. Acesso em 8-1-2016)

Diante disso, a entidade também se prontificou a oferecer serviços de consultoria técnica para impedir que possíveis benefícios em favor do universo do skate se transformassem em iniciativas equivocadas:

> Todos os problemas poderiam ser resolvidos facilmente se o poder público, antes de aventurar na construção de skate parks (parques próprios para prática de skate), procurasse entidades deste esporte (associações de skate, federações estaduais de skate e Confederação Brasileira de Skate) para receber consultoria, seguindo suas recomendações e também elaborando um edital de licitação para participação apenas de construtoras especializadas em pistas de skate. ("Cresce o número de pistas mal construídas". Confederação Brasileira de Skate. Disponível em: http://www.cbsk.com.br/eventos/cresce-numero-de-pistas-mal-construidas. Acesso em 8-1-2016)

Em 2013, poucos meses após a aprovação da frente parlamentar em defesa do skate em âmbito municipal, uma nova iniciativa foi criada, desta vez em nível estadual, com a intenção de também "defender o skate". A sua concepção se deu a partir da mobilização do deputado estadual Gilson de Souza (DEM), o qual a nomeou de "Frente Parlamentar em Defesa e Apoio aos Skatistas e Praticantes de Esportes Radicais". Diversos outros deputados declararam apoio à ação, cujo objetivo seria o de propor políticas públicas para fortalecer o skate paulista e, não obstante:

> [...] buscar a integração das ações públicas estaduais às da esfera federal e municipal neste mesmo sentido, sempre dialogando com a sociedade civil, e com *objetivo primordial de tirar muitos jovens das ruas, inserindo-os no contexto esportivo, com grandes possibilidades de formarmos novos atletas e jovens mais saudáveis.* (Disponível em: http://www.jusbrasil.com.br/diarios/57645236/dosp-legislativo--10-08-2013-pg-10. Acesso em 6-1-2016. Grifos meus)

É importante sublinhar que, conforme expresso no trecho acima, o alvo primordial da frente parlamentar estadual seria, explicitamente, tirar os jovens das ruas e inseri-los em locais adequados a fim de transformá-los em atletas. Nesse sentido a proposta se alicerça em supostos benefícios que podem ser adquiridos por meio do esporte, como "qualidade de vida", "saúde" e "espírito esportivo":

> A criação desta frente não só alavancará a discussão sobre a prática de esportes radicais de nossas comunidades, mas também irá buscar meios de incrementar os benefícios trazidos através dos exercícios proporcionados pelo esporte em si, *criando melhor qualidade de vida para os praticantes, e tirando muitos jovens das ruas.* (Disponível em: http://www.radaroficial.com.br/d/4652089934348288. Acesso em 6-1-2016. Grifos meus)

É o que também ficou evidente em seu lançamento ocorrido na Assembleia Legislativa de São Paulo em outubro de 2013, evento que tive a oportunidade de acompanhar. Na ocasião estiveram presentes políticos e representantes de várias entidades esportivas — como as já citadas FPS e CBSk, além de outras associações com atuação municipal —, da mídia, de ONGs e do mercado especializado em produtos e pistas de skate. O evento começou com o cerimonialista fazendo uma abordagem geral das principais marcas do skate brasileiro. Tratando-o como um esporte, ele destacou o crescimento considerável de seu número de adeptos, a ocorrência de muitos campeonatos com ampla repercussão em todo o país, o desempenho dos atletas profissionais brasileiros e as suas respectivas conquistas em nível mundial. Em seguida os representantes do universo do skate tiveram a oportunidade de fazer as suas considerações e reivindicações. Kleber Silva, da Associação Francana de Skate, frisou que o esporte vem crescendo e precisa se regularizar e, para isso, seria necessário que as associações estivessem filiadas à federação estadual e à confederação brasileira para que obtivessem uma melhor assessoria. Roberto Maçaneiro, presidente da FPS, ressaltou que a expectativa é a de que a frente parlamentar consiga ouvir as necessidades de cada associação. Além do mais, a federação estaria disponível para envolver em suas ações todas as associações já filiadas e também daria suporte às novas associações que surgirem. Já Ed Scander, vice-presidente da CBSk, demandou por suporte às associações locais e projetos sociais, e cobrou incentivos fiscais para empresários, qualificação para skatistas profissionais, inclusão do skate em aulas de educação física, construção de um centro de treinamento para modalidades de alta performance, regulamentação de sua prática em parques e praças, além de uma legislação para que ele fosse utilizado como meio de transporte. O deputado estadual Gilson de Souza, por sua vez, indicou que a frente parlamentar ajudaria a disciplinar a prática do skate e a ter um maior diálogo entre o poder público e os praticantes. Os demais participantes que se pronunciaram seguiram uma linha argumentativa que enfatizava as potencialidades do skate como um meio de promoção de práticas de cidadania e de inclusão social. Muitos deles ainda criticaram a falta de espaços para a sua prática e também chamaram a atenção para a má qualidade e falta de manutenção das pistas existentes no estado de São Paulo. Em razão disso, algo que perpassou certos posicionamentos foi a reivindicação de leis que regulassem as suas construções, a exemplo do que fora proposto em nível municipal, as quais deveriam ser planejadas e executadas por empresas especializadas em parceria com as entidades esportivas competentes.[207]

207 O lançamento de ambas as frentes parlamentares causou certa repercussão no universo do skate paulistano e paulista, logo, muitos praticantes criaram a expectativa de que algumas de suas múltiplas demandas pudessem ser alcançadas. Apesar das promessas e pretensões políticas e econômicas, as ações de tais iniciativas foram pouco efetivas. A criação de leis ou demais alternativas que regulassem a construção de pistas públicas — uma das principais defesas das frentes parlamentares —, por exemplo, não obteve êxito. As pistas têm sido construídas em diversas regiões da cidade e do estado, no entanto, uma parcela significativa possui características desprezíveis e são pouco utilizadas pelos praticantes, condições que acarretam em desperdício de verbas públicas.

Imagem 23: Lançamento da "Frente Parlamentar em Defesa e Apoio aos Skatistas e Praticantes de Esportes Radicais" na Assembleia Legislativa de São Paulo (foto por Giancarlo Machado)

A gestão de Haddad coadunou-se a certas pretensões políticas que o legislativo — tanto municipal quanto estadual — vinha tramando para o universo do skate, por meio da criação de frentes parlamentares e projetos de lei, ao considerá-lo como um esporte passível de regulamentações. A Coordenadoria de Esportes Radicais foi mantida no âmbito da SEME para continuar estabelecendo diálogos efetivos com as entidades esportivas que lhes é representativa, como a CBSk, FPS, Associação Feminina de Skate (AFSk) e Confederação Brasileira de Esportes Radicais (CBER). As mediações tornaram-se corriqueiras, inclusive algumas reuniões contaram com a participação do prefeito, o qual reconheceu publicamente as potencialidades do skate e se mostrou simpático a sua inclusão em determinadas iniciativas promovidas por diferentes setores do poder público municipal.[208]

Campeonatos se proliferaram em São Paulo sob a chancela das entidades esportivas mencionadas a fim de contemplar distintas modalidades

208 Cabe destacar, outrossim, um encontro promovido pela Coordenadoria de Esportes Radicais

e categorias do skate. Alguns deles, aliás, foram um tanto inusitados. O skate foi o carro-chefe da Virada Esportiva de 2013 a 2016[209] e, dentre as tantas atrações promovidas entre tais anos, destacou-se a ocorrência da Skate Run, sendo esta considerada a maior corrida competitiva de skate do mundo. O evento teve inscrições gratuitas e contou com a participação de milhares de skatistas amadores e profissionais que percorreram oito quilômetros de importantes avenidas de São Paulo. Os vencedores de cada categoria foram agraciados com troféus e medalhas, ao passo que os três melhores profissionais receberam quantias em dinheiro oferecidas pelas empresas patrocinadoras das diferentes edições da competição, como Banco do Brasil, Lojas Riachuelo e Centauro, além da própria Prefeitura de São Paulo.[210] Celso Jatene, então secretário municipal de esportes, enfatizou que a Skate Run "é um marco que nós criamos na cidade para dizer aos skatistas de qualquer idade que a gente reconhece o direito deles de andar de skate".[211]

Embora as suas pretensões esportivas, a ocorrência da Skate Run também se articulou a uma das marcas da gestão Haddad, isto é, a demasiada atenção atribuída à mobilidade urbana. Houve um notável impulso à utilização de transportes públicos — preterindo o estímulo ao uso de carros particulares — e ainda investimentos em ciclovias e ciclofaixas. O skate, outrossim, também passou a ser enquadrado como um meio de transporte alternativo a ponto de o prefeito decretar a liberação de sua utilização em ciclovias.[212] Na coletiva de imprensa de lançamento da Virada Esportiva do ano 2013, por exemplo, o prefeito realçou que São Paulo está mudando "por uma série de razões e a cidade está enxergando novas

---

que reuniu Haddad e representantes das entidades esportivas mencionadas, ocasião em que foram tratadas múltiplas questões, dentre elas, o fortalecimento do skate como forma de mobilidade nas ciclovias, o fomento a competições profissionais, a importância de oficinas e escolinhas destinadas à crianças e adolescentes, e ainda, o incentivo à prática do skate em espaços urbanos considerados "degradados".

209 Evento que englobou centenas atividades e competições esportivas realizadas durante período de 24 horas ininterruptas. Para mais informações, ver: http://viradaesportiva.prefeitura.sp.gov.br/. Acesso em 18-1-2017.

210 Mais informações em: http://www.cbsk.com.br/eventos/banco-do-brasil-apresenta-skate-run. Acesso em 20-1-2017.

211 Depoimento disponível em: http://capital.sp.gov.br/noticia/virada-esportiva-promove-maior-corrida-de-skate-do. Acesso em 20-1-2017.

212 Ver: http://sao-paulo.estadao.com.br/blogs/diego-zanchetta/haddad-libera-skate-patins-e-cadeira-de-rodas-nas-ciclovias/. Ver também http://cmspbdoc.inf.br/iah/fulltext/decretos/D55790.pdf. Acesso em 25-1-2017.

alternativas de mobilidade com bons olhos. O skate é uma delas e representa um dos caminhos que as grandes cidades estão seguindo".[213]

Além de tantos outros eventos, também foram construídas novas pistas em variadas partes da cidade, sendo estas de maior tamanho, qualidade e infraestrutura se comparadas às que foram inauguradas pelas gestões anteriores. Dentre as pistas e espaços concebidos aos skatistas no período de Haddad à frente da prefeitura, ao menos um merece uma contextualização mais detida: trata-se do Centro de Esportes Radicais.

A construção do Centro de Esportes Radicais constituiu uma das principais promessas de sua gestão não apenas ao universo do skate, mas também ao de outras práticas enquadradas sob o rótulo de *esportes radicais* (como o BMX, *parkour* e patins *inline*). A sua implementação pode ser considerada sintomática da centralidade que tais práticas adquiriram no âmbito das ações da SEME. A intenção do centro seria a de deliberadamente incentivar o aperfeiçoamento técnico dos praticantes — considerados pela secretaria supracitada como "atletas" —, tendo em vista as suas participações em competições nacionais e internacionais. É o que salientou Carlos Pretto, então coordenador de esportes radicais:

> Os esportes radicais cresceram em todo o país, em especial, com os títulos conquistados por grandes atletas, e uma cidade da grandeza de São Paulo merecia um lugar adequado para não só atender os profissionais que são da cidade — e são muitos —, mas também fomentar o surgimento de futuros campeões. ("São Paulo ganhará um dos maiores centros de esportes radicais da América Latina". Disponível em: http://capital.sp.gov.br/noticia/sao-paulo-ganhara-um-dos-maiores-centros-de. Acesso em 18-1-2017)

O Centro de Esportes Radicais, inaugurado em 2016 com a presença de Haddad, está situado na região do Bom Retiro e nas proximidades da

213 A mobilidade proporcionada pelo skate foi incorporada às políticas urbanas promovidas pelo prefeito Fernando Haddad. Essa cooptação somou-se ainda a outras iniciativas formuladas por determinados setores de sua gestão, as quais, comumente, visavam reconhecer estrategicamente não apenas a dimensão esportivizada da prática, tal como evidenciado neste tópico, mas também, de maneira inédita, demais sentidos que lhes é intrínseco, como os *rolês* e as apropriações que os skatistas fazem dos espaços urbanos. Tal abertura, ainda que razoável, revela que novas abordagens institucionais vêm sendo tramadas com vistas a se aproximar das insurgências citadinas vivenciadas por aqueles que taticamente escapam de certos enquadramentos institucionais e que cotidianamente reivindicam o direito à cidade. Esta é, portanto, uma das temáticas que orientará a discussão do próximo capítulo.

Marginal Tietê. O custo total de sua execução foi de aproximadamente R$ 13,4 milhões. O complexo possui 38 mil metros quadrados e conta com uma considerável estrutura capaz de receber milhares de visitantes todos os meses. Além de pistas projetadas para múltiplos perfis de praticantes (desde iniciantes até profissionais), o local possui arquibancadas, banheiros, bebedouros, ciclovias, pistas de caminhada, área para shows, equipamentos de ginástica para terceira idade e playground para crianças. Aos fins de semana, quando recebe maior fluxo de frequentadores, monitores contratados pela prefeitura oferecem aulas àqueles interessados em aprender as habilidades técnicas de algum dos *esportes radicais* contemplados pelo centro.

A despeito de tantos atrativos, como se trata de um espaço de treinamento, uma série de regras regula as diferentes práticas que ocorrem em seu interior. Uma notável placa expõe as orientações de segurança aos atletas:

> Estas regras servem para a proteção dos participantes e para manter a pista segura e limpa. Os pais e guardiões são responsáveis pela segurança de suas crianças, e/ou menores de 18 anos, além de assegurar que estas cumpram as regras da pista.
>
> - É obrigatório o uso de capacete fechado.
> - Recomenda-se uso de joelheiras e cotoveleiras.
> - Em caso de superfície molhada, não utilizar a pista.
> - Não são permitidas bebidas, comidas, recipientes de vidros, animais e cigarros na pista.
> - Mantenha a pista limpa.
> - São permitidos somente os praticantes nas dependências da pista.
> - Conheça suas habilidades, esteja preparado para riscos maiores antes de praticar nas áreas mais difíceis.
> - Respeite os outros praticantes na pista.
> - Divirta-se!

É patente, portanto, a preocupação com a segurança e com o comportamento dos frequentadores do Centro de Esportes Radicais, os quais devem seguir as regras que lhes são impostas. São esperadas, à vista disso, algumas condutas bem destoantes daquelas que muitos deles — em especial os adeptos do *street skate* — estão acostumados a experimentar em outros contextos, como no cotidiano das ruas da metrópole.[214]

A inauguração do Centro de Esportes Radicais, bem como das demais pistas públicas em São Paulo, veio a calhar num importante momento da história do skate. O Comitê Olímpico Internacional (COI) anunciou em 2016 a sua inclusão nos Jogos Olímpicos que acontecerão em Tokyo, capital do Japão, em 2020. A competição contemplará duas modalidades distintas, a saber, *street* e *park*. Haddad aproveitou a ocasião para destacar os feitos de sua gestão para o skate por meio de um pequeno texto — onde consta também uma foto em que aparece ao lado de alguns skatistas — postado em seu perfil no Facebook:

> Nesta semana, o Comitê Olímpico Internacional anunciou a inclusão de quatro novas modalidades para os próximos jogos olímpicos, em Tóquio-2020. Uma delas é o skate. Fico muito feliz em saber que, em nosso governo, criamos melhores condições para a prática desse esporte: construímos o Skate Park da Chácara do Jockey, a pista do Parque Dom Pedro II, o Centro de Esportes Radicais, no Bom Retiro, que vai contar até outubro com o segundo maior Skate Park do Brasil e a reestruturação da Praça Roosevelt; além de diversas pistas de skate espalhadas pelos bairros da cidade. (Depoimento de Fernando Haddad. Disponível em: https://www.facebook.com/fernandohaddad. Acesso em 29-12-2016)

O Centro de Esportes Radicais consolidou-se como um espaço transposto por redes normativas que vêm propiciando o investimento num certo tipo de capital corporal tendo em vista, dentre outros aspectos, a profissionalização e as recentes possibilidades colocadas pela inclusão do skate como *esporte olímpico*. Ademais, apesar de todas as polêmicas em torno da confirmação do skate nas Olimpíadas, sobretudo pela resistência de vários skatistas a essa deliberação, muitos agentes ligados ao seu universo a apreciaram levando em consideração os ganhos financeiros e demais investimentos que viriam a reboque dessa sua nova chancela olímpica, a qual representa um importante desdobramento de sua esportivização.

214 Tais condutas já foram discutidas em capítulos anteriores.

CAPÍTULO 4

A ESPETACULARIZAÇÃO DA CITADINIDADE: SOBRE A COOPTAÇÃO DO SKATE DE RUA

PARA ALÉM DAS PISTAS

Os skatistas são favoráveis às pistas de skate.[215] Conforme percebi no decorrer do trabalho de campo, eles não apenas as frequentavam cotidianamente, mas também reclamavam daquelas que se encontravam em más condições, eventualmente realizavam reformas nas mesmas, faziam abaixo-assinado e buscavam toda sorte de articulações a fim de propiciar o aparecimento de outras mais. Não é à toa, aliás, que diversos empresários têm investido em pistas privadas, empreendimentos estes que cresceram significativamente na capital paulista na última década. É inegável, portanto, os interesses dos skatistas por tais espaços destinados à prática.

215 Muitos interlocutores contatados afirmaram que, para a realização da prática do skate, "não importa o terreno!". Ou seja, eles frequentam diversos espaços, sejam em pistas ou nas ruas, embora tais espaços sejam valorizados de maneiras dissonantes. No caso da modalidade *street skate*, conforme já evidenciado outrora, as ruas são mais valorizadas.

Apesar dessa constatação, há de se ponderar que as pistas de skate concentram relações e manobras em seus respectivos âmbitos, contudo, embora propiciem a formação de um tipo peculiar de skatista — denominado jocosamente pelos interlocutores de *pistoleiro*[216] —, elas também dão margens para aqueles que as frequentam aprenderem ou realizarem uma série de experiências que nem sempre se compatibiliza com as almejadas por certos agentes defensores de suas existências.

As pistas públicas muitas vezes são construídas tendo em vista um "equilíbrio de tensões", para utilizar a perspectiva de Elias e Dunning (1992), expressas nas chaves corporais e espaciais. Entretanto, as suas existências não amenizam os conflitos que a prática do skate ocasiona em variados espaços e equipamentos da cidade. Elas apenas ampliam o leque de locais possíveis para a prática, embora não centralizem com rigor as manobras dos praticantes em seus limites. Realocam, via de regra, novas assimetrias no que toca aos usos dos espaços urbanos. Basta lembrar, a título de exemplo, da discussão apresentada no capítulo 1, quando foram apresentadas as polêmicas em torno da implementação de uma *skate plaza* no interior da Praça Roosevelt. De nada adiantou a tentativa de cercear a prática numa área específica deste espaço público: os skatistas seguiam, e ainda seguem, utilizando toda a sua extensão. Assim, independente das disponibilidades e das qualidades das pistas de skate, os adeptos da modalidade *street skate* circulam por toda São Paulo com olhares demasiados astuciosos e refinados a ponto de enxergar na materialidade da cidade probabilidades surpreendentes de usos. Eles se aproveitam dos mínimos detalhes, de equipamentos triviais, daquilo que poucos notam, das sobras do urbano. É, portanto, a cidade dos *picos* que mais lhes interessa. É a partir de suas buscas que eles dão vitalidade às paisagens urbanas paulistanas e contribuem para tornar os espaços públicos, para parafrasear Joseph (2005), um lócus de hibridização, excentricidades, acordos e instabilidades, revelando, outrossim, que eles não têm nada de orgânico.

A prática desenfreada do skate de rua historicamente tem sido considerada um problema para as governanças urbanas paulistanas. Muito já se tentou para reduzir os conflitos que ela acarreta no cotidiano da cidade, desde a sua proibição até a criação de projetos de lei e frentes parlamentares a fim de regulamentar a sua realização. Diante disso pode-se considerar que há, com efeito, uma notável dificuldade por parte de diversos agentes

216 Para uma discussão detalhada acerca da categoria *pistoleiro*, ver Machado (2011).

políticos em assimilar, por vias institucionais, as pretensões ambivalentes repercutidas por aqueles que fazem parte do universo do skate. No entanto, malgrado tal dificuldade, é importante reconhecer que também há algumas iniciativas desenvolvidas em tempos recentes que buscam novas alternativas frente às ações político-urbanísticas realizadas até o momento que se centraram apenas na esportivização da citadinidade.

Também na contramão dessa dificuldade, há ainda um corpo de agentes ligados ao mercado e a mídia que já percebeu que a citadinidade skatista, embora muitas vezes incompreendida, tem potencial para ser incorporada conforme determinadas demandas. Não é de hoje, então, que o skate de rua vem se tornando uma fonte de lucro para investidores. Muitas experiências contestatórias de seu universo, inclusive, estão sendo cooptadas e vendidas como produtos para um público composto não apenas por skatistas, mas também para uma grande massa de simpatizantes de sua prática.

No decorrer do trabalho de campo pude observar diversos desses produtos, além de participar de múltiplas situações que enalteciam um lado do skate — considerado repulsivo para muitos — que pouco se aproximava daquele que era propagado pelos partidários de sua estrita esportivização. Sendo assim, deparei-me com peças de vestuário produzidas por diversas empresas que contestavam a dimensão esportiva do skate, que faziam alusão a bebidas e drogas, que referenciavam a sua prática como um "estilo de vida", que vangloriavam as ruas e os famosos *picos* de São Paulo a partir de frases, desenhos e fotos. Participei, ainda, de variados eventos promovidos por marcas nacionais e estrangeiras (especializadas em skate) que divulgavam as suas ações, produtos e time de skatistas por meio de demonstrações, exposições, *premières*, festas etc., que ocorriam em espaços um tanto inusitados. Presenciei também competições que afrontavam as regulamentações propostas pelas entidades esportivas representativas do skate e, não obstante, acompanhei *rolês* e viagens dos praticantes para outras cidades e países tendo em vista os requisitos de uma profissionalização almejada sobretudo pelas vias do mercado, a qual preza pela espetacularização não só de suas manobras, mas dos espaços urbanos onde elas são realizadas.

A citadinidade, apesar de muita combatida, também tem sido instigada e remodelada para atender a diversas finalidades, sejam elas comerciais, midiáticas, esportivas e político-urbanísticas. Finalizar a pesquisa sem se ater a esta contingência poderia deixar uma lacuna crucial em relação aos enquadramentos que são feitos desse sentido do skate que preza veementemente pela urbanidade. Nestas circunstâncias, o objetivo deste presente capítulo é apresentar como as "maneiras de fazer" (Certeau, 2009) a cidade, as quais são taticamente acionadas pelos skatistas, são cooptadas por uma série de agenciamentos que intentam impulsioná-las de maneira um tanto estratégica e utilitarista e problematizar os impactos que a espetacularização da citadinidade — considerada como uma consequência dessa cooptação, a qual pode ser, inclusive, consumida — causa no cotidiano dos espaços urbanos e nos gerenciamentos que deles são feitos a ponto de empreender novas imagens para a cidade.

SKATISTAS: "TROPA DE CHOQUE" DA GENTRIFICAÇÃO?

Nos capítulos anteriores demonstrei diversas questões em torno da prática do skate realizada em áreas centrais de São Paulo. Devido às suas melhores condições urbanísticas, é nelas onde se concentra uma multitude de *picos* demasiados almejados pelos skatistas adeptos da modalidade *street skate*. Nas novas centralidades paulistanas, sobretudo nas avenidas Paulista, Faria Lima e Berrini, por exemplo, é onde estão dispostos aqueles mais cobiçados. As características tangíveis de tais avenidas favorecem, pois, a qualidade dos seus equipamentos que são considerados obstáculos *skatáveis*. Mármore, metal, inox, concreto armado, madeira, dentre outras texturas favoráveis ao skate compõem a estética arquitetônica destas que podem ser consideradas algumas das "paisagens de poder" (Zukin, 2000) da cidade.

Para utilizarem os *picos* situados nessas áreas enobrecidas de São Paulo, os skatistas, conforme outrora já evidenciado etnograficamente, se valem de táticas sortidas com vistas a desafiar os dispositivos que tentam controlar os usos e as apropriações que delas podem ser feitas. Muitos interlocutores declararam não se render facilmente mesmo diante de todas as parafernálias de vigilância, da presença de seguranças e tampouco de eventuais intervenções de policiais e guardas metropolitanos: todos os elementos que visam impossibilitar a prática se tornam, segundo os mesmos, obstáculos que devem ser vencidos por meio de suas manobras. Desse modo, é importante reiterar que o skate de rua implica não apenas técnicas corporais, mas artimanhas relacionais que devem ser acionadas a fim de conquistar um espaço ou um equipamento, sejam eles públicos ou privados, ainda que por breves minutos.

As situações ocorridas no *Beco do Valadão*, tal como evidenciado em um tópico do capítulo 2, são sintomáticas dessas constatações. Os skatistas se apropriaram de uma extensão da calçada da Avenida Faria Lima, onde impera um dos metros quadrados mais caros da metrópole, numa estreita área localizada entre dois prédios empresariais. Lá eles imprimiram as suas próprias lógicas de ocupação de um espaço que se encontrava praticamente obsoleto. O *Beco do Valadão* tornou-se, como definido anteriormente, uma espécie de refúgio citadino em meio a uma "paisagem de poder". Os skatistas deixaram uma série de marcas para afirmar que o local, embora também possa comportar inúmeras outras práticas e usos, é um *pico* ocupado regularmente por eles: paredes grafitadas, obstáculos construídos de maneira improvisada, parafinas espalhadas em vários cantos, materiais considerados como "entulhos" dispostos pelo chão, dentre outros elementos significativos que confirmam as suas presenças. Ali eles se reúnem cotidianamente e provocam, com efeito, um contraste diante a lógica do trabalho que impera na avenida. As suas presenças, circulações e manobras irritam muitas das demais pessoas que passam pelas suas calçadas, as quais, como percebi no decorrer do trabalho de campo, não hesitavam em olhar com reprovação e até xingar esses jovens que, segundo dadas perspectivas, estariam "fora do lugar". Os ordenamentos esperados para esta "paisagem de poder" são, então, subvertidos, remodelados e agenciados de maneiras díspares, e os skatistas, por sua vez, não raro são tratados como sujeitos indesejáveis pelos desconfortos que causam, sendo, por isso, combatidos e repelidos dessa avenida que parece ser gerenciada como uma mera mercadoria.

A repulsa à presença dos skatistas manifesta-se de diferentes maneiras, seja por meio de abordagens policiais, pela implementação de dispositivos arquitetônicos que visam obstruir as suas manobras em certos equipamentos e também por outras estratégias pensadas para as calçadas da Avenida Faria Lima com a intenção de gentrificá-las.[217] É o que

217 De acordo com Frúgoli Jr. (2009, p. 120), o conceito de "gentrification" se refere, em linhas gerais, à "criação de áreas residenciais para classes médias e altas em bairros de áreas urbanas centrais, articulados a processos de controle ou expulsão de setores das classes populares, num processo também assinalado pelo desempenho de determinados estilos de vida e de consumo, produzindo mudanças da composição social de um determinado lugar, bem como tipos peculiares de segregação socioespacial e de controle da diversidade". No entanto, tal conceito não se resume apenas a esses processos. Para uma discussão geral acerca do conceito de "gentrification", vide Harvey (1992), Featherstone (1995), Smith (1996), Zukin (2000), Bidou-Zachariasen (2006) etc. Para análises acerca da "gentrification" em contexto nacional, ver, dentre outros, Leite (2006) e Frúgoli Jr. e Sklair (2009). Já para mais detalhes sobre as controvérsias em torno de sua polissemia,

ocorreu, por exemplo, na criação de um *food park* no *Beco do Valadão*, onde *food trucks* passaram a ocupar o mesmo espaço frequentado pelos skatistas numa clara tentativa de conter as suas manobras e de embelezar estrategicamente o local com a presença de carros bem equipados. Borden (2001, p. 231) salienta que, em situações como esta, "Andar de skate, no entanto, não oferece nenhuma contribuição, visto que os skatistas utilizam os espaços sem se envolver com atividades produtivas" (Tradução minha). A iniciativa seria, à vista disso, uma maneira de fragmentar um espaço e de substituir jovens que pouco se envolvem em lógicas de consumo — e que também são acusados de fazer algazarra, atropelar pedestres e destruir equipamentos — por algo mais desejável, qual seja, uma prática comercial bem aceita sobretudo por aqueles que trabalham nos tantos escritórios dispostos ao longo da avenida. Embora a tentativa tenha sido em vão — visto que skatistas e donos de *food trucks* entraram em consenso a fim de compartilhar o espaço do *Beco do Valadão*[218] — tal situação reverbera como o gerenciamento político-urbanístico das "paisagens de poder" — os quais muitas vezes são marcados por perspectivas neoliberais e pela articulação entre os "parceiros da exclusão" (Fix, 2001), ou seja, entre agentes ligados ao capital e ao Estado — prezam menos pelos usos citadinos e mais por lógicas de consumo e de trabalho e pela mercantilização e enobrecimento de seus espaços. Desse modo, como parte deste "empresariamento urbano" (Harvey, 1992),[219] os espaços são mais tratados mais por conta de seus valores de troca do que valores de uso.

Essas constatações a respeito da prática do skate de rua não implicam, todavia, que os skatistas estão a todo o momento sendo tratados como sujeitos "indesejáveis". A repulsa às suas presenças, conforme expresso acima, ocorre sobretudo em áreas enobrecidas da cidade. Já em

---

ver Rubino (2003).

218 Certa vez, em 2017, tive a oportunidade de acompanhar uma negociação entre o skatista e advogado Gabriel Campello e o dono de um *food truck*. Ambos dialogaram acerca do espaço do *Beco do Valadão* e firmaram uma série de acordos a fim de se ajudarem e de compartilharem os usos do mesmo local. Esta e outras constatações permitem relativizar como certas práticas de "gentrification" nem sempre impõem segregações concisas entre diferentes mundos sociais. Há, portanto, uma complexidade sintomática das dinâmicas relacionais, que somente podem ser compreendidas por vias etnográficas, que permitem colocar em xeque a efetividade de determinadas pretensões político-urbanísticas. No caso *do Beco do Valadão*, a tentativa de conter os skatistas foi minguada por este acordo não previsto entre eles e os *food trucks*, como já mencionado nesta nota.

219 Segundo Harvey (1992), a noção de "empresariamento urbano" é uma estratégia das governanças urbanas a fim de estimular o desenvolvimento econômico por meio de uma postura empreendedora dos espaços urbanos. Tal postura é marcada pela parceria público-privada e se caracteriza por uma série de intervenções na cidade que culminam, por vezes, em segregações diversas.

outras áreas, como aquelas consideradas degradadas ou marcadas por ocupações populares, ou ainda em "pórticos" (Magnani, 2012), as suas inserções geralmente são toleradas e, em situações específicas, até mesmo estimuladas com vistas a atender certas pretensões de um estratégico controle socioespacial.[220] Recordo-me, pois, de uma conversa estabelecida com um skatista no Vale do Anhangabaú, quando do trabalho de campo realizado para fins de minha pesquisa de mestrado (Machado, 2011), que ilustra esta assertiva. Na ocasião o interlocutor Tiago Garcia comentou como o poder público municipal, sob a égide do então prefeito Gilberto Kassab (na época filiado ao DEM, em sua gestão de 2006 a 2008), vinha tratando a prática do skate realizada no local:

> De vez em quando o prefeito resolve falar que não pode [andar de skate no Vale do Anhangabaú]. Um tempo atrás, Kassab falou que não podia. Aí ele começou a prestar atenção que aonde tem cara andando de skate, não tem muitos caras de rua mesmo. Uma época atrás no "Vale", os caras [os policiais] começaram a mandar embora os caras da cracolândia e os caras começaram a migrar para cá. Aí ficavam os caras fumando pedra, maconha o dia inteiro. E os caras começaram a perceber que onde tem a galera de skate, esses caras não ficam muito perto. *Então é melhor ter skatista que droga! O skate meio que dá uma limpada!* (Tiago Garcia, skatista profissional e empresário, entrevista em 2010. Grifos meus)

O caso acima, embora fizesse referência à prática do skate no Vale do Anhangabaú, associava-se, numa escala mais ampla, a um campo de relações que se desdobrava desde a Luz, bairro situado na região central frequentemente marcado, segundo Frúgoli Jr. e Spaggiari (2010), por duas representações recorrentes: a de "bairro cultural" e a de "cracolândia". No que toca a esta última representação, "cracolândia",[221] os autores ressaltam, inspirados na perspectiva de Perlongher (2008), que ela constitui uma espécie de "territorialidade itinerante" caracterizada pelo consumo de crack, posto que se situa numa certa área urbana, embora esteja sujeita

220 Em vários espaços públicos da cidade a prática do skate ocorre sem nenhum tipo de empecilho. É o caso, por exemplo, de locais conhecidos pelos skatistas como Praça Brasil (Zona Leste), Praça Dina e Praça do Morumbi (Zona Sul), *Blue Square* (Zona Oeste), dentre tantos que resguardam *picos* muito utilizados por eles.

221 Para uma contextualização mais detida sobre a cracolândia paulistana, ver Rui (2014).

a deslocamentos "mais próximos ou mais distantes, a depender do tipo de repressão ou intervenções exercidas, além das dinâmicas de suas próprias relações internas" (Frúgoli Jr. e Spaggiari, 2010, p. 3).

As gestões de Gilberto Kassab (prefeito em exercício entre 2006 a 2012)[222] foram responsáveis por elaborar e por tentar implementar o projeto municipal intitulado Nova Luz, decretado em 2007, o qual visava uma série de intervenções urbanas — dentre elas, demolições de sobrados, extinção de cortiços e fechamento de hotéis em mau estado de conservação —, tendo em vista a valorização imobiliária de um perímetro situado no bairro da Luz. Somam-se a essas intervenções algumas operações policiais vigentes na "cracolândia" — como a Operação Limpa (ocorrida a partir de 2005) e a Ação Integrada Centro Legal (instituída em 2009) — que propunham banir a presença de usuários de crack em determinados espaços da região. Em razão das repressões que lhes eram direcionadas, tais usuários dispersaram-se para muitas outras áreas do centro metropolitano, dentre elas o Vale do Anhangabaú, um dos principais *picos* de skate de São Paulo.

Desse modo, a fala de Tiago Garcia pode ser melhor compreendida se levarmos em conta as intervenções urbanas e as operações policiais que vinham ocorrendo no bairro da Luz. A prática do skate havia se tornado, nesse sentido, estratégica no combate aos usuários de crack que de lá migraram para o Vale do Anhangabaú. As declarações proferidas pelo skatista ressoam, à vista disso, como determinadas intenções político-urbanísticas eventualmente se utilizam de uma citadinidade com vistas a combater outras que são ainda mais indesejáveis. Por ser um espaço de sociabilidade e de manobras para os skatistas, as suas presenças regulares em tal espaço público poderiam contribuir, segundo a perspectiva do interlocutor, para "dar uma limpada" no Vale do Anhangabaú, afinal, conforme também revela, era "melhor ter skatista que droga!". [223]

222 Gilberto Kassab foi prefeito entre 2006-2008 (filiado ao DEM) e entre 2009-2012 (filiado ao PSD).

223 A iniciativa surtiu pouco efeito. Conforme constatado etnograficamente (Machado, 2011), os skatistas muitas vezes possuíam relações de aproximação com aqueles que, em tese, deveriam combater, ou seja, citadinos considerados por dadas perspectivas como "poluidores" dos espaços urbanos (como tais usuários de drogas mencionados pelo interlocutor Tiago Garcia). Portanto, a pretensão de "limpar" o Vale do Anhangabaú, valendo-se da presença regular dos skatistas no local, não foi eficaz.

Imagem 24: Skatista em ação no Vale do Anhangabaú. Vários outros citadinos, sendo estes não skatistas, estão sentados nos demais degraus, compartilhando, pois, o mesmo espaço (foto por Giancarlo Machado)

A percepção do interlocutor também pode ser articulada a alguns processos que se tornaram evidentes ao longo da gestão do prefeito Fernando Haddad (PT, 2013-2016). Conforme apresentado no capítulo 3, a sua gestão prezou sobremaneira pela dimensão esportiva do skate ao se articular com as entidades que lhe são representativas (como Federação Paulista de Skate e Confederação Brasileira de Skate), ao manter a Coordenadoria de Esportes Radicais no âmbito da Secretaria de Esportes, Lazer e Recreação (SEME), ao apoiar a realização de determinados eventos e ao construir novas pistas públicas na cidade. No entanto, apesar desse notável enquadramento do skate como esporte em muitas de suas ações, considero oportuno ponderar que também houve certas iniciativas institucionais — poucas, diga-se de passagem — que se valeram estratégica e situacionalmente da dimensão citadina de sua prática.[224] Para abordá-las, recupero, pois, os desdobramentos das polêmicas ocorridas a partir da prática do skate na Praça Roosevelt, tal como evidenciado no capítulo 1.

A praça em questão tornou-se, após a conclusão de sua reforma em 2012, o principal ponto de encontro dos skatistas paulistanos. Eles a ocuparam espontaneamente, desfrutando, por conseguinte, de suas novas condições arquitetônicas, as quais se configuraram, segundo a ótica de muitos interlocutores, perfeitas para a realização de manobras. A intensidade com que a prática do skate era realizada no local culminou numa série de conflitos, dentre eles, um episódio truculento que envolveu skatistas e guardas metropolitanos. Estes últimos tentaram cessar a qualquer custo a utilização de um *pico*, a saber, um banco de madeira, com a prerrogativa de que o equipamento não era destinado ao skate. As diferentes leituras acerca dessa apropriação resultaram numa agressão dos guardas metropolitanos direcionada a alguns skatistas presentes na ocasião.

A fim de mediar o conflito e arrefecer as polêmicas — as quais ganharam repercussão midiática após a divulgação de suas imagens —, a Prefeitura de São Paulo, por meio da Subprefeitura da Sé, convocou uma reunião entre diferentes usuários e instituições envolvidas com a Praça Roosevelt. Em razão disso foram firmados uma série de acordos, dentre os quais a implementação de regras de convivência e ainda a delimitação de uma área específica para a prática do skate, local onde foi construído uma *skate plaza*. Apesar de todas as regulamentações e consensos, os skatistas se mantiveram ocupando todos os espaços possíveis da Praça Roosevelt, contrariando, portanto, os ordenamentos espaciais e relacionais que eram almejados.

Diante os ocorridos, Marcos Barreto, então subprefeito da Sé, reconheceu publicamente a astúcia dos skatistas em ocupar os espaços urbanos e, não obstante, também declarou o interesse do poder público municipal em aproveitá-los para recuperar áreas consideradas degradadas do centro metropolitano de São Paulo. A Rede Brasil Atual, portal online de notícias, destacou o fato:

> A prefeitura de São Paulo quer aproveitar o "ímpeto e o destemor" dos skatistas paulistanos para recuperar áreas degradas no centro

224 Embora tais iniciativas aproveitassem da dimensão citadina do skate, elas ainda assim nomeavam a sua prática enquanto um "esporte" (provocando, pois, uma dissonância diante as experiências dos skatistas que contestavam tal enquadramento).

da cidade. A proposta é simples: identificar locais abandonados na região e adaptá-los à prática do skate, instalando pistas e obstáculos que atraiam jovens dispostos a fazer manobras e se divertir em espaços públicos. (Breda, Tadeu. "Prefeitura de SP quer usar skatistas para recuperar áreas degradadas do centro". Disponível em: http://www.redebrasilatual.com.br/cidades/2013/04/prefeitura-quer-usar-skatistas-para-recuperar-areas-degradadas-do-centro. Acesso em 8-4-2017)

Conforme ainda divulgado pela matéria, três áreas da região central foram pré-selecionadas para serem adaptadas à prática do skate, quais sejam, Baixada do Glicério, Praça Júlio Mesquita e Viaduto do Café.[225] Cabe ressaltar que todas essas áreas comumente são representadas por matérias jornalísticas como "degradadas", "abandonadas", como lugares "sem vida" que padecem pela presença poluidora de usuários de drogas e moradores de rua. O skate, segundo a perspectiva do agente político, poderia recuperá-los por meio da frequência de seus praticantes e de suas manobras criativas realizadas nos espaços e equipamentos lá dispostos. O subprefeito Marcos Barreto enfatizou em entrevista à Rede Brasil Atual que:

> Os skatistas ganham espaços propícios à prática do esporte e nos ajudam a reabilitar áreas que hoje viraram depósito de entulho. Todos saem ganhando, inclusive os demais moradores da capital: com novos espaços, os jovens deixarão de utilizar áreas inapropriadas para o skate, como a Avenida Paulista. (Breda, Tadeu. "Prefeitura de SP quer usar skatistas para recuperar áreas degradadas do centro". Disponível em: http://www.redebrasilatual.com.br/cidades/2013/04/prefeitura-quer-usar-skatistas-para-recuperar-areas-degradadas-do-centro. Acesso em 8-4-2017)

A fala do subprefeito é bem categórica, visto que revela algumas das estratégias institucionais que perpassam os combates político-urbanísticos aos que são considerados, a depender do espaço, "indesejáveis". Nas áreas degradadas mencionadas, embora originalmente não tivessem sido planejadas para a prática do skate, a presença dos skatistas seria aceitável na medida em que as suas apropriações contribuíssem para dispersar de-

225 Apesar das promessas, poucas ações foram destinadas ao fomento da prática do skate nestas áreas.

mais citadinos por vezes considerados como marginais, como usuários de drogas e moradores de rua. Já nas áreas enobrecidas da cidade, como a Avenida Paulista ou a Avenida Faria Lima, são os próprios skatistas que se tornam alvos de dispersão, posto que nelas as suas presenças e usos vernaculares se destoam das lógicas esperadas para as paisagens de tais contextos.[226] Assim, em consonância com o frisado por Nolan (2003, p. 311):

> Os espaços públicos são construídos de forma diferente, tanto fisicamente como socialmente, para diferentes fins, o que significa que atividades como o skate são sancionadas e encorajadas em alguns lugares, mas consideradas inadequadas e desencorajadas em outros.

Esse tipo de fomento institucional que se vale da prática do skate a fim de promover a renovação do uso de espaços urbanos considerados degradados é algo que já ocorre em cidades de outros países. Ocean Howell (2008), por exemplo, se deteve a analisar um caso emblemático ocorrido em Portland, estado de Oregon, nos Estados Unidos. Em tal cidade existia um espaço situado embaixo de uma ponte que podia configurar, levando em conta a perspectiva de Robert Park (1967), uma "região moral", isto é, um território residual, segregado, marcado neste caso por práticas e pessoas com desejos não convencionais, as quais, por isso, eram consideradas desviantes. Os skatistas, em meados da década de 1990, começaram não apenas a frequentar o referido espaço, mas também a construir em seu limite, por conta própria e de maneira improvisada, alguns obstáculos de concreto. A ação foi feita sem nenhum tipo de autorização formal. Como eles não encontraram impedimentos para tanto — afinal, tratava-se de uma área considerada em vias de degradação —, rapidamente surgiram novos obstáculos concomitantemente ao aumento do número de skatistas interessados em frequentar aquele que se tornou um dos *picos* mais atraentes da cidade.

Chamado de *Burnside*, em referência à ponte embaixo da qual se localiza, o espaço logo ganhou visibilidade em razão das intervenções efetivadas por aqueles que se tornaram seus novos frequentadores.[227] A

226 E não apenas em áreas enobrecidas, mas também em centralidades de cada região de São Paulo. Algo parecido ocorreu na Praça Itaquera, espaço que então se constituía como um *pico* para os skatistas, onde foi instalado um centro gastronômico prejudicando, pois, a prática em seu interior. Os skatistas, em contrapartida, migraram para a Praça Brasil, local onde foram instalados novos obstáculos para as suas manobras.

227 *Burnside*, contudo, não é o único exemplo de intervenção provocada pelos skatistas. Howell

presença regular dos skatistas contribuiu para dispersar os demais citadinos que ali ocupavam — dentre eles, usuários de drogas, prostitutas e mendigos — e para trazer uma segurança ao entorno que se revelou por meio da redução do roubo de automóveis e de arrombamentos de empresas vizinhas. Tudo isto culminou, com efeito, em novas imagens para o local e para a cidade de Portland. *Burnside* ganhou demasiada repercussão em matérias jornalísticas, além de constantemente figurar em fotos, vídeos e anúncios publicitários publicados na mídia especializada. Ademais, o *pico* tornou-se famoso a ponto de aparecer até numa edição do Tony Hawk's Pro Skater, série de jogos de videogame muito difundida mundo afora.

Em decorrência destes impactos, conforme revela Howell (2008), representantes do Conselho Municipal de Portland reconheceram e admiraram publicamente a atitude dos skatistas — a qual se coaduna a uma governança urbana de viés neoliberal — e, não obstante, também regulamentaram a utilização, manutenção e gerenciamento do *Burnside* por eles.[228] Nessas circunstâncias, amparando-se nestes e em outros casos analisados nos Estados Unidos, Howell (2008) considera que os skatistas, embora muitas vezes combatidos, também têm sido utilizados como parte de uma "tropa de choque da gentrificação" em virtude de serem os "olhos das ruas" capazes de dissuadir citadinos ainda mais "marginais", "delinquentes" ou "indesejáveis" que eles.[229]

Após este breve parêntese, o qual demonstrou as estratégias de cooptação político-urbanística de uma forma de citadinidade numa escala mais ampla, retomo o caso paulistano tendo como base as ações desenvolvidas no âmbito da gestão de Fernando Haddad. Além do posicionamento da Subprefeitura da Sé em prol da prática do skate em certos espaços urbanos considerados degradados, cabe destacar a atuação de agentes ligados à Coordenadoria de Promoção do Direito à Cidade e à Coordenadoria de

---

(2008) revela que este tipo de princípio, chamado por eles de *do it yourself* (DIY) — ou *faça você mesmo* — se difundiu por várias cidades do mundo.

228 Cabe ressaltar que *Burnside*, após tantas intervenções por parte dos skatistas, ganhou inúmeros obstáculos a ponto de virar uma pista frequentada sobretudo por praticantes das modalidades *banks* e *bowl*.

229 Um caso parecido aconteceu na cidade do Rio de Janeiro. Segundo Diniz e Hermes da Silva (2017, p. 23): "No anfiteatro da Praça do Ó, o que se observava era a diversidade de frequentadores 'indesejados' — moradores de rua, prostitutas, traficantes de drogas e os próprios skatistas. A iniciativa dos skatistas de instalar nesse espaço objetos autoconstruídos para a prática do skate fez com que, paulatinamente, sua presença se fizesse mais numerosa, acarretando na dispersão dos demais 'indesejados'".

Juventude, setores estes que reconheciam o direito dos skatistas ocupar a cidade sem necessariamente se aterem a experiências que via de regra são enquadradas numa chave esportiva.[230] Outra iniciativa que chamou a atenção na gestão supracitada foi a elaboração da cartilha "Espaços skatáveis: orientação para a adequação de espaços públicos abertos à prática de esportes urbanos", a qual fora concebida pela Secretaria de Urbanismo e Licenciamento.[231]

Tal documento pode ser considerado relevante na medida em que se propõe reconhecer o *olhar skatista* para produzir intervenções arquitetônicas na cidade. Trata-se, então, da institucionalização da construção de *picos* (nomeado pela cartilha como *espaços skatáveis*) nos mais variados espaços urbanos de São Paulo, algo inédito no país.[232] O documento também se destaca por tentar aproximar e articular duas dimensões que permeiam a modalidade *street skate*: a esportiva e a citadina. O skate é, assim, definido como um *esporte urbano*, categorização que, segundo a perspectiva institucional vigente, abrange "esportes de rua, atividades como a prática de skate, patins, patinetes, bicicletas, parkour, entre outras, que utilizam o espaço urbano como suporte" (Cartilha espaços skatáveis, 2016, p. 3). Para mais, o documento ainda reconhece que o skate não é apenas um *esporte urbano*, mas também um elemento que compõe uma *cultura urbana* ou *cultura de rua*:

> Além de esportes, esses podem ser considerados como elementos de uma "cultura urbana", ou uma "cultura de rua", com intensas relações com outras expressões, como a cultura hip-hop, por exemplo. São formas de convívio, de relações humanas e de interação com o espaço da cidade. A presença dessa prática nos espaços públicos abertos na cidade de São Paulo é notável, uma realidade urbana. Os praticantes apropriam-se de diversos elementos arquitetônicos

230 Tais coordenadorias promoveram inúmeros debates na Praça Roosevelt. Participei de alguns deles, ocasião em que constatei posicionamentos favoráveis por parte de determinados agentes do poder público no sentido de compactuar com o direito dos skatistas se apropriarem das ruas paulistanas.

231 Um dos principais envolvidos com a elaboração desta cartilha foi Rafael Murolo, skatista e arquiteto vinculado à SP Urbanismo, órgão da prefeitura municipal. Tal cartilha se embasou em diferentes pesquisas sobre a prática do skate nas ruas, dentre elas, a dissertação de minha autoria (Machado, 2011).

232 Algo parecido foi elaborado pelo coletivo *I love XV*, composto por skatistas cariocas que se posicionam em prol da prática do skate na Praça XV, no Rio de Janeiro. Para mais detalhes, ver Diniz, Silva e Campos (2013).

> construídos, como escadas, corrimãos, bancos, arquibancadas, planos inclinados e esplanadas com piso liso e uniforme. (Cartilha espaços skatáveis, 2016, p. 3)

Esta concepção revela, portanto, que se deseja não uma esportivização da citadinidade, conforme discutido no capítulo anterior, mas uma confluência e equilíbrio entre ambas as dimensões, a saber, a esportiva e a citadina.

A proposta de construção de *espaços skatáveis* pode ser vista como mais uma estratégia institucional com vistas a amenizar os impactos da prática do skate no meio urbano. Entretanto, em vez de combater as experiências de sua citadinidade e domesticar os praticantes num espaço delimitado e regrado, isto é, numa pista de skate — tal como muito tem sido feito —, a cartilha vislumbra considerar os usos criativos que eles fazem dos *picos*. Assim sendo, a fim de não os dificultar por meio da instalação de dispositivos arquitetônicos ou de demais formas de repressão, a presença dos skatistas é vista como transformadora dos espaços públicos, visto sua competência em lhes dar maior vitalidade e abertura, além de ampliar as suas diversidades. Para estimulá-la, a cartilha recomenda meros ajustes pontuais em equipamentos urbanos para que eles se tornem mais seguros e resistentes à prática do skate. Cabe ressaltar que a pretensão não é a de construir *obstáculos artificiais*, tal como numa pista de skate, mas considerar equipamentos originais com vistas a manter as suas condições de *picos* para os skatistas:

> É possível imaginar soluções de projeto que acolham essas atividades como um elemento programático no projeto de espaços públicos abertos. Isso não significa projetar obstáculos, mas entender que diversos elementos arquitetônicos já são naturalmente desejados para manobras e que, com pequenas alterações no seu detalhamento, estes podem estimular ou conter a prática de esportes urbanos. (Cartilha espaços skatáveis, 2016, p. 3)

Desse modo, a cartilha propõe que a prática do skate não necessariamente combata ou disperse demais usos citadinos — embora, contudo, isso possa ocorrer, como queria o subprefeito da Sé ao estimulá-la em espaços degradados —, mas que ela conviva e coexista com os mesmos em um espaço comum:

Os locais que permitem esse uso podem se tornar um ponto de encontro animado com público jovem, composto pelos praticantes, simpatizantes que contemplam as manobras e demais frequentadores. A presença dos skatistas transforma a realidade do lugar, de forma transitória, mas cotidiana. A "ativação" do entorno a esses espaços públicos abertos é sempre notável quando são apropriados para os esportes urbanos — aumento de fluxo de pessoas, mais encontros, interações, atividades, maior animação cultural. (Cartilha espaços skatáveis, 2016, p. 3)

Para o alcance dos impactos urbanísticos pretendidos, a cartilha sugere três medidas que devem subsidiar a implementação do projeto. A primeira delas é a "setorização espacial", medida que consiste na definição de áreas que estimulem ou desencorajem a prática do skate, mas sem a necessidade de imposição de barreiras ou criação de espaços exclusivos. A setorização é uma maneira de promover uma leitura do espaço de modo a fomentar a interação e a simultaneidade de diversas práticas em seus limites sem que haja desentendimentos ou conflitos entre os presentes. A segunda medida, por sua vez, "orientação e fluxos", visa prever e orientar a permanência e circulação das pessoas nos *espaços skatáveis*. Promove-se assim um arranjo espacial que acarreta em maior segurança, evitando, com efeito, eventuais choques e atropelamentos, algo tão corriqueiro quando da prática do skate realizada em espaços urbanos. A terceira e última medida abarca os "elementos arquitetônicos e sua apropriação para manobras". Tratam-se de diretrizes que norteiam a adequação, reforço e melhoria dos *picos* a fim de se tornarem alvos de múltiplos usos, seja por parte dos skatistas e de suas manobras ou por demais citadinos que queiram utilizá-los conforme suas vontades.

A cartilha em questão fora divulgada em dezembro de 2016, já ao fim do mandato de Haddad, fato que inviabilizou a sua incorporação nas ações do poder público municipal. Em razão disso não foi possível detectar empiricamente quais seriam os impactos da eventual implementação de *espaços skatáveis* em São Paulo. Apesar dessa limitação, a simples promoção da cartilha pode ser considerada sintomática da potência da prática do skate de rua na cidade. De modo geral, embora muito rechaçada, a resistência e a perspicácia dos skatistas vêm forçando posicionamentos multifacetados, por vezes controversos, por parte de diversos agentes ligados às governanças urbanas a fim de se aproximarem das experiências mais valorizadas do universo do skate. Assim, concordo com Telles (2015, p. 16) quando revela, ao se referir ao tratamento que vem sendo atribuído a várias práticas urbanas, que nos últimos anos,

> [...] vêm se desenhando novas fronteiras sociais e territoriais, legais e políticas, seguindo os traços das mudanças engendradas pelos circuitos globalizados da economia urbana, bem como pelas redefinições dos modos de governo da cidade e seus espaços.

As experiências citadinas da prática do skate de rua, não raro consideradas como destrutivas e agressivas, pouco a pouco se tornam alvo de interesse de uma agenda neoliberal de gerenciamento urbano. Contudo, é importante considerar que tal aparente flexibilidade nem sempre é gratuita, posto que, segundo já aventara Zukin (1995), o esforço para o arranjo do espaço na cidade é também um esforço de representação visual. Representação visual esta que possui implicações não apenas sociais ou político-urbanísticas, mas também econômicas. Com efeito, a espetacularização que o skate promove da cidade,[233] conforme será abordada no próximo tópico, vem se convertendo numa oportunidade rentável para as governanças urbanas e, sobretudo, para um corpo de agentes ligados ao mercado que investe em sua prática.

A CITADINIDADE INCORPORADA PELO MERCADO

No final de 2012, alguns meses antes do início do doutorado que originou esta presente investigação, fui convidado a participar de um evento promovido pela Nike Skateboarding, divisão de skate da Nike, marca deveras conhecida no ramo esportivo. Intitulado "Eu (skate) SP", o objetivo do evento em questão era apresentar o mais novo patrocinado da marca: tratava-se de Luan de Oliveira, skatista profissional gaúcho, um dos grandes nomes do *street skate* em nível mundial.[234] A sua apresentação ocor-

---

233 No capítulo anterior apresentei alguns exemplos de espetacularização do skate, expressos sobretudo por meio de campeonatos e eventos realizados em pistas verticais, que prezam principalmente pela visibilidade das técnicas corporais dos skatistas (como as manobras giratórias realizadas no ar). Neste capítulo, por sua vez, revelarei outro tipo de espetacularização que preza não apenas por tais técnicas corporais, mas também pelo relevo atribuído à estética das paisagens urbanas, onde se encontram os *picos*.

234 Para mais detalhes sobre a trajetória de Luan de Oliveira, vide a matéria "Das favelas de Porto

reu em um restaurante situado no último andar de um prédio disposto nas imediações da Avenida Paulista, de onde era possível ter uma vista panorâmica da cidade de São Paulo. Na ocasião estiveram presentes vários profissionais da mídia especializada (editores, redatores, fotógrafos, *videomakers*), integrantes do time de skate da Nike, convidados em geral, além, é claro, daquele que era a grande estrela do momento.

Luan de Oliveira foi apresentado pelos representantes da marca e, em seguida, participou de uma coletiva de imprensa. Falou de sua trajetória, de suas conquistas, de suas aspirações. Os presentes na ocasião receberam um material promocional onde constavam os detalhes da campanha "Eu (skate) SP", a qual visava promover os skatistas da marca, com destaque para Luan de Oliveira, e também um novo modelo de tênis. No material era abordado o perfil dos patrocinados e a relação de cada um deles com alguns dos principais *picos* da região central da cidade, a saber, Avenida Paulista, Vale do Anhangabaú, Praça da Sé e Praça Roosevelt. Além de fotos ilustrativas, havia ainda um texto que revelava o mote da campanha:

> Grandeza não é um presente que cai do céu. Não existe talento nato, sorte ou nenhuma força exterior capaz de mudar isso.
>
> Alcançar a grandeza depende de esforço próprio. De encontrar a motivação para nunca desistir de uma manobra. De encontrar a coragem para pular um *gap* sinistro. De encontrar disposição para andar em uma noite fria.
>
> Grandeza precisa ser cultivada. Pelas ruas e *picos* espalhados pela cidade. Todo santo dia.
>
> Não existe lugar melhor do que São Paulo para isso. A eterna capital do skate no Brasil é um playground a céu aberto.
>
> Das bordas de pedra aos degraus do Vale do Anhangabaú. Da escadaria da Praça da Sé aos bancos e corrimãos da Praça Roosevelt. Em

Alegre ao mundo, Luan transforma obstáculos em arte" (Disponível em: http://globoesporte.globo.com/radicais/skate/noticia/2017/02/das-favelas-de-porto-alegre-ao-mundo-luan-transforma-obstaculos-em-arte.html. Acesso em 8-4-2017).

tantos *picos* clássicos espalhados pela Avenida Paulista. E nos *picos* que só você e seus amigos conhecem, escondidos na sua quebrada.

Ninguém conhece e explora tanto a cidade como nós. Ninguém contempla sua arquitetura de forma tão apaixonada. Ninguém interage com ela de forma tão íntima.

Em São Paulo, a grandeza está à sua espera em cada sessão. Encontre a sua.

EU (SKATE) SP. (Nike SB. Material promocional campanha #EU-SKATESP)

Todos os presentes também ganharam uma espécie de mapa da região central de São Paulo onde constavam os principais pontos do "circuito" (Magnani, 2012) skatista paulistano. Além dos já mencionados *picos*, o mapa especificava locais de consumo, cultura e lazer reconhecidos pela presença regular de skatistas. Dentre eles destacavam-se Lanchonete Estadão, Rei do Mate, Livraria Cultura, Galeria do Rock, MASP, Matilha Cultural e Theatro Municipal de São Paulo. Tratava-se, portanto, de uma representação de um "circuito" que reverbera uma cidade muito peculiar ao universo do skate.[235] Após a coletiva de imprensa, a fim de seguir a proposta do evento, os presentes foram convidados a participar de uma *sessão* de skate em *picos* da região central de São Paulo. Todos se retiraram para acompanhar os skatistas da marca disputando diversos equipamentos urbanos em meio ao movimentado cotidiano da capital.

Fiquei surpreso com a iniciativa promovida por uma marca de tênis reconhecida no universo do skate por apoiar sobremaneira a sua dimensão esportiva.[236] Nesse caso, todavia, as ações de marketing da mesma, a fim de promover a sua nova contratação, o profissional Luan de Oliveira, arrefeceram estrategicamente a gramática do esporte em prol da valorização de certos tipos de experiências citadinas vivenciadas pelos skatistas.

235 A circulação dos skatistas por alguns desses pontos do "circuito" foi apresentada, com base em etnografia realizada, no capítulo 1 da presente publicação. Em Machado (2011) também é possível ver relatos dessa circulação por tais locais.

236 A Nike Skateboarding é a principal patrocinadora de um dos campeonatos mais importantes do skate em nível mundial: trata-se da Street League. Mais informações em: http://streetleague.com/.

O texto anteriormente apresentado bem como o mapa supracitado revelam a constatação. Por meio deles fica evidente a atenção atribuída a tais experiências que permeiam a prática do skate de rua, como a mobilidade e as apropriações que podem ser feitas de diferentes espaços da cidade. São Paulo, nessas circunstâncias, foi considerada um "playground a céu aberto" para os skatistas.

Desde a minha participação no evento "Eu (skate) SP" passei a acompanhar vários tipos de iniciativas promovidas pelo mercado que se valiam de imagens dos espaços urbanos e da citadinidade skatista com o intuito de promover os seus respectivos produtos. Não é de hoje, contudo, que isso ocorre. Conforme apresentado no capítulo anterior, desde meados da década de 1980, quando a modalidade *street skate* ganhava força em nível mundial, diversas marcas e revistas passaram a incorporar em suas ações a defesa das ruas e das experiências transgressivas que nelas podiam ser vivenciadas a fim de poderem se aproximar de uma parcela de seu público alvo. As pesquisadoras Becky Beal e Lisa Weidman (2003), por exemplo, investigaram algumas questões em torno do viés da comercialização do skate e o seu impacto entre os skatistas. Como a contestação a certos princípios comerciais era corriqueira nesse universo, muitas empresas especializadas na fabricação de peças e demais produtos se preocupavam em zelar pelas suas respectivas imagens de modo que fossem bem vistas aos olhos de sua clientela. Beal e Weidman (2003) identificaram, então, três estratégias principais adotadas por elas: autosseleção, patrocínios a skatistas, e propagação de princípios valorizados neste universo através de anúncios publicados na mídia especializada. A adesão a essas estratégias potencializaria, em suas perspectivas, a chance de uma empresa ser bem aceita pelos praticantes mais exigentes — denominados por elas de *core skaters* —, os quais influenciavam a opinião dos demais:[237]

> Certas pessoas são mais propensas a serem bem-sucedidas como empreendedoras do skate do que outras. Provavelmente, o fator

237 As análises que focaram a resistência como algo significativo para a consolidação de autenticidade no universo do skate exerceram notável influência em muitas etnografias. No entanto, com o advento de novas pesquisas, tais análises passaram a ser criticadas em decorrência de suas limitações teóricas e metodológicas. Segundo Donnelly (2006), essas limitações dizem respeito à saliência outorgada a formas autênticas de participação, gerenciamento, representação e comercialização do skate e também ao enfoque que prioriza apenas o discurso essencialista dos *core members*, o que acaba por preterir, com efeito, uma pluralidade de outros sentidos, vozes e experiências que permeiam o universo da prática em tela. Lombard (2010), por sua vez, também tece críticas às leituras que priorizaram apenas a resistência, visto que elas reverberam que a comercialização do

mais importante que afeta o sucesso de uma empresa é se o proprietário entende ou não a cultura do skate. Se o proprietário demonstrar uma boa compreensão, os skatistas entenderão que a empresa é autêntica. (Beal e Weidman, 2003, p. 346. Tradução minha)

A pesquisa de Beal e Weidman (2003), realizada nos Estados Unidos na década de 1990, desvelou que o principal elo entre praticantes e indústria do skate se dava através da atribuição de patrocínios.[238] Alguns skatistas eram agraciados com roupas, calçados, peças, equipamentos e ajudas de custo e, quando profissionais, também recebiam salários e outros benefícios. Em troca tais skatistas representavam publicamente as marcas que os patrocinavam e contribuíam com a elaboração de seus produtos. Essa última medida lhes permitia exprimir traços de suas respectivas personalidades por meio de *pro models*, ou seja, de variados produtos que levavam as suas assinaturas.

Segundo Beal e Weidman (2003), o lançamento de *pro models* era algo que possibilitava autenticidade e reconhecimento a uma marca, já que ao permitir a participação de skatistas em suas ações comerciais, ela se distanciava da possível acusação de estar inserida no universo do skate apenas para lucrar.[239] Beal e Weidman (2003, p. 350) concluíram que:

> Os anúncios da indústria de skate não dão autenticidade aos skatistas. De fato, o inverso é verdadeiro; os skatistas que leem as revistas e veem os anúncios são juízes críticos que avaliam anúncios a fim de promoverem as suas respectivas autenticidades. Se um anúncio for considerado autêntico, o anunciante será respeitado. Caso contrário, o anunciante não terá credibilidade aos olhos dos skatistas e terá que trabalhar muito para superar essa reputação. (Tradução minha)

skate, bem como a sua incorporação por entidades esportivas e por políticas públicas, pode implicar na perda de sua "essência". A pesquisadora considera que essas múltiplas formas de cooptação não pressupõem, necessariamente, a corrupção dos princípios mais valorizados do universo do skate, posto que certos skatistas, diante tais processos, não se colocam como meros agentes passivos que coadunam com tudo aquilo que lhes é atribuído.

238 A profissionalização dos skatistas nos Estados Unidos se dá pelas vias do mercado, e não pelas regulamentações de entidades esportivas, tal como ocorre no Brasil.

239 Em razão disso, nem todas as estratégias adotadas por certas marcas são bem-sucedidas. As ações da Nike, por exemplo, foram intensamente questionadas pelos skatistas na década de 1990, logo, a marca não conseguiu se inserir no mercado especializado do skate na época. Somente após os anos 2000, quando novas posturas foram adotadas, é que a Nike — a partir de então com uma divisão específica, a Nike SB — conseguiu se estabelecer neste universo.

Os skatistas patrocinados, segundo Beal e Weidman (2003), também necessitavam produzir fotos e vídeos para figurar em anúncios publicitários e em matérias publicadas na mídia especializada em skate. Esses anúncios e matérias, no que toca a modalidade *street skate*, além de demonstrarem as habilidades técnicas em equipamentos urbanos, muitas vezes expressavam atitudes um tanto transgressivas que permeiam a citadinidade skatista: muitas marcas utilizavam em suas campanhas fotos de skatistas fumando, tomando bebidas alcoólicas, realizando manobras em locais proibidos, enfrentando policiais e seguranças, viajando para outros países em busca de *picos* inusitados, construindo obstáculos em locais inóspitos, relacionando-se com diferentes citadinos — inclusive muitos deles "indesejáveis" (sobretudo moradores de rua) — e se divertindo em cima de um objeto cujo sentido para a sua realização era tido menos como competitivo, mas por conta do prazer individual que proporciona.[240]

Por cooptar as imagens e as representações de vivências que se passam nas ruas, considero que o mercado que investe na prática do skate de rua pode ser visto como importante agente fomentador da espetacularização das cidades. São muitos os exemplos que comprovam tal asserção. Murilo Romão, skatista profissional e um dos principais interlocutores da pesquisa, certa vez me presenteou com dois produtos, uma camiseta e um tênis, ambos lançados com a sua assinatura pelas marcas que o patrocinava. Na camiseta havia uma foto em homenagem à escultura do artista Yutaka Toyota, localizada na Praça da Sé. Tal escultura constitui o principal *pico* de skate do local. Já no tênis, mais especificamente em sua palmilha, constava uma foto de Murilo Romão transitando velozmente sobre uma faixa de pedestres.

Os exemplos não se encerram neste caso. Em muitas outras ocasiões também tive contato com uma miscelânea de produtos de skate que prestigiavam as ruas. Numa delas participei de uma feira de negócios chamada Urb Trade Show. O próprio nome do evento, Urb, já indicava o viés de sua promoção: tratava-se de uma feira focada em práticas urbanas, sendo o skate o carro chefe da mesma. Ao participar da feira observei vários itens — como peças para skate, confecções, banners, adesivos, vídeos, e demais materiais promocionais — que se aproveitavam de imagens ou referências da cidade a fim de conquistar respaldo entre os consumidores, a saber, os skatistas e os simpatizantes de seu universo.

240 Questões em torno da espetacularização das cidades a partir da prática do skate serão melhores abordadas nos próximos tópicos.

Imagem 25: Urb Trade Show (foto por Giancarlo Machado)

Além desse evento, por meio do qual ficou patente a valorização simbólica da dimensão material dos espaços e equipamentos urbanos, cabe a recordação de uma iniciativa ocorrida no Paço das Artes, galeria de arte situada na Universidade de São Paulo (USP). No local ocorreu, em dezembro de 2013, a exposição *Streeteiro* de Alexandre Vianna (fotógrafo, ex-skatista profissional e ex-editor da revista *CemporcentoSkate*), a qual trouxe uma série de registros visuais da prática do skate realizada em locais inusitados e nas paisagens de diversas cidades. No livro lançado para a exposição, sendo este patrocinado pela Nike Skateboarding, além de muitas imagens que engrandecem as ruas, consta ainda o seguinte texto:

> *Streeteiros* são aqueles que usam a rua, a urbanidade, o convívio fora dos condomínios fechados, para viver e se expressar. E aqui, o verbo "viver" aparece na sua essência. Afinal quebram uma tendência que as pessoas têm nas grandes metrópoles, de isolamento e fuga dos "perigos" das ruas. Os *streeteiros* produzem, criam, modificam o ambiente ao seu favor. Estabelecem relações de afeto e respeito, seja com seus pares, seja com sua cidade. Exteriorizam aquilo que há de mais precioso em seus corações e suas almas. (Prieto citado em Vianna, 2013, p. 13)

No decorrer do trabalho de campo tive a oportunidade de frequentar diversos outros eventos culturais e artísticos que tinham como inspiração a prática do skate nas ruas. Galerias de arte, bem como cinemas e espaços culturais, vêm acolhendo os skatistas em suas programações. A Matilha Cultural e a Galeria Olido, ambas situadas na região central da cidade, são alguns exemplos. Neste último espaço, onde se situa o Cine Olido, regularmente ocorrem lançamentos de vídeos produzidos pelo mercado especializado e pelos próprios praticantes.[241] Sulla Andreato, diretora de produção do local, em depoimento para o *site* Black Media, revelou como se consolidou a parceria do cinema com representantes do universo do skate:

> Em 2008 me procuraram para fazer uma *première* de skate. Eu falei, "bom, vamos fazer". Sempre foram às segundas-feiras, pois eram os dias que eu conseguia liberar. Quando eu me dei conta, eu tinha 700 pessoas para entrar no cinema e ver a *première* de skate. Eu perguntei: "vocês não têm nenhuma sala?". Eles falaram: "não!". Então eu disse para fazer as *premières* aqui [no Cine Olido]. Uma por mês, primeiro. Vamos fazer uma por mês pois assim dá vontade de vir. Fizemos uma por mês em 2008. Em 2009 já foi aumentando, eram duas. Hoje eu estou assim, basicamente toda semana uma *première* de divulgação deste trabalho que é sério. Eu falo para todo mundo: estas pessoas não são vagabundas. Elas trabalham sério, têm filhos, têm família, estão sempre viajando, desenvolvendo. Mesmo respeito que eu tenho por eles, eles também têm pelo Cine Olido. (Sulla Andreato, depoimento para o *site* Black Media. Disponível em: http://www.blackmediaskate.com/site/?p=15466. Acesso em 8-4-2017)

Num plano geral, a proeminência da citadinidade vem forçando novos posicionamentos até mesmo perante aos agentes e entidades envolvidas com a esportivização do skate. Atualmente há várias competições que se aproveitam das próprias ruas, bem como de elementos de seu cotidiano, para conseguir maior adesão e credibilidade junto aos skatistas. A Mountain Dew, marca norte-americana de refrigerantes, promoveu em 2015 o circuito chamado Dew Tour. Uma das etapas aconteceu em Los Angeles, nos Estados Unidos, e reuniu alguns dos melhores skatistas da modalidade *street skate* para uma competição realizada não em pistas de skate, tal

241 Em minha dissertação de mestrado (Machado, 2011), apresentei relatos etnográficos de *premiéres* de vídeos de skate no Cine Olido.

como comumente ocorre, mas nas próprias ruas da cidade. Os promotores do evento aproveitaram-se das possibilidades da paisagem urbana local e, não obstante, para manter o imaginário das ruas, incrementaram a área da competição com obstáculos arrojados, como um carro de polícia. O release de divulgação do Dew Tour deixava claro a preocupação com as experiências urbanas dos skatistas:

> O Dew Tour foi o evento pioneiro na promoção do moderno estilo de rua de competição. Essencialmente, o estilo de rua considera os obstáculos reais da cidade. Ao longo da história do skate, os locais de competição de rua tornaram-se muito perfeitos, contudo, eles não representam as ruas em que você anda de skate. O Dew Tour tomou aquela ideia de competição de rua original, atualizou-a e colocou-a em uma rua verdadeira para criar uma divertida competição. (Dew Tour. Disponível em: http://www.dewtour.com/news/kelvin-hoefler-completes-dew-tour-sweep-with-skateboard-streetstyle-win-in-los-angeles/#VtTsGeDEUCA2RS0K.99. Acesso em 9-4-2017. Tradução minha)

Os X Games, tradicional evento promovido pelo canal ESPN, são notadamente reconhecidos pelo incentivo atribuído a um conjunto de práticas enquadradas sob o rótulo de *esportes radicais*, dentre elas o skate. Desde 1995, ano de sua emergência, a modalidade *street skate* sempre foi contemplada com a realização de competições em pistas compostas por obstáculos que apenas simulam equipamentos urbanos. No entanto, além de manter a regularidade desse formato, os organizadores do evento anunciaram nos últimos anos a criação do "Real Street", outro formato que, como o próprio nome indica, se aproveita genuinamente das ruas a fim de promover uma disputa entre um seleto corpo de skatistas. Cada participante deve produzir um vídeo de suas manobras realizadas em *picos*, o qual, por sua vez, passa a concorrer com outras produções por meio de uma votação via internet que visa indicar o vencedor.

Em contexto nacional, algumas competições e demais tipos de eventos também vêm sendo realizados aproveitando-se de equipamentos urbanos já dados em diferentes cidades. Um bom exemplo é o evento Oi Skate Total Urbe, realizado em abril de 2017, o qual fora promovido por uma empresa de telefonia celular e coordenado pela Confederação Brasileira de Skate (CBSk), entidade esportiva que paulatinamente tem se adequado às demandas do skate de rua.[242] A competição aconteceu na cidade do Rio de Janeiro, mais especificamente na Praça Duó,[243] na Barra da Tijuca. Tal local é um tradicional *pico* do skate carioca, sendo famoso por suas constantes aparições em vídeos e revistas. O Oi Skate Total Urbe se distinguiu, então, pelo fato de não ser realizado em pistas, por permitir a participação conjunta tanto de skatistas amadores quanto de profissionais provenientes de vários estados e países, e por distribuir a quantia de R$ 400 mil aos melhores colocados, a maior premiação já destinada a um evento da modalidade *street skate* na América Latina. Eduardo Quintes, gestor do projeto da Rio de Negócios, organizadora do evento, revelou as intenções da competição e enalteceu a importância de sua dimensão urbana:

> O Oi STU Open é a oportunidade de potencializarmos um movimento legítimo, múltiplo e com amplas possibilidades. O objetivo sempre foi falarmos do movimento urbano e suas mais diversas manifestações espontâneas, como a música, a arte e o audiovisual, tendo o skate como fio condutor de toda a história, além de recolocar o Brasil novamente no circuito dos grandes eventos internacionais de *street*, tendo em vista que somos um dos maiores *picos* de skate do mundo, junto aos EUA. ("Oi Skate Total Urbe Open Rio". Disponível em http://triboskate.ativo.com/agenda/oi-skate-total-urbe-open-rio/. Acesso em 11-4-2017)

Esses exemplos revelam agora certos enquadramentos valorativos da citadinidade que se distanciam daqueles que foram apresentados no capítulo anterior. A citadinidade se exprime nessas circunstâncias não como algo a ser combatido, mas como uma "maneira de fazer" (Certeau, 2009) a cidade que possui diversas potencialidades.[244] A cooptação da prática do skate de rua pelas vias do mercado vem proporcionado uma espetacularização das paisagens urbanas a ponto de colocar algumas cidades

242 A CBSk vem se adaptando aos imperativos do skate de rua, o que se reflete na flexibilização de suas normatizações. Nos últimos anos a entidade apoiou campeonatos realizados nas ruas e demais espaços urbanos, além de reconhecer a captação de imagens nestes espaços como atributos dos skatistas profissionais vinculados à modalidade *street skate*.

243 Maneira como os skatistas chamam a Praça do Ó.

244 É importante ressaltar um interesse por detrás deste fomento à prática do skate de rua. A modalidade é a que mais gasta e consome produtos de skate, logo, é a mais lucrativa para o mercado em razão das vendas de peças e confecções.

brasileiras, com destaque para São Paulo e Rio de Janeiro, como um dos principais destinos para a prática do *street skate* no mundo.[245]

No subtópico seguinte, a fim de consolidar os exemplos aqui mencionados, apresentarei o relato etnográfico do principal campeonato da modalidade *street skate* ocorrido no Brasil no ano de 2014. Um detalhe importante é que a disputa não seguiu as regulamentações das entidades esportivas representativas do skate, mas sim as demandas de uma marca especializada em tênis para a prática, a qual se responsabilizou por elaborar as suas próprias regras de condução do evento. O evento aconteceu na Praça Roosevelt, em São Paulo, distribuiu R$ 50 mil aos melhores colocados, e ainda premiou o campeão com algo inusitado: uma marreta dourada, simbolizando, dessa forma, uma experiência citadina valorizada pelos skatistas.

Marretadas na Praça Roosevelt

A DC Shoes, marca norte-americana especializada em tênis para skate, é reconhecida neste universo em virtude de suas estratégias de marketing que prezam veementemente pela apreciação das ruas. Vários de seus anúncios, vídeos, adesivos e demais materiais promocionais se valem de imagens de diferentes cidades a fim de divulgar os skatistas patrocinados e os produtos que por ela são comercializados. Além disso, a DC Shoes também se distingue por conta de uma série de iniciativas desenvolvidas em defesa dos *picos*. Dentre as iniciativas cabe frisar a sua proposta em doar 1 milhão de dólares à prefeitura da Filadélfia, cidade do estado da Pensilvânia, nos Estados Unidos, para que o Love Park, uma praça da cidade, pudesse ser novamente liberado para a prática do skate de rua. O local em questão tornou-se alvo de uma grande polêmica desde o instante em que a governança municipal resolveu proibir as manobras e as presenças dos skatistas em seu âmbito. A DC Shoes não apenas se posicionou contrária à medida, como também buscou uma contrapartida financeira para manter a prática neste *pico* que é desejado e visitado por praticantes de diversas partes do mundo.[246]

245 A cidade de São Paulo todos os anos recebe turnês compostas por skatistas de várias partes do mundo. Há muitos vídeos divulgados em nível mundial que retratam o cotidiano do skate nas paisagens paulistanas.

246 No entanto, a prefeitura da Filadélfia não aceitou a contrapartida financeira proposta pela

Algumas ações da marca estadunidense também já foram realizadas no Brasil por meio de seus representantes locais.[247] A realização de competições nas ruas e em espaços públicos é uma delas. Em 2014, no decorrer do trabalho de campo, tive a chance de acompanhar uma destas competições promovidas pela DC Shoes. Intitulado DC Invitational, o evento ocorreu em um sábado do mês de novembro, a partir das 10 horas da manhã. Em desacordo com a maioria dos campeonatos, os quais geralmente ocorrem em pistas, os seus organizadores surpreenderam ao anunciar o local de sua realização: ele aconteceria na Praça Roosevelt, espaço público situado na região central de São Paulo, aproveitando-se da arquitetura local.[248] A praça está acostumada a sediar pequenos eventos feitos de forma espontânea, sem autorização oficial para a sua ocupação, todavia, desta vez ela sediaria um acontecimento de grande porte que reuniria renomados skatistas oriundos de várias localidades.

Os promotores do evento optaram pelo distanciamento em relação à Confederação Brasileira de Skate (CBSk), portanto, a competição não seria regulamentada por tal entidade. Essa decisão abriu caminhos para a implementação de outro formato de disputa e para a incorporação de experiências citadinas tão apreciadas pelos skatistas. Além de ser realizado em um espaço público, o DC Invitational instituiu que sessenta competidores seriam convidados, dentre eles, amadores e profissionais. De acordo com o *release* oficial, a competição seria composta por três fases.[249] Na primeira fase (eliminatória), os skatistas seriam divididos em dez baterias compostas por seis integrantes. Após o aquecimento de cinco minutos, cada competidor realizaria uma volta individual de 45 segundos e, em seguida, participaria de uma *jam session* durante dez minutos ao lado dos demais integrantes da bateria. Para a segunda fase (semifinal) avançariam vinte competidores, os quais estariam distribuídos em quatro baterias com cinco integrantes, que novamente fariam uma volta individual de 45 segundos e participariam de uma *jam session*, porém agora de

DC Shoes. Tal fato gerou uma grande polêmica e envolveu posicionamentos diversos acerca dos limites e potencialidades da prática do skate nos espaços urbanos. Para mais detalhes sobre as controvérsias da prática do skate no Love Park, ver Howell (2005).

247 Uma destas ações foi o King of São Paulo, campeonato realizado ao longo dos anos 2008, 2009 e 2010 em diferentes espaços públicos da cidade (como Vale do Anhangabaú, Praça Roosevelt e Praça do Morumbi, Praça da Estação em Itaquera).

248 O evento aproveitou-se tanto da arquitetura da praça quanto dos obstáculos construídos para a *skate plaza*.

249 O regulamento do DC Invitational está disponível no link: http://triboskate.globo.com/whatsup.php?id=6130.

doze minutos. Por fim, a terceira fase (final) seria composta por apenas oito skatistas, que comporiam uma única bateria. Além da volta individual, tal como nas outras fases, a *jam session* entre os finalistas duraria 25 minutos. O julgamento estaria a cargo de três juízes — que também são skatistas profissionais — que avaliariam, com notas fechadas de 0 a 100, as habilidades e as progressões dos competidores. Com efeito, o campeão seria aquele que obtivesse as maiores notas. O DC Invitational distribuiria R$ 50 mil entre os oito finalistas, e o primeiro colocado embolsaria metade desse valor.

No dia do evento, fui para a Praça Roosevelt por volta das 9 horas da manhã. A minha pretensão era estar no local antes mesmo do início da competição. Ao descer a Rua da Consolação, de longe avistei uma arquibancada montada em uma de suas faixas. Fiquei surpreendido com a sua presença, pois não imaginava que o evento contaria com esse tipo de instalação para acolher o público. Passei próximo a arquibancada (que já estava cheia), no entanto, optei em ficar na área de competição para ter contato com os competidores e demais interlocutores que também já estavam lá. Ao ir em direção aos obstáculos, percebi que o acesso até eles não seria tão fácil. Toda a área estava cercada com grades e somente os competidores, profissionais da imprensa e demais convidados pela marca organizadora do evento podiam ficar naquele recinto. Subi as escadas da praça e cheguei ao local que dava acesso ao seu interior. Alguns funcionários vinculados à organização, bem como seguranças, controlavam o acesso por meio de uma lista de nomes. Fiquei encostado em uma grade próxima a fim de encontrar algum interlocutor. De repente Shin Shikuma, fotógrafo que trabalhava para a DC Shoes, me viu e me convidou para entrar na área reservada. Recebi uma pulseirinha que autorizava o meu acesso e a partir de então pude circular pelo local.

A Praça Roosevelt recebeu uma série de intervenções para a realização do DC Invitational. Além das arquibancadas o local dispunha de banheiros químicos, ambulância, equipe médica e uma área de alimentação com *food trucks*, ou seja, lanches rápidos vendidos em carros adaptados. Entrei no espaço delimitado e rapidamente encontrei pessoas conhecidas. Mas antes de estabelecer qualquer conversa prolongada, assisti à cerimônia de inauguração da *skate plaza*, a qual teve a presença de representantes das várias frentes envolvidas com a utilização da Praça Roosevelt. Após a rápida cerimônia, o espaço do skate foi oficialmente inaugurado e liberado aos competidores. O clima era de muita agitação, a plateia na arquibancada — composta predominantemente por praticantes do skate

— já fazia muito barulho a cada boa manobra realizada por aqueles que estavam em ação.

Apesar de não seguir as regras técnicas da CBSk, o DC Invitational tentou prezar pela organização da competição e pelo cumprimento do horário. A arquibancada estava montada em uma faixa da Rua da Consolação, o que obstruía parcialmente o trânsito, e a autorização para a sua permanência correspondia a um período limitado. A não retirada dessa instalação no horário previsto implicaria certas sanções, como multas aos organizadores. Sendo assim, havia uma preocupação com a duração do evento de modo a evitar possíveis contratempos. Os funcionários da organização, dentre eles Robson Reco (ex-skatista profissional e gerente de marketing da DC Shoes), trabalhavam a todo vapor recepcionando os convidados, orientando os competidores ou animando os espectadores.

O espaço destinado aos convidados não permitia a visualização de todos os obstáculos e, em razão disso, optei em circular pela área de competição durante o aquecimento dos competidores, momento em que novamente encontrei vários interlocutores. O *staff* do *site* Black Media — composto por Caetano Oliveira, Marcelo Mug e Felipe Minozzi — distribuiu-se por distintos espaços com o objetivo de fazer uma cobertura irreverente, que focasse não apenas a parte técnica da competição.[250] Cumprimentei alguns skatistas recém-chegados de Barcelona, dentre eles Guilherme Terra, Gabriel Siqueira, Luiz Henrique e Aron Marcel. Eles estavam de volta ao país e davam continuidade às relações firmadas a partir do contato intensivo na capital catalã. Anderson Tuca, *videomaker* do canal Off (transmitido via TV paga), portava seus instrumentos de trabalho e conversava com outros profissionais da mídia especializada.[251] Veridiana Freitas (jornalista do canal de TV Woohoo),[252] Pedro Dylon (colaborador do Ride Channel, *site* norte-americano especializado em skate),[253] Marcos Hiroshi (redator do *site* Red Bull)[254] e Jr. Lemos (fotógrafo e redator da revista *Tribo Skate*) transitavam entre os obstáculos à procura de um melhor lugar para captar as imagens. Já Rodrigo de Andrade, assim como Shin Shikuma, fazia as imagens oficiais do evento para a DC Shoes, ao passo

250 http://www.blackmediaskate.com/.
251 http://canaloff.globo.com/.
252 http://www.woohoo.com.br/.
253 http://theridechannel.com/.
254 http://redbull.com/br/pt/skateboarding/.

que Diogo Gema representava o programa Olho de Peixe[255] e Guilhermo Guillis e Carlos Taparelli atuavam pela revista *CemporcentoSkate*.

A competição contava com a participação de skatistas provenientes de várias regiões do país. Além deles é válido destacar a participação do finlandês Jani Laitiala e do neozelandês Tommy Fynn, sendo este último recém-profissionalizado, e também de dois importantes nomes do *street skate* mundial, os brasileiros Kelvin Hoefler e Felipe Gustavo. O DC Invitational convidou skatistas amadores, todavia, a participação de praticantes provindos de uma categoria anterior à profissional não indicava que o nível técnico da disputa seria limitado. Muitos deles possuíam habilidades compatíveis ou superiores às dos profissionais, portanto, ainda não tinham atingido a principal categoria do skate por falta de oportunidade ou por opção pessoal. É o caso de Tiago Lemos, skatista amador da cidade de Jaguariúna (SP). Em 2013, após vencer o campeonato Rei da Pista,[256] realizado em Curitiba (PR), ele adquiriu a chance de ser o único amador a participar do Drop Dead Skate Pro, competição profissional também realizada na capital paranaense. Em meio a uma disputa acirrada, Tiago Lemos destacou-se entre os skatistas profissionais, conseguiu a façanha de ser campeão de um tradicional campeonato e embolsou a quantia de R$ 10 mil. Um ano após essa conquista tal skatista ainda permanecia como amador e, mesmo assim, foi novamente convidado a participar de uma competição profissional, sendo considerado um dos favoritos ao posto de campeão.

O DC Invitational também teve a atuação de dois locutores, a saber, Paulinho Rude (que também é locutor oficial da CBSk) e Kamau (skatista e rapper), que narraram as principais manobras, cronometraram o tempo da disputa e ainda agitaram o público. Um dos locutores anunciou o início da competição e solicitou aos fotógrafos e *videomakers* a liberação do espaço de circulação entre os obstáculos. Eles foram orientados a fazer imagens dos competidores apenas durante o aquecimento, recomendação que não fora cumprida. Havia muitas pessoas com câmeras e filmadoras no local, fato que dificultou a distinção entre meros espectadores convidados e demais profissionais cadastrados como imprensa, fosse ela especializada ou não. A maioria queria ficar perto dos competidores para fazer as imagens, no entanto, a aproximação inadequada atrapalhou o fluxo dos

255 http://www.programaolhodepeixe.com/.

256 O Rei da Pista é uma competição promovida pela Drop Dead, marca especializada em produtos para skate, que reúne amadores de todas as partes do país. O campeão obtém o direito de participar do Drop Dead Skate Pro, competição profissional promovida pela mesma marca.

skatistas aos obstáculos. Alguns funcionários da organização até tentaram conter a aglomeração de pessoas em torno dos competidores, mas era impossível. Os locutores advertiam publicamente aqueles que extrapolavam as recomendações, porém, muitos deles insistiam em ficar entre os obstáculos, o que atrapalhava não apenas os skatistas, mas também a visão dos juízes ao longo da apreciação das manobras.

Conforme mencionado, a *jam session* foi um dos formatos adotados para a disputa, contudo, decidiu-se que ela não seria ordenada — ou seja, com cada competidor executando uma manobra por vez —, mas realizada simultaneamente. Essa medida dificultou a observação do nível técnico dos praticantes, visto que todos aqueles que faziam parte de uma bateria estavam em ação ao mesmo tempo. Nesse sentido, era preciso atenção para captar a realização das boas manobras.

Enquanto não competiam, vários skatistas interagiam com o público nas arquibancadas. Eles distribuíam adesivos, davam autógrafos, tiravam fotos e conversavam com aqueles que reivindicavam atenção. Um dos mais requisitados era Marcelo Formiga, skatista profissional cuja frequência é assídua nos vários *picos* do Centro de São Paulo, sobretudo nos do Vale do Anhangabaú e da própria Praça Roosevelt. Formiga vestia um macacão, roupa que destoava da dos demais competidores, e sempre que podia pegava o microfone de um locutor para interagir com as pessoas. Ele ainda lançou brindes para a arquibancada, situação que quase gerou acidentes tendo em vista a aglomeração que fora formada nos degraus.

Imagem 26: Marcelo Formiga interage com o público na arquibancada (foto por Giancarlo Machado)

Os acidentes, por sua vez, não aconteceram entre os espectadores, mas entre os competidores. A competição exigia não apenas demasiado nível técnico, mas sobretudo coragem para enfrentar certos obstáculos, como as escadas, canteiros e corrimãos. Qualquer tombo poderia ocasionar sérias lesões. Foi o que aconteceu com Leandro Saguão, que errou uma manobra e fraturou o osso da perna. Os profissionais da saúde rapidamente o atenderam, retirando-o do local de maca para ser levado ao hospital. Durante o atendimento o skatista foi aplaudido pelo público. Instantes após o ocorrido, uma repórter da Rede Globo tentou gravar uma matéria de costas para a arquibancada. A sua tentativa foi frustrada, pois o público entoou em coro inúmeros xingamentos direcionados à emissora.

O DC Invitational teve a presença de um dos principais skatistas da atualidade: Wes Kremer, eleito skatista do ano 2014 pela revista *Thrasher Magazine*,[257] veio diretamente dos Estados Unidos para fazer uma demonstração aos skatistas paulistanos. Ao aparecer em público, diversos garotos começaram a gritar o seu nome, pois queriam tirar fotos ao lado da celebridade. Wes Kremer foi simpático, acenou para eles e após um momento foi até a grade para cumprimentá-los. Uma aglomeração foi formada ao seu redor e enquanto muitos o abraçavam, outros pediam autógrafos e faziam *selfies* (autorretratos). Em meio à confusão formada, alguém roubou o boné do skatista profissional, que encarou o desagravo com bom humor.

A delimitação da área de competição com grades não foi suficiente para conter eventuais ocupações inesperadas. Muitos garotos aproveitaram a desatenção dos seguranças para pulá-las e ficar perto dos competidores. Quando dentro do espaço reservado aos convidados, eles se esquivavam da equipe organizadora e tentavam permanecer sem serem descobertos. Aquilo que alguns consideraram como "invasão" permaneceu durante todo o evento, com efeito, de nada adiantava os seguranças colocarem para fora das grades aqueles que estavam sem a pulseirinha. Essa situação se agravou ao término das eliminatórias. Aproveitando-se de um breve intervalo entre essa fase e a semifinal, dezenas de espectadores pularam as grades simultaneamente, promovendo uma ocupação de todos os espaços possíveis. A maioria queria testar os novos obstáculos construídos, ao passo que outros queriam apenas conversar com competidores. Os poucos seguranças não conseguiram conter a apropriação

257 http://www.thrashermagazine.com/.

generalizada. Ouvi um skatista dizer que "no skate todo mundo é VIP", enquanto outro, vinculado à mídia especializada, confessou que "evento de skate na rua é assim mesmo, não tem como barrar a galera". A euforia tomou conta da plateia e diversos praticantes ocuparam o espaço da competição de maneira inesperada.

Alguns competidores temeram pela continuidade do evento, tamanha era a quantidade de pessoas querendo utilizar os obstáculos. Presenciei skatistas profissionais dialogando com certos jovens que pularam as grades. Eles pediam compreensão e respeito, e também argumentavam que aquele evento era um presente aos skatistas, portanto, todos tinham que colaborar. Também presenciei algumas abordagens mais grosseiras, como a de uma pessoa ligada a um canal de esportes radicais, que tentava conter a todo custo e por conta própria aqueles considerados "invasores". Frente a essa situação, ouvi comentários irônicos que julgaram a sua atitude como desproporcional. Por mais desagradável que fosse a circunstância, certos interlocutores a encararam como reflexo de algo que perpassa a prática do skate nas ruas: a transgressão das normas. Nesse sentido, pode-se pensar que esse universo produziu os seus próprios algozes.

Imagem 27: Skatistas pulam a grade e ocupam o espaço da *skate plaza* (foto por Giancarlo Machado)

Com muita dificuldade, aos poucos os skatistas espectadores liberaram os obstáculos onde ocorria a competição, todavia, isso não foi capaz de dissipá-los completamente da área que antes fora reservada. Devido a esse problema, o qual persistiu durante um considerável tempo, a programação do evento teve que ser alterada. Os organizadores decidiram abolir a fase semifinal e fazer uma final direta, pois somente assim a competição poderia ser finalizada no horário programado.

Já na fase final, a efervescência do público estava ainda mais evidente. A partir desse instante a predominância do foco foi a competição, pois, conforme a fala dos locutores, os competidores "estavam *marretando* os *picos*", ou seja, estavam fazendo muitas manobras difíceis nos obstáculos. Nos instantes finais o público novamente ocupou o espaço da área de competição, porém agora não para andar de skate, mas para estimular a disputa. Uma aglomeração foi formada, restando apenas um pequeno caminho para os competidores se dirigirem aos obstáculos. A intensa pressão do público não foi capaz de amedrontar os finalistas, que tiveram poucos erros. A competição finalizou e, logo em seguida, todo o espaço ficou lotado. Após o show de manobras no espaço público, a Praça Roosevelt foi palco de shows de rap estrelados por ParteUm e Síntese, ambos apreciados no universo do skate. O campeonato virou festa com muita música e bebidas e ao final o que se viu foi um rompimento da barreira estabelecida entre competidores e espectadores.

Imagem 28: Murilo Romão realiza manobra em um *pico* da Praça Roosevelt. Fotógrafos e *videomakers* captam as imagens da ação (foto por Giancarlo Machado)

Ainda houve tempo para um dos momentos mais aguardados do dia: o resultado final do DC Invitational e a premiação. O terceiro lugar foi conquistado por um skatista amador pouco conhecido no cenário brasileiro. Tratava-se de Nicholas Laurence, proveniente de Juiz de Fora (MG), que desde então vem colhendo os benefícios de sua boa colocação. O segundo lugar foi destinado ao skatista profissional neozelandês Tommy Fynn, que embolsou R$ 8 mil. E o grande campeão da competição foi Kelvin Hoefler, que novamente faturou uma considerável quantia. Após receber 100 mil dólares em um evento realizado na África do Sul, o skatista profissional ganhou mais R$ 25 mil e se consagrou como um dos melhores do ano. Para concretizar a proposta diferenciada do DC Invitational, em vez de premiar o campeão com um tradicional troféu, os organizadores lhe entregaram uma grande e inusitada marreta dourada.

O evento buscou articular duas dimensões que permeiam a modalidade *street skate*: a citadina e a esportiva. A sua realização teve uma considerável repercussão midiática proporcionada pelas tantas imagens divulgadas em revistas, *sites* e redes sociais de vários países. O DC Invitational trouxe, portanto, visibilidade não apenas para a marca promotora e para os skatistas que dele participaram, mas também para a Praça Roosevelt. A cidade de São Paulo veio a reboque dessa divulgação, afirmando-se, pois, como a capital brasileira do skate de rua.

SKATE E O ESPETÁCULO DAS RUAS

A revista *CemporcentoSkate*, em matéria sobre as polêmicas em torno da inclusão do skate nas Olimpíadas, reconhece os benefícios que poderão ser obtidos a partir do enquadramento olímpico, no entanto, embora muitos ganhos, também enfatiza um provável desinteresse dos skatistas em relação a este rumo que a sua prática tomou: "Muito desse desinteresse *vem do fato do skate atual não ter um foco nas competições*" (Grifos meus).[258] A mesma matéria salienta que as competições existem, que os skatistas as disputam e que algumas delas até distribuem boas premiações em dinheiro, a exemplo das que foram mencionadas no último tópico. Mas, segundo a revista, em texto assinado pelo editor Marcelo Viegas, a

258 Viegas, Marcelo. "A questão olímpica". In: Revista *CemporcentoSkate*, n.175, 2012.

orientação pautada por vieses esportivos representa apenas uma oportunidade, dentre tantas mais, para aqueles que almejam a profissionalização:

> [...] o desenvolvimento de carreiras pode ser feito passando a vida inteira sem fazer sequer uma inscrição para campeonatos. *A cultura da foto e do vídeo é um patrimônio valioso que o skate conquistou nesses anos todos*, e que também reforça a sua aproximação com as artes. ("A questão olímpica". Revista *CemporcentoSkate*, n.º 175, 2012. Grifos meus)

Ao retomar alguns trechos da matéria citada, é possível perceber que a participação em campeonatos não é a única maneira disponível para que um skatista possa se profissionalizar e conquistar prestígio no universo do skate. Afinal, conforme frisado acima, muitos passam "a vida inteira sem fazer sequer uma inscrição para campeonatos". Em muitos outros esportes, é impossível pensar a consolidação de uma carreira profissional sem se submeter à disputa de certas competições. Um jogador profissional de futebol, por exemplo, só passa a ser prestigiado a partir do momento em que demonstra as suas habilidades dentro de campo, em jogos que se subordinam às formatações oficiais da FIFA.[259] No skate, ao contrário, é possível ser skatista profissional de renome sem disputar qualquer tipo de competição e sem se ater às normatizações de entidades esportivas. A matéria da revista *CemporcentoSkate* revela uma alternativa que tem sido muito utilizada por aqueles praticantes que almejam trilhar os caminhos da profissionalização: trata-se da produção de fotos e vídeos, a qual é fomentada e comercializada sobretudo por agentes atrelados ao mercado especializado.

Em minha dissertação de mestrado (Machado, 2011) demonstrei que até o começo da década passada as lógicas em torno da profissionalização no skate favoreciam aqueles skatistas que sempre participavam de campeonatos.[260] Nesse contexto, a distinção perante aos demais praticantes podia ser conquistada com base em rankings. Tanto é que um dos critérios para se profissionalizar era o bom desempenho em competições amadoras regulamentadas pela Confederação Brasileira de Skate (CBSk).

259 A FIFA (Federação Internacional de Futebol Associado) é a entidade diretora de várias modalidades do futebol mundial.

260 Não é meu objetivo abordar aspectos detalhados em torno da profissionalização do skate. Para tanto, ver Bastos (2006).

Dessa maneira, os skatistas ficavam bem mais atentos — se comparado com o momento atual — ao calendário anual de competições, pois, por meio das classificações obtidas, podiam não só se profissionalizar como também ganhar boas premiações, conseguir patrocinadores e obter espaço na mídia especializada.

Na maioria das competições de *street skate*, cada competidor, avaliado por um corpo de juízes, possui um tempo cronometrado (geralmente, apenas 1 minuto) para fazer a apresentação de seu nível técnico nos obstáculos da pista. Essa limitação temporal e espacial o impede, todavia, de mostrar boa parte de sua competência. Não obstante ele ainda pode errar todas as manobras em mente, passando uma impressão ao público de que, do ponto de vista técnico, não é um bom praticante. Nesse sentido, de acordo com os interlocutores da pesquisa de mestrado (Machado, 2011), as competições nem sempre revelam o verdadeiro nível técnico do participante, já que o que está em jogo é o acerto das melhores manobras num tempo e espaço determinados.

A popularização da internet e a facilidade de acesso aos equipamentos digitais, como câmeras e filmadoras, trouxeram novas alternativas à dinâmica construída em torno da profissionalização do skate. A constatação de que a sua prática é permeada por interpretações diferentes também foi feita por outros pesquisadores, como Bastos (2006, p. 87), que, ao analisar a trajetória de skatistas profissionais, percebeu que a própria configuração do campo "se movimenta no sentido de atribuir maior valor aos filmes e revistas que competições, passando estes dois instrumentos a receber maior relevância, paulatinamente".

Ainda em minha dissertação (Machado, 2011), frisei que, apesar de buscarem boas colocações em campeonatos realizados em pistas, muitos skatistas priorizam a captação de imagens nas ruas, as quais possivelmente serão publicadas em vídeos e revistas. A prática do skate nas ruas não se submete a determinadas regras, tais como as encontradas em muitas pistas e campeonatos,[261] logo, embora existam outras normatizações e desafios, os skatistas ainda assim dispõem de mais tempo para acertar as manobras e produzir as imagens. São eles que determinam o que e onde fazer.[262] Caso não consigam fazer uma *sessão* bem-sucedida num dia, geralmente

261 No entanto, isso não quer dizer que não haja certas regras nas ruas. Há muitas normatizações que intentam regulamentar a acessibilidade e as apropriações que delas podem ser feitas.

262 Para mais relatos etnográficos centrados nos usos que os skatistas fazem das ruas, ver Machado (2011).

têm a oportunidade de fazê-la posteriormente. Desse modo, é o praticante quem define o ritmo da prática conforme os seus objetivos estabelecidos.

A prevalência dessa lógica que preza sobremaneira pela captação de imagens nas ruas reverbera uma espetacularização não apenas de técnicas corporais específicas (as manobras), mas também da estética de espaços urbanos passíveis de apropriações por parte dos skatistas (os *picos*). A cidade está a todo instante sendo representada e propagada a partir de uma multitude de imagens produzidas por meio de um olhar citadino peculiar que valoriza a dimensão sociotécnica de seus equipamentos. As ações de marketing da Vibe Shoes, marca brasileira de tênis para skate, são representativas do comprometimento com a representação das ruas. Em 2013 tal marca lançou o *CityZen*, seu vídeo promocional, o qual demorou mais de três anos para ser finalizado. A produção aborda o seu time de skatistas (composto por três profissionais e dois amadores) utilizando diversos *picos* dispostos nas áreas centrais de São Paulo. Cada participante, com vistas a produzir sua parte pessoal para o vídeo, ficou responsável por fazer seus *rolês* em uma região específica da cidade. Léo Fernandes e Murilo Romão, ambos amadores na época das filmagens, se concentraram, respectivamente, na Avenida Nove de Julho e Avenida Paulista. Já os profissionais Rafael Gomes, Wagner Ramos e Esteban Florio ficaram a cargo de apresentar, nesta ordem, o bairro da Liberdade, Pacaembu e adjacências e Praça da Sé. A intenção era, portanto, a de desbravar *picos* pouco utilizados em espaços demasiadamente frequentados pelos demais skatistas a fim de produzir uma releitura de uma centralidade paulistana. A revista *CemporcentoSkate*, em matéria especial sobre o vídeo, corrobora com esta perspectiva:

> O skate dando vida a lugares mortos, inóspitos, numa cidade que vive aglomerações solitárias. Onde as pessoas vivem ora sem espaço, ora sem companhia. Uma conversa entre as pessoas e a cidade em que vivem, utilizando o skate como ponto de conexão entre os interlocutores. Cruzando ruas e avenidas, o time de skatistas da Vibe fez, em *Cityzen*, uma verdadeira releitura da região central de São Paulo e suas possibilidades. (Prieto, Douglas. "Cityzen". Revista *CemporcentoSkate*, n.º 180, 2013, p. 85)

O vídeo em questão enfoca ainda o cotidiano dos espaços urbanos e a relação dos skatistas com seus equipamentos e personagens. Há diversas imagens que mostram sociabilidades e conflitos, aproximações e estranhamentos, familiaridades e exercício da alteridade entre diferentes citadinos que circulam e se apropriam de uma mesma paisagem da cidade. Ademais, segundo o diretor Guilherme Guimarães, *CityZen* apresenta, para além da prática do skate, uma São Paulo que poucos percebem:

> Acredito que os governantes constroem a cidade pensando em votos, não nas pessoas. O legal do *CityZen* foi mostrar uma São Paulo mais bonita, de uma forma que o cidadão comum não consegue enxergar. (Guilherme Guimarães, depoimento para Revista *CemporcentoSkate*, n.º 180, 2013, p. 98)

Os skatistas do time da marca de tênis também tiveram a oportunidade de manifestar, em entrevista para a revista *CemporcentoSkate*, as suas impressões acerca de suas respectivas participações no projeto. Eles enalteceram o caráter urbano, para além da técnica corporal, que prevaleceu no enredo da produção:

> Na verdade não ando nunca na Av. Nove de Julho. É rua pura andar na 9. Só tem chão ruim, muito difícil fazer uma parte boa ali. Lembro que ficava bem nervoso em alguns dias que filmamos lá, foi muito sofrido! Mas valeu a pena, pois usei lugares que ninguém tinha andado ainda. A escada de 11 da Praça 14 Bis foi difícil, mas consegui o *frontside flip*! E o *backside nosegrind*, na quarta tentativa, no Teatro Municipal, naquela que era a última chance, com o guarda já pegando no meu braço! (Léo Fernandes, depoimento para Revista *CemporcentoSkate*, n.º 180, 2013, p. 96)

> Gostei bastante de participar deste projeto, de explorar *picos* que estão pelas ruas, mas que muitas vezes pela correria e até pelo comodismo acabam passando batido. Pra mim este filme passa a sensação boa de sair embalando pelas ruas, andando por *picos* que encontrar pela frente. (Rafael Gomes, depoimento para Revista *CemporcentoSkate*, n.º 180, 2013, p. 96)

O vídeo *CityZen* foi lançado oficialmente em uma confraternização ocorrida na Cinemateca Brasileira. Estive presente na ocasião, momento em que pude conferir no telão de um importante cinema as imagens daquele que posteriormente fora premiado como a principal produção audiovisual do skate brasileiro no ano de 2013.[263]

Além da Vibe, a Nike Skateboarding é outra marca de tênis interessada na espetacularização das imagens do skate nas ruas da cidade.[264] A cada ano ela promove campanhas ou ações diferenciadas que possuem como foco a apropriação de equipamentos urbanos, sejam eles situados em espaços públicos ou privados. Nessas iniciativas há, inclusive, um incentivo diverso tanto à transgressão de certas normas quanto à contestação de certas pretensões político-urbanísticas. Em 2014 a marca lançou um manifesto que vem ao encontro dessa constatação. Intitulado "Skate todo santo dia", tal manifesto foi divulgado no período da Copa do Mundo de futebol com o intuito de estimular o uso das cidades durante os jogos da seleção brasileira na competição:

> Skate todo santo o dia
>
> Quando a seleção joga, o Brasil para.
> Os bares ficam lotados, o sofá fica pequeno para tanta gente.
> Nos bares lotados ou no sofá apertado,
> Todo mundo só pensa na seleção.
>
> Mas quem é skatista de verdade vê a cidade de um jeito diferente
> Porque, do lado de fora, a cidade chama.
> E só a gente escuta.
>
> Ruas desertas.
> Escadarias vazias.
> Corrimãos e bordas livres.
>
> E aquele pico dos sonhos
> Impossível em qualquer dia normal
> Estará lá te esperando, de braços abertos.

263 O vídeo foi premiado pelo "Troféu CemporcentoSkate" do ano de 2013.

264 Dentre as razões para tal interesse destaca-se a possibilidade de lucros advindas da venda de tênis e demais produtos para a prática do *street skate*, sendo esta a modalidade mais rentável do skate.

É muito tempo esperando por esse momento,
A ansiedade é grande.
E você sabe que a oportunidade é única.

Vai fazer o seu rolê.

E representar a nação sobre rodas. (Divulgação Nike SB. Disponível em: http://www.nike.com.br/. Acesso em 10-8-2014)

Conforme indica o manifesto, no instante dos jogos, quando todas as atenções estivessem voltadas para a seleção brasileira, os skatistas possivelmente teriam a possibilidade de utilizar *picos* cujos acessos são demasiados restritos, como aqueles situados em áreas enobrecidas de cidade. Portanto, como incentivado pela Nike Skateboarding, essa transgressão seria uma "oportunidade única", "impossível em qualquer dia normal", para conquistar os "*picos* dos sonhos".[265]

Ao considerar este fomento do mercado à prática do skate nas ruas, é possível aventar, portanto, que não é gratuita a preocupação dos skatistas em sempre portar variados equipamentos a fim de registrarem os seus *rolês*. As redes sociais, em vista disso, estão abarrotadas de imagens sintomáticas desta relação: aplicativos como Facebook, Instagram, Snapchat, YouTube, Vimeo, dentre muitos outros se tornaram poderosas plataformas de divulgação das façanhas que se passam no cotidiano da cidade. Várias marcas, cientes do interesse dos skatistas pelas imagens que deles são feitas, também têm promovido diversas ações a fim de estimulá-los a produzir e a compartilhar vídeos. A partir dessas iniciativas tais marcas consolidam suas estratégias de marketing e, em contrapartida, muitas delas agraciam as melhores produções com uma série de prêmios, tais como produtos para a prática, viagens, quantias em dinheiro, e até automóveis.[266] Diante as possibilidades em voga, os skatistas também agen-

265 A campanha "Skate todo santo o dia" também divulgou um vídeo promocional com o skatista profissional Luan de Oliveira realizando manobras em *picos* situados em espaços privados da cidade de São Paulo. Tratava-se de uma transgressão durante o período dos jogos da Copa do Mundo. O vídeo está disponível em: https://www.youtube.com/watch?v=qRY8UPATebU. Acesso em 10-8-2014.

266 Em minha dissertação de mestrado (Machado, 2011) abordei com mais detalhes tais competições de vídeos no universo do skate.

ciam os seus discursos, representações e imagens elaboradas com base em suas inserções na cidade.

A mídia especializada em skate, por sua vez, também contribui para a visibilidade das ruas ao produzir múltiplas abordagens que estimam a dimensão citadina da prática do skate. Essa constatação se torna evidente por meio de uma rápida consulta às capas das principais revistas especializadas em circulação no país, a saber, *Tribo Skate* e *CemporcentoSkate*. Dentre as doze edições publicadas pela *Tribo Skate* em 2016, em onze delas constam fotos da prática do skate nas ruas. Já na *CemporcentoSkate*, dentre as sete edições lançadas no mesmo ano, é possível constatá-las em todas elas. Nas páginas de cada revista, inclusive, é patente a prevalência de imagens, matérias e anúncios produzidos a partir da apropriação de *picos* dispostos nas paisagens de diferentes cidades do mundo. Somam-se a essas imagens diversos textos publicados por editores e redatores que visam mapear e legitimar a ocupação de certos espaços urbanos. Eis um exemplo:

> Desde o seu nascimento, o skate sempre fez parte da paisagem urbana das grandes cidades. As regiões centrais, com muitas opções de *picos skatáveis* e geralmente vazias nos finais de semana, tornaram-se o espaço público ideal para a prática do skate de rua. Em São Paulo, a maior cidade da América do Sul, o Centro vem testemunhando a evolução e a história de diversas gerações de skatistas paulistanos. *Picos* famosos, reconhecidos para além das fronteiras da cidade, formam o mapa do skate no Centro: Praça Roosevelt, Vale do Anhangabaú, Pátio do Colégio, Praça da Sé, São Bento, Viaduto Santa Ifigênia, dentre muitos outros. (Viegas, Marcelo. "Skate na galeria". Revista *CemporcentoSkate*, n.º 163, 2012, p. 120)

As revistas especializadas, bem como as diversas marcas que nelas anunciam, reconhecem e se posicionam favoráveis à esportivização do skate. No entanto, de modo um tanto paradoxal, essas mesmas revistas também remodelam, ou até mesmo renegam, a condição esportiva de sua prática. Dessa suposta confusão emerge, outrossim, uma essencialização da citadinidade que muitas vezes se afirma ao custo de rebaixar certas experiências caras ao universo esportivo. Apenas uma confirmação: Douglas Prieto, atual editor da revista *CemporcentoSkate*, em texto publicado numa das edições, elencou algumas palavras desprezíveis que eventualmente rodeiam o universo do skate, quais sejam, "atletas", "campeão" e "treinar".[267]

Dentre tantos outros exemplos, considero ainda oportuno citar um anúncio publicado numa revista pela Sick Mind, marca especializada em produtos para skate, quando do lançamento de um modelo de *shape* assinado pelo skatista profissional Rogerio Troy. O anúncio trazia em letras garrafais a seguinte chamada: "Último lugar no ranking brasileiro profissional". Para adeptos de muitos outros esportes, tal anúncio poderia soar estranho, visto que o mais cobiçado por atletas, equipes e seus respectivos patrocinadores é um bom êxito em certas competições. No caso apresentado, todavia, a marca patrocinadora do skatista valorizou exatamente o contrário do que poderia ser esperado: o seu fracasso. Fracasso este, diga-se de passagem, se levássemos em conta as lógicas da entidade esportiva que regula o skate profissional em nível nacional, a qual preza pela validação de seu ranking. Mas é importante destacar, contudo, a ironia presente no anúncio. Além da chamada mencionada, nele também há uma imagem do skatista descendo um corrimão em grandes proporções situado ao lado de uma escada. A foto revela, então, que o que mais importa para a marca, assim como para o seu patrocinado, é a superação dos desafios propiciados pelos obstáculos encontrados nas ruas, e não tanto as lógicas cunhadas por uma entidade esportiva. A ideia de competição é, com efeito, recomposta: neste caso o que está em jogo é a conquista da cidade.

E nessa busca pela conquista da cidade, ou melhor, das cidades, muitos skatistas paulistanos vêm ampliando as suas sociabilidades e citadinidades ao prezarem pela prática do skate em espaços urbanos cada vez mais distantes de suas respectivas localidades. Nesse sentido eles estão a viajar para toda sorte de locais a fim de aproveitarem as possibilidades de *picos* alhures. No decorrer do trabalho de campo tive a oportunidade de fazer várias viagens juntamente com eles. Ficou claro, portanto, que as suas ações e atuações não se restringiam a São Paulo:[268] o "circuito" (Magnani, 2012) estabelecido se revelou demasiado amplo, estendendo-se, inclusive, para outros países por meio de uma conexão transnacional muito peculiar. Em virtude dessa atribuição detida a certas cidades estrangeiras, considero oportuno, para fechar o presente livro, revelar os impactos que

267 "As palavras malditas do skate". Revista *CemporcentoSkate*, São Paulo, n.º 159, 2011.

268 Em conversa com inúmeros skatistas paulistanos, muitos deles demonstraram interesse em viajar para outras cidades apenas para andar de skate. E, de fato, isso ocorria com frequência regular, sobretudo com aqueles que eram profissionais ou skatistas em vias de profissionalização.

as condições materiais de certas paisagens espetacularizadas provocam nas experiências, circulações e apropriações citadinas. Para tanto farei uma discussão no próximo tópico em torno da mobilidade de skatistas paulistanos e brasileiros rumo à Barcelona, capital da Catalunha, a qual comumente é representada como a *Meca do Skate*.

RUMO À MECA DO SKATE

> Não são pássaros, mas cada vez que chega essa época do ano, eles buscam o calor do hemisfério norte. Eles querem é aproveitar a estação mais quente do ano pra aprimorar técnicas, experimentar novas sensações ou, simplesmente, realizar um sonho. O verão está chegando na Europa e com ele muitos skatistas se jogam, às vezes na loucura mesmo, para Barcelona. Ano passado a cidade foi invadida. Certamente foi o ano em que mais brasileiros estiveram por esses lados. Alguns esticaram ao máximo o tempo no velho continente e outros até voltaram depois. No MACBA, por exemplo, quase se falava mais português do que inglês ou espanhol, os idiomas "oficiais" do *pico*. (Kbça, Rodrigo. "Imigração". Revista *CemporcentoSkate*, n.º 172, 2012, p. 22)

A realização dos jogos olímpicos de Barcelona, no ano de 1992, fez com que a paisagem urbana dessa cidade sofresse consideráveis mudanças. Ainda na transição da década de 1980 para 1990, a capital catalã, assim como muitas outras metrópoles, já era muito influenciada por uma tendência global de captação de capital estrangeiro que se consolidava a partir de políticas pautadas na reformulação de certos espaços urbanos. Tal como atesta alguns autores (Delgado, 2000; Camino, 2008), ao visar o evento de grande porte e visibilidade que ocorrera (as Olimpíadas) e as múltiplas demandas políticas e econômicas impostas, diversos agentes ligados ao poder público local defenderam a ideia de que as áreas degradadas de Barcelona, em especial as de seu centro histórico, deveriam ser revitalizadas seguindo tendências arquitetônicas que trouxessem imagens vanguardistas à cidade. Nesse sentido, de acordo com Cáceres (*apud* Camino, 2008), Barcelona teve intensas transformações, dentre as quais se destaca a restauração de fachadas de edifícios, além da regulação e uniformização de muitos equipamentos urbanos.

Como parte do processo de revitalização de Barcelona, também foram construídos determinados espaços denominados de "praças duras" — *plazas duras* —, os quais aproveitavam a superfície existente dos espaços públicos para implementar materiais certamente duros em termos de percepção urbana: pavimento e metal substituíram madeira e grama, criando uma imagem que continuava com a decoração de interiores, bares e restaurantes, que naqueles momentos caracterizavam o cada vez mais conhecido design local (Muñoz, 2008 *apud* Lira, 2011). Entretanto, Camino (2008) pondera que a construção das "praças duras" instaurou uma série de polêmicas entre alguns setores da população, em especial entre os que defendiam as áreas verdes que antes configuravam os espaços e entre os defensores do vanguardismo arquitetônico possibilitado pelos novos equipamentos.

As políticas urbanas efetivadas em Barcelona seguiam as lógicas econômicas em jogo, logo, os espaços reformulados nem sempre eram planejados visando às apropriações cotidianas dos citadinos. Alguns autores, inclusive, questionam o fato de que aquilo que fora chamado por certos agentes de revitalização, na verdade escondia interesses que propagavam, de modo amplo, uma limpeza social na cidade por meio do controle dos espaços públicos.[269]

Apesar de todas as polêmicas, ao menos alguns citadinos se beneficiaram das transformações urbanas concretizadas em Barcelona: os skatistas. Devido ao fechamento e a má conservação das poucas pistas de skate existentes na cidade até o começo da década de 1990, as quais constituíam locais disponíveis para a prática do skate, muitos skatistas encontraram nas "praças duras" certos equipamentos urbanos que se tornavam obstáculos propícios para a realização de suas manobras. Com efeito, a revitalização da cidade trouxe consequências que não eram esperadas pelos planejadores urbanos.

O antropólogo Xavi Camino (2008), ao fazer um resgate da história do skate catalão, ressalta que enquanto certas cidades do mundo apresentavam medidas coercitivas voltadas à prática do skate de rua, Barcelona se revelou inicialmente como um oásis livre de proibições e perseguições. Devido à divulgação de imagens em muitas revistas e vídeos especializa-

269 De acordo com Tabakman (2001), "A reabilitação que está sendo realizada na Barcelona Vella esconde interesses que estão causando danos irremediáveis ao seu patrimônio histórico e seu tecido social" (Disponível em http://www.ub.edu/geocrit/sn-94-67.htm. Acesso em 13-1-2015. Tradução minha).

dos, além do intercâmbio propiciado pelas redes sociais virtuais, a cidade adquiriu, então, enorme visibilidade. A sua importância é tamanha de modo que foi eleita pela Transworld Skateboarding,[270] revista norte-americana especializada em skate, a melhor cidade do mundo para a prática do *street skate*. Por conta disso, também foi considerada por várias mídias, dentre elas o jornal El País, como a "Meca do Skate" mundial.[271]

Em virtude de uma série de representações positivas criadas em torno de Barcelona — "o paraíso do skate", segundo a revista *Tribo Skate*[272] — muitos skatistas brasileiros têm se esforçado para ir até lá. Constatei esse fato durante o trabalho de campo realizado para esta pesquisa. Ao relatarem suas experiências citadinas como praticantes do skate, os jovens com os quais tive contato se referiam à Barcelona de modo a exaltar a qualidade das centenas ou milhares de *picos* que podem ser encontrados na cidade catalã.

De fato, muitos skatistas paulistanos vão até Barcelona somente para andar de skate. O olhar desses citadinos para tal cidade é tão específico que boa parte daqueles que viajam sequer faz questão de conhecer os pontos turísticos tidos como mais tradicionais, como a Igreja Sagrada Família, Parc Güell, Parc Montjüic e Casa Milà. Ao contrário, por conta das experiências compartilhadas no universo da prática em que estão inseridos, eles almejam visitar e se apropriar de certos *lugares skatáveis* conhecidos por eles como Paral·lel, Sants, Fondo, Montbau e Plaça dels Països Catalans. Além desses, o local mais visado pelos skatistas é a Plaza de los Ángeles,[273] conhecida internacionalmente como Praça do MACBA, em referência ao Museu de Arte Contemporânea de Barcelona. Essa praça se constitui como um ponto de encontro para skatistas de todas as partes do mundo, que vão até lá não somente para andar de skate nos inúmeros equipamentos urbanos localizados do lado de fora do museu, mas também para conhecer outros praticantes, realizar trocas simbólicas e compartilhar experiências por meio das formas sociabilidade construí-

270 Mais informações em: http://skateboarding.transworld.net/1000144650/features/tws-10-best-cities-to-skate-in-the-world/. Acesso em 13-1-2015.

271 Ao fazer uma matéria especial sobre a indústria milionária do skate, o jornal El País ressaltou que "Barcelona se converte na meca dos skatistas". Disponível em: http://elpais.com/diario/2009/12/06/catalunya/1260065244_850215.html. Acesso em 13-1-2015.

272 Edição 156, outubro de 2008.

273 Para uma análise mais detida sobre a Plaza de los Ángeles, ver Fontes (2010) e Lira (2011).

das. Deste modo, a Praça do MACBA pode ser vista como o principal *pico* dos skatistas em Barcelona.

Diversos campeonatos de skate realizados no Brasil fornecem pacotes turísticos para Barcelona como forma de premiação aos melhores skatistas colocados na competição. Além do mais, revistas e vídeos brasileiros especializados na divulgação do skate também contribuem para a construção do imaginário criado em torno da cidade. Rodrigo Kbça, então redator da revista *Tribo Skate*, ao contar suas experiências durante uma viagem para Barcelona, enfatizou que:

> O skate corre pelas ruas de Barcelona como o sangue corre pela veia. É a cidade mais skate que conheço. Além de skatistas, milhares de pessoas, do mundo todo, de todas as cores e línguas chegam todos os dias aqui e transformam a capital da Catalunia numa cidade com cara de Torre de Babel. Divertir-se é a palavra de ordem e na pequena cidade que não pára, isso é apenas questão de gosto. O calor úmido te faz transpirar, botar para fora as coisas ruins e os olhos correm por ruas asfaltadas e prédios absurdos como a cabeça de Gaudí. É aqui que o metrô te leva a lugares que só se conhece da imaginação de quem cria ondas e paredes de concreto. Aqui, o mármore ganha funções especiais, sob eixos de pessoas habilidosas. (Kbça, Rodrigo. "Europa 2008: um outro ponto de vista". Revista *Tribo Skate*, n.º 156, 2008)

A cidade de Barcelona tornou-se central em muitos discursos criados por aqueles que participam do universo do skate paulistano. Não obstante ainda há uma intensa troca de informações entre os praticantes que residem em São Paulo com aqueles brasileiros que residem na capital catalã. Nesse sentido, a própria mídia especializada conta com a atuação de profissionais (fotógrafos e *videomakers*) residentes em Barcelona, cuja missão é retratar e relatar as viagens dos skatistas brasileiros que vão em direção à *Meca do Skate*.

Durante o mês de abril de 2014 tive a oportunidade de ir para Barcelona a fim de acompanhar o cotidiano dos skatistas brasileiros que lá residiam ou que estavam de passagem pela cidade. A minha estadia foi curta, apenas dez dias, todavia, ao logo desse tempo pude compreender alguns aspectos em torno da dinâmica da prática do skate no local, das formas de sociabilidade tecidas entre os praticantes, das motivações para eles estarem na capital catalã, dentre outras questões.

Em Barcelona participei de várias situações, conheci diversos *picos*, estabeleci contato com muitos interlocutores. No próximo subtópico, como forma evidenciar as relações citadinas entre o universo do skate paulistano e catalão, apresentarei um breve relato etnográfico que demonstra o cotidiano dos skatistas brasileiros — os quais se reconhecem como integrantes da *Banca do Brasa* — em uma cidade que cada vez mais atraí praticantes de todas as partes do mundo.

A Banca do Brasa: skatistas brasileiros em Barcelona

A minha preparação para o trabalho de campo em Barcelona começou meses antes da viagem. Li muitas coisas sobre a prática do skate na cidade, assisti vídeos, busquei contatos através de redes sociais virtuais, fiquei atento com o fluxo de skatistas brasileiros para a *Meca do Skate*. Como a minha estadia seria curta, o tempo em que estivesse lá deveria ser aproveitado ao máximo. Enquanto frequentava a Praça Roosevelt, conheci inúmeros interlocutores que já tinham visitado ou morado na capital catalã, logo, suas dicas foram essenciais para que eu começasse a compreender alguns aspectos que permeiam a prática do skate no local.

Cheguei em Barcelona em 19 de abril de 2014, sábado, e no mesmo dia comecei a acionar certos contatos que se tornariam meus guias e interlocutores na cidade. O primeiro deles foi Guilherme Terra, skatista amador proveniente da Zona Leste paulistana, o qual me fora indicado pelo profissional Murilo Romão. Guilherme me informou que no dia seguinte ele iria a uma nova pista de skate situada na região de Les Corts. A *sessão* seria documentada pelos *videomakers* do Olho de Peixe, programa que vai ao ar no Brasil pelo canal Woohoo.[274] Combinamos de nos encontrar às 11 horas da manhã nas catracas da estação Liceu do metrô.

No dia seguinte, próximo ao horário marcado, recebi uma mensagem de Guilherme dizendo que a *sessão* havia sido suspensa devido ao frio e a chuva que caía, entretanto, ele firmou que poderíamos nos encontrar no período da tarde no Museu de Arte Contemporânea de Barcelona (MACBA). Após o almoço resolvi circular pelas ruas do Raval, bairro

274 Disponível em: http://www.programaolhodepeixe.com/site/les-corts-skatepark/.

muito frequentado por skatistas, quando, de repente, encontrei por acaso o museu. Ainda não estava no horário combinado com o interlocutor, de todo modo, aproveitei para visitar a Plaza de los Ángeles, onde se localiza o MACBA. Era a minha segunda vez no local, o qual não aparentava nenhuma mudança desde a primeira vez em que lá estive, em 2012.

O chão da praça estava parcialmente molhado e, mesmo assim, alguns skatistas circulavam por ele. Já no espaço em frente ao MACBA — onde comumente se dá a maior aglomeração de praticantes — havia poucos presentes, visto que o museu ainda estava aberto. Durante o seu período de funcionamento são adotadas algumas medidas para dificultar a possibilidade de manobras na extensa borda de concreto situada em frente à sua entrada. Dentre essas medidas, notei a presença de pedestais interligados por uma faixa colocados em frente ao *pico*.

A princípio não identifiquei nenhum skatista brasileiro. A praça do MACBA estava muito cheia, com várias atividades simultâneas: além do skate também observei a presença de jovens andando de bicicleta e dançando *break dance*, crianças jogando bola, idosos passeando com cachorros e muitos turistas tirando fotos nas adjacências do museu. Como não encontrei nenhum conhecido, decidi circular por outros lugares, como as Ramblas. Caminhei durante um considerável tempo até que chegou o horário de me encontrar com Guilherme. Em razão disso, novamente voltei para o MACBA.

Próximo às 17 horas, o espaço em frente ao museu já estava muito cheio. Fiquei de longe para observar as principais situações. A área externa do MACBA é demasiada ampla e conta com diversos *picos* de concreto, como escadas, guias, bancos e rampas. Além da presença desses *obstáculos naturais*, o local se destaca por ser um ponto de referência onde é possível encontrar diversas *bancas*, termo nativo que alude a grupos de skatistas originários de determinados países. Dentre tantos praticantes presentes, de repente avistei alguém bem familiar ao universo do skate de São Paulo: tratava-se de Marcelo Formiga, skatista profissional que frequenta regularmente os vários *picos* do Centro de São Paulo. Ele estava em Barcelona em razão da turnê promovida por um de seus patrocinadores e, na ocasião, filmava algumas de suas manobras com Tristan Zumbach, *videomaker* suíço que já morou no Brasil e que já fez, inclusive, um documentário sobre a prática do skate em Cidade Tiradentes, distrito do extremo leste paulistano. Formiga possui um estilo irreverente que destoava dos demais praticantes. Vestindo um macacão e valendo-se de seus cabelos arrepiados, o skatista profissional parecia estar muito à vontade em um local marcado pela heterogeneidade de frequentadores. Quando ele começava a andar de skate, muitos outros paravam de fazer as suas respectivas manobras apenas para vê-lo em ação. Por conta de seu carisma, mesmo sem saber falar demais idiomas, Formiga obteve a simpatia de skatistas oriundos de outros países, conforme averiguei em distintas situações.

No MACBA também tive a oportunidade de encontrar Alexandre Nicolau, um dos principais interlocutores da minha pesquisa de mestrado (Machado, 2011). Fiquei surpreso em encontrá-lo em Barcelona. Após vários anos como amador, Nicolau conseguiu se profissionalizar em 2013 e, para cumprir uma meta estabelecida, resolveu passar um tempo na cidade com a intenção de produzir algumas imagens (em fotos e vídeos) e buscar outras oportunidades. Ele estava há 25 dias na Europa e não pretendia voltar para o Brasil tão cedo. A sua chegada foi conturbada, pois não tinha um lugar fixo para se hospedar, e, em função disso, teve que se acomodar em diferentes residências ao longo do tempo. Nicolau comentou sobre as dificuldades de permanecer em Barcelona:

> Vários caras vêm na roubada e vão se virando com a ajuda de gente que nem é amigo. Algumas pessoas te acolhem porque você é do skate, e não porque é seu amigo. São colegas. Então você vai pulando de galho em galho, até não dar mais. Quando não der mais, pode ter certeza que todo mundo volta. Quando fechou as portas, as pessoas voltam. Elas vêm pra cá, mas sabendo que vão ficar "na roubada". Vir para cá sem ter onde ficar, sem dinheiro, você vai ficar na rua, ou coisa assim. (Alexandre Nicolau, skatista profissional, entrevista em 2014)

Disse a Nicolau que esperava por Guilherme, o qual eu ainda não conhecia pessoalmente. Ele então afirmou que tal skatista não demoraria a chegar ao MACBA, pois estava sempre ali, assim como muitos outros brasileiros que diariamente frequentam a parte externa do museu. Após alguns instantes Guilherme chegou, logo, finalmente o conheci. Ele foi muito atencioso, me contou de sua estada em Barcelona e ainda me convidou para participar de futuras *sessões* em outros *picos* da cidade. O MACBA, segundo o skatista, é apenas o ponto de chegada ou partida para os demais "trajetos" (Magnani, 2012) que são estabelecidos.

Guilherme estava em Barcelona há mais de um ano apenas com a pretensão de andar de skate. Em sua companhia estavam outros jovens da Zona Leste paulistana, como Léo Xingu, Gabriel Siqueira e Luiz Henrique. Enquanto conversava com todos, ainda conheci outro brasileiro, o profissional Wesley Cardoso, natural de Poá (SP), que vendia algumas peças de skate usadas a fim de suprir as suas despesas. Segundo ele, muitos skatistas estão em Barcelona em busca do sonho de viver de skate, no entanto, em sua visão, esse sonho pode se tornar um pesadelo em razão das dificuldades de se manter financeiramente numa cidade cujo custo de vida é elevado. Com efeito, diversos praticantes do skate têm que buscar outras oportunidades de trabalho para além desse universo:

> Todo mundo que *cola* aqui, todo mundo está à milhão, faz seu *corre*, todo mundo faz alguma coisa para se manter. Se você é parasita, é melhor colar com dinheiro. Parasita que eu falo é pessoa que escolhe trabalho, escolhe essas coisas. Não dá para ficar escolhendo. Tem trabalho aqui, principalmente para quem já tem os esquemas do papel. Mas para quem não tem, também tem emprego, você consegue se manter, consegue uns bicos aí, entregar flyer na balada. Você tem que ter conhecimento para se agilizar. Você conhece o dono de uma pizzaria, então você pode fazer publicidade da pizzaria dele, entregar os papeis da pizzaria, de um bar. Mas para isso você tem que ter um certo tempo aqui. Para ficar apenas um mês, dois meses é foda. Você tem que aproveitar mesmo. Eu já estou há nove meses então já estou tendo um conhecimento das pessoas. (Wesley Cardoso, skatista profissional, entrevista em 2014)

Além de Wesley, outros skatistas também vendiam peças de skate no MACBA. Notei várias *bancas* expondo produtos como tênis, rodas, roupas, *shapes*, eixos, rolamentos etc. Segundo alguns interlocutores, o mercado catalão do skate é muito fraco devido ao intenso trânsito de skatistas provenientes de várias partes do mundo, os quais trazem produtos para venda com preços bem abaixo daqueles que são comercializados nas lojas da cidade. Pude comprovar essa premissa ao visitar algumas *skateshops*: enquanto no MACBA era possível comprar *shapes* pelo valor de 30 euros, em lojas especializadas os preços ultrapassavam a quantia de 50 euros. Portanto, um mercado paralelo fomentado pela circulação de estrangeiros tinha se consolidado em Barcelona.

Imagem 29: A *Banca do Brasa* no MACBA (foto por Giancarlo Machado)

A maioria dos skatistas presentes no MACBA é detentora de um nível técnico avançado. Por ser um espaço de visibilidade, muitos frequentam o local tendo em vista a possibilidade de adquirir reconhecimento no universo do skate. Inúmeros fotógrafos e *videomakers* transitam por ali, e a ânsia por produzir imagens promove uma competição em torno das melhores manobras realizadas nos equipamentos da parte externa do museu. Em alguns casos certas imagens podem adquirir fama em nível mundial. Foi o que aconteceu com o argentino Sandro Moral, cuja manobra fora filmada e intensamente compartilhada nas redes sociais virtuais, o que fez com que tal skatista obtivesse prestígio.[275]

Já se passavam das 18 horas e o museu ainda estava aberto. Uma faixa continuava dificultando a realização de manobras na borda de concreto situada em frente à entrada do local, no entanto, alguns skatistas não respeitavam essa obstrução e faziam da mesma um novo obstáculo a ser superado. Perguntei a Nicolau sobre a relação do MACBA com o skate e

275 A imagem pode ser visualizada em: https://www.youtube.com/watch?v=qws7V993p1s.

ele me disse que comumente não há problemas. Somente em determinadas situações é que alguns funcionários adotam medidas cautelares a fim de evitar dissabores com os demais frequentadores. Por isso eles colocam uma faixa para conter as manobras ou então jogam água no piso para restringir a circulação de skates. Mas essas medidas são esporádicas, somente utilizadas em períodos em que o museu recebe maior fluxo de visitantes.

Além da *Banca do Brasa* — forma como os brasileiros se reconhecem em Barcelona —, também soube da presença de skatistas norte-americanos, alemães, franceses, suecos, israelenses, suíços e espanhóis. Apesar da barreira linguística que permeava as relações, percebi muitos frequentadores do MACBA tentando se comunicar por meio de gestos. Não obstante, por conta do contato efetivo com pessoas de outras nacionalidades, alguns brasileiros aprenderam a se comunicar em outras línguas, sobretudo castelhano, inglês e francês. De maneira inversa, também havia skatistas europeus que pronunciavam algumas expressões relacionadas ao universo do skate em nosso país.

Por ser domingo de Páscoa, Barcelona contava com uma intensa presença de turistas. O MACBA, bem como suas adjacências, é um ponto turístico muito visado por aqueles percorrem o antigo bairro Raval. Sendo assim, em razão do fluxo de pessoas, a prática do skate adquire uma dimensão espetacularizada. A interação dos praticantes com os equipamentos urbanos chama a atenção dos turistas, que fazem fotos e vídeos de suas manobras. Contudo, como averiguei, o convívio entre skatistas e demais frequentadores da praça em frente ao MACBA nem sempre é marcado por aproximações. Em um curto espaço de tempo presenciei a ocorrência de dois conflitos. O primeiro envolveu Marcelo Formiga, que transitava em frente às paredes de vidro do museu com o objetivo de filmar algumas de suas manobras em sequência. Os skatistas predominavam no espaço, mas, eventualmente alguns turistas resolviam circular por ali. Nesse sentido, havia duas perspectivas em jogo: de um lado transeuntes caminhando lentamente a fim de observar a fachada do museu e de outro skatistas circulando rapidamente para fazer manobras nos obstáculos. Os diferentes ritmos de ocupação de um mesmo espaço causavam choques entre os envolvidos, deixando todos irritados. Formiga quase trombou com um turista, o qual ficou indignado com a atitude do skatista e resolveu tirar satisfação. Em meio à tensão que se instalara, cogitei a possibilidade de agressões físicas, o que não aconteceu. Mas alguns integrantes da *Banca do Brasa* foram até o turista e disseram alguns xingamentos em português, os quais não foram compreendidos. Somente após isso a situação foi apaziguada. O segundo conflito se deu entre skatistas brasileiros e um rapaz alemão que utilizava um *longboard*. O MACBA é um *pico* notadamente frequentado pelos praticantes da modalidade *street skate*, todavia, tal rapaz insistiu em fazer manobras com seu *longboard* em um espaço dominado pelos *streeteiros*. Ele estava sozinho, utilizando fones de ouvido e óculos escuros, e em diversas ocasiões atrapalhava o fluxo de skatistas aos obstáculos. Muitos deles estavam filmando as manobras e, quando atrapalhados, ficavam indignados. Guilherme e Wesley começaram a zombar daquele que era considerado um "intruso", chamando-o de "jagunço" por ser "sem noção" e por não prestar atenção no momento de utilizar os espaços. O praticante de *longboard* continuou tentando mais algumas manobras, até que Aron Marcel, skatista proveniente de São Caetano do Sul (SP), irritou-se e proferiu xingamentos direcionados a ele, que também revidou. Outros brasileiros participaram da situação, e um deles provocou risos nos demais: xingou o oponente em várias línguas diferentes, valendo-se do aprendizado de certas expressões que teve por meio do contato com skatistas de outras nacionalidades.

Após as confusões, Nicolau me chamou para comer algo. Seguimos pelas ruas apertadas do bairro Raval e após um curto percurso chegamos a um estabelecimento gerido por um indiano. Lá foi possível comprar um pacote com batatas fritas feitas na hora, que custou 1 euro. Em seguida fomos a um mercado ao lado, onde compramos refrigerante com 50 centavos de euro. Nicolau me disse que os skatistas que chegam a Barcelona possuem o orçamento financeiro limitado, o que os levam a procurar alternativas para economizar. Nesse sentido, há uma troca de informações e indicações entre eles que possibilita conter alguns gastos.

Feito o lanche retornamos para o MACBA. Havia dezenas de skatistas sentados e encostados na parede de vidro do museu. Sentei-me ao lado de Nicolau, que me contou do seu cotidiano na capital catalã. Apesar de estar a vários dias em Barcelona, ele ainda não se interessou em conhecer os seus tradicionais pontos turísticos. Ao contrário, diversos *picos* famosos da cidade e de sua região metropolitana já tinham sido desbravados por ele:

> Já fui para uns *picos* "cabreiros". Fui para Montbau, Barceloneta, só *pico* de vídeo. Não dá nem para falar. Fiquei aqui flutuando uns dias. Você vai para um lugar e passa por uns dez *picos*. Eu falava com os caras: "vamos ficar aqui um pouquinho?". E eles: "mas não é aqui,

você não está entendendo". É difícil chegar a um *pico*, pois você encontra vários outros no caminho. Eu também fui naquela borda extensa. Tirei várias fotos. Em todos os lugares que eu passo, independente de eu andar de skate ou não, eu tiro uma foto. Estou seguindo um Instagram [rede virtual de compartilhamento de fotos] que é "Skate Spots Barcelona", onde os caras postam fotos do *pico*, endereço e o metrô próximo. É bem louco. Onde tem missão eu vou de metrô, ônibus, a pé. Eu gosto de ir a pé. Você vai aprendendo a andar na cidade, você passa por muitos *picos* que ninguém andou. Já passei por vários *picos* que não tem nenhuma marca de skate. A galera quer andar em *pico* famoso, mas tem muito lugar que ninguém nunca andou. Estou impressionado. Acho que é isso que impressiona todo mundo que vem para cá, que levam isso para o Brasil. O cara quando volta para o Brasil fica que nem louco arrumando grana para voltar para cá. Acho que deve dar uma depressão! (Alexandre Nicolau, skatista profissional, entrevista em 2014)

O interlocutor declarou que tem feito "o turismo do skate" e que se preparava para uma rápida viagem para Londres, onde encontraria uma amiga e conheceria outros *lugares skatáveis*. Após uma longa conversa, Nicolau afirmou que precisava ir embora, pois pretendia ir ao Manolo, bar muito frequentado pelos skatistas. Mas antes de sair, teria que passar em um mercado para comprar alguns alimentos. Ele estava hospedado na sala do apartamento de um skatista brasileiro e todas as noites aqueles que lá se hospedavam promoviam um jantar coletivo.

Depois de me despedir de Nicolau, novamente encontrei Guilherme e por meio dele soube da presença de mais skatistas da *Banca do Brasa* no MACBA, dentre eles, Nonô, Pancainha, Galo Cego, Moreto, Marco Savino, Alex Cardoso e Caio Guilherme. Por volta das 22 horas, resolvi voltar para o lugar onde estava hospedado. Malgrado o curto período em Barcelona, consegui participar de múltiplas situações que revelaram aspectos em torno do "circuito" (Magnani, 2012) criado entre São Paulo e a capital catalã. Além disso, por meio dessa incursão foi possível comprovar empiricamente como a citadinidade skatista contribui para a promoção urbana ao se espraiar para contextos um tanto distantes tendo como principal motivação as potencialidades tangíveis de determinadas cidades. Cidades estas que se apresentam não como um mero pano de fundo, mas, parafraseando Joseph (1999), como o "teatro da ação" dos skatistas.

CONSIDERAÇÕES FINAIS

> Eu penso que o skate é algo que redefine e se apropria de lugares [...]. Acho isso muito positivo pra São Paulo, já que a cidade é extremamente opressora em vários aspectos e a população tem pouquíssima participação nas decisões que envolvem a cidade. Quem moldou o espaço urbano até hoje foi a iniciativa privada que visa apenas o lucro e não o bem-estar público. *E o skate pode ser um instrumento simbólico para desafiar isso. Por isso odeio essa vontade de tornar o skate algo manso e inofensivo*, como essas entrevistas que se ouve por aí, "skate não é coisa de maloqueiro". *Eu acho que skate é sim coisa de maloqueiro.* ("Futuro Primitivo". Entrevista com Guilherme Peters. Revista Vista, n.º 62, p. 24-25. Grifos meus)

Neste livro tive a oportunidade de reconstituir como as governanças paulistanas, em nível executivo e legislativo, enquadraram estrategicamente a prática do skate de rua em diferentes momentos de sua história. Por meio de uma retomada das principais mobilizações políticas — as quais foram evidenciadas no capítulo 3 —, foi possível constatar um rol de posicionamentos que oscilam entre a repressão, a proibição e a uma relativa tolerância. Quanto a esta última cabe recordar diversas iniciativas, como projetos de lei e instituição de frentes parlamentares, que foram implementadas com a intenção de ofuscar certos sentidos que permeiam a prática do skate, como a valorização dos usos das ruas, e de dar visibilidade a alguns aspectos mais desejáveis de seu universo, como a dimensão esportiva que lhe é inerente. Assim sendo compartilho dos pressupostos de Cantin-Brault (2015, p. 65) quando revela que os seus contornos "se tornam mais claros quando suas categorias e princípios, como em esportes organizados, são promovidos como uma coisa" (Tradução minha).

Em decorrência dessa pretensão, as interlocuções propostas em prol do skate nem sempre revelam seu caráter multifacetado.[276] É o que ficou claro quando da descrição das mediações entre agentes políticos e representantes do skate que batalham pela institucionalização de sua prática como esporte, como é o caso daqueles que se vinculam a entidades esportivas como Federação Paulista de Skate (FPS) e Confederação Brasileira de Skate (CBSk). Não é por acaso, então, que as relações estabelecidas muitas vezes preteriam o envolvimento de skatistas que prezavam por demandas não esportivas.

Ao podar as tantas vozes que permeiam o skate, determinadas ações instituídas pelos poderes públicos enaltecem certas representações consideradas mais legítimas para a sua prática a fim de tentar modular como os skatistas se inserem na cidade e a maneira como interagem com a mesma. Trata-se, com efeito, de uma proposta civilizatória por vias esportivas, uma forma de adestrá-los espacial, corporal e moralmente — resguardando relativa proximidade com o almejado por determinadas iniciativas que ocorrem no âmbito de outras práticas esportivas, como futebol (Damo, 2007; Spaggiari, 2009; 2015), boxe (Wacquant, 2002), vela (Rojo, 2016) etc. —, o que não exclui, todavia, um embate latente entre os princípios institucionais que se anseia implementar e as experiências subversivas que emanam da sociabilidade skatista, conforme já tive a oportunidade de demonstrar tanto em minha dissertação de mestrado (Machado, 2011) quanto nos capítulos 1, 2 e 4 da presente publicação.

276 Constatações parecidas já foram frisadas por autores clássicos nos estudos sobre esportes, como Bourdieu (1983, p. 209), o qual reconhece que "uma das dificuldades na análise das práticas esportivas reside no fato de que a unidade nominal [...] considerada pelas estatísticas [...] mascara uma dispersão, mais ou menos forte, conforme os esportes, das maneiras de praticá-los".

É possível considerar, à vista disso, que alguns dos propósitos que se prostram em "defesa do skate" — como aqueles elaborados pelas frentes parlamentares em nível municipal e estadual — são estratégias que projetam arrefecer os seus sentidos citadinos com ações voltadas à disciplinarização de seus praticantes por meio do estabelecimento de regras, incentivo à competitividade e delimitação de espaços para a prática.[277] O esporte, não raro considerado em sua forma reificada pelas políticas públicas, tem se tornado, consequentemente, um "modelo para ação", ou seja, segundo Geertz (1989), algo que orienta demasiados discursos e práticas, dentre as quais destaco aquelas que se propõem a combater eventuais vulnerabilidades sociais a que os jovens, em especial, estão sujeitos na cidade.[278] Não obstante, como aponta Deccache-Maia (2006, p. 11):

> O esporte é entendido, neste sentido, como capaz de gerar a integração do jovem e ampliar a sua sociabilidade, uma vez que conta antecipadamente com a vontade de permanência deste nesses espaços. Esse aspecto é explorado nos projetos e passa a ser uma "moeda de troca" valiosa nas negociações cotidianas.

Sendo assim, é no sentido de promover um "skatista cidadão" (para aqueles que não possuem ambições profissionais relacionadas à prática) ou um "skatista atleta" (aos que almejam uma carreira esportiva) e de comportá-lo adequadamente na cidade é que as pistas de skate têm sido tão valorizadas — não apenas em São Paulo, mas também em todo o país — por tantas políticas públicas.[279] Isso denota uma ampliação de investimentos estatais para práticas esportivas emergentes que agora disputam toda sorte de oportunidades com aquelas outras já tradicionalmente consolidadas, como o futebol, o que vem beneficiando uma série de investidores.[280] As pistas de skate, desse modo, "são espaços previstos

277 Ao partir dos pressupostos de Elias e Dunning (1992), autores já muito discutidos e problematizados nos estudos sobre esportes, pode-se aventar que tais medidas implicam na concomitante promoção de excitações regradas e equilíbrio das tensões decorrentes da realização da prática do skate nas ruas. Há, com efeito, estratégias que visam uma certa positivação dos usos dos espaços, do tempo e dos corpos.

278 Para uma problematização dos riscos da juventude com base numa perspectiva antropológica, ver Pereira (2010).

279 Ocean Howell (2008, p. 477) defende que as pistas de skate "constituem um mecanismo através das quais é possível promover ideais neoliberais" (Tradução minha). Outras considerações a respeito dos impactos das pistas na prática do skate podem ser vistas em Németh (2006), Howell (2008), Chiu (2009), Olic (2010), Gallart (2010), Machado (2014), dentre outros.

280 Sobre a complexidade político-esportiva que perpassa as ações da Prefeitura de São Paulo, ver

para uma cidade governada por uma economia de lazer" (Gallart, 2010, p. 74. Tradução minha). Para além de tal impacto num plano econômico, a profusão de pistas e o incentivo ao skate na condição de um esporte reverberam, como também assinalado por demais pesquisas que se debruçaram sobre projetos sociais e esportivos no Brasil — Zaluar (1994), Linhales (2001), Manhães (2002), Deccache-Maia (2003), Melo (2005), Guedes *et al* (2006), Spaggiari (2009; 2015), Rojo (2016) etc. —, certas lógicas utilitaristas que perpassam as facetas de uma cidadania esperada para a juventude. É o que revelam, pois, inúmeras mobilizações que têm sido feitas para retirá-los das ruas, ocupar seus tempos livres, livrá-los das drogas e lhes dar uma perspectiva profissional.[281]

É mister considerar também, para além dos desígnios acima mencionados, que muitas das estratégias institucionais que vêm engendrando certos sentidos do skate conforme suas próprias rubricas nada mais são do que uma regulação dos usos dos espaços urbanos por meio de uma constante tentativa de esportivização da citadinidade. Ou, grosso modo, para usar categorias nativas, trata-se de uma estratégia para converter *streeteiros* em *pistoleiros*. Isso recoloca, portanto, novas desigualdades em São Paulo: se por um lado certas políticas para skate podem ampliar o direito ao esporte[282], por outro elas limitam o direito à cidade.

As pistas de skate são importantes para os skatistas, tanto que os mesmos cotidianamente as reivindicam, mas, conforme demonstrado ao longo dos capítulos, as suas demandas não se restringem ao clamor por elas. Eles se aproveitam de todas as melhorias e benefícios que lhes são atribuídos, entretanto, isso não implica que as estratégias político-urbanísticas tramadas pelas governanças urbanas a fim de modular as suas citadinidades e conter as suas circulações e apropriações da cidade sejam bem-sucedidas. Conforme também percebido por Caldeira (2012, p. 32), esses jovens "privilegiam a agressividade e a transgressão como modos de articulação, ao mesmo tempo em que recorrem à linguagem dos direitos

---

Spaggiari, Machado e Giglio (2016).

281 Corroboro com a perspectiva de Linhales (2001, p. 32): "a presença do esporte nas ações de governo atualiza refinados contornos utilitários: esporte para combater violência, para reduzir consumo de drogas, para manter as crianças na escola, para melhorar a saúde da população, para ser feliz...".

282 É fundamental, contudo, a ponderação de Linhales (2001, p. 32) no que toca à promoção de determinadas políticas públicas voltadas para diversas práticas esportivas. Segundo a autora, o caráter assistencial de certas iniciativas pode se sobrepor, "tornando remota, muitas vezes, a possibilidade do esporte ser realizado politicamente como um direito social".

e das liberdades, e ainda revelam um prazer genuíno na livre circulação pela cidade".

Os skatistas não abrem mão de seus *rolês* e da busca por *picos* repentinos a fim de utilizá-los a partir de suas próprias lógicas. Pouco importa onde estão dispostos e tampouco os dispositivos que regulam os seus usos.[283] Os contratempos se convertem em obstáculos que devem ser superados astutamente, nem que para isso eventualmente tenham que fugir da polícia, enfrentar seguranças, negociar com donos de *food trucks*, desrespeitar síndicos de prédios e até mesmo colocar a mão na massa para construir novos *picos* ou corrigir as imperfeições daqueles que padecem pela falta de manutenção. Os skatistas, portanto, embaralham a almejada convivência ordenada e põem em suspensão certos "embelezamentos estratégicos" de uma cidade gerenciada como mercadoria e voltada para práticas de cidadania que são englobadas sobretudo por lógicas de consumo. Muitas vezes a recusam tal como ela é. Incrédulos e teimosos que são a determinados ordenamentos e regulações, estes citadinos questionam as premissas que permeiam "lugares próprios" (Certeau, 2009) marcados por esperadas univocidades e estabilidades por meio de suas artimanhas, percepções, maneiras e experiências e contribuem, assim, para a redefinição do espaço como um "lugar praticado" (Certeau, 2009) com a apregoação de novas leituras e valores simbólicos.

O skate "destrói", mas, de igual modo, também "constrói" a cidade. Em razão disso, a citadinidade que permeia a prática do skate de rua, embora muito combatida, também é alvo de determinadas pretensões econômicas e político-urbanísticas. Nessas circunstâncias, ao mesmo tempo em que os skatistas se apropriam da cidade, o mercado bem como as governanças urbanas vêm tentando se apropriar de suas experiências urbanas de acordo com seus próprios interesses e planejamentos. A citadinidade promovida pelo skate de rua tem se convertido, inclusive, em produto de marketing, em algo que se coaduna a uma espetacularização da cidade e ao controle de suas paisagens. Uma "tática" que se tornou uma "estratégia", para utilizar termos de Certeau (2009), o que acaba, por vezes, sendo paradoxal: em alguns espaços, sobretudo em áreas enobrecidas e em "paisagens de poder" (Zukin, 2000), os skatistas são tidos como polui-

283 Como bem frisado por Caldeira (2012, p. 63), "a despeito do entrincheiramento e dos sistemas de vigilância que supostamente deveriam regular e restringir a presença e a mobilidade dos jovens, estes continuam a circular, a transitar por espaços inesperados e a forçar uma recalibração dos olhares".

dores, portanto, regularmente são combatidos; ao passo que em outros espaços, como em áreas consideradas degradadas, as suas permanências são toleradas ou até mesmo estimuladas a fim de que possam contribuir para o afastamento de outras apropriações e sujeitos ainda mais indesejáveis do que eles (usuários de drogas, moradores de rua etc.). Tal "limpeza", contudo, nem sempre se consolida, dada as aproximações situacionais que os skatistas estabelecem com aqueles que, ao que tudo indica, deveriam ser repelidos.

Neste livro busquei revelar como a citadinidade é permeada por múltiplas configurações, enquadramentos, agenciamentos e contradições, além do jogo relacional entre estratégias e táticas que transcorre numa São Paulo vista a partir de uma perspectiva citadina. Foram evidenciadas, ainda, as assimetrias e as desigualdades que se processam em seus espaços urbanos — tanto em regiões periféricas quanto em áreas centrais e enobrecidas — e as maneiras como os skatistas se posicionam frente às mesmas. É possível concluir que ao ampliarem as suas possibilidades de usos, eles potencializam a produção de uma cidade vivida, sentida e em processo (Agier, 2011), tornando-a mais porosa ao se esquivarem de eventuais pragmatismos e dispositivos gestionários que tentam condicionar a vida urbana. Desta forma, conforme notório na citação que abre estas considerações finais, esses jovens se articulam e agenciam suas próprias inserções nos espaços urbanos, embora não deixem de desafiar as pretensões que visam torná-los "mansos e inofensivos", não importando, inclusive, serem tratados como "maloqueiros". É por meio de suas manobras, deslizes e equilíbrios que eles buscam se tornarem visíveis para afirmar o direito à cidade.

REFERÊNCIAS

BIBLIOGRAFIA

ADERALDO, Guilhermo. *Reinventando a "cidade": disputas simbólicas em torno da produção e exibição audiovisual de "coletivos culturais" em São Paulo.* Tese (doutorado em Antropologia Social). Faculdade de Filosofia, Letras e Ciências Humanas da USP, São Paulo, 2013.

AGIER, Michel. *L'invention de la ville.* Paris: Ed. des Archives Contemporaines, 1999.

_____. *Antropologia da cidade: lugares, situações, movimentos.* São Paulo: Terceiro Nome, 2011.

ARANTES, Antonio A. "Patrimônio cultural e nação". In: ARAÚJO, Angela Maria Carneiro (Org.). *Trabalho, cultura e cidadania.* São Paulo: Scritta, 1997.

_____. *Paisagens paulistanas: transformações do espaço público.* Campinas: Editora da Unicamp / Imprensa Oficial, 2000.

BARONE, Ana Cláudia Castilho. "Periferia como questão: São Paulo na década de 1970". *Revista do Programa de Pós-Graduação em Arquitetura e Urbanismo da FAUUSP*, v. 20, n.º 33, pp. 64-85, 2013.

BASTOS, Billy Graeff. *Estilo de vida e trajetórias sociais de skatistas: da "vizinhança" ao "corre".* Dissertação (mestrado em Ciências do Movimento Humano). Escola de Educação Física, Universidade Federal do Rio Grande do Sul, 2006.

BEAL, Becky. "Disqualifying the official: an exploration of social resistance in the subculture of skateboarding". *Sociology of Sport Journal*, n.º 12, pp. 252-267, 1995.

BEAL, Becky; WEIDMAN, Lisa. "Authenticity in the skateboarding world". In: RINEHART, Robert; SYDNOR, Synthia (Orgs.). *To the extreme: Alternative Sports inside and out*. Nova York: SUNY Press, 2003, pp. 337-352.

BEAL, Becky; WILSON, Charlene. "'Chicks dig scars': transformations in the subculture of skateboarding". In: WHEATON, Belinda (Org.). *Understanding lifestyle sports: consumption, identity, and difference*. Londres: Routledge Press, 2004, pp. 31-54.

BIDOU-ZACHARIASEN, Catherine. "Introdução". In: BIDOU-ZACHARIANSEN, C.; HIERNAUX-NICOLAS, D.; RIVIÈRE D'ARC, H. (Orgs.). *De volta à cidade: dos processos de gentrificação às políticas de "revitalização" dos centros urbanos*. São Paulo: Annablume, 2006, pp. 21-57.

BIONDI, Karina. *Junto e misturado: uma etnografia do PCC*. São Paulo: Terceiro Nome, 2010.

BONZI, Ramón Stock. "Borelli & Merigo: os projetos e a nova Praça Roosevelt". *Revista LabVerde*, n.º 6, junho de 2013.

BOOTH, Douglas; THORPE, Holly. *Berkshire encyclopedia of extreme sports*. Great Barrington: Berkshire, 2007.

BORDEN, Iain. *Skateboarding, space and the city: architecture and the body*. Oxford: Berg, 2001.

BOURDIEU, Pierre. "Como é possível ser esportivo?". In: _____. *Questões de Sociologia*. Rio de Janeiro: Marco Zero, 1983.

BRANDÃO, Leonardo. *Corpos deslizantes, corpos desviantes: a prática do skate e suas representações no espaço urbano*. Dissertação (mestrado em História), Universidade Federal da Grande Dourados, Dourados, 2006.

_____. "Entre a marginalização e a esportivização: elementos para uma história da juventude skatista no Brasil". *Recorde: Revista de História de Esporte*, v.1, n.º 2, dezembro de 2008.

_____. *A cidade e a tribo skatista: juventude, cotidiano e práticas corporais na História Cultural*. Dourados: Editora UFGD, 2011.

_____. *Por uma história dos "esportes californianos" no Brasil*. Tese (doutorado em História). Pontifícia Universidade Católica (PUC), São Paulo, 2012.

_____. *Para além do esporte: uma história do skate no Brasil*. Blumenau: Edifurb, 2014.

BRANDÃO, Leonardo; MACHADO, Giancarlo Marques Carraro. "O skate na era dos megaeventos: a Mega Rampa e o espetáculo do ilinx". *Recorde: Revista de História do Esporte*, v. 6, n.º 2, pp. 1-18, 2013.

BURNETT, Michael (Org.). *Skate and Destroy: the first 25 years of Thrasher Magazine*. Nova York: Universe Publishing, 2006.

CAILLOIS, Roger. *Os jogos e os homens: a máscara e a vertigem*. Lisboa: Cotovia, 1990.

CALDEIRA, Teresa Pires do Rio. *Cidade de muros: crime, segregação e cidadania em São Paulo*. São Paulo: Editora 34/EdUSP, 2000.

_____. "Inscrição e circulação: novas visibilidades e configurações do espaço público em São Paulo". *Novos estudos CEBRAP*, n.º 94, pp. 31-67, 2012. Disponível em: http://www.scielo.br/scielo.php?script=sci_arttext&pid=S0101-33002012000300002.

CAMINO, Xavi. "Reinterpretando la ciudad: la cultura skater y las calles de Barcelona". *Apunts*, n.º 91, pp. 54-65, 2008. Disponível em: http://articulos-apunts.edittec.com/91/es/091_054-065ES.pdf.

CANTIN-BRAULT, Antoine. "The reification of skateboarding". *International Journal of Science Culture and Sport*, v. 3, n.º 1, pp. 54-66, 2015. Disponível em: http://www.iscsjournal.com/Makaleler/480596368_3c1s_7.pdf.

CARDOSO, Celina. *O palco da praça: as transformações na praça Franklin Roosevelt pelas mãos do teatro*. Monografia (trabalho de conclusão do curso Mídia, Informação e Cultura) - Escola de Comunicações e Artes. Universidade de São Paulo, São Paulo, 2009.

CARR, John. "Legal Geographies - skating around the edges of the law: urban skateboarding and the role of law in determining young peoples' place in the city". *Urban Geography*, v. 31, n.º 7, pp. 988-1003, 2010.

CERTEAU, Michel de. *A invenção do cotidiano: artes de fazer*. 16. ed. Petrópolis: Editora Vozes, 2009.

CHIU, Chihsin. "Streets versus parks: skateboarding as a spatial practice in New York City". In: ENVIRONMENTAL DESIGN RESEARCH ASSOCIATION, 38., 2007, Sacramento. *EDRA38: Building Sustainable Communities*, 2007, pp. 101-107. Disponível em: http://www.edra.org/content/streets-versus-parks-skateboarding-spatial-practice-new-york-city.

_____. "Contestation and conformity street and park skateboarding in New York City public space". *Space and Culture*, v. 12, n.º 1, pp. 25-42, 2009.

CHIZZOLINI, Bianca Barbosa. *Tecendo a rede: uma etnografia de moradores(as) e comerciantes no centro de São Paulo entre práticas e discursos de requalificação*. Dissertação (mestrado em Antropologia Social) - Faculdade de Filosofia, Letras e Ciências Humanas. Universidade de São Paulo, São Paulo, 2013.

CORDEIRO, Helena Kohn. *O centro da metrópole paulistana: expansão recente*. São Paulo, Instituto de Geografia da Universidade de São Paulo, 1980. (Série Teses e Monografias)

D'ANDREA, Tiarajú. *A formação dos sujeitos periféricos: cultura e política na periferia de São Paulo*. Tese (doutorado em Sociologia) - Faculdade de Filosofia, Letras e Ciências Humanas. Universidade de São Paulo, São Paulo, 2013.

DAMATTA, Roberto. *A casa e a rua: espaço, cidadania, mulher e morte no Brasil*. São Paulo: Brasiliense, 1985.

DAMO, Arlei. *Do dom à profissão: a formação de futebolistas no Brasil e na França*. São Paulo: Aderaldo & Rothschild Ed / ANPOCS, 2007.

DAMO, Arlei Sander; OLIVEN, Ruben George. "O Brasil no horizonte dos megaeventos esportivos de 2014 e 2016: sua cara, seus sócios e seus negócios". *Horizontes Antropológicos*, v. 19, n.º 40, pp. 19-63, 2013.

DECCACHE-MAIA, Eline. *Esporte e políticas públicas na virada do milênio: o caso de Niterói*. Tese (doutorado em Antropologia Social) - Museu Nacional, Universidade Federal do Rio de Janeiro, Rio de Janeiro, 2003.

_____. "Esporte e políticas públicas no Brasil". *Esporte e Sociedade*, n.º 3, 2006, pp. 1-18. Disponível em: http://www.uff.br/esportesociedade/pdf/es302.pdf.

DELGADO, Manuel. *Sociedades movedizas. Pasos hacia una antropología de las calles*. Barcelona: Anagrama, 2000.

_____. *El animal público*. 5. ed. Barcelona: Anagrama, 2008.

DIAS, Cleber. "Esporte e cidade: balanços e perspectivas". *Revista Tempo*, v. 17, pp. 33-44, 2013.

DINIZ, Nelson; HERMES DA SILVA, Luciano. "O skate e a produção social do espaço público". In: CONGRESSO BRASILEIRO DE GEÓGRAFOS, 7., Vitória, 2014. *Anais*... Vitória: AGB, 2014. Disponível em: http://www.cbg2014.agb.org.br/resources/anais/1/1403971542_ARQUIVO_Artigo-CBGFinalizado.pdf.

_____. "Contra-uso skatista de espaços públicos no Rio de Janeiro". *Revista Eletrônica de Estudos Urbanos e Regionais*, ano 7, n.º 27, pp.18-25, 2017. Disponível em: http://emetropolis.net/system/artigos/arquivo_pdfs/000/000/202/original/emetropolis27_art1.pdf?1485999132.

DINIZ, Nelson; HERMES DA SILVA, Luciano; CAMPOS, Maicon Gilvan Lima. "A apropriação do espaço público pelo skateboarding no centro do Rio de Janeiro: o Coletivo I Love XV e a conquista do direito à cidade". In: ENCUENTRO DE GEÓGRAFOS DE AMÉRICA LATINA, 14. Lima, 2013. *Anais*... Lima, 2013.

DONNELLY, Michele. "Studying extreme sports: beyond the core participants". *Journal of Sport & Social Issues*, v. 30, n.º 2, pp. 219-224, 2006.

DOUGLAS, Mary. *Pureza e perigo*. São Paulo: Perspectiva, 1976.

DURÃO, Susana. "O corpo, o gueto e o Estado penal: entrevista com Loïc Wacquant". *Etnográfica*, v. 12, n.º 2, pp. 455-486, 2008.

ELIAS, Norbert; DUNNING, Eric. *A busca da excitação*. Lisboa: Difel, 1992.

FEATHERSTONE, Mike. *Cultura de consumo e pós-modernismo*. São Paulo: Studio Nobel, 1995.

FELDMAN-BIANCO, Bela (org.). "Introdução". In: _____ (Org.). *Antropologia das sociedades contemporâneas: métodos*. São Paulo: Editora UNESP, 2010, pp. 19-56.

FELTRAN, Gabriel de Santis. *Desvelar a política na periferia: histórias de movimentos sociais em São Paulo*. São Paulo: Humanitas/FAPESP, 2005.

_____. *Fronteiras de tensão: política e violência nas periferias de São Paulo*. São Paulo: Editora Unesp/CEM, 2011.

_____. "Governo que produz crime, crime que produz governo: o dispositivo de gestão do homicídio em São Paulo (1992-2011)". *Revista Brasileira de Segurança Pública*, v. 6, pp. 232-255, 2012.

FERREIRA, Jair César Maturano. *Praça Roosevelt: possibilidades e limites de uso do espaço público*. Dissertação (mestrado em Geografia Humana) - Faculdade de Filosofia, Letras e Ciências Humanas. Universidade de São Paulo, São Paulo, 2009.

FIGUEIRA, Márcia Luiza Machado. *Skate para meninas: modos de se fazer ver em um esporte em construção*. Tese (doutorado em Ciências do Movimento Humano) - Escola de Educação Física. Universidade Federal do Rio Grande do Sul, Porto Alegre, 2008.

FIX, Mariana. *Parceiros da exclusão: duas histórias de construção de uma "Nova Cidade" em São Paulo: Faria Lima e Água Espraiada*. São Paulo: Boitempo, 2001.

FONTES, Adriana Sansão. "O skateboarding como intervenção: apropriação temporária e identidade no centro de Barcelona". *V!rus*, n.º 4, dez. 2010. Disponível em http://www.nomads.usp.br/virus/virus04/?sec=4&item=1&lang=pt.

FORTES, Rafael. *O surfe nas ondas da mídia: esporte, juventude e cultura*. Rio de Janeiro: Apicuri, 2011.

FRÚGOLI JR, Heitor. *São Paulo: espaços públicos e interação social*. São Paulo: Ed. Marco Zero, 1995.

_____. *Centralidade em São Paulo: trajetórias, conflitos e negociações na metrópole*. São Paulo: Cortez/Edusp, 2000.

_____. "O urbano em questão na antropologia: interfaces com a sociologia". *Revista de Antropologia*, v. 48, n.º 1, pp. 133-165, 2005.

_____. *Sociabilidade urbana*. Rio de Janeiro: Jorge Zahar Editor, 2007.

FRÚGOLI JR., Heitor; ANDRADE, Luciana Teixeira de; PEIXOTO, Fernanda Áreas (Orgs.). *As cidades e seus agentes: práticas e representações*. Belo Horizonte: PUC Minas/Edusp, 2006.

FRÚGOLI JR., Heitor; SKLAIR, Jessica. "O bairro da Luz em São Paulo: questões antropológicas sobre o fenômeno da gentrification". *Cuadernos de Antropología Social*, n.º 30, pp. 119-136, 2009. Disponível em: http://www.scielo.org.ar/pdf/cas/n30/n30a07.pdf.

FRÚGOLI JR., Heitor; SPAGGIARI, Enrico. "Da cracolândia aos nóias: percursos etnográficos no bairro da Luz". *Revista Ponto Urbe (NAU-USP)*, n.º 6, 2010.

GALLART, Francisco Salim Vivoni. *Contesting public space: skateboarding, urban development, and the politics of play*. Tese (doutorado em Sociologia). University of Illinois, Urbana-Champaign, 2010.

GEERTZ, Clifford. *A Interpretação das culturas*. Rio de Janeiro: LTC, 1989.

GOHN, Maria da Glória Marcondes. "Manifestações de protesto nas ruas no Brasil a partir de Junho de 2013: novíssimos sujeitos em cena". *Revista Diálogo Educacional*, v. 16, n.º 47, pp. 125-146, 2016.

GUEDES, Simoni Lahud. "Esporte, lazer e sociabilidade". In: DUARTE, Luiz Fernando Dias; MARTINS, Carlos Benedito (Orgs). *Horizontes das Ciências Sociais no Brasil: Antropologia*. São Paulo: ANPOCS, 2010, pp. 431-456.

GUEDES, Simoni Lahud *et al*. "Projetos sociais esportivos: notas de pesquisa". In: ENCONTRO REGIONAL DE HISTÓRIA, 12. Rio de Janeiro, 2006 *Anais...* Rio de Janeiro: ANPUH, 2006. Disponível em: http://www.

rj.anpuh.org/Anais/2006/conferencias/Simoni%20LGuedes,%20Julio%20 Davies,%20Michelle%20ARodrigues%20e%20Rafael%20MSantos.pdf.

HANNERZ, Ulf. *Explorando a cidade: em busca de uma Antropologia Urbana*. Petrópolis: Editora Vozes, 2015.

HARVEY, David. *A condição pós-moderna*. São Paulo: Ed. Loyola, 1992.

_____. "Do gerenciamento ao empresariamento: a transformação da administração urbana no capitalismo tardio". *Espaço & Debates*, n.º 39, pp. 48-64, 1996.

HARVEY, David *et al*. *Cidades Rebeldes: Passe Livre e as manifestações que tomaram as ruas do Brasil*. São Paulo: Boitempo Editorial, 2013.

HIRATA, Daniel Veloso. *Sobreviver na adversidade: entre o mercado e a vida*. Tese (doutorado em Sociologia) - Faculdade de Filosofia, Letras e Ciências Humanas. Universidade de São Paulo, São Paulo, 2010.

HIKIJI, Rose Satiko Gitirana; Caffé, Carolina. *Lá do Leste - Uma etnografia audiovisual compartilhada*. São Paulo, Humanitas, 2013.

HOWELL, Ocean. "The poetics of security: skateboarding, urban design, and the new public space". *Urban Action*, 2001, pp.64-86.

_____. "The 'Creative Class' and the gentrifying city: skateboarding in Philadelphia's Love Park". *Journal of architectural education*, v. 59, n.º 2, pp. 32-42, 2005.

_____. "Skatepark as neoliberal playground: urban governance, recreation space, and the cultivation of personal responsibility". *Space and culture*, v. 11, n.º 4, pp. 475-496, 2008.

HUMPHREYS, Duncan. "Shredheads go mainstream? Snowboarding and alternative youth". *International Review for the Sociology of Sport*, v. 32, n.º 2, pp. 147-160, 1997.

JACOBS, Jane. "Neighborhoods in Action". *Depoimento ao projeto Active Living Network*. Disponível em: https://www.youtube.com/watch?v=HNtuJRIoWxc.

JOSEPH, Isaac. "L'espace public comme lieu de l'action". *Annales de la recherche urbaine*, v. 57, n.º 1, pp. 211-217, 1993.

_____. "Paisagens urbanas, coisas públicas". Tradução de Regina Martins da Matta. *Caderno CRH*, n.º 30/31, pp. 11-40, 1999.

_____. "Espace public, urbanité, citoyenneté". In: JOLE, Michèle (Org.). *Espaces publics et cultures urbaines: actes du séminaire du CIFP de Paris 2000-2001-2002*. Lyon: Certu, 2002.

_____. "Belém: paisagem, coisa pública". *Cadernos Ippur*. Rio de Janeiro, v. 18, n.º 1/2, pp. 41-90, 2004.

_____. "A respeito do bom uso da Escola de Chicago". In: VALLADARES, Lícia do Prado (Org.). *A Escola de Chicago: impacto de uma tradição no Brasil e na França*. Belo Horizonte/Rio de Janeiro, Ed. UFMG/IUPERJ, 2005 [1998], pp. 93-128.

LATOUR, Bruno. *Reagregando o social: uma introdução à teoria do ator-rede*. Salvador; Bauru: EDUFBA/EDUSC, 2012.

LEFEBVRE, Henri. *O direito à cidade*. São Paulo: Centauro, 2008 [1968].

LEITE, Rogério Proença. "Margens do dissenso: espaço, poder e enobrecimento urbano". In: FRÚGOLI JR., Heitor; ANDRADE, Luciana Teixeira de; PEIXOTO, Fernanda Áreas (Orgs.). *As cidades e seus agentes: práticas e representações*. Belo Horizonte; São Paulo: PUC Minas / Edusp, 2006, pp. 23-44.

_____. *Contra-usos da cidade: lugares e espaço público na experiência urbana contemporânea*. 2. ed. Campinas; Aracaju: Ed. Unicamp/Ed. UFS, 2007.

_____. "A exaustão das cidades: antienobrecimento e intervenções urbanas em cidades brasileiras e portuguesas". *Revista Brasileira de Ciências Sociais*, v. 25, n.º 72, pp. 73-175, 2010.

LINHALES, Meily Assbú. "Jogos da política, jogos do esporte: subsídios para a reflexão sobre políticas públicas para o setor esportivo". In: MARCELLINO, Nelson Carvalho (Org.). *Lazer e esporte: políticas públicas*. Campinas: Autores Associados, 2001, pp. 31-56.

LIRA, Ana Carla Côrtes de. "Contradições e políticas de controle no espaço público de Barcelona: um olhar sobre a Praça dels Àngels". *Cadernos Metrópole*, v. 13, n.º 25, pp. 279-302, 2011.

LOMBARD, Kara-Jane. "Skate and create / skate and destroy: the commercial and governmental incorporation of skateboarding". *Continuum: Journal of Media & Cultural Studies*, v. 24, n.º 4, pp. 475-488, 2010.

MACHADO, Giancarlo Marques Carraro. *De "carrinho" pela cidade: a prática do street skate em São Paulo*. Dissertação (mestrado em Antropologia Social) - Faculdade de Filosofia, Letras e Ciências Humanas. Universidade de São Paulo, São Paulo, 2011.

_____. "Todos juntos e misturados: sociabilidade no pedaço skatista". In: BRANDÃO, Leonardo; HONORATO, Tony (Orgs.). *Skate & Skatistas: questões contemporâneas*. Londrina: Eduel, 2012, pp. 63-86.

_____. *De "carrinho" pela cidade: a prática do skate em São Paulo*. São Paulo: Editora Intermeios/FAPESP, 2014.

MAGNANI, José Guilherme C. "A rua e a evolução da sociabilidade". *Cadernos de História de São Paulo*, v. 2, 1993.

_____. "Quando o campo é a cidade: fazendo antropologia na metrópole". In: MAGNANI, José Guilherme C.; TORRES, Lílian de Lucca (Orgs.). *Na metrópole: textos de Antropologia Urbana*. São Paulo: Edusp, 2000.

_____. "De perto e de dentro: notas para uma etnografia urbana". *Revista Brasileira de Ciências Sociais*, v. 17, n.º 49, pp. 11-29, 2002.

_____. "Etnografia urbana". In: FORTUNA, Carlos; LEITE, Rogério Proença (Orgs.). *Plural de cidade: novos léxicos urbanos*. Coimbra: Almedina, 2009, pp. 101-113.

_____. *Da periferia ao centro: trajetórias de pesquisas em Antropologia Urbana*. São Paulo: Terceiro Nome, 2012.

MAGNANI, José Guilherme C.; SOUZA, Bruna Mantese (orgs.). *Jovens na metrópole: etnografias de circuitos de lazer, encontro e sociabilidade*. São Paulo: Terceiro Nome, 2007.

MANHÃES, Eduardo Dias. *Políticas de esportes no Brasil*. Rio de Janeiro: Graal, 2002.

MARCUS, George E. "Ethnography in/of the world system: the emergence of multi-sited ethnography". *Annual Review of Anthropology*, v. 24, pp. 95-117, 1995.

_____. *Ethnography through thick and thin*. Princeton: Princeton University Press, 1998.

MAUSS, Marcel. *Sociologia e Antropologia*. São Paulo: Cosac Naify, 2003.

MELO, Marcelo Paula de. *Esporte e juventude pobre: a Vila Olímpica da Maré e as políticas de lazer*. Campinas: Autores Associados, 2005.

MIDOL, Nancy. "Cultural dissents and technical innovations in the 'whiz' sports". *International Review for Sociology of Sport*, v. 28, n.º1, pp. 23–32, 1993.

MUÑOZ, Francesc. *Urbanalización: paisajes comunes, lugares globales*. Barcelona: Gustavo Gili, 2008.

NASCIMENTO, Érica Peçanha. É tudo nosso! Produção e consumo cultural na periferia paulistana. Tese (doutorado em Antropologia Social) - Faculdade de Filosofia, Letras e Ciências Humanas. Universidade de São Paulo, São Paulo, 2011.

NÉMETH, Jeremy. "Conflict, exclusion, relocation: Skateboarding and public space". *Journal of Urban Design*, v. 11, n.º 3, pp. 297-318, 2006.

NOLAN, Nicholas. "The ins and outs of Skateboarding and transgression in public space in Newcastle". *Australian Geographers*, v. 34, n.º 3, pp. 311-327, 2003.

OLIC, Mauricio Bacic. *Entre o liso e o estriado: skatistas na metrópole*. Dissertação (mestrado em Ciências Sociais) - Pontifícia Universidade Católica de São Paulo, São Paulo, 2010.

OLIVEIRA, Marcelo Nahuz de. "Avenida Paulista: a produção de uma paisagem de poder". In: ARANTES, Antonio A. (Org.). *O espaço da diferença*. Campinas: Papirus, 2000, pp. 208-255.

PALMA, Daniela. *A praça dos sentidos: comunicação, imaginário social e espaço público*. Tese (doutorado em Ciências da Comunicação) - Escola de Comunicações e Artes. Universidade de São Paulo, São Paulo, 2010.

PARK, Robert E. "A cidade: sugestões para a investigação do comportamento social no meio urbano". In: VELHO, Otávio G. (Org.) *O fenômeno urbano*. Rio de Janeiro: Zahar, 1967.

PEIRANO, Mariza. "Etnografia, ou a teoria vivida". *Revista Ponto Urbe*, n.º 2, 2008. Disponível em: https://pontourbe.revues.org/1890.

PEREIRA, Alexandre Barbosa. *De rolê pela cidade: os pixadores em São Paulo*. Dissertação (mestrado em Antropologia Social) - Faculdade de Filosofia, Letras e Ciências Humanas. Universidade de São Paulo, São Paulo, 2005.

_____. "Pichando a cidade: apropriações 'impróprias' do espaço urbano". In: MAGNANI, José Guilherme C.; SOUZA, Bruna Mantese de (Orgs.). *Jovens na metrópole: etnografias de circuitos de lazer, encontro e sociabilidade*. São Paulo: Terceiro Nome, 2007, pp. 225-246.

_____. "Os riscos da juventude". *Revista Brasileira Adolescência e Conflitualidade*, n.º 3, pp. 36-50, 2010.

_____. "Funk ostentação em São Paulo: Imaginação, consumo, e novas tecnologias da informação e da comunicação". *Revista de Estudos Culturais EACH USP*, n.º 1, pp.1-17, 2014a.

_____. "Rolezinho no shopping: aproximação etnográfica e política". *Revista Pensata*, v. 3, n.º 2, pp.8-16, 2014b.

PERLONGHER, Néstor. *O negócio do michê: a prostituição viril em São Paulo*. São Paulo: Ed. Fundação Perseu Abramo, 2008.

POCIELLO, Christian. *Sport et société: approche socioculturelle du sport*. Paris: Vigot, 1981.

RINEHART, R. "Dropping hierarchies: Towards the study of a contemporary sporting avant-garde". *Sociology of Sport Journal*, v. 13, n.º 2, pp. 159–176, 1996.

_____. "Emerging arriving sport: alternatives to formal sport". In: COAKLEY, Jay; DUNNING, Eric. (Orgs). *Handbook of Sport Studies*. Londres: Sage, 2000, pp. 504-519.

RINEHART, Robert; SYDOR, Synthia (Orgs.). *To the extreme: alternative sports, inside and out*. Albany: State University of New York Press, 2003.

ROJO, Luiz Fernando. "A vela como um espaço de construção e transmissão de valores". In: SPAGGIARI, Enrico; MACHADO, Giancarlo Marques Carraro; GIGLIO, Sérgio Setanni. (Orgs.). *Entre jogos e copas: reflexões de uma década esportiva*. São Paulo: Intermeios/FAPESP, 2016, pp. 307-324.

ROLNIK, Raquel. "As vozes das ruas: as revoltas de junho e suas interpretações". In: HARVEY, David *et al*. *Cidades rebeldes: Passe Livre e as manifestações que tomaram as ruas do Brasil*. São Paulo: Boitempo Editorial, 2013.

ROLNIK, Raquel; FRÚGOLI JR., Heitor. "Reestruturação urbana da metrópole paulistana: a Zona Leste como território de rupturas e permanências". *Cadernos Metrópole*, São Paulo, n.º 6, pp. 55-83, 2001.

RUBINO, Silvana. "Gentrification: notas sobre um conceito incômodo". In: SCHICCHI, Maria Cristina; BENFATTI, Dênio (Orgs.). *Urbanismo: dossiê São Paulo - Rio de Janeiro*. Campinas; Rio de Janeiro: PUC-Campinas/ Prourb-UFRJ, 2003.

RUI, Taniele. *Nas tramas do crack: etnografia da abjeção*. São Paulo: Terceiro Nome, 2014.

SIERRA, Vânia Morales; MESQUITA, Wania Amélia Belchior. "A democracia no espaço: uma revisão dos conceitos de Isaac Joseph". *Os Urbanitas - Revista de Antropologia Urbana*, v. 6, n.º 9, 2009. Disponível em: http://www.aguaforte.com/osurbanitas9/Sierra_&_Mesquita_urbanitas-09-2009.html.

SINGER, André. "Brasil, junho de 2013, classes e ideologias cruzadas". *Novos estudos - CEBRAP*, n.º 97, pp. 23-40, 2013. Disponível: http://www.scielo.br/pdf/nec/n97/03.pdf.

SIMMEL, Georg. "O estrangeiro". In: MORAES, Evaristo (Org.). *Sociologia: Simmel*. São Paulo: Ática, 1983 [1908].

_____. "As grandes cidades e a vida do espírito". *Revista Mana*, v. 11, n.º 2, pp. 577-591, 2005 [1903].

SMITH, Neil. *The new urban frontier: gentrification and revanchist city*. Londres/

Nova York: Routledge, 1996.

SPAGGIARI, Enrico. *Tem que ter categoria: construção do saber futebolístico.* Dissertação (mestrado em Antropologia Social, Faculdade de Filosofia, Letras e Ciências Humanas). Universidade de São Paulo, São Paulo, 2009.

_____. *Família joga bola: constituição de jovens futebolistas na várzea paulistana.* Tese (doutorado em Antropologia Social, Faculdade de Filosofia, Letras e Ciências Humanas). Universidade de São Paulo, São Paulo, 2015.

SPAGGIARI, Enrico; MACHADO, Giancarlo Marques Carraro; GIGLIO, Sérgio Setanni (orgs.). *Entre jogos e copas: reflexões de uma década esportiva.* São Paulo: Intermeios/FAPESP, 2016.

TABAKMAN, Elisa. "El casc antic de Barcelona: actuación urbanística o 'limpieza social'?". *Scripta Nova - Revista Electrónica de Geografia y Ciencias Sociales*, n.º 94, 2001. Disponível em http://www.ub.edu/geocrit/sn-94-67.htm.

TELLES, Vera da Silva. *As cidades nas fronteiras do legal e do ilegal.* Belo Horizonte: Argumentum, 2010.

_____. "Cidade: produção de espaços, formas de controle e conflitos". *Revista de Ciências Sociais (UFC)*, v. 46, n.º 1, pp. 16-42, 2015.

TELLES, Vera da Silva; CABANNES, Robert (orgs.). *Nas tramas da cidade, trajetórias urbanas e seus territórios.* São Paulo: Humanitas, 2006.

TOLEDO, Luiz Henrique de. "Corporalidade e festa na metrópole". In: MAGNANI, José Guilherme C.; SOUZA, Bruna Mantese de (Orgs.). *Jovens na metrópole: etnografias de circuitos de lazer, encontro e sociabilidade.* São Paulo: Terceiro Nome, 2007, pp. 255-266.

_____. "Quase lá: a Copa do Mundo no Itaquerão e os impactos de um megaevento na socialidade torcedora". *Horizontes Antropológicos*, ano 19, n.º 40, pp. 149-184, 2013.

TOLEDO, Luiz Henrique de; COSTA, Carlos Eduardo (orgs.). *Visão de jogo: antropologia das práticas esportivas.* São Paulo, Editora Terceiro Nome, 2009.

VERGOTE, Mathieu. *Le DIY contemporain.* Paris: ENSCI Les Ateliers, 2014.

VIVONI, Francisco. "Spots of spatial desire: skateparks, skateplazas, and urban politics". *Journal of Sport and Social Issues*, v. 33, n.º 2, pp. 130-149, 2009.

_____. "Waxing ledges: built environments, alternative sustainability, and the Chicago skateboarding scene". *Local Environment*, v. 18, n.º 3, pp. 340-353, 2013.

WACQUANT, Loïc. *Corpo e alma: notas etnográficas de um aprendiz de boxe.* Rio de Janeiro: Relume-Dumará, 2002.

WHEATON, Belinda (Org.). *Understanding lifestyle sports: consumption, identity and difference.* Londres: Routledge, 2004.

YAMASHITA, Kelly Yumi. *Praça Roosevelt, centro de São Paulo: intervenções urbanas e práticas culturais contemporâneas.* Dissertação (Mestrado em Arquitetura e Urbanismo) - Instituto de Arquitetura e Urbanismo. Universidade de São Paulo, São Paulo, 2013.

ZALUAR, Alba. *Cidadãos não vão ao paraíso.* Campinas: Ed. UNICAMP, 1994.

ZUKIN, Sharon. *The cultures of cities.* Oxford: Blackwell, 1995.

_____. "Paisagens urbanas pós-modernas: mapeando cultura e poder". In: ARANTES, Antonio A. (Org.). *O espaço da diferença*. Campinas: Papirus, 2000, pp. 80-103.

MATÉRIAS DE IMPRENSA

ABAIXO ASSINADO. "Abaixo assinado contra a proibição do skate na Praça Estação Itaquera", 26-6-2015. Disponível em: https://www.abaixoassinado.org/abaixoassinados/30992. Acesso em 9-8-2016.

ACTION SPORTS ALLIANCE. "History". Disponível em http://actionsportsalliance.com/about-the-alliance/#about-page-history. Acesso em 28-6-2015.

ANSHOWINHAS, Paulo; CALADO, Luiz. "Andar de skate não é crime". *Revista Yeah!*, n.º 10, 1988.

AZEVEDO, Reinaldo. "Fascistas de skate". *Blog Reinaldo Azevedo*, 8-1-2013. Disponível em http://veja.abril.com.br/blog/reinaldo/geral/fascistas-de-skate/. Acesso em 8-1-2015.

BALOGH, Giovanna. "Praça Roosevelt sofre com vandalismo 1 ano e meio após reforma em SP". *Folha de São Paulo*, 11-2-2014. Disponível em: http://www1.folha.uol.com.br/cotidiano/2014/02/1410365-praca-roosevelt-sofre-com-vandalismo-1-ano-e-meio-apos-reforma-em-sp.shtml. Acesso em 10-12-2015.

BLACK MEDIA. "Léo Fagundes". Disponível em: http://www.blackmediaskate.com/site/?p=7346. Acesso em 4-8-2016.

_____. "Première do Making It Happen em SP". Disponível em: http://www.blackmediaskate.com/site/?p=15466. Acesso em 8-4-2017.

BOLOTA, Fabio. "Não acordem a cidade... Street Skate". *Revista Overall*, n.º 2, 1986.

_____. "Ruas artificiais". *Revista Tribo Skate*, n.º 3, 1992.

BREDA, Tadeu. "Prefeitura de SP quer usar skatistas para recuperar áreas degradadas do centro". *Rede Brasil Atual*, 3-4-2013. Disponível em: http://www.redebrasilatual.com.br/cidades/2013/04/prefeitura-quer-usar-skatistas-para-recuperar-areas-degradadas-do-centro. Acesso em 8-4-2017.

CALADO, Luiz. "Estritamente Street". *Revista Skatin*, n.º 6, pp. 30-39, 1989.

CAMPBELL, Morgan. "The 25 most iconic skate plazas in the world". *Kingpin Skateboarding Magazine*, 12-11-2014. Disponível em: http://kingpin.mpora.com/features/20-legendary-skate-plazas-time.html. Acesso em 13-6-2015.

CARUSO, Reinaldo. "Nova prefeitura de São Paulo: skate aguarda melhora". *Revista CemporcentoSkate*, 2002.

_____. "Por que valorizar o skatista profissional?". *Revista CemporcentoSkate*, n.º 38, pp. 54-57, 2011.

CEMPORCENTOSKATE. "Trakinas na Roosevelt". *Portal CemporcentoSkate.*

Disponível em: http://cemporcentoskate.uol.com.br/fiksperto/trakinas--na-roosevelt. Acesso em 9-5-2015.

_____. "Faria Lima". *Portal CemporcentoSkate*. Disponível em: http://cemporcentoskate.uol.com.br/fiksperto/faria-lima. Acesso em 9-8-2016.

CONFEDERAÇÃO BRASILEIRA DE SKATE. "Cresce o número de pistas mal construídas". *Confederação Brasileira de Skate*, 14-12-2015. Disponível em: http://www.cbsk.com.br/eventos/cresce-numero-de-pistas-mal-construidas. Acesso em 8-1-2016.

_____. "Skate Run". *Confederação Brasileira de Skate*. Disponível em: http://www.cbsk.com.br/eventos/banco-do-brasil-apresenta-skate-run. Acesso em 20-1-2017.

CORREA, Vanessa. "Entrevista com Rubens Reis". *Revista da Folha de S.Paulo*, 2013. Disponível em: http://www1.folha.uol.com.br/revista/saopaulo/sp2001201311.htm.

DEW TOUR. "Kelvin Hoefler completes Dew Tour sweep with skateboard street-style win in Los Angeles". *Dew Tour*, 16-8-2015. Disponível em: http://www.dewtour.com/news/kelvin-hoefler-completes-dew-tour-sweep-with-skateboard-streetstyle-win-in-los-angeles/#JPlEZm8BKUwytIkR.97. Acesso em 9-4-2017.

DORO, Bruno. "Antes 'vagabundos', esportes radicais viram aposta segura no mercado esportivo". *Portal UOL*, 10-2-2012. Disponível em http://esporte.uol.com.br/skate/ultimas-noticias/2012/02/10/antes-vagabundos-esportes-radicais-viram-aposta-segura-no-mercado-esportivo.jhtm. Acesso em 2-1-2015.

EISENHOUR, Mackenzie. "TWS 10 best cities to skate in the world". *Transworld Skateboarding*, 7-9-2011. Disponível em: http://skateboarding.transworld.net/1000144650/features/tws-10-best-cities-to-skate-in-the-world/. Acesso em 13-1-2015.

FELDMAN, Walter. "Em defesa de uma tribo do bem". 2010. Disponível em: http://walterfeldman.com.br/materia/opiniao/75/Em-defesa-de-uma-tribo-do-bem.html. Acesso em 20-1-2011.

FLOTATS, Anna. "El negocio millonario del 'skate'. Barcelona se convierte en la meca de los patinadores urbanos". *El País*, 6-12-2009. Disponível em: http://elpais.com/diario/2009/12/06/catalunya/1260065244_850215.html. Acesso em 13-1-2015.

FOLHA DE SÃO PAULO. "Nova reforma vai criar área para skatistas na Praça Roosevelt, em SP". *Folha de São Paulo*, 29-7-2014. Disponível em: http://www1.folha.uol.com.br/cotidiano/2014/09/1524372-nova-reforma-vai--criar-area-para-skatistas-na-praca-roosevelt-em-sp.shtml. Acesso em 28/12/2014.

_____. "Briga entre funkeiros e skatistas acaba com adolescente ferido". *Folha de São Paulo*, 20-10-2012. Disponível em: http://www1.folha.uol.com.br/cotidiano/2012/10/1172391-briga-entre-funkeiros-e-skatistas-acaba-com-adolescente-ferido.shtml. Acesso em 8-6-2015.

_____. "Moradores querem limitar uso de skate na Praça Roosevelt". *Folha de São*

Paulo, 2-10-2012. Disponível em: http://www1.folha.uol.com.br/cotidiano/2012/10/1162464-moradores-querem-limitar-uso-de-skate-na-praca-roosevelt.shtml. Acesso em 8-6-2015.

_____. "Praça de Itaquera é remodelada para virar centro gastronômico". *Folha de São Paulo*, 24-4-2015. Disponível em: http://www1.folha.uol.com.br/comida/2015/04/1620759-praca-de-itaquera-e-remodelada-para-virar-centro-gastronomico.shtml. Acesso em 8-8-2016.

FONTES, Carol. "Das favelas de Porto Alegre ao mundo, Luan transforma obstáculos em arte". *Globo Esporte*, 8-2-2017. Disponível em: http://globoesporte.globo.com/radicais/skate/noticia/2017/02/das-favelas-de-porto-alegre-ao-mundo-luan-transforma-obstaculos-em-arte.html. Acesso em 8-4-2017.

G1 SÃO PAULO. "Skatistas ganham área com pista e obstáculos na Praça Roosevelt". *G1*, 29-11-2014. Disponível em: http://g1.globo.com/sao-paulo/noticia/2014/11/skatistas-ganham-area-com-pista-e-obstaculos-na-praca-roosevelt.html. Acesso em 28-12-2014.

GUIA DE PISTAS. *Revista CemporcentoSkate*, edição especial, 2006.

GUIMARÃES, Leonardo. "São Paulo street". *Revista Skatin'*, n.º 3, 1988.

GUIMARÃES, Juca. "Praça da Estação abriga novo centro gastronômico". *SP Notícias*, 26-4-2015. Disponível em: http://spnoticias.com.br/?p=26441. Acesso em 8-8-2016.

KBÇA, Rodrigo. "Imigração". *Revista CemporcentoSkate*, n.º 172, 2012.

_____. "Europa 2008: um outro ponto de vista". *Revista Tribo Skate*, n.º 156, 2008.

JORNAL DA TARDE. "Av. Paulista vira pista de skate". *Jornal da Tarde*, 11-7-2008. Disponível em http://txt.jt.com.br/editorias/2008/07/11/ger-1.94.4.20080711.25.1.xml. Acesso em 29-1-2017.

LEMOS, Junior. "Pra não queimar o pico". *Revista Tribo Skate*, n.º 208, 2013.

MACHADO, Renato Pinfildi. "Skate: de radical a esporte milionário". *Yahoo Brasil*. Disponível em: http://br.esporteinterativo.yahoo.com/noticias/skate-radical-esporte-milion-rio-191100405.html. Acesso em 29-5-2015.

MAIA, Filipe. "Botando cerca no nosso espaço". *Blog Trocando Manobras*, 26-8-2014. Disponível em: http://trocandomanobras.tumblr.com/post/95841795921/botando-cercas-no-nosso-espaco. Acesso em 3-1-2015.

MÁQUINA DO ESPORTE. "Prefeitura quer manter o legado dos X Games". *Site Máquina do Esporte*, 10-4-2008. Disponível em: http://maquinadoesporte.uol.com.br/artigo/prefeitura-quer-manter-legado-do-x-games_4430.html. Acesso em 22-1-2017.

MASCARENHAS, Anna. "Um point de skatistas na Faria Lima foi tomado pelos food trucks". *Vice*, 29-9-2014. Disponível em: http://www.vice.com/pt_br/read/um-point-de-skatistas-na-faria-lima-foi-tomado-pelos-food-trucks?utm_source=thumpfacebr. Acesso em 30-12-2015.

MELO, Mariana; MEDINA, Gabriel. "Rolezinhos migram do shopping para as praças em SP. Entrevista com Gabriel Medina". *Carta Capital*, 30/03/2014. Disponível em: https://www.cartacapital.com.br/sociedade/feitos-em-parques-rolezinhos-funcionam-como-estrategia-de-ocupacao-das-ruas-em-sao-paulo-6724.html. Acesso em 23-11-2016.

MINOZZI, Felipe. "Skate plaza da Roosevelt". *Black Media*, 29-9-2014. Disponível em: http://www.blackmediaskate.com/site/?p=10529. Acesso em 2-1-2015.

_____. "O skate não é seu". *Black Media*. Disponível em: http://www.blackmediaskate.com/site/?p=9054. Acesso em 15-1-2015.

MOTTA, Leonardo. "Praça Roosevelt sofre com depredações após reforma". *Revista Veja São Paulo*, 21-2-2014. Disponível em: http://vejasp.abril.com.br/materia/praca-roosevelt-depredacoes. Acesso em 4-8-2016.

MUG, Marcelo. "Avenida Paulista: o passeio nosso de cada dia". *Revista Tribo Skate*, n.º 161, 2009.

_____. "Love CT". *Revista Tribo Skate*, n.º 212, 2013.

NANÔ, Fabiana. "Após confusão em praça de São Paulo, prefeitura promete área específica para skatistas". *UOL*, 8-1-2013. Disponível em: http://noticias.uol.com.br/cotidiano/ultimas-noticias/2013/01/08/apos-confusao-na-praca-roosevelt-prefeitura-promete-area-especifica-para-skatistas.htm. Acesso em 10-1-2015.

NETO, Otavio. "O caso Roosevelt, pimenta nos olhos dos outros é refresco". *Blog Otavio Neto*, 9-1-2013. Disponível em http://www.espn.com.br/post/302549_o-caso-roosevelt-pimenta-nos-olhos-dos-outros-e-refresco. Acesso em 8-1-2015.

NIKE SB. *Material promocional campanha #EUSKATESP*. 2012.

_____. *Brasil Camo Pack*. Disponível em: https://www.youtube.com/watch?v=-qRY8UPATebU. Acesso em 10-8-2014.

OLHO DE PEIXE. "Avenida Faria Lima". *Programa Olho de Peixe*, 29-8-2014. Disponível em: http://www.programaolhodepeixe.com/site/avenida-faria-lima/. Acesso em 11-8-2016.

_____. "Les corts Skatepark". *Programa Olho de Peixe*, 24-6-2014. Disponível em: http://www.programaolhodepeixe.com/site/les-corts-skatepark/. Acesso em 12-3-2017.

PECEGUEIRO, Alberto. "As pistas de skate". *Revista Brasil Skate*, n.º 1, pp. 30-37, 1978.

PERESTRELO, Ericka. "Skatistas querem espaço sem prejudicar a população". *Câmara Municipal de São Paulo - Notícias*, 21-2-2013. Disponível em: http://www.camara.sp.gov.br/blog/galeria-de-audios/skatistas-querem-espaco-sem-prejudicar-a-populacao/. Acesso em 5-1-2016.

PÉTERS, Guilherme; CUSTODIO, Renato; Oliveira, Cae. "Futuro primitivo: entrevista com Guilherme Peters". *Revista Vista*, n.º 62, 2015.

PIERANTONI, Roberto. "Oi Mega Rampa 2009 tem investimento de R$ 5 milhões". *Oi Mega Rampa*, 2009. Disponível em http://www.oimegarampa.com.br/2009/html/imprensa/. Acesso em 19-4-2010.

PREFEITURA DE SÃO PAULO. "SPObras anuncia novas obras na Praça Roosevelt". *Portal da Prefeitura de São Paulo*, 10-9-2014. Disponível em: http://www.prefeitura.sp.gov.br/cidade/secretarias/infraestrutura/sp_obras/no-

ticias/?p=179358. Acesso em 8-1-2015.
_____. "Prefeitura de São Paulo estabelece regras para o uso da Praça Roosevelt". *Portal da Prefeitura de São Paulo*, 21-2-2013. Disponível em: http://www2.boxnet.com.br/pmsp/Visualizacao/RadioTv.aspx?IdClipping=22465476&IdEmpresaMesa=&TipoClipping=V&Commodities=0. Acesso em 29-11-2015.
_____. "Virada Esportiva promove maior corrida de skate do mundo". *Portal da Prefeitura de São Paulo*, 10-9-2017. Disponível em: http://capital.sp.gov.br/noticia/virada-esportiva-promove-maior-corrida-de-skate-do. Acesso em 20-1-2017.
_____. "Revitalização da Avenida Faria Lima tem acessibilidade e padronização de calçada". *Portal da Prefeitura de São Paulo*. Disponível em: http://www.prefeitura.sp.gov.br/cidade/secretarias/subprefeituras/calcadas/index.php?p=37451. Acesso em 9-12-2015.
_____. "Programa VAI". *Portal da Prefeitura de São Paulo*. Disponível em: http://www.prefeitura.sp.gov.br/cidade/secretarias/cultura/fomentos/index.php?p=7276. Acesso em 15-8-2016.
_____. "Esclarecimento sobre 'rolezinho' no Parque Ibirapuera". *Prefeitura de São Paulo*, 18-1-2016. Disponível em: http://www.capital.sp.gov.br/portal/noticia/9453. Acesso em 20-11-2016.
_____. "São Paulo ganhará um dos maiores centros de esportes radicais da América Latina". *Portal da Prefeitura de São Paulo*, 22-2-2016. Disponível em: http://capital.sp.gov.br/noticia/sao-paulo-ganhara-um-dos-maiores-centros-de. Acesso em 18/01/2017.
PRIETO, Douglas. "A monstruosidade arquitetônica de Esteban Florio". *Revista CemporcentoSkate*, n.º 122, 2009.
_____. "As palavras malditas do skate". *Revista CemporcentoSkate*, n.º 159, 2011.
_____. "Cityzen". *Revista CemporcentoSkate*, n.º 180, 2013.
R7 NOTÍCIAS. "Dois anos depois de reforma de R$55 milhões, Praça Roosevelt tem grade arrebentada e pichações". *Portal R7*, 8-10-2014. Disponível em: http://noticias.r7.com/sao-paulo/fotos/dois-anos-depois-de-reforma-de-r-55-milhoes-praca-roosevelt-tem-grade-arrebentada-e-pichacoes-08102014#!/foto/1. Acesso em 4-1-2015.
REVISTA CEMPORCENTOSKATE. "Dia do skate", n.º 3, pp. 20-21, 1995.
REVISTA ESQUEITE, n.º 1, 1977.
_____, n.º 2, 1978.
REVISTA OVERALL. "Editorial", n.º 00, p. 3, 1985.
REVISTA SÃO PAULO. "Uma praça para todos". *Revista da Folha de São Paulo*, 2013.
REVISTA SKT. "Carlos Iqui", n.º 24, 2008.
REVISTA TRIBO SKATE, n.º 11, 1994.
REVISTA VEJA. "Surfe de asfalto", n.º 268, 24-10-1973.
_____. "Estilos e gestos", 14-11-1985.
_____. "Terceira onda: o skate entra na era do profissionalismo", n.º 1024, 20-4-1988.

REVISTA YEAH!. "Andar de skate ou morrer", n.º 1, 1986.

_____, n.º 10, 1988.

REZENDE, Rodrigo. "Skate movimenta R$ 1 bilhão em vendas no País e há oportunidades para pequenos empresários". *Estadão*, 29-4-2014. Disponível em: http://pme.estadao.com.br/noticias/noticias,skate-movimenta-r-1-bilhao-em-vendas-no-pais-e-ha-oportunidades-para-pequenos-empresarios,4291,0.htm. Acesso em 5-1-2016.

SAMELO, Flávio. "Faça-se o favor". *Revista Vista*, n.º 62, 2015.

SARLI, Carlos. "Pista livre". *Folha de São Paulo*, 8-6-2006. Disponível em http://www1.folha.uol.com.br/folha/esporte/ult92u102808.shtml. Acesso em 30-12-2016.

SAYAD, Mariana. "Skate: de marginal a queridinho". *Revista Competir Sports Marketing*, São Paulo, n.º 1, junho de 2010.

SKATE LIVRE. "O que é o Skate Livre". Disponível em http://skatelivre.com/. Acesso em 8-1-2015.

SOUZA, Felipe. "Reforma faz praça Roosevelt 'bombar' até tarde da noite". *Folha de São Paulo*, 6-10-2012. Disponível em: http://www1.folha.uol.com.br/cotidiano/2012/10/1165035-reforma-faz-praca-roosevelt-bombar-ate-tarde-da-noite.shtml. Acesso em 8-6-2015.

TRIBO SKATE. "DC Invitational". *Site Tribo Skate*, 17/11/2014. Disponível em: http://triboskate.globo.com/whatsup.php?id=6130. Acesso em: 9-1-2015.

_____. "Datafolha atualiza para 8,5 milhões o número de skatistas no Brasil". *Site Tribo Skate*, 20/04/2016. Disponível em: http://triboskate.ativo.com/datafolha-atualiza-para-85-milhoes-o-numero-de-skatistas-no-brasil/. Acesso em 12-6-/2017.

_____. "Oi Skate Total Urbe Open Rio". *Site Tribo Skate*, 21-3-2017. Disponível em http://triboskate.ativo.com/agenda/oi-skate-total-urbe-open-rio/. Acesso em 11-4-2017.

TRICKON. "RIP Parallel". 03/11/2014. Disponível em: http://www.trickon.com/contents/reforma-skatepark-paral-lel-barcelona-inicio-obras-skate-bmx-inline-7651. Acesso em 2-1-/2015.

UOL MAIS. "Saiba por que os skatistas consideram a Praça Roosevelt o melhor pico de SP". *Portal UOL*, 3-8-2014. Disponível em: http://mais.uol.com.br/view/15145002. Acesso em 29-12-2014.

VIANNA, Alexandre. "Ande de skate aqui". *Revista CemporcentoSkate*, n.º 135, 2009.

_____. "Skate na plataforma: entrevista com Tiago Lobo". *Portal CemporcentoSkate*, 30-9-2010. Disponível em: http://cemporcentoskate.uol.com.br/fiksperto.php?id=5570. Acesso em 19-12-2016.

_____. *Streeteiro*. São Paulo: Av9 Estúdio Criativo, 2013.

VIEGAS, Marcelo. "Skate na galeria". *Revista CemporcentoSkate*, n.º 163, 2012.

_____. "A questão olímpica". *Revista CemporcentoSkate*, n.º 175, 2012.

_____. "Nova Roosevelt". *Revista CemporcentoSkate*, n.º 47, ano 18, 2013.

ZANCHETTA, Diego. "Reforma na Praça Roosevelt vai limitar espaço de skatistas". *Estadão*, 29-9-2014. Disponível em: http://sao-paulo.estadao.com.

br/blogs/diego-zanchetta/reforma-na-praca-roosevelt-vai-limitar-espaco--de-skatistas/. Acesso em 5-1-2015.

_____. "Haddad libera skate, patins e cadeira de rodas nas ciclovias". *Estadão*, 16-12-2014. Disponível em: http://sao-paulo.estadao.com.br/blogs/diego--zanchetta/haddad-libera-skate-patins-e-cadeira-de-rodas-nas-ciclovias. Acesso em 23-2-2017.

FILMES E DOCUMENTÁRIOS

CAUSANDO NA RUA. Episódio Trajeto Urbano Encontra Inclusão e Resgate por Raphael Escobar e Love CT. Direção: Tata Amaral. Brasil, 2016, 26 min.

CITYZEN. Direção: Guilherme Guimarães. Roteiro: Esteban Florio e Guilherme Guimarães. Brasil, 2013, 26 min.

DOGTOWN AND Z-BOYS: ONDE TUDO COMEÇOU. Direção: Stacy Peralta. Roteiro: Stacy Peralta e Craig Stecyk. EUA, Alliance Atlantis, 2001, 87 min.

LOVE CT: NUNCA DESISTA DOS SEUS SONHOS. Direção: Tristan Zumbach. Suíça, 2014, 5 min.

REVOLUÇÃO PERIFÉRICA. Direção: Anderson Lucas e Elton Melonio. Brasil, 2010, 25 min.

ROULI-ROULANT. Direção: Claude Jutra. Canadá, National Film Board of Canadá, 1966, 16 min.

LEIS, PROJETOS DE LEI, DECRETOS E DEMAIS DOCUMENTOS

SÃO PAULO (cidade). *Projeto de Lei n.º 176-75. Dispõe sobre a regulamentação e uso de vias públicas para o lazer, tais como "skates", bicicletas, patins e jogos infanto-juvenis, e dá outras providências*. Disponível em: http://documentacao.camara.sp.gov.br/iah/fulltext/projeto/PL0176-1975.pdf. Acesso em 17-1-2017.

_____. *Lei n.º 11.812/1995. Institui o Dia Municipal do Skate*. Disponível em http://documentacao.camara.sp.gov.br/iah/fulltext/leis/L11812.pdf. Acesso em 20-1-2017.

_____. *Justificativa Projeto de Lei n.º 385/1997*. Disponível em: http://documentacao.camara.sp.gov.br/iah/fulltext/justificativa/JPL0385-1997.pdf. Acesso em 15-12-2015.

_____. *Projeto de Lei n.º 385/1997. Dispõe sobre a implantação de pistas de skate e outras providências*. Disponível em: http://www.radarmunicipal.com.br/

proposicoes/projeto-de-lei-385-1997. Acesso em 15-12-2015.
_____. *Parecer 191/98 da Comissão de Educação, Cultura e Esportes da Câmara Municipal sobre o Projeto de Lei 385/97*. Disponível em: http://documentacao.camara.sp.gov.br/iah/fulltext/parecer/EDUC0191-1998.pdf. Acesso em 17-1-2017.
_____. *Parecer 877/98 da Comissão de Finanças e Orçamentos sobre o Projeto de Lei 829/97*. Disponível em http://documentacao.camara.sp.gov.br/iah/fulltext/parecer/FIN0877-1998.pdf. Acesso em 20-1-2017.
_____. *Projeto de Lei n.º 44/2003. Introduz normas para a utilização de skates, patins, patinetes e similares dentro do município de São Paulo e dá outras providências*. Disponível em http://documentacao.camara.sp.gov.br/iah/fulltext/projeto/PL0044-2003.pdf. Acesso em 18-1-2017.
_____. *Razões de veto. Projeto de Lei n.º 44/03*. Disponível em: http://documentacao.camara.sp.gov.br/iah/fulltext/veto/VEPL0044-2003.pdf. Acesso em 18-1-2017.
_____. *Parecer 957/2005 da Comissão de Constituição e Justiça sobre o Projeto de Lei n.º 0345/05*. Disponível em: http://documentacao.camara.sp.gov.br/iah/fulltext/parecer/JUSTS0957-2005.pdf. Acesso em 18-1-2017.
_____. *Projeto de Lei 01-0116/2009 do vereador Adolfo Quintas (PSDB)*. Disponível em: http://documentacao.camara.sp.gov.br/iah/fulltext/projeto/PL0116-2009.pdf. Acesso em 19-12-2016.
_____. *Justificativa Projeto de Lei n.º 116/09*. Disponível em: http://documentacao.camara.sp.gov.br/iah/fulltext/justificativa/JPL0116-2009.pdf. Acesso em 19-12-2016.
_____. *Decreto n.º 51.296, de 17 de Fevereiro de 2010*. Disponível em http://www3.prefeitura.sp.gov.br/cadlem/secretarias/negocios_juridicos/cadlem/integra.asp?alt=18022010D%20512960000. Acesso em 18/01/2017.
_____. *Projeto de Resolução 03-00010/2013 do vereador Eduardo Tuma (PSDB). Dispõe sobre a criação da frente parlamentar para defesa e incentivo da prática da modalidade esportiva de skate na cidade de São Paulo*. Disponível em: http://documentacao.camara.sp.gov.br/iah/fulltext/projeto/PR0010-2013.pdf. Acesso em 2-1-2016.
_____. *Justificativa PR 0010/2013*. Disponível em http://documentacao.camara.sp.gov.br/iah/fulltext/justificativa/JPR0010-2013.pdf. Acesso em 2-1-2016.
_____. *Projeto de Lei 01-00543/2013 do Vereador George Hato (PMDB)*. Disponível em: http://documentacao.camara.sp.gov.br/iah/fulltext/projeto/PL0543-2013.pdf. Acesso em 5-1-2016.
_____. *Justificativa PL0726/2013*. Disponível em: http://documentacao.camara.sp.gov.br/iah/fulltext/justificativa/JPL0726-2013.pdf. Acesso em 19-1-2017.
_____. *Ofício AD n º 01/2013. Criação da frente parlamentar em defesa e apoio aos skatistas e praticantes de esportes radicais*. Disponível em: http://www.radaroficial.com.br/d/4652089934348288. Acesso em 6-1-2016.
_____. *Razões de Veto Projeto de Lei n.º 543/13*. Disponível em: http://documentacao.camara.sp.gov.br/iah/fulltext/veto/VEPL0543-2013.pdf. Acesso em

19-1-2017.

_____. *Decreto n.º 55.790, de 15 de dezembro de 2014. Dispõe sobre a utilização de ciclovias, ciclofaixas e locais de tráfego compartilhado.* Disponível em: http://cmspbdoc.inf.br/iah/fulltext/decretos/D55790.pdf. Acesso em 25-1-2017.

_____. *Projeto de Lei 01-00001/2016 do Vereador George Hato (PMDB). Institui a necessidade de homologação da Confederação Brasileira de Skate ou Federação Paulista de Skate nos projetos de construção e reforma de pistas de skate no município de São Paulo.* Disponível em: http://documentacao.camara.sp.gov.br/iah/fulltext/projeto/PL0001-2016.pdf. Acesso em 6-1-2017.

_____. "Espaços skatáveis: orientação para a adequação de espaços públicos abertos à prática de esportes urbanos". *Gestão Urbana. SP Urbanismo.* 2016. Disponível em: http://gestaourbana.prefeitura.sp.gov.br/wp-content/uploads/2015/04/Cartilha-espacos-skataveis.pdf. Acesso em 9-2-2017.

SÃO PAULO (estado). "Frente Parlamentar em Defesa e Apoio aos Skatistas e Praticantes de Esportes Radicais - Termo de Adesão". *Diário Oficial do Estado de São Paulo*, 10/08/2013. Disponível em: http://www.jusbrasil.com.br/diarios/57645236/dosp-legislativo-10-08-2013-pg-10. Acesso em 6-1-2016.

SITES CONSULTADOS

http://blackmediaskate.com

http://canaloff.globo.com

http://capital.sp.gov.br

http://cohab.sp.gov.br

http://coletivoarrua.org

https://facebook.com/fernandohaddad

https://facebook.com/ruapura.skateshop

https://facebook.com/ruativa

https://facebook.com/sk8nuts

http://nike.com.br

http://programaolhodepeixe.com

http://redbull.com/br/pt/skateboarding

http://skatecontest.com.br

http://skatestoppers.com

http://streetleague.com

http://theiasc.org/go-skateboarding-day

http://therideschannel.com

http://thrashermagazine.com

http://viradaesportiva.prefeitura.sp.gov.br

http://woohoo.com.br/

GLOSSÁRIO

50-50: Nome de uma manobra.
Andar de skate: Ato correspondente à prática do skate.
Backside nosegrind: Nome de uma manobra.
Bagulho: Termo polissêmico, muitas vezes utilizado para identificar algum objeto ou situação.
Balada: Evento festivo.
Banca do Brasa: Maneira como os skatistas brasileiros se reconhecem em Barcelona.
Bank: Obstáculo com superfície inclinada.
Banks: Rampa oval, parecida com uma piscina construída nos moldes californianos.
Base: Domínio da técnica de certas manobras.
Big air: Modalidade praticada em uma mega rampa.
Borda: Quina de equipamentos (como bancos, guias, etc.), na qual os skatistas deslizam com o skate.
Bowl: Rampa em formato de uma cápsula grande e funda.
Cabreiro: Expressão indicativa de intensidade.
Carrinho: O mesmo que skate.
Casca: Que indica dificuldade. Por exemplo, uma *manobra casca*.

Colar: Comparecer.

Core skaters: Aqueles que buscam legitimidade como *skatistas de verdade.*

Correria: Termo polissêmico, frequentemente utilizado como uma gíria paulistana. No que se refere ao universo do skate, a *correria* exprime os agenciamentos de um skatista que peleja alcançar certos anseios pessoais e profissionais relacionados à prática.

Crew: Grupo de amigos.

Crowd: Indicativo de multidão.

Cruiser: Skate utilizado especialmente como meio de locomoção.

Curbs: O mesmo que *bordas.*

Downhill: Modalidade do skate cujo objetivo é a descida de ladeiras.

Dropar: Descer de alguma rampa.

Esporro: O mesmo que bronca.

For fun: Diversão.

Frontside flip: Nome de uma manobra.

Freestyle: Modalidade do skate praticada no *solo*, em chão plano sem nenhum obstáculo, cujo estilo de manobras requer o equilíbrio do praticante.

Gap: São espaços entre duas partes que os skatistas pulam com suas manobras (exemplo: barrancos, canteiros, escadas, etc.).

Half pipe: Metade de um tubo. Rampa em formato da letra "U".

Hubba: *Borda* inclinada.

Jam session: Formato de disputa adotado em competições. Trata-se de uma *sessão* livre, com vários praticantes em ação ao mesmo tempo.

Linha: Sequência de manobras diferentes feitas pelos skatistas.

Longboard: Skate com dimensões maiores, geralmente utilizado na modalidade *downhill.*

Lugares skatáveis: Espaços que propiciam a prática do skate.

Mandar manobra: Realizar uma manobra.

Manual: Espaço onde são feitas manobras em que se equilibra com as duas rodas dianteiras ou traseiras do skate.

Marretar: Realizar uma manobra considerada difícil.

Mega rampa: Extensa rampa composta por seis partes. Ao todo, mede quase 100 metros de comprimento.

Mini Rampa: Rampa em proporções menores a um *half pipe.*

Nóia: Termo pejorativo utilizado para designar usuários de drogas.

Obstáculos naturais: Equipamentos urbanos não planejados para a prática do skate.

Olhar skatista: Expressão que reverbera a percepção que os skatistas possuem dos espaços e equipamentos urbanos.

Ollie: Nome de uma manobra.

Overall: Skatista que pratica diversos tipos de modalidades.

Park: Modalidade olímpica realizada em rampas.

Picos: Equipamentos urbanos que se tornam obstáculos para as manobras dos skatistas.

Pistoleiro: Skatista que anda unicamente em pistas.

Pro model: Produto assinado por um skatista profissional.

Quebrada: Indicativo de localidade. Geralmente utilizado para fazer referência a contextos periféricos da cidade de São Paulo.

Remar: Dar impulso com o skate.

Rolê: Dar um *rolê* de skate. O mesmo que andar de skate. Envolve mobilidade pelos espaços urbanos.

Sessão: Andar de skate durante certo período.

Shapes: Prancha de madeira do skate.

Skatepark: Local onde se localiza a pista de skate.

Skate plaza: Espaço que mescla características de uma pista de skate (como a presença de rampas) e de uma praça qualquer.

Skatestoppers: Instrumentos destinados a obstruir a prática do skate em espaços urbanos.

Solo: Chão liso propício para mandar manobras.

Street Skate: Modalidade do skate, praticada nas ruas das cidades.

Streeteiro: Praticante da modalidade *street skate.*

Transição: Rampas inclinadas.

Treta: Termo nativo utilizado para designar confusões.

Truck: Eixo de metal que compõe o skate.

Tricks: O mesmo que manobras.

Vale: Vale do Anhangabaú.

Vertical: Modalidade praticada em um *half pipe.*

Vileiro: Categoria de acusação utilizada para fazer referência a jovens detentores de um tipo estereotipado de perfil.

Vivência: Termo nativo que se aproxima da expressão popular "matar o tempo".

Wallride: Paredes onde os skatistas mandam manobras.

Yeah: Expressão de exaltação do nível técnico de outro skatista. Geralmente é dita quando algum praticante acerta uma manobra.

Zoar: O mesmo que zombar.

ANTROPOLOGIA

HOJE

Dando prosseguimento ao projeto de experiências etnográficas inovadoras, a Coleção Antropologia Hoje, do Laboratório do Núcleo de Antropologia Urbana da USP, que já publicou mais de 30 títulos na Editora Terceiro Nome, está de casa nova na Editora Hucitec, que há 51 anos vem publicando livros nas áreas de humanidades, ciência e tecnologia. Por meio dessa nova parceria, levaremos adiante o projeto dessa coleção de divulgação de trabalhos clássicos, ensaios e resultados de pesquisas etnográficas inéditas na área de antropologia

TÍTULOS PUBLICADOS

Jovens na metrópole – etnografias de circuitos de lazer, encontro e sociabilidade, José Guilherme Cantor Magnani e Bruna Mantese de Souza

A Igreja Universal e seus demônios, Ronaldo Almeida

Visão de Jogo – antropologia das práticas esportivas, Luiz Henrique de Toledo

Religiões e cidades – Rio de Janeiro e São Paulo, Ronaldo Almeida e Clara Mafra (Org.)

Junto e misturado – uma etnografia do PCC, Karina Biondi

Antropologia da cidade – Lugares, situações, movimentos, Michael Agier

Cultura, Percepção e Ambiente – Diálogos com Tim Ingold, Carlos A. Steil e Isabel Cristina de Moura Carvalho (org.)

Reminiscências dos Quilombos – territórios da memória em uma comunidade negra rural, Marcelo Moura

Da Periferia ao Centro: trajetórias de pesquisa em Antropologia Urbana, José Guilherme Cantor Magnani (NAU-USP)

Cultura Surda: agentes religiosos e a construção de uma identidade, César Augusto de Assis Silva (NAU-USP)

Transnacionalização Religiosa - Fluxos e redes organizado organizado por Ari Pedro Oro (UFRGS), Carlos Alberto Steil (UFRGS) e João Rickli (PUCRGS)

Ciências na vida: antropologia da ciência em perspectiva, organizado por Claudia Fonseca, Fabiola Rohden e Paula Sandrine Machado (UFRGS)

Religião no espaço público: atores e objetos, organizado por Ari Pedro Oro, Carlos Alberto Steil, Roberto Cipriani e Emerson Giumbelli (UFRGS)

Jogo, Ritual e Teatro: um estudo antropológico do Tribunal do Júri, Ana Lúcia Pastore Shritzmeyer (USP)

Imagem violência: etnografia de um cinema provocador, Rose Satiko Gitirana Hikiji (USP)

Gente Livre: consideração e pessoa no Baixo Sul da Bahia, João de Pina-Cabral (Kent University) e Vanda Aparecida da Silva.

Paisagens Ameríndias: lugares, circuitos e modos de vida na Amazônia, organizado por Marta Amoroso (USP) e Gilton Mendes dos Santos (UFAM)

Do que riem os boias-frias? diários de antropologia e teatro, John Cowart Dawsey (USP)

Antropologia da Performance, organizado por John Cowart Dawsey (USP), Rose Satiko G. Hikiji (USP)

Fora de contexto: as ficções persuasivas da Antropologia [Seguido de comentários e resposta], Marilyn Strathern. Tradução de Tatiana Lotierzo e Luis Felipe Kojima Hirano (UFG).

Cadeias dominadas: A Fundação CASA, suas dinâmicas e as trajetórias de jovens internos, Fábio Mallart (Cebrap)

Símbolos religiosos em controvérsias, Emerson Giumbelli (UFRGS)

Terra de Índio – Imagens em Aldeamentos do Império, Marta Amoroso (USP)

Nas tramas do crack: etnografia da abjeção, Taniele Rui (Cebrap)

Religiões e controvérsias públicas: experiências, práticas sociais e discursos, organizado por Paula Montero (org.) (USP/Cebrap)

A experiência da imagem na etnografia, organizado por Andrea Barbosa (Unifesp), Edgar Teodoro da Cunha (Unesp), Rose Satiko Gitirana Hikiji (USP) e Sylvia Caiuby Novaes (USP)

A flecha do ciúme: o parentesco e seu avesso segundo os Aweti do Alto Xingu, Marina Vanzolini (USP)

Proibido roubas na quebrada: território, hierarquia e lei no PCC, Karina Biondi (UEMA).

Marcadores sociais da diferença: gênero, sexualidade, raça e classe em perspectiva antropológica organizado por Júlio Assis Simões (USP), Cristina Donza Cancela (UFPA), entre outros

Raça, etnicidade, gênero e sexualidade em perspectiva comparada, organizado por Júlio Assis Simões (USP), Cristina Donza Cancela (UFPA) e Laura Moutinho (USP).

Bogart duplo de Bogart pistas da persona cinematográfica de Humphrey Bogart, Luís Felipe Sobral (Unicamp)

O barracão e a rua, Magda Luiza Mascarello

O véu do conga: sobre três aspectos do conhecimento umbandista, Lucas Gonçalves Brito

Seguindo sementes: circuitos e trajetos de mulheres Satere-mawe entre cidade e aldeia, Ana Luisa Sertã

Alquimias do Parentesco: Casas, Gentes, Papéis, Territórios. organizados por Ana Claudia Duarte rocha Marques (USP) e Natacha Simei Leal (Univasf)

Práticas, conflitos e espaços: pesquisas em Antropologia da Cidade, organizado por Heitor Frúgoli Jr. (USP), Enrico Spaggiari e Guilhermo Aderaldo